GÉNÉALOGIE

DE LA

FAMILLE BRULEY

TOURS

ERNEST MAZEREAU, IMPRIMEUR

13, RUE RICHELIEU, 13

1879

GÉNÉALOGIE

DE LA

FAMILLE BRULEY

GÉNÉALOGIE

DE LA

FAMILLE BRULEY

TOURS

ERNEST MAZEREAU, IMPRIMEUR
13, RUE RICHELIEU, 13
1879

A MES ENFANTS

C'est à vous, mes chers enfants, que je dédie ce travail entrepris dans l'intérêt général de notre famille. J'ai voulu vous faire connaître vos ancêtres, afin de vous inspirer le respect de votre nom. Je n'ai fait d'ailleurs que résumer les papiers de famille qui me sont parvenus, m'aidant parfois de pieux souvenirs.

Vous pourrez, pendant trois siècles, car je n'ai pu remonter plus haut, suivre l'existence de ceux qui vous ont précédés dans la vie. D'assez nombreux fragments de leur correspondance intime vous dépeindront leur caractère. L'influence du temps où ils ont vécu s'apercevra dans leurs idées, de même qu'en leur style; mais vous retrouverez chez tous, comme un signe de race, la même honnêteté scrupuleuse unie au plus entier dévouement à leur famille.

Imitez ce salutaire exemple, mes chers enfants, et gardez-vous de dégénérer. Que l'oisiveté, cette mauvaise conseillère,

1

vous soit étrangère. Faites que vos goûts studieux, vos sentiments, votre patriotisme, vous assurent dans le monde une
situation honorable.

Les habitudes pieuses de votre excellente mère vous ont de
bonne heure appris à suivre votre religion. Pratiquez-la constamment et, s'il le faut, bravez sur ce point tous les sarcasmes.

Vous pouvez d'ailleurs en croire aussi mon expérience : seul
le Christianisme vous renseignera sur la destinée humaine ; seul,
il vous prêtera la force dans les luttes de la vie, car de l'Espérance naissent le courage et la résignation.

Votre père et meilleur ami,

BRULEY.

Les Girardières, 15 septembre 1878.

GÉNÉALOGIE

———

J'ai dressé le tableau généalogique de notre famille afin de faciliter l'intelligence de ce qui va suivre et de faire comprendre aisément les diverses parentés. — Notre filiation est établie par une suite non interrompue d'actes de l'état civil que vous pourrez retrouver soigneusement classés dans nos archives domestiques.

Il en résulte que nous appartenions, au XVI° siècle, à l'ancienne province de Champagne et que nous faisions déjà partie de la magistrature.

Ces renseignements contredisent en partie les indications fournies par l'Armorial de Touraine de 1867, dont l'auteur a été induit en erreur par moi-même, d'après une prétendue généalogie trouvée dans nos papiers de famille et que je n'avais pas eu le temps de contrôler.

S'il faut en croire une tradition parvenue jusqu'à moi et dont j'ai, d'ailleurs, retrouvé les traces écrites, nous aurions originairement appartenu à la noblesse irlandaise. Il est en effet certain que notre nom (en anglais *Bruly*) figure sur le registre des armoiries d'Irlande (Arms B, p. 62), ainsi que le mentionne une réponse du Roi d'Armes de ce pays. Mais le blason décrit à cette occasion n'est pas celui qui distinguait notre famille au xviiiᵉ siècle et que représente un vieux cachet en argent qui m'est parvenu par héritage.

Voici au surplus, d'après Lambron de Lignim, dans son *Armorial des Maires de Tours*, la description de nos armes : nous portions d'argent au chevron d'azur accompagné en chef de deux grenades de gueules. tigées et feuillées de sinople et d'un fer de lance de gueules fûté de sable en pointe. Timbre : casque de chevalier posé de face.

Malgré tout cela nous ne comptions pas dans la noblesse, en France du moins, avant la seconde moitié du xviiiᵉ siècle ; mais vers cette époque plusieurs des nôtres, cédant plus à une sage prévoyance paternelle qu'à un intérêt de vanité personnelle, se décidèrent à faire l'acquisition dispendieuse de diverses charges conférant la noblesse héréditairement.

C'était en effet le moyen de soustraire leurs enfants à la situation intolérable faite alors à la roture. Mais ces sacrifices furent faits en pure perte : la Révolution vint bientôt, en effet, détruire tous les priviléges. Or, quelqu'élevée que fût devenue sa situation, notre famille n'avait pas cessé, même au prix de la majeure partie de sa fortune, de réclamer l'égalité devant la loi.

Edme Bruley.

Mes recherches n'ont pu remonter au-delà d'EDME BRULEY, qu'un registre domestique tenu vraisemblablement par Jehan Bruley, son petit-fils, mentionne comme originaire de Sézanne en Brie. Il m'a été impossible de vérifier cette indication.

Le tombeau, d'Edme Bruley se voit encore dans l'église de Bercenay-le-Hayer (Aube) devant le maître autel, à gauche, dans le chœur.

D'après une plaque funéraire, fixée à la muraille, et don je me suis fait envoyer la photographie, EDME BRULEY est décédé le jour de Pâques 1585. Il était notaire au bailliage de Villemort et Procureur fiscal de Bercenay-le-Hayer.

Les procureurs *fiscaux* étaient les officiers du ministère public établis près les *hautes* justices seigneuriales. On les appelait *fiscaux* parce qu'ils devaient poursuivre les droits et profits pécuniaires qui appartenaient au seigneur de la terre. Dans les domaines de la Couronne ils prenaient le nom de Procureur du Roi. Les *moyennes* justices avaient pour ministère public un officier qui se qualifiait seulement de procureur *ordinaire*.

Le juge *bas* justicier n'avait aucun procureur près de lui.

Les *hauts* justiciers pouvaient prononcer toutes sortes de peines corporelles, même celle de mort.

Le *procureur général fiscal* était établi près les juridictions jugeant sur appel. On pouvait, d'ailleurs, occuper à la fois plusieurs offices de procureur fiscal.

Edme Bruley eut pour fils CLAUDE, qui lui succéda dans ses charges.

Claude Bruley.

Il épousa, en seconde noces, CLAUDE TUSAN, et mourut le 9 août 1610, assassiné par Jacques de Madeuil, son seigneur, lequel fut condamné par le Parlement, le 8 janvier 1625, à avoir la tête tranchée. L'exécution eut lieu le jour même en place de Grève à Paris.

J'ai vainement cherché le dossier criminel relatif à cette affaire. Toutefois le Dépôt des Archives nationales, à Paris, possède l'arrêt de condamnation et des notes prises à l'audience pendant l'interrogatoire de l'accusé.

Il résulte de ces documents que Jacques de Madeuil, aidé de plusieurs membres de sa famille et de ses domestiques, poignarda Claude Bruley, notaire et procureur fiscal de sa sei-gneurie.

La veuve et les enfants de la victime se portèrent parties civiles et poursuivirent personnellement le coupable.

Mais ils attendirent quinze années que justice leur fût rendue. Cette lenteur, qui n'était pas d'ailleurs insolite à cette époque, démontre suffisamment quels étaient alors les vices de l'organisation judiciaire.

Il faut reconnaître cependant que si la solution de cette affaire fut retardée par l'influence dont jouissait le principal coupable, elle le fut aussi par le nombre des complices et par la multiplicité des chefs d'accusation.

Jacques de Madeuil se trouvait, en effet, à la fois poursuivi pour meurtre, subornation de témoins, inceste, faux-monnayage et assassinat.

D'après l'arrêt, on préleva sur la partie des biens du condamné non sujette à confiscation par l'État, 1200 livres parisis qui furent attribuées à la veuve et aux enfants de la victime ; or, tout semble indiquer que cette réparation, illusoire déjà, demeura même purement nominale.

Mais voici le résultat utile qui fut obtenu : la longueur et les difficultés de ce mémorable procès eurent pour effet de resserrer les liens de notre famille liguée pour assurer le juste châtiment du coupable.

Claude Bruley, ainsi que l'atteste aussi la plaque funéraire dont il a été déjà parlé, repose dans l'église de Bercenay-le-Hayer, auprès de son père.

Claude Tusan, sa veuve, fut inhumée près de lui en 1637.

Jehan Bruley.

JEHAN, issu du mariage de Claude Bruley et de Claude Tusan, naquit à Bercenay-le-Hayer, le 15 novembre 1596. Il épousa, le 31 mai 1621, MARGUERITE SIMON, dont il eut onze enfants.

Cette progéniture explique la nécessité du registre où se trouvait inscrit tout ce qui avait trait à l'état civil des enfants et petits-enfants.

Aux charges qu'il tenait de son père, Jehan Bruley ajouta, comme l'indique son tombeau, celle de procureur fiscal à Pouy. Il fut aussi maire du Mothoy.

Il mourut le 2 novembre 1668, à l'âge de 72 ans, ainsi que le constate d'ailleurs son acte de décès.

Sa femme aussi repose auprès de lui dans l'église paroissiale. Ils ont fondé à perpétuité deux messes qui se célèbrent encore actuellement à Bercenay-le-Hayer, les 20 juillet et 9 août de chaque année. La fabrique de la paroisse a conservé religieusement leurs testaments.

Le premier de ces actes m'a paru intéressant par sa forme et l'ensemble de ses dispositions. Sa lecture a été même pour moi l'occasion des plus salutaires réflexions, notamment en ce qui concerne la nécessité de se tenir prêt à quitter la vie :

Voici d'ailleurs ce document :

« *In nomine Domini amen.*

« Pardevant moy Jean Bonnegent, prestre, curé de Bercenay-le-Hayer, y demeurant, fut présent honorable homme Jean Bruley, procureur fiscal dudit Bercenay, y demeurant, soussigné, estant au lict malade, sain toutefois d'esprit, de bon propos, mémoire et entendement, comme il m'est apparu et aux témoins y dessous nommés, lequel connaissant et bien considérant n'y avoir rien en ce monde plus certain que la mort et rien moins certain que l'heure d'icelle, ne voulant décéder sans préalablement tester, a fait nommer et ordonner son testament et résolutions des dernières volontés en la forme et manière qu'il s'en suit.

« Premièrement il désire et ordonne que toutes ses dettes

claires et connues soient payées, ses fautes amendées, demandant pardon à Dieu de bon cœur de tous ses péchés et à tous ceux et celles qu'il peut avoir offensés, comme il pardonne à tous ceux et celles qui le peuvent avoir offensé en quelque manière que ce soit.

« Nous a dit avoir fait un vœu à Notre-Dame-de-Liesse, ne l'ayant accompli de son vivant, prie sa femme le faire ou faire faire après sa mort.

« Lorsqu'il plaira à Dieu de séparer son corps d'avec son âme, la recommande à toute la cour céleste du Paradis, et particulièrement à la glorieuse Vierge Marie qu'il a toujours tenue pour son advocate et implorée à son secours en toutes ses adversités.

« Désire, si faire se peut après sa mort, que son corps soit conduit en procession en l'église du dit Bercenay pour y estre inhumé au lieu où reposent les corps de ses prédécesseurs, et y faire les prières accoutumées, savoir : *Vigiles* à neuf leçons, les *Laudes*, le *Vexilla* et autres prières, et qu'il soit fait un service de cinq messes hautes du Saint-Esprit, de la Sainte-Trinité, du Saint-Sacrement, de la Vierge et des trépassés à laquelle sera porté pain et vin, auquel service il prie ses parents et amis d'assister et prier Dieu pour les remèdes de son âme.

« Désire aussi que douze pauvres assistent à la dite procession, au dit service et à son enterrement, auxquels sera baillé à chacun d'eux un bichet seigle et que le luminaire de la dite Eglise soit allumé pendant ledit service; et, pour être offert, qu'il soit baillé aux marguilliers deux livres de cire et qu'il soit (*illisible*) dix sols et baillé à chacun (*illisible*) de ladite Eglise la somme de cinq sols, le tout à une fois payé seulement.

« Sera aussi payé aux dits marguilliers la somme de soixante sols pour l'ouverture de la terre.

« Au bout de l'an sera fait un pareil service que celui y dessus, ne désirant qu'il en soit fait autre, remettant à la volonté de sa femme et de ses enfants de faire faire tel luminaire et telles autres prières qu'il leur plaira pour les remèdes de son âme.

« Il sera dit tous les dimanches pendant l'an de son décès, à l'issue de la grande messe, sur sa fosse, un *Libera* avec le répons *Créator omnium Rerum* et le *De profundis* avec les collectes accoutumées et sera porté pain et vin à l'offrande par chacun dimanche pour la rétribution des dites prières.

« *Item* laisse à la fabrique de la dite Eglise une rente annuelle à lui donnée par les enfants de Nicolas Fariolle et deffuncte Marie Henry, sa femme, vivants héritiers de deffuncte Marguerite Bruley, montant à la somme de quarante sols pour chacun an, à charge que tous les ans à perpétuité et à toujours, le neuvième jour d'août, jour du décès de feu son père (que Dieu absolve), il soit dit et célébré en la dite Eglise, à la diligence des marguilliers, une messe basse des trépassés avec un *Libera* et les répons comme dessus, un *De profondis* et les collectes accoutumées et sera payé au sieur curé pour la dite messe et autres prières la somme de dix sols tournois, et le surplus de la dite rente appartiendra à la fabrique.

« Et sera le dit sieur curé et ses successeurs à toujours prié d'advertir au prosne de la messe paroissiale par chacun an, le dimanche auparavant le jour que la dite messe se célébrera, afin que ses parents et amis en soient advertis et qu'ils y puissent assister et prier Dieu pour les remèdes de son âme, de quoi il les exhorte.

« Si à l'advenir on racheptait le principal de la dite rente, il désire que les deniers soient employés en un fonds vallant toujours ladite somme de quarante sols de rente, ou baillés à rente à autres personnes, et s'il faut un supplément pour faire jusques à ladite somme de quarante sols de rente, ses héritiers les fourniront ; à quoy il affecte tous ses biens afin que ladite rente ne soit diminuée ny les prières différées.

« Il désire qu'il soit fait une épitaphe dans un tableau de bois dans lequel sera escrit ce qui est escrit au petit billet escrit de sa main, et qu'il soit plasqué à la muraille à l'endroit de la fosse de ses prédécesseurs et luy.

« Il conjure tous ses enfants de vivre en bonne et saincte union les uns avec les autres, et qu'il plaise à Dieu leur donner sa saincte bénédiction ; qu'ils respectent et obéissent à sa femme leur mère et Dieu les bénira.

« Et d'autant que Marguerite Bruley, sa fille, femme de Gabriel (*illisible*) n'a pas eu pareil advantage, lors de son mariage, que les autres enfants, il désire qu'elle prenne par préciput et avant aucun partage faire, une rente de la somme de cent livres tournois en principal; qui lui tournera en nature de propre, et le surplus de tous ses biens se partagera également entre elle et ses frères et sœurs. Et si en faisant lesdits partages, ils avaient quelque différend entre eux (que Dieu ne veuille), qu'ils s'en rapportent à leurs amis, sans procès, et qu'ils suivent l'advis de máistre Claude Maralat, advocat à Sens, le suppliant de ne leur desnier son assistance.

« Quant à l'estat de ses affaires, il se faut régler sur ce qui est escrit en ses livres et en ses papiers qu'il affirme devant Dieu estre véritables ; et, s'il se trouvait que il eust obmis à escrire quelque chose, qu'il ne soit fait de tort à personne, n'en ayant jamais eu la volonté.

« Pour lequel testament y dessus exécuté, il prie sa femme et ses fils de le faire accomplir de point en point, selon sa forme et teneur, comme estant sa résolution et dernière volonté.

« En témoin de ci, j'ai signé ces présentes, qui furent escrites et passées en la maison dudit testateur, le deuxième jour du mois de novembre mil six cent soixante-huict, lequel testament a été dicté et nommé par ledit testateur et, depuis, luy a esté lu et relu en présence de Anthoine Bruley, greffier de la justice de Berconay, et Charles Doué, boucher, demeurant audit Berconay, qui ont signé avec ledit Bruley testateur.

« Signé : Bruley, Charles Doué, A. Bruley, Bonnegent, prêtre. »

Jehan Bruley mourait peu d'heures après.

Ses volontés ont été pieusement exécutées et ses descendants se sont pénétrés de cet esprit d'union et de concorde qu'il leur avait recommandé avec tant de raison.

J'ai dit que JEHAN BRULEY avait eu onze enfants. Nous descendons du septième d'entre eux. Il se nommait aussi JEHAN.

Sur les dix autres, trois seulement ont laissé postérité.

Ces trois branches collatérales ont été formées par deux filles, qui se sont mariées dans les environs, et par le fils aîné qui se nommait PAUL. Il était né à Bercenay-le-Hayer, le 4 février 1625. Il hérita de la charge de procureur fiscal à Bercenay-le-Hayer et mourut le 1er février 1670.

Les descendants de ces trois branches se sont dispersés à Paris et en Champagne. Toutefois, notre nom patronymique n'est plus porté à Bercenay-le-Hayer. Des rejetons de notre famille s'y trouvent encore ; ils ont su conserver les honorables sentiments de leurs ancêtres.

JEHAN BRULEY, notre auteur, second de ce nom, naquit à Bercenay-le-Hayer, le 14 mars 1635.

Veuf, en premières noces, de Noémie de Cyris, il épousa, le 17 avril 1684, MARIE RIVOT, à St-Maurice-aux-Riches-Hommes.

L'acte de mariage constate qu'il était procureur fiscal général de Trancault, Charmoy et autres lieux. Il fut aussi notaire et procureur en justice de Villeneuve-St-Maurice, grâce au cumul qu'on autorisait alors pour les offices publics. Il mourut en 1722.

Jehan Bruley.

PRUDENT BRULEY, son fils, dont nous descendons, naquit du second mariage, le 17 juin 1686, à St-Maurice-aux-Riches-

Prudent Bruley.

Hommes. Son parrain fut *Prudent* Rivot, son oncle maternel,
qui le mit, comme lui-même, sous la protection de saint Prudent,
patron de la province. Depuis lors un pieux usage a perpétué ce
prénom dans notre famille.

Voici sur PRUDENT BRULEY quelques détails biographiques
d'après une note laissée par son petit-fils, mon grand-père, dont
il avait été le parrain :

« Il entra très-jeune dans le corps des mousquetaires ; mais
s'étant passionné pour une demoiselle POINSIGNON, il ne put
l'obtenir qu'à la condition de renoncer à l'état militaire pour se
livrer à une profession sédentaire.

« Il quitta donc l'uniforme pour endosser la robe de Procureur
au Châtelet. Pendant quarante-cinq ans il exerça ces pacifiques
fonctions avec une grande supériorité de talent. Sa probité était
telle qu'elle lui avait valu du célèbre M. d'Argouge, lieutenant
civil, le surnom d'*honnête homme*. Cette honorable qualification fut unanimement approuvée. Aussi, malgré une longue et
laborieuse carrière, ne laissa-t-il que peu de biens.

« Il se disait issu d'une famille noble irlandaise. Son admission
dans un corps de militaires réputés officiers, fait présumer qu'il
avait fourni les preuves de cette assertion. Au surplus il n'en
tirait aucune vanité.

« De son vivant, ses enfants eurent connaissance d'un petit
registre qui contenait ces preuves, mais qui ne s'est pas retrouvé
à son décès.

« Il s'éteignit à Paris, le 15 octobre 1761, à l'âge de 76 ans, ne
laissant que quatre enfants (trois garçons et une fille) sur les
onze qu'il avait eus. Plusieurs étaient morts à l'armée, victimes
de leur bravoure trop téméraire. L'union de ces enfants était
tellement fondée sur l'estime réciproque que, d'un commun
accord, celui qui, seul, demeurait à Paris, fut chargé de liquider la succession. Tous signèrent de confiance l'acte qui en fut
dressé. »

D'une foi profonde, enclin à l'austérité, Prudent Bruley adopta la doctrine des Jansénistes. Il dut, sans doute, à sa double qualité de commissaire des pauvres et de marguillier de sa paroisse, la faveur d'être inhumé dans le caveau de l'église St-Paul, à Paris; mais, comme tant d'autres, sa tombe a subi les profanations de 1793 et n'a pu être retrouvée.

Grâce à l'inventaire dressé après son décès, j'ai pu pénétrer, en quelque sorte, dans sa maison de la rue Clocheperche, au Marais, et me rendre compte du genre de vie des habitants.

D'après l'ensemble et la description des appartements, il est en effet facile d'apercevoir quelle était l'existence de Prudent Bruley. Ses habitudes rangées, sa fortune modeste, la gravité de sa profession, ne permettaient guère que ses réceptions s'étendissent au-delà de sa famille et de quelques intimes : aussi, la salle à manger, au rez-de-chaussée, ne possédait que douze siéges ; la cave était peu garnie. Le premier étage était consacré aux affaires. C'était là que se trouvaient le cabinet du maître, sur la rue ; puis, sur la cour, l'étude affectée aux clercs ; aux étages supérieurs étaient les chambres à coucher. Les clercs logeaient chez leur patron, contrairement à ce qui se pratique aujourd'hui. Ils étaient ainsi l'objet de soins presque paternels et d'une surveillance effective. Rien dans le mobilier qui indiquât une fausse vanité : tout, au contraire, était en rapport avec la situation et le caractère des habitants. Ainsi, la bibliothèque ne se composait guère que d'ouvrages sérieux, de livres de droit, d'histoire et de religion. Ces derniers n'étaient pas là seulement pour faire nombre, car les habitudes pieuses de Prudent Bruley se voyaient à un crucifix encadré, occupant dans sa chambre à coucher une place importante. Il y avait aussi un prie-Dieu, appelé confessionnal.

Toutefois, à l'élégante simplicité des vêtements, à certains objets tels que pendules en marqueterie, appliques, glaces, tentures en cuir doré ; aux tapisseries, portières en brocatelle, gravures et tableaux qui décoraient les appartements on reconnaissait chez le propriétaire le goût des belles choses. Mais tout cela n'avait pas alors la rareté acquise depuis, car l'inventaire porte une évaluation si modique qu'elle serait actuellement dérisoire.

Au surplus ces appréciations sur le caractère et les habitudes de Prudent Bruley, appréciations tirées de l'examen de son habitation, sont justifiées par sa correspondance intime.

Voici, en effet, quelques lettres qui peignent bien son caractère. Il avait alors plus de 71 ans.

A SON FILS BERNARD-PRUDENT,

A l'occasion de son mariage.

Paris, 22 juin 1757.

« Tu me parles, mon très-cher fils, d'un état qui fait le parfait bonheur de l'homme ou son malheur et qui le met à portée de faire son salut ou de se perdre, état dans lequel on ne peut réussir sans la grâce de Dieu et s'il ne nous y appelle.

« Eût-on tous les talents, tous les avantages de la fortune et toutes les occasions de prospérer, il est impossible de le faire et de vivre tranquillement si le Seigneur ne bénit l'union. Il faut donc, absolument, le consulter et être dans la disposition de n'agir que pour sa gloire et pour notre salut.

« La diligence pour mon consentement, s'il en était question, ne manquerait pas. Plût à Dieu que les choses en fussent là : je n'aurais besoin que des noms pour envoyer, dans l'instant, ma procuration pour assister au contrat et à la célébration. Mais l'excessive disparité de fortune et de maison montée m'effraie horriblement et fait que ton mérite ne me rassure nullement sur la crainte que la démarche et l'empressement de monsieur ton ami ne deviennent inutiles.

« Je suis Procureur au Châtelet et honnête homme, Dieu merci. En cet état, la fortune est moralement et physiquement impossible.

« Nous sommes parvenus, ta mère et moi, à acquérir ma maison, qui est un objet de 35 à 40,000 livres.

« J'ai achevé de payer le prix depuis la mort de ma chère femme.

« J'ai donné dix mille écus en mariage à ta sœur ; j'ai fait effort pour ton frère de Loches, outre la pension que je lui ai promise.

« J'ai acquis le tiers d'une maison d'une valeur de 45,000 livres, seulement pour la nue-propriété, et, outre ce que j'ai payé, je dois 500 livres de rente viagère au vendeur.

« Que puis-je faire encore ou promettre ! Il faut que je vive, et je vieillis tous les jours.

« Vous avez une petite rente sur la ville, du chef de votre mère, au principal de 10,000 livres. Après cela, d'autres petites rentes. Quelle comparaison avec des biens immeubles !

» Rends grâce à ton frère, autant que je lui sais de gré. Il dit : *je consens, très-volontairement, à ce que vous me déshéritiez en faveur de mon frère.*

« Emploie, mon cher fils, tous les ressorts de ton esprit pour expliquer sans mensonge (je t'en sais incapable) et sans exagération tes prétentions et la certitude que je ne ferai point d'injustice. En un mot, use de prudence et surtout consulte Dieu : par là seulement tu trouveras des lumières et recevras les inspirations qui conduiront à terminer l'affaire de la manière qui sera convenable et dans l'ordre de la Providence.

« Je t'assure, mon très-cher fils, de la plénitude de ma tendresse. »

AU MÊME

« 30 septembre 1758.

« ..... Je te félicite et me félicite moi-même de la faveur signalée que t'accordent madame et mademoiselle de la Croix.

Je t'assure que j'en suis transporté de joie ; et si l'heureux consentement qui t'a été donné t'a été plus sensible qu'à moi, je ne comprends pas quel peut être le comble de la satisfaction. Prions le Seigneur qu'il daigne présider à ton mariage et y répandre ses saintes bénédictions.

« Tu sais que j'ai toujours eu confiance en la Providence ; et si j'ai quelque chose à me reprocher, c'est peut-être de l'avoir tentée plusieurs fois.

« Malgré l'exorbitante rareté des espèces et la détresse où je risque de me trouver, tu peux compter sur un millier d'écus.

» Je vois par tes dernières lettres que le parti n'est pas à beaucoup près si avantageux du côté de la fortune qu'on l'avait annoncé (1). Mais le sujet, l'honorable famille et le bien infini que toi et M. Pouget m'en avez dit ne sont-ils pas au-dessus de tout !

« Tu dois connaître ma façon de penser : je suis presque tenté de me réjouir de la diminution et je serais bien aise de pouvoir te donner cent mille livres et que la demoiselle n'en eût que trente. »

A SA BELLE-FILLE, NÉE VÉRON DE LA CROIX

« Paris, 10 mars 1759.

« Si votre cœur, ma bonne, ma chère, ma bien-aimée fille, dirige vos expressions, comme je n'en doute pas, tâchez, je vous supplie, et n'oubliez jamais que le mien ne saurait être démenti par ma langue ni par ma plume. J'ai été transporté de joie en recevant votre dernière lettre et mon amour-propre a applaudi

---

(1) La mort subite de M. Véron de la Croix, survenue dans l'intervalle des négociations, avait obligé de liquider à perte un important commerce avec l'Italie. On ne put même savoir ce qu'était devenue là dot préparée en vue du prochain mariage.

aux plaintes que je faisais d'être longtemps privé de la douce consolation de recevoir de vos nouvelles directes et de celles de votre mère, ma bonne et respectable amie.

« Depuis cette lettre, j'en ai reçu une de votre mari d'un style supérieurement élégant et également affectueux.

« Vous pouvez être assurée, ma très-chère fille, qu'il sait ce que vous valez ; qu'il connaît son bonheur et que son amour pour vous est fondé sur une haute estime. C'est pour moi un nouveau motif de le chérir tendrement. Il m'apprend que la famille de ma bonne amie et la mienne va s'accroître. Quel charme pour moi d'avoir des enfants de votre production. J'aime déjà cet enfant conçu (1) et je souhaite, comme fait son père, qu'il plaise à Dieu de le douer de vos qualités et de vos vertus, c'est-à-dire qu'il exauce vos prières ; car je ne doute pas, qu'en lui offrant, vous n'ayez déjà demandé sa bénédiction sur ce fruit qui m'est précieux, si Dieu me donne encore des jours. Je ne dirai pas seulement : j'ai une fille qui fait ma satisfaction ; je ne me contenterai pas de vanter ses mœurs et sa conduite ; j'ajouterai : c'est une mère chrétienne.

« En attendant, conservez-vous bien ; ménagez-vous, et faites pénitence en n'observant pas le carême, puisque vous feriez mal en suivant à cet égard votre penchant.

« Soyez bien convaincue, ma bonne fille, que je vous aime très-tendrement, très-intimement et au-delà de ce que je puis vous exprimer. »

---

(1) Prudent-Jean Bruley, mon grand'père.

A LA MÊME

« Paris, 30 décembre 1759.

« Ma très-chère et bien-aimée fille,

« Je commence par vous et vous embrasse bien tendrement, en vous témoignant l'extrême satisfaction que je ressens quand je reçois de vos nouvelles directes. C'est pour moi un plaisir toujours nouveau et toujours vif. Les souhaits que vous faites pour moi sont ce qui m'est le plus agréable dans la vie.

« L'attachement que mon bonheur me procure de votre part, contribue à la bonne santé que vous me désirez ; elle est la suite du contentement que me cause l'amitié de mes chers enfants et leur union entre eux.

« Quoique l'esprit, ni la langue du dernier qui est mon filleul et que j'embrasse aussi de tout mon cœur, ne soient pas encore développés, j'espère, qu'étant élevé dans l'attrait de cette heureuse harmonie, il en suivra les principes et les maximes, et se trouvera en état d'en goûter les délices aussitôt que la connaissance lui sera venue.

« Ce premier effet des sentiments qui lui auront été inculqués dès son enfance, lui facilitera la grande et essentielle connaissance de ses devoirs envers Dieu, puisqu'elle est dans l'ordre de sa Providence.

« Je crois inutile de vous parler de mes vœux pour vous, puisqu'ils sont pour moi-même et dans un ordre qui a le pas sur mon individu.

« Je vous embrasse encore, ma très-chère et très-bonne fille, et vous assure de toute ma tendresse.

« Et toi, mon très-cher fils, ne crains rien sur ma croyance touchant la vérité de vos sentiments et de vos vœux.

« Quand vous seriez des trompeurs, je ne m'en défierais pas, et mon illusion me flatterait toujours beaucoup. Tu conçois donc qu'il s'en faut tout que je vous impute ni déguisement, ni affectation, ni effort des devoirs de bienséance. Or le contraire de tous ces motifs est une position bien flatteuse.

« Je n'ai rien fait pour que ma vieillesse soit honorée de tant d'agréments. Dieu en soit béni ! Priez-le qu'il me fasse la grâce d'en faire l'usage que je dois. Vous y êtes intéressés, puisque tout nous est commun. Mon amitié pour vous est sans bornes. »

Pour achever de faire connaître Prudent Bruley, voici son testament olographe, en date du 20 octobre 1756.

« Au nom du Père et du Fils et du Saint-Esprit, amen.

« Je me mets en la présence de Dieu, et l'adore en toute humilité. Je lui demande très-humblement pardon de mes péchés et lui demande miséricorde par les mérites infinis de la passion de Jésus-Christ, mon Sauveur, et par l'intercession de la très-sainte Vierge, de mon bon ange, des apôtres saint Pierre et saint Paul, de saint Prudent, mon patron, et de tous les saints et saintes.

« Je rends grâce à Dieu de m'avoir fait naître dans la religion catholique, apostolique et romaine, dans le sein de laquelle je veux mourir ; de m'avoir inspiré du respect pour les vérités de cette sainte religion et de l'horreur pour les nouveautés profanes qui les combattent.

« J'ose supplier (quoique indigne) la majesté divine d'en hâter la proscription que je suis aussi certain qui arrivera que si je le voyais actuellement.

« J'ordonne qu'il soit dit par M. l'abbé Jouvet, prêtre habitué à St-Gervais, à son défaut par M. Ducandal, de St-Paul, ou M. Cuzac, de St-Gervais, un annuel de messes, sans que l'un de ces messieurs qui l'acquittera, ou un autre prêtre qui sera indiqué, soit gêné pour monter à l'autel, ni pour les ornements, non plus que les messes d'*obiit*, en un mot les messes à mon intention qu'il célébrera pendant une année, pour lequel annuel sera donné quatre cents livres.

« Je lègue à ma nièce Flisot, religieuse, cinquante livres de rente viagère qui lui seront payées sur ses quittances, sans que mes biens reçoivent de la présente disposition aucune affectation, ni qu'elle ou son monastère puissent en empêcher la vente et aliénation, ni s'y opposer.

« Je veux qu'il soit dit cinquante messes basses pour le repos de mon âme et de celle de ma très-chère femme, pour la rétribution desquelles sera payé cinquante livres.

« J'exhorte mes chers enfants à prier Dieu tous les jours pour moi et pour leur respectable mère.

« Je lègue à chacun des domestiques qui seront à mon service au jour de mon décès et au laquais de mon fils, cent livres, une fois payées.

« Il sera distribué aux pauvres immédiatement après mon décès, soixante-douze livres, dont vingt-quatre livres à une pauvre femme qui vend des bouquets ou des herbages, principalement les dimanches et fêtes dans la matinée, rue des Prêtres, proche la rue des Jardins.

« J'ai encore bien des actions de grâce à rendre à Dieu de la sincérité des sentiments et de la tendresse de mes enfants envers moi et de l'union qui est entre eux. J'espère qu'elle ne sera jamais altérée.

« Mes enfants peuvent s'en rapporter à leur frère (1) qui demeure avec moi pour le prix de ma pratique, s'il la garde, ou pour s'en défaire, ainsi que de la charge. Je connais sa très-exacte probité dont je bénis le Seigneur.

« Les choses bien examinées, je crois qu'il ne peut y avoir rien à répéter, ni en faveur de mes enfants contre ma succession, à cause de leurs revenus et tout ce que j'ai touché de leur bien ; ni contre eux, en faveur de ma succession, à cause des dépenses que

---

(1) Jean-Germain Bruley, qui était, en même temps que son père, procureur au Châtelet.

j'ai faites pour chacun d'eux. J'entends donc qu'ils partagent la succession de leur mère en l'état qu'elle est avec les fruits tels qu'ils en seront dûs à mon décès. S'il y a quelque inexactitude dans les compensations que je viens de faire, c'est à l'égard de mon fils aîné. C'est pourquoi je lui fais un prélegs de trois mille livres.

« A l'égard de ma fille, j'entends que les trente mille livres que je lui ai données en dot soient totalement imputées sur ma succession et je l'en fais légataire. Vraisemblablement elle s'y tiendra, à moins que des événements inattendus, pendant le cours des jours qui me restent à vivre, ne changeassent ma fortune. Le surplus de mes biens, s'il n'y a pas d'accroissement, sera distribué entre mes trois fils également, le prélegs en faveur de mon fils aîné ayant eu son effet. A l'effet de quoi je les institue légataires universels ; et s'il se trouvait dans ma succession de quoi égaler mes trois fils à la dot de leur sœur, elle partagerait les legs universels avec eux, imputation faite sur sa part des trente mille livres par elle reçues. »

« Fait à Paris, le 20 octobre 1756.

« Signé : BRULEY. »

BERNARD-PRUDENT BRULEY, dont nous descendons, était l'aîné des quatre enfants laissés par Prudent Bruley. Il naquit à Paris le 23 février 1715. Entré au collége Duplessis, il y fit de brillantes études. Placé ensuite dans l'administration des Domaines, il vint à Tours en qualité de secrétaire de l'Intendance. Il était parvenu jeune à une Inspection et allait être nommé Directeur, quand de précoces infirmités le firent renoncer à la carrière.

Il avait épousé, en 1758, Catherine Véron de la Croix, dont la famille habitait le Mans et occupait une haute situation industrielle. Elle était à la tête de l'importante fabrication d'une étoffe

Bernard-Prudent
Bruley.

dite *Véronne*, à laquelle elle avait donné son nom et qui était alors fort répandue en Italie.

Un oncle de madame Bruley, M. Véron de Forbonnais, a laissé des ouvrages fort estimés sur les finances. Il devint inspecteur général des monnaies et mourut, en 1800, membre de l'Institut.

J'aurai à reparler plus tard de madame Bruley à l'occasion de son fils, mon grand'père.

Bernard-Prudent a laissé d'assez nombreux écrits tant en vers qu'en prose et d'importantes œuvres musicales. Ces ouvrages sont restés inédits.

On conserve à la bibliothèque de la ville de Tours le manuscrit d'un divertissement en deux actes intitulé : *Apollon et Cyrène*, dont il avait composé les paroles. Le célèbre organiste de St-Martin, J.-B. Dupré, s'était chargé, en 1771, de la partie musicale, ainsi que l'indique une note de Dupré même à la page 168.

Un autre exemplaire de cet ouvrage est dans mes papiers de famille.

Bernard-Prudent Bruley a laissé, en outre, des opérettes, des vaudevilles, des ballets, des romances et chansons dont il a fait les paroles et la musique, entraîné comme tant d'autres par cette passion théâtrale qui avait alors envahi les hautes classes de la société. Cette soif de plaisirs, cet enivrement de gaîté, ce badinage perpétuel qui caractérisent en France la majeure partie du xviiie siècle, s'aperçoivent dans toutes les œuvres de Bernard-Prudent Bruley.

Mais la publication de ces écrits répondrait peu aux dispositions plus sérieuses de notre époque. Faut-il en outre avouer que leur ton et le choix des sujets se ressentent trop du voisinage de la Régence.

Toutefois, ces inconvénients n'existeraient pas pour un recueil de maximes et de pensées réunies à l'imitation de nos meilleurs moralistes ; on y reconnaît le véritable caractère de l'auteur. Au surplus, ses connaissances variées, sa parfaite éducation, le brillant de son esprit avaient fait de M. Bruley l'hôte indispensable de tous les salons. Leur entrée lui avait été facilitée aussi par sa charge de Président Trésorier de France au bureau des finances de la généralité de Tours, charge dans laquelle il avait succédé, en 1774, à M. de Laveau, oncle de sa femme. Cet office conférait la noblesse aux descendants du titulaire.

Bernard-Prudent Bruley mourut à Tours le 27 mars 1787, ne laissant qu'un enfant ; Prudent-Jean Bruley, mon grand'père.

Si la nature de ce travail m'empêche de faire connaître autrement les œuvres littéraires de Bernard-Prudent Bruley, il n'est pas néanmoins sans intérêt de reproduire ici le portrait de l'auteur, tracé par lui-même, pour une dame de ses amies, et de le faire suivre, pour le compléter, de la réponse de celle-ci. Voici le premier de ces morceaux qui donnent une idée de ce qu'étaient les joutes auxquelles se livraient alors les beaux esprits :

« C'est un principe constant qu'il ne faut jamais parler de soi-même. L'amour-propre y trouve toujours son compte dans le bien et dans le mal qu'on en peut dire. L'on conviendra d'un défaut réel pour mettre une vertu d'emprunt dans un plus beau jour. L'ignorant se plaindra de sa mémoire ; le jaloux se dira délicat ; l'emporté sera susceptible sur le point d'honneur. Ainsi, chaque vertu ou chaque vice ayant différents point de vue, le libertinage est volupté ; l'humeur bourrue est franchise ; l'étourderie est enjouement ; la paresse, un doux loisir. Enfin les vices grossiers ne seront plus que de légers défauts ; les défauts, des faiblesses ; les faiblesses, la suite d'une bonne qualité ou peut-être d'une vertu.

« A quoi aboutiront, me direz-vous, toutes ces réflextions ? à vous taire sur votre compte ? Point du tout : c'est à parler de moi ; tant il est vrai qu'il ne suffit pas toujours de voir les écueils pour les éviter. Vous allez voir mon portrait, puisque vous l'exigez ; il y a déjà quelque temps que je l'ai fait et je m'étais bien promis de le laisser éternellement au cabinet. Je vous préviens qu'il est sincère, et j'appréhende que vous ne le preniez au pied de la lettre. Je me repens de vous avoir parlé de cette folie et je crains d'être la dupe de ma complaisance.

« A quoi bon en effet vous dévoiler des défauts que votre amitié a bien voulu ne pas voir ou excuser jusqu'à présent ? Serait-ce pour me faire un mérite de ma sincérité ? Assurément j'aurais tout à perdre et rien à gagner dans un pareil projet. Quel est donc mon dessein ? C'est ce que je ne puis vous dire. J'écris au hasard et peut-être entre-t-il autant d'amour-propre que de complaisance dans mon projet : il faut que ce péché soit bien séduisant. — Mais c'est assez moraliser ; passons au portrait. Je vous le copie ici, sous un autre nom.

« Je ne dirai rien du visage ni de l'extérieur de notre ami...... Vous le connaissez ; il suffira de savoir que ses traits, presque tous irréguliers, forment néanmoins un tout qui n'a rien de beau ni de choquant.

« Son caractère est assez liant mais paraît n'être pas décidé. Il semble qu'il ne tire rien de son propre fonds et qu'il ne fait que se prêter aux façons de penser des personnes qu'il trouve sur son chemin. Aimant la nouveauté ; capable de prendre de bonnes comme de mauvaises impressions, et de faire le bien et le mal par compagnie. Facile à l'excès ; n'aimant pas à demander, moins encore à refuser. Prévenant indifféremment tout le monde ; se laissant aisément prévenir. Admirant tout, estimant peu de chose ; rêveur sans réfléchir, sérieux sans être plus sage, et quelquefois enjoué par étude. Aimant les gens amusants, entreprenant peu de le paraître, y réussissant encore moins. Indiscret sur son compte, impénétrable sur le secret d'autrui. Amoureux par contenance, constant par entêtement, jaloux par amour-propre. Trop voluptueux pour n'être pas délicat ; aimant à se satisfaire, haïssant la brutalité ; ne laissant jamais ses plaisirs étouffer sa délicatesse, ni sa délicatesse altérer ses plaisirs. Aimant bien ses amis, charmé de leur être utile, n'étant pas fâché qu'ils s'en aperçoivent, mais n'aimant pas à essuyer des remerciements ou des louanges en face. Moins confus de se voir prévenir ou vaincre en prévenances, que sensible au peu d'égard qu'on témoignerait des siennes.

« Quant à l'esprit, il est aussi difficile d'en porter un jugement certain que de son caractère. Tel croit entrevoir chez lui de la pénétration, quelquefois même de la saillie qui ne lui trouvera pas, par la suite, l'esprit le plus ordinaire, même celui que donne l'usage du monde. Facile à persuader ; persuadant rarement. Son langage est assez concis, quoique cherchant souvent l'expression qui le fuit presque toujours.

« Embarrassé dans de petites choses, se tirant quelquefois
plus heureusement des difficiles ; aimant naturellement les gens
savants, n'étant pas fâché de le paraître ; mais trop paresseux
pour le devenir. »

Voici maintenant la réponse :

« Vous êtes, monsieur, un fort bon ami et un très-mauvais
peintre. Pardonnez-moi si ma critique s'étend quelquefois jusqu'à la satire. Je suis si peu maîtresse de ma vivacité, quand j'ai
pour objet l'intérêt d'un ami dont le mérite a fait chez moi une
impression si forte, que je ne saurais me défendre d'opposer à
votre mauvais goût un raisonnement qui vous plaira peu, mais
qui vous convaincra, j'ose m'en flatter, sur l'erreur où vous
êtes sur le compte de notre ami. Je n'emploierai, pour justifier le
jugement peu ménagé que vous en avez porté, que des caractères
qui lui sont ordinaires ; et le tableau que je vais tracer, sans art,
paraîtra à tous les connaisseurs d'après nature.

« Il est inutile de faire valoir la régularité de ses traits : c'est un
homme à qui la nature a accordé la figure la plus aimable, une
douceur, une politesse, mêlées dans sa physionomie relevée
d'un je ne sais quoi si fin et si piquant, que les personnes les plus
froides sont frappées de ses grâces. Ses yeux sont beaux, pleins
de vivacité et, comme les peintres fidèles de son âme, ils en représentent visiblement tous les mouvements qui sont grands,
nobles, élevés, et qui le portent toujours aux meilleures choses.
Je ne lui trouve que ce seul défaut, c'est qu'il est jeune et que je
désirerais lui voir quelquefois oublier cette raison, souvent importune dans un âge qui semble fait pour les plaisirs, mais
qui l'accompagne partout. S'il l'écarte quelquefois, c'est à l'occasion de ses amis qu'il loue sans modération ; mais veut-on lui
faire sentir ce qu'il vaut : il devient inaccessible ; toute louange
lui est suspecte, quelque ménagement qu'on apporte pour la
lui faire supporter. Sa modestie sur ce point est outrée.

« Je voudrais un goût plus délicat et des expressions plus fortes
pour vous bien parler de son esprit. Entendez-le un quart
d'heure, il vous en fera plus sentir que tous ses panégyristes ne le
pourraient faire en trois volumes : je n'ai pas connu de génie si

heureux. Susceptible des bonnes impressions seulement et jamais des mauvaises, toutes les avenues de son imagination sont fermées à l'erreur. Toujours juste dans ses pensées, dans ses expressions, qui ne lui manquent jamais, qui est-ce qui possède mieux que lui le talent de la parole ? Il emploie trois mots pour rendre une pensée qui est jolie, ce que les autres ne peuvent faire en moins de quatre phrases, encore se trouve-t-elle défigurée. Sa pénétration prévient toujours ce qu'on va lui dire. Son imagination est aisée, heureuse ; sa réplique est prompte et toujours juste ; et dans les choses particulièrement où il faut de la saillie, il est rare d'en entendre d'aussi brillantes que celles qui partent de lui.

« Je lui crois, comme vous, le cœur d'une trempe assez tendre pour sacrifier ses plus chers intérêts, mais trop sage pour ne savoir pas les dispenser à propos et conditionnellement au mérite et à l'amitié dont on se rend digne vis-à-vis de lui. Il est naturellement si poli, qu'il ne lui coûte rien de prévenir tout le monde ; mais pas toujours d'inclination. Il est sensible aux égards et aux attentions qu'ont pour lui les personnes recommandables par leur mérite ou par leur rang ; mais moins par le désir des prévenances, que par le tort qu'il craint qu'ils ne se fassent à eux-mêmes en y manquant. Il a l'âme trop belle pour quêter un bienfait ; mais il n'est pas assez indifférent pour le refuser quand il est digne de lui.

« Que je vous veux de mal de ne pouvoir trouver à redire sur ce point-ci : *il admire tout et estime peu de choses.* Si je l'eusse point avant vous, je l'aurais aussi bien rencontré que vous. Cela mérite néanmoins une restriction : c'est que, assurément, il y a si peu de choses estimables dans le monde, qu'il faudrait renoncer à son commerce si l'on ne louait que ce qui mérite de l'être ; et je sens que cette faiblesse que nous avons d'admirer ce qui souvent est si peu digne de l'être, est liée aux devoirs de la vie civile. On peut s'écarter de ces règles, mais non pas les violer ; car ce serait courir risque, sous prétexte de sincérité, de déplaire aux personnes que nous fréquentons ; notre ami se trouve dans les justes bornes de cette pratique.

« Il est assez sérieux et réfléchit beaucoup ; mais jamais sans succès. Il est enjoué, à propos, et particulièrement quand il se trouve avec des personnes qui le sont. Sa gaîté est aisée, vive, naturelle, pleine de saillies qu'il n'appartient qu'à lui de rendre dans un goût à faire rire les plus prudes et à satisfaire les plus délicats. Sur l'article de ses amis, je lui crois le cœur d'Alexandre pour Ephestion et toutes les inclinations aussi royales que lui.

« Il est trop délicat et trop sensible pour n'être pas amoureux. Il a le goût si fin, qu'il ne se trompe jamais dans le choix qu'il fait. Je lui en ai vu faire un bien digne d'envie : jamais on n'a vu deux personnes si bien faites l'une pour l'autre. Il me paraît si sûr d'avoir bien rencontré, qu'il ne changerait pas d'objet pour une couronne, quand vous-même la lui viendriez offrir.

« *Ne laissant jamais le plaisir étouffer sa délicatesse, ni sa délicatesse altérer ses plaisirs* : c'est malgré moi que je ne vous contredis pas ; mais je n'aurais pu que goûter des traits si ressemblants.

« On peut même ajouter que les discours, les plus ordinaires, il les traite avec tant de grâce et de légèreté, qu'il les rend intéressants, sans qu'on puisse bien dire ce qu'on vient d'entendre ; mais seulement on demeure surpris de voir tant d'esprit.

« Il aime les gens savants, et lui-même l'est beaucoup et a toutes les dispositions convenables pour le devenir davantage. Il excelle surtout dans la connaissance des vers et en fait de fort jolis, quand il veut s'en donner la peine.

« Si mon pinceau ne s'arrêtait ici sous ma main trop pesante et peu accoutumée à tracer des traits si délicats, j'aurais encore bien des couleurs à mettre en œuvre ; mais je crains d'échouer tout-à-fait dans un ouvrage que je n'ai qu'ébauché. Cependant qui l'aura vu deux fois le reconnaîtra aisément à ce tableau. »

Ce second portrait, inférieur peut-être au premier, comme peinture, est néanmoins très-ressemblant, si j'en crois la tradition. Mais s'il est vrai que *le style soit l'homme* (surtout lorsque l'écrit n'est pas destiné à la publicité), voici quelques lettres intimes de Bernard-Prudent Bruley qui le feront encore mieux connaître. Elles sont, en tous cas, intéressantes non moins par les sentiments que par le style.

A SA FEMME

« Tours, 4 décembre 1758.

« Tu me dis, ma chère et bonne amie, que tu crois tous les Bruley du monde ensorcelés : franchement je suis presque tenté de le croire aussi. Je dirai plus : c'est que quelquefois il m'est venu en tête que tous ces gens-là t'aimaient autant que moi. Cela serait fort ; mais on le jugerait ainsi par leurs lettres.

« Je ne veux pas te les envoyer de peur de te gâter ; et un grand philosophe qui ne s'est jamais marié (ou qui s'est mal marié apparemment), dit qu'il ne faut pas gâter sa femme.

« Mais de cet engouement général de ma famille je tire un argument contre ton opinion trop modeste sur ton compte. Le voici : les Bruley, Dorigny et autres ne sont pas tout à fait des sots ; ils ont vu leur petite sœur, ils en sont amoureux : *Ergo* d'autres plus sots qu'eux peut-être la verront et l'aimeront aussi ; *ergo*, madame a tort et sa modestie radotte. On t'aimera : c'est moi qui t'en assure ; et moi seul je t'aime et t'aimerai plus que tout l'univers ensemble.

« Envoie-moi donc, le plus que tu pourras, de ces *chiffons* de lettres que je trouve charmantes et qui, seules, peuvent adoucir le chagrin que j'ai de ne pouvoir t'assurer moi-même de l'amour le plus vif et le plus constant qui fut jamais. »

A LA MÊME.

« Tours, 22 janvier 1759.

« On vient de me faire part d'une petite nouvelle qui m'a beaucoup fait rire et qui te divertira peut-être.

« Quelque bonne âme, que tu devineras si tu peux, a semé (ou tâche de semer) que le motif qui t'avait empêchée de te répandre dans cette ville ailleurs que dans ta famille, était ma jalousie. On a fabriqué une histoire sur notre dîner à l'hôtel Saint-François et on prétend que je t'ai amenée à cette partie fine pour éviter un grand dîner où nous étions priés l'un et l'autre. C'est aussi par cette raison que j'ai été chercher la maison du cloître, etc..... Pauvre petite femme, que je te plains : tu as donc un mari jaloux ! Tu ne méritais certainement pas un pareil sort.

« J'aurais mis mon cou à couper que ton mari devait t'aimer de tout son cœur, t'estimer et travailler uniquement à faire ton bonheur, comme tu feras toujours le sien. Vois combien je me trompais : Au lieu de ce mari content, heureux, tendre, tu n'auras plus qu'un persécuteur qui ne dormira que d'un œil, qui t'aimera comme les autres haïssent. Encore une fois, je te trouve vraiment à plaindre. — Cette belle histoire n'a cependant pas fait fortune. On en a ri, et l'auteur en est désespéré. Quand il en crèverait de chagrin, je crois que la société n'y perdrait guère !.. »

A LA MÊME

« Tours, 29 janvier 1759.

« Maintenant que je sais, ma chère amie, combien une lettre te coûte à faire, je ne puis te dire combien je te sais bon gré de ton exactitude à me donner de tes nouvelles à chaque ordinaire. Je les attends avec une impatience et je les reçois avec un plaisir qui te feraient peut-être abjurer pour jamais ta paresse si tu en étais témoin. Tu as beau dire qu'elles contiennent toutes la même chose : elles me donnent toujours des nouvelles de ta santé ; et ce chapitre, qui ne saurait vieillir, m'intéresse à toutes les heures du jour. Je suis même si chatouilleux sur cet article, que j'en viens quelquefois jusqu'à soupçonner ta bonne foi et à craindre de trop prendre au pied de la lettre ce que tu m'annonces à cet égard.

« Cette gravité, qu'on te reproche, me parait déplacée, quelque obligeant pour moi qu'en soit le motif ; et je trouve que l'on a grande raison de t'en faire la guerre. Mais ce sera toujours inutilement qu'on le fera, tant que tu ne t'aideras pas un peu et que tu ne voudras pas te prêter à la société. Voici le temps qu'elle est plus vivante que jamais ; et une lettre de ta part qui contiendrait un détail de tes plaisirs, m'amuserait plus que tous ceux que je pourrais prendre moi-même....... »

A LA MÊME

« Tours, 2 avril 1759.

« Jamais, ma chère et bonne amie, je n'ai trouvé tant de jours dans la semaine et tant d'heures dans le jour que depuis que je vois quel temps, à peu près, pourra être employé à te répéter sans cesse que je t'aime et que je t'aimerai toute ma vie.

« Ta santé se rétablit donc ; que de plaisirs à la fois ! sans doute que tu es devenue encore plus hérétique en médecine que tu ne l'étais ; et, pour cette fois, je ne puis t'en blâmer.

« Je n'ose te parler de gaieté dans un moment où tu ne vois presque que des personnes affligées : ce n'est pas là le moment, je le sais, de laisser monsieur et madame Desgranges livrés à leur douleur. Mais, cependant, prends garde que cela ne t'affecte trop. Le noir qui doit régner dans vos conversations et la circonstance de la semaine sainte, qui est assez triste par elle-même, ne laissent point de me faire quelque peine.

« Je te vois, d'ici, passer bien des heures de la journée à assister à des offices lugubres (peut-être toujours à genoux, chose que je crains beaucoup), et revenir au logis pour tenir des conversations plus lugubres encore. Je t'assure que cette idée aurait peut-être avancé mon voyage, si mes affaires me l'eussent permis, ou, plutôt, si je n'avais craint de te contrarier. Tu veux être libre cette semaine ; et je te la laisserai tout entière. Je ne compte pas le samedi car on a déjà chanté *Alleluia*. Ainsi, nous n'aurons qu'un grand jour de dévotion. Tu m'édifieras : j'en aurai bien besoin ; et je resterai ainsi, tant que tu voudras, à l'église. Les autres jours, s'il fait beau, qui nous empêchera d'aller voir les Ruelles ? (1) Nous y avons un bras cassé à panser. Ce sera une bonne œuvre de faite chemin faisant. »

(1) Propriété qu'habitait Mme Véron de la Croix, aux environs du Mans, sur la route d'Alençon, et qui a été plus tard la maison de campagne de l'Evêché. Elle ne l'est plus aujourd'hui.

A LA MÊME

« Tours, 11 mai 1759.

« Plus je lis tes lettres, ma très-chère femme, et plus je ressens de satisfaction. Je commence à croire que c'est tout de bon que tu aimes ton mari ; et, sans me persuader que je le mérite davantage, je me trouve dans le cas de m'applaudir d'une conquête qui, seule, pouvait faire mon bonheur et à laquelle je n'osais presqu'aspirer. Je m'étais prescrit la loi de mériter ton estime et de partager avec toi le bonheur que tu répands sur ma vie, en contribuant au tien autant qu'il dépend de moi. Je savais bien que, pour un cœur bien placé comme le tien, mes soins ne seraient pas tout à fait inutiles et que tu me saurais gré de ma bonne volonté. J'ai obtenu plus que je n'osais presque prétendre : tout l'amour que je te porte est payé du plus sincère retour ; je suis aimé quand je n'aspirais qu'à me faire estimer.

« Que ne dois-je pas à de si tendres sentiments ; et juge combien mon amour doit s'augmenter par cette réflexion : ce n'est plus au devoir seul, c'est à toi que je dois un bonheur si réel. Je n'ai plus d'autre plaisir au monde que de te renouveler, à chaque instant, le serment de t'aimer jusqu'au dernier soupir.

« Juge, chère amie, combien doit me flatter le projet, que tu nourris au fond de ton cœur, de vivre ensemble loin du bruit, du tracas du monde, et de n'avoir pour témoin de ma fidélité que l'objet qui me la procure.

« Je ne me sentais pas la moindre inclination pour la campagne ; la plus riante m'ennuyait au bout de deux jours : je ne sais pas planter un chou ; et je ne vois rien à présent qui me flatte plus que le projet de vivre avec toi, fût-ce dans le lieu du monde le plus désert. Il me semble qu'il me paraîtrait charmant, si je pouvais t'y voir du matin au soir et t'y répéter, à chaque moment, que je t'aime et n'aimerai jamais que toi. »

A LA MÊME

« Tours, 20 juin 1759.

« Eh bien, chère amie, tout le monde te fait donc compliment sur ta bonne mine ! En ce cas je ne veux pas être des derniers à le faire ; et je crois même que tu seras bien assurée que celui-ci part du cœur. Que je voudrais bien voir cette mine et l'embrasser ! Je t'assure que je n'en ai jamais vu qui m'ait fait autant de plaisir que celle-là m'en ferait.

« Enfin ce moment viendra : voilà mon refrain ; et cette idée me rend ma gaieté.

« On m'assure que tu as recouvré une partie de la tienne : que tu es donc aimable, chère petite, d'être gaie ! Encore une bonne nouvelle comme celle-là, et je défie tous les catarrhes du monde de m'affliger d'ici à cent ans. »

A LA MÊME

« Tours, 21 juillet 1759.

« Il est donc vrai, enfin, que dans peu nous serons réunis pour ne plus nous séparer (1).

« Quelquefois je crois être à ces moments si désirés et, plein de mon objet, je te parle comme si tu pouvais m'entendre. Qui

(1) Sa femme avait été retenue au Mans par les difficultés et les lenteurs de la succession de son père mort presque subitement.

3

écouterait à ma porte en ces instants me croirait à coup sûr en
compagnie, et qui mieux est, en partie fine, car on ne parle
point ainsi à des gens indifférents. Je ferai cependant de mon
mieux pour ne pas être pris sur le fait. Le bon sens est déjà fort
rare ; et je veux, si je le puis, ne pas passer pour fou.

« Tu as bien de la bonté de ne pas vouloir qu'on arrête une
nourrice sans que je l'aie vue. Je te jure que la marchandise du
monde à laquelle je me connais le moins est celle-là. Je te dirais
bien si elle est jolie ; mais ce n'est pas ce qu'il nous faut. Plus
elle le sera, plus il y aura de risques. Ainsi, toutes mes connaissances te sont absolument inutiles. Madame St-Jean la retiendra,
La Barre vérifiera tout ce qui doit l'être, et moi je mettrai un *vu
bon*. Je suis bien heureux que d'autres veuillent bien se charger
de toute cette besogne, car je pense qu'une nourrice est plus aisée
à faire qu'à choisir. »

A SON PÈRE

« A Tours, 9 octobre 1759.

« Mon très-cher père,

« Je comptais que ma première lettre vous annoncerait la naissance d'un fils dont vous voulez bien être le protecteur et le parrain. Mais le moment fatal est attendu depuis si longtemps que
je craindrais de trop tarder à répondre aux marques de bonté
que contient la lettre que nous venons de recevoir.

« Nous sommes accoutumés à ces preuves de votre tendresse
que ma femme ressent presqu'aussi vivement que moi ; et je
n'ai d'autre avantage sur elle, à cet égard, que de l'avoir prévenue.

« C'est avec des transports de joie et de reconnaissance que nous
lisons toutes vos lettres : celle-ci nous assure du parfait réta-

blissement de votre santé, nouveau motif de joie ; et c'est, je vous l'assure, une des plus vives que nous puissions ressentir. .

. . . . Je ne vous aurais pas parlé de ceci, mon très-cher père, si vous ne m'aviez prévenu sur cet article, vu la dureté du temps.

« Cependant, comme vous l'avez prévu, j'ai un peu besoin de secours parce que, jusqu'à présent, toute la dépense faite depuis mon mariage a été sur mes crochets.

« Les retours d'Italie, où madame de la Croix a une partie de ses fonds, ne sont pas faciles et M. de Laveau, son frère et son conseil, dont je vous ai parlé plusieurs fois, a exigé de moi, quelques jours avant mon mariage, une promesse de ne rien lui demander jusqu'à ce que les Ruelles fussent vendues : quand il ne l'aurait pas exigé je l'aurais toujours fait.

« Cette tendre mère se saignerait pour sa fille et pour moi ; et il ne faudra jamais la presser quand elle sera en état. Mais je sens que, quant à présent, elle n'a pas trop de tout son revenu pour faire face à la régie de ses biens et à ses autres affaires. Mais les Ruelles vendues ou non, je suis bien sûr que tout ce qu'elle aura est à notre service. En vérité, c'est la plus digne femme que l'on puisse voir.

« Je suis avec tout le respect possible, mon très-cher père, votre très-humble et très-obéissant serviteur. »

A JEAN-GERMAIN BRULEY, SON FRÈRE, PROCUREUR AU CHATELET

« Tours, 13 octobre 1769.

« Au moyen, mon bon ami, de ce que tu as renoncé à visiter la Touraine, où tu as tant de gens qui te désirent, nous sommes réduits à traiter par écrit les affaires les plus intimes et les plus détaillées.

« Un petit voyage que St-Leu (1) vient de faire dans ce pays pour nous dire bonjour, a réuni toute la famille et nous a mis à portée de jaser de tout ce qui nous intéresse ; et tu penses bien que l'on a beaucoup regretté de ne pas voir le rameau qui nous manque réuni à l'arbre.

« De jugerie en jugerie, nous avons parlé de la souche commune et l'on s'est rappelé que cette souche avait été, dans un temps qui n'est pas fort reculé, au-dessus de la roture.

« Cette idée que j'avais emportée de Paris ne m'avait point repassé par la tête, parce que peu importe une élévation de deux pouces de plus, si ce n'est dans le parterre de l'Opéra.

« Mais les choses ne sont plus les mêmes dans la province pour un père.

« Je ne suis pas affamé, encore moins admirateur de la gentilhommerie, quoique la province en soit couverte ; mais je suis très-tenté de leurs priviléges.

« Celui des Bourgeois de Paris est aussi étendu, et ne laisse aux Parisiens aucune idée des misères que la roture entraîne avec elle.

« Ici, la taille, la collecte, le recouvrement du 20e, les voitures des troupes, la milice, les corvées, les charges publiques : guet, logements, milice bourgeoise ; que te 'dirai-je enfin : mille ennemis qui rongent un honnête homme, n'ayant pas de charge privilégiée, dans la classe des manants et qui même, le soumettant au caprice de ces manants devenus ses camarades, doivent faire naître le désir à l'homme le moins ambitieux de sortir de cet enfer.

« Mon fils appartient à deux familles honorables à qui je dois compte, en quelque sorte, de l'état que je lui laisserai.

« Malgré le silence que j'ai gardé sur mes prétentions, elles ont percé depuis quelques années ; et je t'avouerai même que l'on me sait un peu mauvais gré de mon indifférence.

« D'autre part, notre frère a deux garçons qui dans quelques années seront, comme le mien, en âge de tirer au sort de la milice avec nos laquais et nos paysans.

(1) Jacques-Prudent Bruley, son autre frère, fixé à Loches, et qu'on désignait habituellement sous ce surnom de St-Leu.

« Il a une femme qui par sa naissance est beaucoup au-dessus de l'état sous lequel il s'est présenté, et qui trouvera bien dur de voir enlever ses enfants et même de les voir humiliés.

« Toutes ces circonstances enfin ont vaincu mon indifférence, et je cède autant peut-être aux sollicitations des miens qu'à l'amour paternel en me portant à travailler du moins, si l'on ne peut mieux faire, à nous relever.

« Je suis bien persuadé que ce projet ne peut être que de ton goût : tu es père et ton fils peut un jour se transplanter.

« Marque-moi donc, je t'en prie, ce que tu penses de ce projet. Tu as tous les titres depuis la mort de notre père. Je sais à merveille que le courant des affaires ne t'a pas permis de songer aux tiennes propres ; mais le temps presse ; l'occasion est favorable, puisque nous vivons tous deux et que nous pouvons même employer des amis communs. Je me flatte d'en trouver sur qui l'on puisse compter. Mais, encore une fois, il n'y a plus de moments à perdre.

« Envoie-moi toute cette pacotille ; nous débrouillerons cela, St-Leu et moi. Nous y emploierons, s'il le faut, le d'*Hozier*, de ce pays-ci ; et tu peux être assuré que dans peu nous t'en rendrons bon compte.

« Reçois mille assurances d'amitié de ma femme pour la tienne et pour toi, avec les plus tendres embrassements de ton serviteur, frère et ami. »

A SA FEMME

« De Paris, ce dimanche matin (1774).

« J'arrivai donc, ma bonne et très-bonne femme (car il y en a encore et je n'en ai point trouvé d'autres sur ma route), j'arrivai dis-je, hier à midi, à la Barrière, par un très-bon carrosse à huit

places où, par bonheur, nous n'étions que sept. Comme j'avais eu
le bon esprit d'annoncer à mon frère par un courrier que je trouvai à Toury et qui allait, à lui-seul, plus vite que nous tous,
l'heure précise de notre arrivée triomphante; afin de trouver
mon logement tout prêt, je trouvai à la barrière une très-jolie
femme, seule dans une voiture. Pendant que je fixais la cage et
l'oiseau, un laquais, que je ne fixais point du tout, demanda à la
portière de notre *cabriolet* si M. Bruley n'était pas là. Hélas! oui,
répondis-je ; il y est en chair et en os : j'en réponds, mon ami ;
mais que lui voulez-vous ? — C'est, répondit-il, ma maîtresse
qui vous attend depuis une heure et..... Et moi de voler à la voiture, de grimper légèrement à la botte de ce joli char, de baiser
la dame de bonne grâce (je m'étais fait débarbouiller à Sceaux),
de me placer à côté d'elle et d'arriver au logis où le dîner fut aussitôt servi. Aussitôt...... pas tout-à-fait, car j'eus encore le temps
de porter à M. de Chambine des nouvelles de notre ami, qui
firent grand plaisir et me valurent, sans doute, la réception la
plus honnête.

« Je montai tout de suite chez M. de Villantroys, quoique
fait, à ce que je croyais, comme un polisson ; mais j'ignorais que
mon habit de laine tricoté est ce qu'on peut avoir de plus distingué le matin; et j'avais, sans le savoir, tout-à-fait l'air
seigneur.

« Nous eûmes hier un souper de 14 ou 15 personnes, très-gai,
très-fin et, pour convives, de fort jolies femmes et des hommes
fort aimables. Je suis déjà prié de trois soupers cette semaine.
Ainsi les heures de loisir seront très-bien remplies.

« Crois-moi, ma bonne amie, fais-en autant de ton côté et tranquillise-toi une bonne fois, si tu peux, sur le compte d'autrui. »

LETTRE A SON FRÈRE JEAN-GERMAIN BRULEY (1)

« Je me trouve maintenant un peu embarrassé sur le compte de mon fils. Il vient de sortir du collége couvert de lauriers, mais sans être, je crois, plus savant.

« Il est à présent plus haut que moi, et je crains beaucoup pour lui l'âge de 17 ans passés et l'inutilité de la province.

« Je serais désespéré de le voir, ainsi que tous les jeunes gens de son âge, faire pour unique métier l'agréable provincial, et promener son inutilité et son ennui dans toutes les maisons de la ville.

« Le genre de vie d'un oisif de profession est bien voisin de celui d'un vicieux. Jusqu'à présent, je n'ai pas eu de sujets d'alarmes à cet égard ; mais l'âge, l'exemple des autres jeunes gens, la séduction, toutes les passions enfin qui se donnent ordinairement rendez-vous dans l'âme d'un oisif... Tout cela, dis-je, m'alarme pour l'avenir ; et nous avons pensé, sa mère et moi, qu'il était bon et nécessaire même de lui donner l'habitude et l'exemple du travail.

« On nous a proposé de le mettre à l'académie d'Angers : les élèves y sont, dit-on, bien surveillés ; on leur donne toutes sortes de maîtres (en payant, s'entend).... Tout cela est merveilleux, mais ne me convient nullement.

« 1° L'académie n'est peuplée que de seigneurs français ou anglais ; et mon fils n'est point et ne sera jamais un seigneur.

« 2° Je ne connais pas de pays où le libertinage, le jeu et le ton querelleur soient poussés plus loin que dans cette ville.. Enfin, je veux que mon fils soit élevé suivant sa condition, c'est-à-dire comme l'honnête bourgeoisie, et soit mis en état d'être utile à ses concitoyens.

(1) Elle doit avoir pour date l'année 1777. Elle est relative à l'éducation de Prudent-Jean Bruley, mon grand-père.

« L'état militaire, où l'on place ici tous les jeunes gens qui ne sont point dans le commerce, ne convient qu'à la noblesse. Il ne peut donc y aspirer. Ainsi, je ne vois que la robe ou la finance. Je connais assez ce dernier parti pour ne pas le lui présenter. En sorte qu'il n'est que celui de la robe auquel il soit prudent de s'arrêter. Comme je ne sais pour s'y former de meilleure école que celle du Procureur, c'est à quoi je me suis borné. Tu connais assez tes anciens confrères pour indiquer et pour obtenir de celui que tu auras choisi une place dans son étude. *Il y sera pensionnaire*, mangera, couchera avec les autres clercs. Enfin je ne demande pour lui d'autre distinction que celle que pourront lui mériter son application et son assiduité.

« Il a le caractère liant, l'âme sensible et, je le crois, la probité héréditaire de la famille. J'ai même observé qu'il est compatissant et généreux. Je m'aveugle peut-être ; cependant je l'ai étudié avec l'attention que mérite l'importance du sujet. Je m'en séparerai à regret, ainsi que sa mère à qui j'ai eu quelque . . . . »

La suite de cette lettre manque malheureusement.

Avec quelle sage prévoyance le père préparait l'avenir de son fils !

Jean-Germain Bruley.

JEAN-GERMAIN BRULEY, frère cadet de Bernard-Prudent, reçut comme lui une éducation des plus soignées. Devenu avocat au Parlement, il fut, en même temps que son père, Procureur au Châtelet. Il fit plus tard l'acquisition d'une charge de secrétaire du Roi à Montpellier, charge qui conférait la noblesse au premier degré. C'était pour faire sortir de la roture son fils Denis-Germain, né de son mariage avec Marie-Charlotte Lepage.

Cet enfant unique, objet de la plus tendre sollicitude, avocat lui-même au Parlement, n'avait que vingt-trois ans quand il fut tué en duel, à Tours, en 1787. J'aurai l'occasion de revenir sur cet événement qui émut vivement l'opinion publique et dans lequel on vit, non sans motifs, une sorte d'assassinat.

Le pauvre père, accablé de douleur, mourut quelques mois après, tué par le chagrin.

Cette triste terminaison d'une existence jusque-là prospère ne peut manquer de donner matière à réfléchir. N'est-ce pas l'occasion de répéter que nulle destinée ne doit être réputée heureuse avant qu'on n'en connaisse la fin.

Aussi, c'est avec une sorte de serrement de cœur, qu'on relit aujourd'hui les lettres intimes qui vont suivre, lettres où cet avenir est si peu pressenti.

A SA BELLE-SŒUR, MADAME BRULEY, NÉE VÉRON DE LA CROIX

AU MARIAGE DE LAQUELLE IL VENAIT D'ASSISTER AU MANS

« Paris, 8 novembre 1758.

« Madame et chère sœur,

« Nous arrivâmes hier au soir en très-bonne santé, mais le cœur fort malade de vous avoir quittée. Pourquoi se quitter quand on est fait pour vivre ensemble; et qu'il serait doux, ma chère petite sœur, de passer ses jours avec un esprit, un cœur, un caractère tels que vous les avez !

« Je vous regarde, ma chère sœur, comme un bon ange venu dans notre famille pour récompenser les uns, édifier les autres et nous unir tous.

« Que nous penserons longtemps à ces beaux moments qui nous ont tous vus rassemblés, et que de pleurs nous verserons encore sur l'instant de notre séparation ! Arrachons-nous à cette idée cruelle, ma chère sœur, et songeons que ces peines ne viennent que du grand plaisir que nous avons de vous connaître, de vous aimer et surtout de ne vous être pas indifférents. Ainsi notre consolation est dans votre cœur. Aimez-nous donc bien, ma chère sœur ; dites-le-nous souvent; et soyez sûre de l'amitié la plus tendre et respectueuse avec laquelle je serai toute ma vie, chère sœur, votre affectionné frère et serviteur. »

À SON FRÈRE BERNARD-PRUDENT BRULEY

« Paris, 23 novembre 1758.

« Je t'ai, mon cher frère, conservé pour le dernier dans l'ordre de mes écritures pour le Mans, parce que entre nous nous ne sommes pas sur la cérémonie ; mais tu ne peux douter que tu ne sois le premier dans mon cœur.

« Je reçus avant-hier une lettre de ma chère sœur, ta femme, qui m'a paru si sensible à son veuvage qu'elle m'en a fait pleurer. Il est vrai que depuis ce charmant voyage du Mans nous avons tous les larmes à commandement. Nous ne faisons autre chose que de parler de toi, de ta femme, de sa famille, de la nôtre. Quelqu'un se rappelle une situation, un discours, un mot de sentiment : il ouvre le robinet et nous pleurons. Pourquoi donc se quitter quand on a tant de plaisir à vivre ensemble ! Je voudrais que tu nous eusses vus avant-hier à souper avec ma sœur. Chacun tirait ses lettres et en faisait lecture avec une complaisance qui approchait de l'enchantement. Il y avait deux étrangers que nous électrisâmes si bien, qu'ils versèrent comme nous des larmes de joie de toutes les amitiés que l'on nous faisait par écrit.

« Tu ne peux me flatter davantage, mon cher frère, que de me dire que j'ai fait des amis au Mans. C'est un retour que l'on m'y doit à plus des trois quarts de mon cœur que j'y ai laissés. Ta femme douce, aimable, sensible à toute mon amitié ; sa mère et ses tantes ont tout mon respect ; et ses cousines, mon admiration.

« Mais songe donc à ce tableau de se voir au milieu de tout ce monde intéressant et d'une famille faite pour s'aimer tendrement; juge donc si ce n'est pas avoir le cœur pris par tous les bouts? Non, non, jamais je n'oublierai le Mans.

« Si tu dois être veuf si longtemps, qu'importe que ta femme soit à Paris ou au Mans. Ne pouvais-tu pas arranger tout de façon qu'en obtenant la parole d'honneur de madame de la Croix de rester en ville et de ne pas s'enterrer seule aux Ruelles, ma petite sœur vint passer le carême avec nous? Nous te la ramènerions, ou tu la viendrais prendre les fêtes de Pâques ou de Pentecôte, comme tu voudrais. Si tu ne profites pas de ce temps de veuvage forcé pour nous l'envoyer, vous ne pourrez plus vous quitter quand vous demeurerez à Tours, et nous ne l'aurons pas. »

A MADAME BRULEY, NÉE VÉRON DE LA CROIX

« Paris, 5 décembre 1758.

« Madame et chère sœur,

« Nous nous sommes promis entre nous autres Parisiens de vous écrire en relais chaque semaine, afin que vous puissiez souvent recevoir des nouvelles d'un père et de frères et sœur qui vous aiment comme vous méritez d'être aimée, c'est-à-dire bien tendrement. Nous sentons le vide affreux où vous devez vous trouver à bien des égards, et nous sommes assez présomptueux pour croire que nous pourrons par une épître hebdomadaire vous tenir lieu de quelque consolation.

« Nous nous portons tous très-bien ; non pas aussi gaiement qu'au Mans (ce sont ici bien d'autres chansons), mais très-bien pour des gens occupés des embarras de Paris. Il n'y a pas de jour que chacun de nous ne vous adresse une oraison mentale dont l'hommage doit vous plaire, car il part directement du cœur. Du reste, nous sommes, comme en vous quittant, fâchés, contents,

attendris, désespérés, tristes, gais : enfin perpétuellement par-
tagés entre le bonheur de vous avoir pour sœur, et le déplaisir de
vous avoir quittée.

« Ce matin je passais en revue, ma petite sœur, toutes les dames
du Mans (dans les dames j'entends aussi ces maussades petites
cousines), et voici des vers dont ma Minerve accoucha, et qui s'a-
dressent à vous :

> Dès que pour vous s'assemblait l'hyménée
> Je compris bien que j'y verrais l'Amour :
> Mais j'en vis deux ; et mon âme, étonnée
> Dès ce moment ne fut plus occupée
> Qu'à les considérer tour à tour.
>
> Lequel des deux est l'enfant de Cythère ?
> C'est Duverger : ses yeux sont pleins de feux ;
> Mais c'est aussi la belle Gracinière (1)
> — Du Dieu charmant je reconnais la mère ;
> Mais c'est la mère à toutes deux.
>
> Du vieux Tithon amoureux de l'Aurore
> En les voyant je craignis le danger ;
> Mais je me dis : Es-tu si faible encore ?
> Pour deux beautés que tout le Mans adore
> Ton cœur peut-il se partager ?
>
> Je crus ma crainte trop légère ;
> Je m'approchai de ce couple enchanteur :
> Dieux ! que d'attraits, d'esprit, de dons de plaire !
> Par Duverger ou par La Gracinière,
> Bref, il fut pris mon pauvre cœur.

« Mais en prose, ma petite sœur, je suis un peu plus sensé ; et
je vous avouerai que je ne me donne pas les airs ni d'être amoureux, ni de prendre pour mon texte deux aussi jolis bijoux que
ceux-là. Je sais me rendre justice ainsi qu'à elles : il leur faut un
cœur plus neuf que le mien et, à chacune, un mari qui ait toutes
ses saisons. »

(1) Mesdemoiselles Véron-Duverger et Véron de la Gracinière étaient les cousines germaines de madame Bruley.

A MADAME BRULEY, NÉE VÉRON DE LA CROIX

(sans date)

« Ma chère petite sœur, j'ai reçu vos pruneaux qui sont des plus beaux et des meilleurs. A en juger par le fruit, on a raison de dire que la Touraine est le paradis terrestre de la France. Peut-être aussi cette province a-t-elle eu cette épithète parce que les femmes y sont aimables et que madame Eve l'était sans doute aussi, malgré son gros vilain péché.

« Grand merci donc, ma petite sœur; et puis, je vais vous gronder. Vous ne me dites pas un mot de votre petite santé qui depuis un siècle nous met tous en inquiétude. Pas une phrase de madame de la Croix que j'aime autant que je la respecte ; et c'est dire beaucoup. Pas une parenthèse sur votre progéniture faite et à faire ; pas une virgule sur les plaisirs que vous goûtez depuis que ma sœur est dans le pays sans moi, ce dont j'enrage. J'ai pourtant appris de Loches que notre vivant avait été passer six jours avec vous, et que vous vous êtes bien embrassés, bras dessus, bras dessous ; et je n'y étais pas. Il fallait donc au moins me plaindre ! Allez, vous êtes un petit mauvais cœur qui n'existe pour personne hors de sa maison. Votre mari, votre maman, votre fils vous occupent en vraie femme de province ; et vous n'avez plus le temps de penser aux autres.

« A quoi vous a-t-il donc servi de voir Paris où nos jolies femmes ne pensent à leurs maris que pour leur demander de l'argent, à leurs enfants que pour les éloigner d'elles, à leurs parents que par décence et les jours de désœuvrement ?

« Mais, si toutes les femmes étaient comme vous, petite sœur, il faudrait donc se marier : quel ridicule !

« Allez, petite sœur, votre exemple (pour notre malheur) n'aura pas beaucoup de partisans, et mon heureux frère jouira seul de sa bonne fortune.

« Je vous embrasse de tout mon cœur et suis, avec la plus tendre estime et l'amitié la plus sincère, ma chère petite sœur, votre très-humble et très-obéissant serviteur. »

A BERNARD-PRUDENT BRULEY

« Paris, 27 décembre 1758.

« A propos de noces, le bon assortiment de la tienne m'a si bien mis le mariage en tête, que je n'en dors plus. Je suis 24 heures sur le *oui*, et, 24 heures après, sur le *non*.

« Pouget, qui est presque mon confident, prêche le mariage comme s'il était chargé de repeupler le monde. Je sens toutes ses raisons, j'y en ajoute d'autres ; et quand il a le dos tourné, c'est comme mon confesseur : je ne me souviens plus de ce qu'il m'a dit.

« Mes arguments *contre* sont : ma liberté, mon dégoût pour un état auquel je me verrais enchaîné, la dureté des temps, mon habitude de changer tous les jours de maison et de plaisir ; et enfin cette dernière réflexion : je suis bien, est-il raisonnable de vouloir changer le bien en mieux quand le mieux est incertain et quand vous pouvez, au lieu du mieux, rencontrer mille événements qui vous feront rétrograder au-dessous du bien où vous êtes ? Le bonheur est souvent caché sous l'ennui : l'on ne croit pas être heureux parce que l'on est dans un état de tranquillité ; et l'on ne songe pas que l'ennui suppose toujours l'absence du mal, et que l'absence du mal est un grand bonheur.

« D'ailleurs, ma vie est si fort occupée que je n'ai pas deux heures par jour à donner à la douceur du mariage. La société,

les livres, la musique remplissent ce vide et la roue tourne sans
que j'y pense.

« Ainsi, tous calculs faits, aujourd'hui je ne veux pas me marier.
Demain, peut-être, je le voudrai ; mais j'aurai tort. Un bonheur
simple et égal vaut mieux qu'un plus grand et plus mêlé d'agitations. En tout cherchons la médiocrité. »

AU MÊME

« Paris, 1er janvier 1759,

« Tu es trop mon ami, mon cher frère, pour que je ne t'instruise
pas, le premier, de l'état de mon cœur et de ce qui en pourra
résulter. Le jour même que je t'écrivis, je fus souper dans une
maison. J'y vis cette même demoiselle dont je t'ai parlé. Je me
sentis saisi, transi, embarrassé, charmé, tout hors de moi. Nous
fîmes une petite musique de société : je ne voyais plus la note.
Je voulus parler : et je n'avais plus le sens commun.

« Je m'examinai et me demandai si ce n'avait pas été la surprise plutôt que l'amour, si ce n'était pas la honte de me présenter devant quelqu'un qui pouvait se plaindre de mes refus et
de mon éloignement pour le sacrement. Enfin je me dis : vou-
drais-je n'être pas venu ? La réponse de mon cœur fut que je me
trouvais plus content de la voir que d'être au milieu de tous les
plus grands plaisirs que j'eusse jamais goûtés.

« Je la quittai, le plus tard que je pus, charmé, enchanté d'elle,
et je ne dormis pas un quart-d'heure de la nuit, non plus que de
celles qui se sont succédé. La dame chez qui nous étions, la même
qui avait voulu me marier il y a deux ans à cette demoiselle,
s'applaudit de son ouvrage et de mon embarras. Elle me dit qu'il
était encore temps, mais qu'elle savait plusieurs partis qui se

présentaient. Je lui demandai la nuit pour y penser et, après l'y avoir employée tout entière, je lui écrivis vendredi et lui donnai cartes blanches.

« Elle a vu le père : il m'a demandé deux jours. Ces deux jours expirèrent enfin hier au soir ; et le père m'a renvoyé au choix de sa fille. C'est demain qu'elle doit prononcer l'arrêt.

« Cette dame me flatte qu'il sera en ma faveur ; mais je ne me flatte de rien, et je trouve déjà l'année 1759 bien longue.

« Cette demoiselle est mademoiselle L., fille du secrétaire du Roi, jadis sous-fermier de Tours et qui est dans beaucoup d'affaires. Elle a vingt-deux ans : c'est trop peu ; elle est, selon moi, trop jolie ; l'air noble, doux, modeste ; bien élevée, jouant de la guitare et chantant très-bien : c'est encore trop.

. . . .

« Je suis d'avis, si cela réussit (1), de me marier sans noces et sans trompettes. Je suis déjà surchargé d'embarras sans ceux des invitations, des remerciements et des repas qui s'ensuivent. »

AU MÊME

« Paris, 17 février 1759.

« Je reçus hier, mon cher frère, de la même main, ta lettre et une de ta chère et aimable femme. Vous vous étiez donné le mot pour écrire tous deux en même temps. Cet ensemble m'a fait un singulier plaisir.

« Ce jour-là m'était heureux. Je fus souper chez la dame qui s'est mêlée de mes affaires. Il y avait bal ; et mademoiselle L. y était. Juge si le bal était beau !

« Oui, mon cher ami, je suis amoureux. Je reconnais que jamais je n'ai eu que des goûts, des inclinations ; mais ceci devient très-

(1) Ce mariage ne se fit point.

sérieux. La nuit, le jour, travaillant, lisant, marchant, dormant, je ne pense qu'à elle.

« Qu'elle était belle mercredi, qu'elle dansa bien ! quelle modestie, quelles grâces ! Croirais-tu que je n'osai lui parler : elle était observée, et je craignis que le moindre mot ne la compromit. Mon respect enchaîna ma bouche.

« Elle va demain dans un autre bal où je suis le maître d'aller. Je ne sais si je me le permettrai ; et d'ici là j'ai cent *oui* et cent *non* à discuter et à éplucher tour-à-tour. A la fin je jouerai au dernier bouton ; et, s'il dit non, je pourrai bien encore ne le pas écouter. Jamais je ne fus si agité, si perplexe, si fou. Toutes ces réflexions se sont présentées à moi cent et cent fois ; et je conviens que, quand je me puis trouver de sang-froid, elles sont d'une force extrême. Je ne conçois pas comment je puis encore y penser. Mais que font cent mille raisons lorsque cette passion peut être avouée et qu'elle n'a rien que d'agréable et d'honnête ?

« Tiens, je mets dans la balance le peu de bien, la fragilité des espérances, la belle-mère, les enfants des deux lits, les procès, la perte de ma liberté, le changement de toutes mes connaissances, de mes allures, de mes amis ; j'y ajoute tout ce que j'ai dit contre les femmes de Paris ; j'envisage le mal-être, le rassasiement, le dégoût qui suivent toutes les possessions ; je me plais à voir tout du mauvais côté : . . . . . et son image seule vient détruire tous mes châteaux.

« Voilà, mon cher ami, l'état de mon cœur.

« Pardonne si je ne t'entretiens que de moi ; mais je connais ton amitié. Ecris-moi sur le champ, je suis un malade qui a besoin d'un secours continuel.

« Tu connais mon tempérament, mon âme, mes faiblesses ; rassure mon esprit irrésolu, incertain, ébranlé jusqu'à la racine.

« Je t'embrasse mille fois et suis pour la vie ton frère et ami. »

4

AU MÊME

« Paris, 6 mars 1759.

« Mille fois pardon, mon cher frère, de n'avoir pas répondu plus tôt à tes deux charmantes lettres. J'ai mis dix fois la main à la plume sans avoir le temps d'écrire deux lignes, et je ne t'écris encore qu'à la hâte.

« Le carême est tourmentant pour les affaires. Au reste tu me connais si bien que, sans que je prenne soin de t'instruire de ce qui se passe chez moi, tu as le secret de me deviner.

« Il est vrai, et rien n'est plus vrai, que je me jette entre les bras du temps pour pouvoir calculer sans passion si je dois ou ne dois pas franchir le pas.

« Le dernier jour que je vis mademoiselle L. c'était le lundi gras. Je voulus lui cacher la moitié de mes sentiments; et je crois que l'autre moitié lui en faisait voir assez.

« D'où vient, me diras-tu, cette réserve ? En voici le sujet. Le matin même du lundi gras il vint ici un agréable causer d'affaires. Dans son récit il me parle d'une dame que je sais très-liée avec la famille L. Je lui parle tant et tant de cette dame et de ses connaissances qu'il me dit, en substance, qu'on a voulu lui faire épouser mademoiselle L ; qu'il n'a pas voulu : 1° parce que le père est un riche mal aisé et vilain qui ne donne rien ; 2° et (voilà ce qui m'ulcéra) parce que le caractère de la demoiselle ne lui conviendrait pas. — Quoi, quel est ce caractère ? Je le presse vivement..... — Elle a, dit-il, l'esprit méchant. Sa sœur et elle allaient dans une maison : elles en ont fait déserter cinq ou six personnes à force de coups de langue; et on a été obligé de ne plus les voir. — Bon Dieu, me suis-je dit, que leur mine est trompeuse : c'est, l'une et l'autre, le portrait de la candeur, de la douceur, de la bonté ! N'importe, cet avis semble me venir du ciel. Allons, bride en main : contraignons-nous !

« Je fis part à ma sœur de cette conversation ; je voulais même ne pas aller le soir dans la maison où je devais la voir ; mais j'y fus tard : ce fut tout ce que ma raison put gagner sur mon cœur.

« Il n'a tenu qu'à moi de la voir deux autres jours de la même semaine ; et je m'en suis privé. Voilà où j'en suis.

« Dans ce petit refroidissement j'ai commencé par voir tout l'envers du mariage avec les plus noires couleurs. Aujourd'hui mon cœur voudrait me persuader qu'il ne faut qu'une mauvaise langue de femme, peut-être jalouse, pour avoir donné lieu à tous ces propos ; mais je ne l'écoute point.

« Le rôle d'une demoiselle est toujours de se taire ; et quand le caractère l'emporte sur la retenue d'une fille à marier, il faut que le caractère soit bien fort.

« Je sais, peut-être par expérience, que l'on peut n'être pas assez fort pour retenir une plaisanterie quoique dans le fond l'on ne veuille choquer ni offenser personne ; mais si c'est un mal pour un homme ou une femme, c'est une indiscrétion intolérable dans une fille.

« Quoi, je quittais repos, liberté, aisance, tranquillité, tout enfin pour posséder un caractère heureux, agréable et doux ; et ce caractère me manque ! Il faudrait être fou pour ne pas reculer.

« — Elle est, m'a-t-il ajouté, glorieuse, aimant la dépense. — C'en est trop, mon cher ami, c'en est trop. — Mais ce sont de mauvais discours ! — Oui, je le prendrais ainsi, si c'était ma femme ; mais la chose n'étant pas conclue, je dois au moins voir et connaître par moi-même ; et si l'on ne m'en donne ni les moyens, ni le temps, je ne conclus rien. Une fille est comme la femme de César : le moindre soupçon l'offense. Enfin, quelqu'un qui a le caractère éminent de douceur et de bonté que je cherche et que je croyais trouver, est bon aux yeux de toute la terre ; et le mensonge n'est jamais assez hardi pour retourner son caractère du blanc au noir.

« Je pense que tu me confirmeras dans mes résolutions de n'y plus penser, ou du moins de voir par mes yeux si l'on m'a dit une vérité ou une calomnie odieuse.

« N'imite pas ma paresse ; tu vois que j'ai besoin de secours : soutiens-moi, cher ami. Je t'embrasse mille et mille fois. »

AU MÊME

(Sans date.)

« Je conviens avec toi, mon cher frère, que trop justement prévenu contre les mauvais ménages de Paris, je n'ai pas manqué la première occasion qui s'est présentée pour retirer la parole que j'avais donnée.

« Ce n'a pas été sans peine que j'ai vaincu le penchant qui m'entraînait pour Mlle L. J'ai senti que je perdais la plus belle occasion que j'eusse jamais trouvée, du moins la plus flatteuse pour mon cœur. Mais, que veux-tu ; ne faut-il penser qu'à soi? Je serais heureux de l'obtenir ; mais elle, sera-t-elle heureuse avec moi ; et si elle n'est pas heureuse, puis-je l'être ?

« Les femmes sont aujourd'hui les souveraines du monde ; mais à Paris elles en sont les tyrans. Le luxe, la vanité font qu'elles ne peuvent se contenter des soins, des complaisances, de l'amour d'un mari.

« Il faut qu'il ait de l'or, et beaucoup, pour donner à sa chère moitié tous les dehors nécessaires pour qu'elle puisse plaire à d'autres qu'à lui. Tu sens bien que c'est là le motif caché ; et que les prétextes apparents sont que la voisine, l'amie, l'égale, l'inférieure même, font de telle et telle façon. Mais, quel qu'en soit le motif, il faut fournir, sinon l'on boude ; et, pour avoir la paix, on laboure comme un galérien, on se ruine et l'on crève à la peine. Je ne vois que de pareils exemples.

« Si chacun avait sa femme, on les réduirait. Mais il y a dans chaque société deux femmes contre dix hommes ; et cela fait au moins huit garçons contre deux maris.

« Les garçons sont les très-humbles adulateurs des femmes : leur intérêt n'est ni de leur inspirer du goût pour le patron, ni de leur donner de l'économie, de la modestie, de la décence, des mœurs ; et il faut qu'une femme soit un ange pour y résister.

« Si, par hasard, elle est cet ange : la bonne amie, la tante, la sœur, la cousine lui persuadent enfin qu'elle est une sotte..... et c'est monsieur qui le devient.

« C'est donc le luxe et la vanité qui empêchent les garçons de se marier et qui, par contre-coup, produisent tous les mauvais ménages.

« En province, peu de garçons : ils n'y font que passer. Le fond de la société est par attelage, monsieur et madame ; et les femmes peuvent y conserver leur raison.

« Il est pourtant vrai que mon cœur revient toujours sur ses pas ; que je ne vois, je n'entends, je n'imagine rien au-dessus de mademoiselle L. ; que j'y songe tout le jour et que j'y rêve la plupart des nuits. Mais il faut de la raison, de la force, et je me fais violence.

« Je sais bien que son vilain petit père voudrait que je revinsse à la charge ; il voudrait que je la demandasse sans dot. Mais je ne suis pas assez riche pour l'acheter ; et quand le malaise est à la maison, le diable y vient bientôt. Si j'étais plus riche, en vérité je ne la marchanderais pas : elle me tient trop au cœur.

« Que tu es heureux que la contagion n'ait pas encore gagné la province, et d'avoir d'ailleurs une femme incapable de suivre aucun mauvais exemple ! »

A BERNARD-PRUDENT BRULEY, SON FRÈRE

« Le samedi 27 septembre 1777.

« ..... La Reine vint hier pour la seconde fois à l'opéra d'*Armide*, du chevalier Gluck, qui divise tout Paris.

« Je n'ai vu que la répétition de samedi dernier. J'étais prévenu contre la témérité de l'auteur de vouloir éclipser le meilleur opéra du meilleur compositeur français. Cependant j'ai trouvé un ensemble ravissant, des traits de génie qui vont jusqu'à l'âme, et une harmonie divine. Je n'ai regretté que quelques passages de Lully auxquels l'habitude me tient encore; mais deux ou trois airs ne font pas un opéra.

« La première représentation, mardi, fut agitée. Les deux cabales se claquèrent et restèrent dans l'équilibre. Hier je ne pus trouver de place à quatre heures et demie; mais j'ai appris que l'on avait applaudi avec transport. Ainsi voilà Lully mort.

« Je n'entre dans aucune cabale, mais je suis charmé de cette guerre. Il résulte de cet amalgame des musiques française, italienne, allemande, un tout enchanteur, car la nouvelle musique a des morceaux ravissants. . . . . »

AU MÊME

« Paris, 24 octobre 1778.

« Je vais, mon cher ami, m'occuper sérieusement de ton projet : je tâcherai de mettre ton fils chez mon successeur qui m'a promis une place pour notre neveu (1). Je voudrais bien que les deux cousins y fussent ensemble. L'étude est bonne, et la maison montée sur le vieux ton de simplicité et d'honnêteté fort rare dans la capitale.

« Je tâcherai même que ton fils ignore qu'il paie pension tandis que son cousin n'en paie pas, pour ne pas humilier l'un et exciter le tien à marcher sur les traces du travailleur.

(1) Pierre-Louis-Maurice Bruley, fils de Jacques-Prudent. Il devint président du Tribunal de Loches.

« Ma femme pense (et je suis de son avis) qu'il faudra tout de suite les mettre en noir et cheveux longs. Cet habillement est le moins coûteux, le plus honnête et retient les jeunes gens dans une certaine gravité dont le masque est toujours bon. Cet habit les empêche encore de faire les tatas et de fréquenter les cafés et autres lieux dangereux. Enfin, il prévient les querelles trop tôt vidées lorsque l'épée est au côté (1).

« Vous déciderez, entre ta chère femme et toi, quels maîtres vous voulez lui donner, ses menus plaisirs, etc...

« Ce lundi. — J'ai couru hier M. de Corneille, mon successeur, sans pouvoir le joindre. Ma femme en a parlé à la sienne, mais ce n'est pas assez. J'y vais, et je ne fermerai cette lettre qu'après sa réponse.

« Ce mardi. — Je le trouvai enfin hier au soir, cher ami. Il me promet bien deux places, mais c'est quand il y en aura de vacantes; et il n'a pu me fixer d'époque. Ainsi, cela peut aller à trois ou quatre mois, plus ou moins.

« En rentrant je passai chez le successeur de M. Hémery, son gendre et mon ami, qui a été clerc chez mon père et chez moi. Ne l'ayant pas trouvé, je viens ce matin de lui écrire un billet au bas duquel est sa réponse que je t'envoie.

« Nous voudrions bien, ma femme et moi, que nos neveux ne fussent que dans ces deux maisons : elles sont sous nos yeux et je ne connais qu'elles de sûres. Il faudrait donc patienter jusqu'à la première place dans l'une ou dans l'autre.

« Notre plan à ma femme et à moi serait qu'ils ne sortissent que les dimanches et fêtes pour venir dîner chez nous. Je tâcherai de rassembler ces jours-là du monde pour les amuser en même temps que mon fils, ou bien de les envoyer ou mener au spectacle.

« De cette façon leur conduite serait toujours éclairée. Mais, pour qu'ils ne perdent pas de temps jusque-là, je crois qu'il faut les faire travailler chez le meilleur procureur de Tours, et qu'ils suivent un peu les audiences. Dans une plaidoirie les jeunes gens comprennent mieux l'objet, le but, la critique d'une procédure

(1) Précaution vaine : son fils fut tué en duel.

que sur de gros dossiers qui les dégoûtent ; et tu pourrais ques-
tionner ton fils sur ce qu'il a entendu plaider. »

.   .   .   .

AU MÊME.

« Paris, 30 octobre 1778.

« Cher ami, comme je voulais avoir plusieurs cordes à mon arc,
j'avais fait prier le maître clerc de M. Légo de s'informer au
Châtelet d'une bonne maison. Il vint mercredi me dire qu'il y
avait deux places chez M. Ozanne, gendre de M. Frérot, ancien
maître clerc de mon père. Comme il ne me disait pas si c'était
une place sans pension, je fus sur-le-champ chez M. Ozanne.

« En son absence je parlai à son beau-père, M. Frérot, qui me
dit qu'il ne se mêlait plus de ce détail, mais qu'il savait que son
gendre n'en prenait qu'à pension. Je le priai de m'en faire écrire
un mot par M. Ozanne. Je reçus ce mot jeudi, où il me marque
de lui envoyer le clerc dans le jour même pour voir de son écriture et le juger. Je vis bien que ma commission était mal faite,
et je pris le parti de lui écrire très-nettement ce que je désirais.

« A quoi il m'a répondu très-nettement, qu'il prendrait bien celui
à pension et non l'autre, ce qui n'était pas mon compte : 1° parce
que je voudrais qu'ils fussent tous deux ensemble, pour veiller
sur eux du même coup d'œil ; 2° parce que je trouve juste que celui qui prendra le Lochois (1) sans pension soit indemnisé par la
pension du second. Ainsi, serviteur à M. Ozanne.

« Je devais des remerciements à M. Légo : j'y fus hier, et lui
contai toute mon histoire avec M. Ozanne. M. Légo me dit avec un

_____

(1) Jacques-Prudent Bruley, qui habitait Loches, s'étant trouvé accidentellement
dans une situation gênée, ses deux frères se chargèrent de pourvoir à l'éducation et à l'entretien de ses enfants.

ton d'affection qui m'a ému jusqu'aux larmes : *Mon ami, c'est celui sans pension que je veux; il suffit qu'il soit de ta race, et je le regarderai comme un présent. C'est d'ailleurs un devoir de ma part pour mon ancien maître.*

« Je le remerciai comme je le devais ; mais il faut encore attendre qu'il y ait vacance au bénéfice.

« Je prends le parti, sauf tes volontés qui doivent être suprêmes, d'attendre que le Lochois soit bien placé : le tien ensuite ne m'embarrassera pas, soit chez le même ou chez un autre ; mais il faut que j'aie à les présenter tous les deux ensemble, c'est-à-dire la dragée avec la médecine, même à M. Légo, malgré la noblesse de ses procédés. »

AU MÊME

« Paris, 12 octobre 1779.

« Suivant tes intentions, cher ami, je viens de remettre à ton fils le bordereau de notre situation pour les deux cousins. Je lui en ai montré les pièces justificatives arrangées par ordre ; non pour prouver mon compte, mais pour faire voir à ton fils comment il faut disposer un compte et les pièces au soutien.

« Ma sœur, dans une épître en deux volumes, vient de me pressentir pour le Cadet de Loches ; et elle s'épuise en raisonnements pour me disposer à prendre les mêmes soins pour lui. Je lui réponds que tu n'as qu'à me marquer que tu le désires, et que je me prêterai à tout ce que tu croiras convenable.

« Elle me parle de le mettre au Parlement, ce qui n'est pas mon avis, parce que dans ce suprême tribunal on ne fait que digérer, bien ou mal, les idées des juges à *quo* et que les clercs ne font que des rôles et ne savent pas un mot des affaires de succession, pas même quand ils sont procureurs au Parlement. Ainsi, il faudrait suivre la même route que pour nos deux neveux.

« J'ai payé M. de Corneille jusqu'au 1ᵉʳ de ce mois ; et tout ce que nous en avons pu obtenir, ma femme et moi, c'est l'espérance que le Lochois ne paiera plus de pension à partir du 1ᵉʳ janvier. Tu penseras sans doute avec moi que ce n'est pas sur ces misères qu'il faut regarder quand il s'agit de l'instruction de nos jeunes gens et des premiers pas qui doivent décider de la contenance qu'ils auront toute la vie dans le monde.

« Si l'on écoutait nos jeunes gens, ailleurs ils auraient meilleur marché ; mais, ailleurs, ils seraient mal logés, mal nourris ; ils puiseraient de mauvais principes, de mauvaises mœurs. C'est à nous à voir tout cela pour eux. . . . . »

AU MÊME

« Paris, 29 janvier 1759.

« Puisque je tiens ton fils (1), je ne le puis quitter sans t'en faire le plus sincère compliment. Il est d'une douceur écrite sur sa physionomie, poli, docile, spirituel. Il m'étonne souvent par la justesse de ses idées. Je l'aime sincèrement, et je le veux donner pour modèle à mon fils. . . . . »

(1) Prudent-Jean Bruley, mon grand-père.

A PRUDENT-JEAN BRULEY

Paris, 8 octobre 1782.

« Tu parles de bienfaits, mon cher neveu, et je ne me souviens pas d'avoir eu de bonheur de t'en procurer.

« Si tu m'avais la moindre obligation, tu serais quitte et au-delà par le soin que tu veux bien prendre de mon fils.

« Il avait besoin, pour se dépayser, non d'un gouverneur, pédant déguisé ; non de parents, toujours trop éloignés d'âge et de goûts pour se mettre au niveau ; mais d'un ami qui par une expérience de quatre ans pût lui indiquer les bons et les mauvais gîtes et la façon de vivre avec des inconnus.

« Tu m'apprends de lui un trait qui me le fait estimer. Aimer n'est pas une jouissance nouvelle pour un père ; mais estimer son fils de 18 ans est un voluptueux ragoût. Ce trait est de prendre le ton, l'usage de la maison paternelle et de se plier aux goûts d'un âge aussi éloigné du sien. Il paie non-seulement sa dette, mais la mienne ; car il sait avec quel soin, quelle tendresse je les rechercherais si j'étais à sa place. Je lui en tiendrai bon compte.

« Tu touches au but, mon ami, en disant que la crainte qu'il ne fût incommode ou à charge était le principal motif de ma rigueur pour ne le laisser qu'un mois avec toi. Puisque tu m'assures qu'il se fait aimer et n'est pas de trop, je consens qu'il ne revienne qu'avec ce bon M. Martin que je veux connaître et que j'irai remercier à son retour, même inviter à manger au logis, si tu m'assures qu'il est aimable et *estimable*, ce qui est le tout dans son état.

« A propos de cela, j'ai appris très-indirectement que Puygibault est entré chez le très-mésestimable procureur dont nous le détournions d'être le maître-clerc. Il donne de bons appointements ; et nos pauvres jeunes gens ne voient que cela.

« Mais indépendamment des mauvais exemples, quand on y serait impénétrable, cela influe sur les gens qui jugent de vous par prévention, sur l'école dont vous sortez. ».

A PRUDENT-JEAN BRULEY

A PROPOS DES POURSUITES DIRIGÉES CONTRE LES MEURTRIERS DE SON FILS

« Tours, ce 6 septembre 1787.

« Plus je réfléchis à ta proposition, mon cher neveu, plus je persiste dans le parti d'un silence absolu.

« Quand tous les avocats du monde me diraient le contraire, je leur répliquerais un seul mot décisif : quel que soit le curateur, il ne pourra pas nier qu'il y ait eu duel. Mais il a été entrainé, forcé.. .. C'est toujours un duel.

« Ainsi le ministère du juge sera toujours le même, que ce soit un homme de paille ou un homme à moi : partant, je me tairai.

« Notre conversation a réveillé ma sensibilité au point de trembler d'indignation. Si l'on veut me faire mourir c'est de me parler de cette horrible affaire et de ses suites. »

Ainsi que je vous l'ai déjà dit, mes chers enfants, le pauvre père mourut en effet de chagrin quelques mois après la perte de son fils.

Quant à la mère, Marie-Charlotte Lepage, elle reporta sur la famille de son mari toutes ses affections ; et lorsque les enfants de Prudent-Jean Bruley, ses neveux, furent envoyés à Paris pour achever leur éducation, elle les entoura de la plus tendre sollicitude. C'était une femme d'autant de cœur que d'esprit, et d'une grande force de caractère.

Après le meurtre de son fils, les familles des coupables s'efforcèrent par leurs menaces d'intimider la pauvre mère, afin d'empêcher les poursuites. Une persécution analogue se reproduisit contre elle quelques années après.

La fatalité voulut, en effet, que Mme Bruley assistât à l'enlèvement du sénateur Clément de Ris, au moment où elle arrivait au château de Beauvais, près Tours. Sa voiture servit même à la perpétration de ce crime.

Des bandits, déguisés en soldats, investirent l'habitation qu'ils pillèrent ; puis, ils entraînèrent son propriétaire jusque dans la forêt de Loches où ils le retinrent séquestré dans un souterrain, exigeant une forte rançon.

Cette affaire, qui eut un retentissement considérable, fut d'abord déférée au tribunal criminel de Tours ; puis, après cassation, au tribunal criminel d'Angers, en 1801.

Les passions politiques ne pouvaient manquer d'intervenir, car les accusés appartenaient notoirement au parti royaliste, tandis que la victime était dans le camp opposé. De là toutes sortes d'imputations malveillantes contre les témoins et contre les juges. Plusieurs condamnations capitales furent néanmoins prononcées et exécutées. La sévérité de cet arrêt, que la législation en vigueur ne permettait pas d'adoucir, fit rejaillir une certaine pitié sur les coupables et sur leurs familles. Les royalistes se hâtèrent d'exploiter ce sentiment. Il en a été ainsi toutes les fois que, dans dans un intérêt soi-disant historique, cette affaire a été exhumée par des écrivains hostiles à l'Empire.

Naturellement la déposition de Madame Bruley, l'un des principaux témoins à charge, a été vivement attaquée. Il ne sera donc pas inutile de donner ici quelques lettres écrites par elle à sa famille au moment du procès. Elles portent l'empreinte d'une véracité qui ne saurait d'ailleurs être suspectée.

Mais voici, auparavant, une lettre bien antérieure, relative au duel de son fils.

A PRUDENT-JEAN BRULEY, SON NEVEU

« Tours, ce 14 mai 1787.

« Tu ne te déments point, mon ami ! toutes tes actions sont con-
séquentes avec l'extrême bonté de ton cœur ; et nous en éprouvons continuellement les heureux effets. Tu crains que le triomphe de nos ennemis ne nous blesse et ne nous afflige ; va, mon
ami, en dédaignant de poursuivre la vengeance c'était nous soumettre au résultat ; c'était permettre qu'on leur fit grâce : partant l'issue nous est égale.

« Ce que j'entrevois de plus douloureux c'est d'habiter la même
ville que ces gens-là, d'avoir à les rencontrer partout. C'est là le
cruel, ce que je crains de ne pouvoir supporter. La vue seule de
la voiture dans laquelle mon fils a été rapporté me donne des
convulsions : mes nerfs se tendent et je suis dans un état affreux.
Que serait-ce si je me trouvais dans un cercle où il en arrivât
quelques-uns ! Le temps décidera de mon sort. Je ferai tout ce que
je pourrai pour surmonter mon extrême sensibilité, et nous verrons d'ici à cet hiver ce que je gagnerai sur moi-même.

« J'ai vu un instant des Parisiens qui m'ont comblé d'aise :
comme ils m'ont parlé de mon pauvre fils, avec quel intérêt ! Ils
m'ont assurée qu'à Paris cela ne lui serait pas arrivé ; et je
pense bien de même. Bon Dieu, quelle fatalité ! Si j'eusse insisté
pour rester à Paris j'aurais craint qu'il ne se fut dérangé ; et
pour avoir acquiescé aux volontés de mon mari je suis cruellement punie.

« Enfin, mon ami, cette douleur sera éternelle, je le sens ; puisse
ton amitié pour nous se fortifier et nous dédommager de ce que
nous perdons.

« Je t'embrasse comme je t'aime. »

AU MÊME

A PROPOS DE L'AFFAIRE CLÉMENT DE RIS.

« Tours, ce 23 prairial, an IX.

« . . . . La triste affaire est suspendue jusqu'à l'arrivée de ce Gaudin pris à Caen ; et tous ces retards ne me laissent plus entrevoir quand cela finira. Il faut que tu te persuades que les cinq qui sont ici ne sont pas tous coupables ; en sorte que si deux ou trois sont jugés, on en peut retrouver d'autres dans six mois, un an ; alors me voilà appelée de nouveau : je passerai donc ma vie sur les grands chemins. Il n'y a pas à dire qu'un certificat de médecin me dispense, car voici une affaire remise à trois mois à cause d'un malade. Ces idées m'affligent beaucoup.

« L'effroi que m'a causé cette catastrophe ne m'a laissé que le désir de fuir un pays ou tout m'inquiète, même le séjour de la campagne ; et je me vois forcée d'y être malgré moi. Quel parti prendre ? En patientant je ne vois rien de rassurant pour l'avenir ; je ne suis plus d'âge, ni d'une santé assez robuste, ni assez riche pour voyager, tous les trois mois peut-être, pour exécuter les lois. . . . . . . »

AU MÊME, A TOURS

« Paris, ce 25 thermidor, an IX.

« J'ai éprouvé, mon bon ami, une bien vive satisfaction en recevant le paquet que tu m'as adressé.

« Ta lettre est remplie de ce sentiment touchant, si cher à mon cœur ; combien de consolation elle m'a fait éprouver et qu'il m'est doux de la recevoir de toi ! Oui, mes ennemis auront beau me calomnier ; ils ne triompheront jamais de la sécurité que me donne ma conscience.

« Des ennemis, moi ! je ne puis encore me le persuader, malgré les humiliations qu'ils ont voulu me faire éprouver. C'est pour moi la chose la plus inconcevable ; au surplus j'ai bien reçu ici tout ce que je pouvais attendre de plus consolant. — Partout on me reçoit à bras ouverts et avec les démonstrations de l'estime la plus distinguée. Des femmes mêmes qui ne me connaissent que de nom, viennent à moi et me comblent d'éloges les plus flatteurs : il est malheureux que la cause en soit si pénible. Comme tu sais sûrement ce qui est décidé, je ne te parlerai pas dans ce moment-ci de cette malheureuse affaire. Nos amis en sont pénétrés et font ce qui est en leur pouvoir pour me faire oublier toutes mes disgrâces : ce rôle leur va bien, je t'assure. . . . »

AU MÊME

« Paris, ce 9 vendémiaire, an X.

« . . . . M. Champagne, directeur du Prytanée, m'a parlé de ton fils (1) comme d'un enfant de la plus grande espérance : il a les plus grands moyens, les plus grandes dispositions ; et il en est infiniment content.

« Tu t'imagines bien tout le plaisir qu'il m'a fait, tout en craignant que ce ne fût une flatterie qu'il croyait devoir faire à une seconde mère. Mais Caillot m'en a parlé dans les mêmes termes et me dit : Vous verrez si mon petit Prudent ne sera pas un homme, et un homme d'un grand mérite ! Il m'ajouta tout ce qu'il savait

(1) Prudent Bruley, mon père.

de lui et me dit qu'il annonçait la plus grande intelligence, la conception la plus facile ; qu'il avait avec cela un bon caractère, vif, mais doux et bon par excellence. Babet, ma domestique, l'avait placé avantageusement pour qu'il vit cette joute sur l'eau ; et, elle, ne voyait rien. Il s'aperçut de cela : *Allons-nous-en ! Tu ne vois rien ; et peut-être serons-nous mieux ailleurs.*

« Quel est l'enfant ordinaire qui se serait aperçu de cette privation pour cette fille.

« Il a comme cela mille traits qui, tous, peignent son bon cœur.

« Je désire, mon cher ami, que ces détails portent dans ton âme la consolation dont elle a un si pressant besoin, et je t'avoue que je ressens le plus grand plaisir à t'en entretenir un peu longuement par cette raison. Je le verrai souvent et j'aurai de ses nouvelles encore plus aisément. Ainsi sois bien tranquille sur son compte parce que j'en fais ma principale affaire : tu connais mon tendre attachement pour tout ce qui te touche.

« . . . . Bernazet est ici, il m'a fait plusieurs visites et la dernière, entre autres, a été employée à me prouver qu'il m'est difficile de me refuser à aller éclairer les juges à Angers. Il appuie cela de raisonnements spécieux qui influent sur mon esprit, mais point sur ma répugnance extrême et trop fondée de me présenter à un autre tribunal.

« Cette seconde épreuve passe mes forces, indépendamment de l'horrible fatigue du voyage. Cependant ici Clément s'occupe des moyens de me faire aller (si je ne puis m'en dispenser) d'une manière moins pénible avec son cabriolet, en poste. Mais je me persuade que je serai égorgée avant d'arriver : ces gens-là ont des agents surveillants qui ne me manqueront pas.

« Tu vois, mon ami, que je ne suis pas sur des roses ; et je ne sais encore ce que je ferai, malgré toutes les assurances que l'on me donne d'être *extraordinairement* protégée par la loi, et l'extrême surveillance des magistrats. »

5

AU MÊME

« Paris, ce 19 vendémiaire, an X.

« . . . . Je tâcherai de voir ton fils avant mon fatal voyage. Il m'a été impossible de m'en dispenser. L'accusateur public m'a assuré sûreté, égards, et se fait fort de me faire arriver sans la plus petite inquiétude. Il paraît que l'on me donnera une voiture particulière et que je serai escortée. Probablement on me fera prendre la route la plus courte : cela me fâche un peu parce que j'aurais pu souper avec vous incognito. Je saurai cela plus particulièrement le 21 que je dinerai avec cet homme honnête et qui me répond de tout.

« Je prends encore mon courage à deux mains, mais il me sera bien dur de me retrouver devant un Blain, Chauveau-Lagarde et autres avocats : c'est une des choses qui me mortifient le plus, indépendamment de la fatigue que je vais éprouver dans l'arrière-saison, de l'ennui des auberges et de mon estomac qui est de très-mauvaise humeur. Aussi je me remets à cette certaine diète dont tu as été témoin à la Bellangerie et qui m'a réussi jusqu'à ce moment. . . . . . »

AU MÊME

« Angers, ce 7 brumaire, an X.

« Il y a longtemps, mon ami, que mon cœur oppressé a besoin de s'épancher dans le sein de l'amitié ; et mes occupations forcées ne m'ont pas encore procuré cette consolation que je désire depuis si longtemps. Je profite donc du seul instant qui se présente pour te faire un tableau succinct de tout ce qui s'est passé depuis près d'un mois.

« Je reçus une lettre extrêmement honnête de l'accusateur public qui me prévenait qu'il était chargé de m'assigner pour comparaître le 1ᵉʳ brumaire dans l'affaire ; qu'il était indispensable de m'y rendre, comme devant procurer dans ce triste procès le plus de jour possible ; et que le gouvernement me rendrait mon voyage le moins fatiguant qu'il le pourrait. Je le vis : il se fit fort de m'avoir une voiture particulière aux frais du gouvernement, bien escortée ; et je pars pour *(illisible)*.

« A mon retour ce brave homme devient aveugle ; je n'en peux plus rien tirer. Je cours chez l'inspecteur général de la gendarmerie qui sollicite le ministre de la police. On se renvoie de Caïphe à Pilate : bref, je n'obtins qu'une bonne escorte et me voilà courant les grands chemins jour et nuit. Le président, bien prévenu par le sénateur, ne peut se prêter à me voir parce que sa place ne le permet point. Le capitaine de gendarmerie, à qui je suis recommandée, ne se trouve pas chez lui lors de la lettre que je lui fais remettre, qui le chargeait de me loger convenablement et hors des témoins à décharge et des aimables défenseurs. En sorte qu'en arrivant, un vent, une pluie terribles nous accueillent et il faut aller chercher une auberge : toutes étaient pleines ou remplies de gens qui ne me convenaient point.

« Fais-toi une idée de me voir courant les rues que je ne connaissais pas, renvoyée de porte en porte, me battant avec le vent qui emportait mon parasol, excédée de trois jours de route, les jambes grosses comme des tours. Enfin je trouve un abri ! Je m'y suis tenue comme étant moins mal qu'ailleurs.

« Le capitaine me fit toutes sortes d'honnêtetés ; mais, juge lui-même, il ne peut me donner la main qu'une fois pour aller au tribunal. Tout s'y passe avec décence. Les juges, justes, y sont fermes et sévères et contiennent les méchants de manière que tous leurs efforts sont vains. Les parents commencent à intéresser, mais l'accusateur a conclu hier à la peine de mort pour Canchy, Mauduisson et le borgne Gaudin ; les trois autres acquittés pour ce seul fait.

« Ma première séance a été terrible : ils m'ont tous fait tant d'interpellations et sur de si petits sujets qu'ils en faisaient pitié. J'ai parlé pendant plus de trois quarts d'heure sans perdre contenance. Toujours la vérité était ma boussole; et malgré tous les piéges qu'ils m'ont tendus je suis sortie victorieuse. Entr'autres remarques de Chauveau : *Quand à Tours on m'a représenté les yeux d'émail de Gaudin, j'ai pris des lunettes pour les voir; et quand j'ai fixé les accusés je n'en ai point pris.* On ne s'attend pas à de pareilles bêtises! J'ai dit aux juges que lorsqu'une vue est usée, il lui faut des secours pour voir de près; mais que l'on voyait très-bien de loin ; et, la preuve, c'est que je dessinerais à tous leurs traits.

« Enfin, mon ami, mes lunettes ont en vérité occupé plus d'un quart d'heure de discussions plus plates les unes que les autres : cela te donne une idée des mauvais arguments qu'ils préparent pour leurs défenses.

« Aujourd'hui Pardessus a fait de l'éloquence et du pathétique pour son Lemesnager : il n'a ému personne. Le brid'oison Blain n'a pas autant mugi, mais il a endormi l'auditoire et peu persuadé les juges en défendant Aubercau et Gaudin. A demain le merveilleux Chauveau-Lagarde.

« Ces séances me tuent et il est temps que cela finisse. Mon estomac me tourmente, et il faut que je conserve des forces pour mon retour bien laborieux. Je n'ai pu me décider à m'en aller par Tours : j'eusse rencontré tous ces défenseurs et faux témoins; d'ailleurs je vous aurais tous trouvés à vos campagnes, ne pouvant vous avertir assez tôt. Ainsi je vais reprendre ma vilaine route du Mans. Bien escortée, il faut espérer que j'échapperai aux vengeances..... »

AU MÊME

« Paris, ce 28 fructidor, an X.

« ..... Je dînai hier chez mes voisins avec le président du Tribunal d'Angers dont je reçus les choses les plus honnêtes, en m'avouant que j'avais essuyé une cruelle crise ; que mon courage et ma présence d'esprit les avaient tous étonnés et pénétrés d'une estime profonde. Ces gueux-là comptaient si bien être acquittés, qu'ils avaient commandé un repas de quarante personnes, des habits neufs, même des chemises, ne voulant rien porter de ce qu'ils avaient en prison. Tu juges de leur fureur lorsqu'ils se virent condamnés. Ils envoyèrent chez le juge qu'ils avaient corrompu avec de l'argent, l'agonisèrent de sottises ; et voilà comment on a su tous les moyens qu'ils avaient employés, comme à force d'argent de chercher à faire un soulèvement dans les ateliers et surtout de me faire insulter comme faux témoin, etc. De tout cela ce sont les défenseurs que je trouve les plus coupables et que je méprise bien souverainement. Je vis l'autre jour aux Tuileries Chauveau-Lagarde qui ne m'aperçut pas ; je devins de toutes les couleurs et pensai me trouver mal. C'est une impression qui ne s'effacera jamais... »

Mᵐᵉ Bruley mourut en 1820. Toute notre famille ressentit cruellement cette perte.

JACQUES-PRUDENT BRULEY, né à Paris le 24 septembre 1725, était le troisième fils de Prudent Bruley. Il reçut, comme ses frères, une éducation soignée.

Son mariage avec Anne-Jeanne Auger, à Loches, le fixa dans ce pays où il s'occupa d'agriculture et créa d'importantes pépinières par suite de traités passés avec le gouvernement. A un certain moment il se trouva fort gêné, mais ses deux frères se chargèrent aussitôt de l'éducation de ses enfants. L'aîné, Pierre-Louis-Maurice Bruley (les autres moururent jeunes), devint président du Tribunal civil de Loches. Il occupa ces fonctions jusqu'en 1833, date de son décès. Il a laissé la réputation la plus honorable. Il ne s'était pas marié. Avec lui s'éteignait la troisième branche.

Voici l'une de ses lettres :

A PRUDENT-JEAN BRULEY, MON GRAND-PÈRE, SON COUSIN GERMAIN

« Paris, 28 avril 1787.

« . . . . Je viens donc de perdre encore un oncle, un protecteur, un bienfaiteur (1). Je ne l'avais point vu infirme, souffrant, mais impassible. Comme vous je n'avais pas été à portée de me convaincre que son existence lui fût à charge et insupportable. Je le regrette tel que je l'ai vu, tel qu'il est gravé dans mon cœur : bon père, bon mari, vertueux par caractère, généreux par sensibilité, chéri et adoré des siens, respecté et estimé de tous les autres et bien fait pour l'être.

« Mon ami, nous avons de trop beaux exemples sous les yeux pour pouvoir jamais nous égarer.

« Vous me faites part de vos projets : s'ils m'ont étonné, comme

(1) Bernard-Prudent Bruley.

vous n'en doutez pas, ils m'ont au moins fait grand plaisir puisqu'ils tendent à nous rapprocher.

« Que de réflexions à faire pour vous donner un bon conseil ! Plusieurs personnes que j'ai consultées sans vous nommer, bien entendu, me présentent des difficultés sans nombre et dont voici à peu près le résultat.

« Dans la robe les charges rapportent rarement l'intérêt de l'argent ; les seules lucratives au Châtelet sont celles de Procureur du Roi et de lieutenant Criminel. La première est occupée par un jeune homme, et la seconde ne vous conviendrait pas par caractère. Au Parlement les charges de conseillers sont honorables ; mais elles rapportent très-peu jusqu'à ce que l'on vienne par ancienneté à la Grand'Chambre, ce qui est fort long. Dans les autres cours supérieures les charges de conseillers ne sont ni lucratives, ni très-honorables.

« Dans les Finances, l'on ne voit réussir que ceux qui sont venus avec des sabots et ne possédant pas même une éducation.

« Rien ne leur a été sacré pour parvenir ; aussi sont-ils presque tous parvenus, et l'on remarque que tous ceux qui y sont entrés avec de la fortune ne l'ont pas augmentée.

« A l'égard des états mixtes qui donnent la noblesse, il en est peu. Nous ne connaissons guère que les charges de conservateurs des hypothèques ; et, comme elles sont en petit nombre, il faut quelquefois attendre longtemps pour en acheter une.

« Maintenant que je vous ai donné les avis des autres, il faut que je vous donne le mien ; et je crois qu'il sera des plus satisfaisants.

« Je vois par votre lettre que votre intention première n'est pas d'augmenter votre fortune, mais d'occuper dans la capitale une place non-seulement honorable et dans laquelle vous puissiez vous distinguer, mais encore qui puisse vous servir de marche-pied pour quelque chose de plus important. Je connais peu de places à Paris qui vous conviennent mieux sous ce point de vue que celles d'avocat du Roi au Châtelet. Elles mènent à tout, elles ne surchargent pas, elles sont agréables et honorables quand on les remplit avec dignité. L'occasion est d'autant plus belle que nous avons maintenant des écoliers sortant du collége et qui n'ont ni aptitude, ni émulation. Vous n'avez pas à la vérité besoin de cette circonstance, mais plus les ombres d'un tableau sont bien frappées, plus il est beau.

« Si ce parti ne vous convient pas, il en est encore d'autres sur lesquels il serait trop long de vous donner ici mon avis. D'un autre côté, l'Assemblée Générale va sans doute donner lieu à des changements considérables et, par suite, à des créations de nou-velles charges qui peut-être vous conviendront. Venez à Paris, mon ami, venez nous embrasser : nous en avons besoin ; et quand nous serons ensemble nous aviserons au reste. »

Marie Bruley. MARIE BRULEY, quatrième enfant de Prudent Bruley, naquit à Paris vers 1732.

Mariée avec Gérard Dorigny, procureur au Châtelet, et bientôt veuve, elle perdit aussi, presqu'en même temps, l'enfant qui était né de cette union.

Accablée de douleur et douée d'une imagination des plus vives, possédant d'ailleurs une rare instruction, elle demandait simul-tanément des consolations à la religion et à la philosophie, sans pouvoir calmer l'exaltation de ses regrets.

Mais ses frères comprirent qu'il fallait à cette nature ardente quelque chose de moins éthéré. Ils surent donc adroitement amener leur sœur à contracter un nouveau mariage.

Dans un voyage qu'elle fit à Tours elle s'éprit de M. Patas et l'épousa.

Celui-ci s'étant lancé dans des spéculations trop aventu-reuses pour réussir, la bonne harmonie du ménage en souffrit un instant mais la généreuse intervention et les affectueux con-seils des frères de madame Patas aplanirent toute difficulté.

Voici quelques lettres de cette femme aussi remarquable par l'intelligence que par le cœur. Son style ressemble beaucoup à celui de ses frères. On y reconnaît comme un air de famille.

A MADAME BRULEY, NÉE VÉRON DE LA CROIX, SA BELLE-SOEUR

« Ce 16 octobre 1758.

« Que j'ai de choses à vous dire, chère petite sœur, et que je vous en dirais si mon cœur ne troublait mon esprit et ne me présentait mille objets à la fois. Mais qu'importe, je vais vous jeter mes pensées à la tête. Quand on s'aime véritablement on est plus satisfait de trouver des sentiments dans les lettres que d'y voir de l'esprit et de l'ordre.

« Je vais donc commencer par vous dire que je vous aime de tout mon cœur : il faut que je le soulage en vous parlant de sa tendresse ; il ne s'accommode point du tout du silence. Aussi, ma chère petite sœur, n'ai-je eu d'autre entretien dans la route et depuis notre arrivée. Je remets toujours la petite sœur sur le tapis. Comme je ne suis pas toujours avec des personnes qui aient l'avantage de vous connaître, je fais votre portrait de mon mieux à ceux qui n'ont pas ce bonheur, et je chéris l'occasion de parler de vous avec ceux qui vous connaissent.

« Enfin, chère petite sœur, notre amitié pour vous nous devient un fardeau, quand nous ne pouvons en parler.

« Si vous aviez vu, chère et très-chère petite sœur, la triste contenance que nous avions dans la berline, vous nous auriez plaints bien sincèrement. Nous étions des demi-heures entières sans rien dire ; et, quand nous voulions parler, ce n'était que pour exprimer nos regrets, ce qui était toujours suivi de larmes si abondantes et si amères que le camarade Pouget, au lieu de nous consoler, était obligé de mêler les siennes aux nôtres. Mon père en faisait autant de son côté : jugez si nous avons eu de l'agrément au Mans puisqu'il nous en a tant coûté pour revenir.

« Vous étiez fille unique, ma chère petite sœur, mais vous pouvez être assurée présentement d'avoir des frères et sœurs qui vous aiment avec une tendresse qui ne pourrait être plus vive quand les liens du sang nous auraient unis à vous avec ceux de l'amitié.

« Adieu, chère petite sœur, aimez-moi toujours un peu ; et soyez assurée de la parfaite tendresse que je vous ai vouée, et avec laquelle je suis, pour la vie, votre très-humble et très-affectionnée sœur, amie et servante.

« *Signé* : BRULEY-DORIGNY. .»

A M. BERNARD-PRUDENT BRULEY

(Sans date.)

« Ta lettre nous a été remise, mon cher frère ; et quoi qu'elle nous ait pénétrés de reconnaissance et nous ait fait répandre bien des larmes, il ne m'a pas été possible d'y répondre plus tôt.

« Depuis la réception de cette incomparable lettre nous n'avons pas passé un jour sans sortir matin et soir pour nos malheureuses affaires ; et le temps qui m'est resté a été employé à écrire pour le même sujet.

« Je te dirai où nous en sommes quand j'aurai exhalé les sentiments dont tu m'as pénétrée et dont je suis comme oppressée. Ah ! mon cher frère, de quelles expressions vais-je me servir : y en a-t-il dans la langue qui puissent peindre de pareilles impressions ? Tu nous as mis dans l'impossibilité de te faire connaître des sentiments qui nous transportent hors de nous-mêmes, mais nos cœurs se vengeraient bien s'il s'agissait de donner notre vie pour toi. Quand nous pourrons jouir de tes embrassements, te serrer dans nos bras, verser sur toi les larmes que la reconnaissance tire sans cesse de nos yeux, nous t'aurons tout dit sans que nos âmes soient encore satisfaites.

« Quel cœur, grand Dieu, ton air froid recèle; et qu'on est heureux de percer le voile qui cache aux âmes communes ce qu'elles ne seraient pas même en état d'admirer ! Ma petite sœur m'écrit aujourd'hui... Ah! mon frère, qu'elle est digne de toi! Vous êtes faits l'un et l'autre pour nous faire adorer l'humanité après avoir eu tant de raisons de la détester. »

AU MÊME

« Ce 14 novembre 1779.

« Voilà, mon cher ami, une lettre de mon frère de Paris, que me renvoie celui de Loches pour te la communiquer. Tu verras qu'il ne veut rien faire sans ton attache; et cette déférence est aussi juste que naturelle.

« Le Lochois envoie son fils à Paris avec un quartier de sa pension dans sa poche, et s'engage à fournir celui d'après.

« Il compte même calculer avec ses facultés et avec sa femme pour faire tous les sacrifices possibles pour ses deux enfants. Aussitôt le conseil tenu il nous fera part à tous du résultat des délibérations; et je vois d'avance qu'il prétend que ce dernier ne coûte rien à la famille.

« D'après cette lettre de mon frère, il parait que l'aîné ne paiera plus rien au mois de janvier : ainsi le père pourra tourner toutes ses forces sur le cadet. Ce jeune homme travaille depuis deux ans chez le procureur à Loches. C'est de lui dont il était question dans la définition de *cul de plomb* que lui donnait le père au chapitre second du parallèle de ses deux enfants. Il disait aussi, et dit encore, que l'aîné ne connait pas assez le prix de l'argent, et que celui-ci le connait trop. Voilà un préservatif contre les dissipations...

« Mon frère de Paris me mande, qu'en comptant son fils, il en a

déjà trois dans sa *hotte*, et qu'il ne lui en coûte pas plus d'en
porter quatre. D'après cela je trouve un grand avantage à l'envoyer profiter des conférences de mon frère qui ne voudrait
peut-être pas les recommencer pour un seul. En le mettant ici,
on allonge le temps des pensions; et je doute qu'au bout de trois
ou six mois tu sois mieux informé s'il peut soutenir les épreuves
de la *dangereuse capitale*. Dans un an vous serez quittes de
tous les soins du népotisme et vous aurez fixé le sort de nos
enfants communs.

« Pouvions-nous être indifférents sur les destinées des rejetons
de la digne souche qui fait l'objet de nos respects et de nos regrets. Je rougis et je suis confondue en vous présentant une si
bonne œuvre à faire, sans y participer suivant mes désirs. Cependant je ne perds pas encore l'espérance de vous rembourser
tous deux d'une partie de vos frais. Si je parviens à cet avantage
j'espère que vous ne serez pas assez cruels pour ajouter à mes
tourments celui d'un refus. Si l'on pouvait acquérir la certitude
de ne pouvoir jamais être bon à personne, il serait ordonné de se
tuer à l'instant qu'on aurait cette assurance. Les âmes honnêtes
ne se le feraient pas dire deux fois.

« Reste présentement à vous chapitrer, mon cher frère, et c'est
à quoi je me garderai bien de manquer.

« Est-il possible qu'après m'avoir mise dans toutes les horreurs
de l'épidémie et des maux de gorge gangréneux, tu ne m'aies pas
fait dire un mot comme nous en étions convenus? Cela n'est,
en vérité, pas pardonnable.

« Heureusement que je vis le lendemain une des grosses trompettes de la Renommée qui avait parlé au laquais de l'abbé Gou-
lard et à toute la terre, et qui me dit que la gangrène courait le
monde, que les morts se portaient bien et que tu avais été que-
rellé comme je le désirais. Si ton chapitre n'a pas été suffisant,
reçois en toute humilité ce supplément, et crois un peu plus à
l'attachement des gens de notre espèce.

« Adieu, cher et très-cher ami; crois à l'amitié et surtout à la
mienne. »

A PRUDENT-JEAN BRULEY

« Depuis deux jours, cher ami, que j'ai reçu ta sensible et tendre
lettre, je retiens l'expression des sentiments qu'elle m'inspire.
Gagneras-tu beaucoup à cette contrainte ? Je l'ignore : mon cœur
est en possession de conduire ma plume ; et l'impression qui le
pénètre est si douloureuse et si profonde que je céderai toujours
trop à cette impulsion.

« Mon esprit admire tes raisonnements ; mon cœur rend hommage à ce fonds de justice et de vertu qui te fait dompter un sentiment dont je connais toute l'étendue : voilà tout ce que je puis
donner à cette philosophie que tu traites si dignement, Non, je
ne puis te cacher, cher ami, que ma sensibilité est à son comble.
Avant même cette incroyable lettre, il me semblait qu'en partant
tu m'eusses laissé la portion de douleur que nous supportions
ensemble. L'impunité n'est pas ce qui m'afflige : je plains trop
les criminels pour les haïr ; mais, cher ami, à quelle rencontre
ne sommes-nous pas exposés !

« Le père et la mère sont comme des âmes errantes sur les
tombeaux. Hier, cette pauvre femme vint pleurer avec moi. Nous
courûmes toute la soirée après une dissipation qui nous fuyait,
et ne trouvâmes que l'ombre du malheureux pour nous entretenir.

« Notre douleur est peut-être injuste : ses vertus se sont multipliées et ses défauts se sont effacés dans nos tristes imagina-
tions . . . . mais, quelle faiblesse et quel défaut ne sont anéantis
après une si belle mort ! Les gens d'Eglise ne peuvent opiner
dans les jugements criminels : comment leur est-il permis de
solliciter pour ceux qui répandent le sang innocent ? Ah ! mes
amis, avec quels hommes aurez-vous à vivre ! Nous sommes
tout prêts à demander grâce pour les assassins ; mais qu'on leur

sauve la honte de nous voir, et qu'on nous délivre de l'horreur
de les rencontrer.

« La pauvre mère me paraît très tentée de retourner à Paris :
le changement de place semblerait adoucir ses maux. Mais mon
frère fait tous les jours une lieue en bon air... Que deviendrait-il
dans le gouffre dont il est sorti avec tant de joie !

« Adieu, mon cher et très-cher ami ; ta femme me fait presser
pour envoyer ma lettre. Ta cousine reçoit tes embrassements et
t'aime comme tu le mérites. Quant à moi, je te jure que je ne
cède à personne sur cet article, et que si mes maux excitent ta pitié, c'est en te conservant que tu dois me le prouver. Mes compliments à tes cousins que j'embrasse. »

AU MÊME

« Tu as grande raison, cher ami, de faire la guerre à la tristesse ;
mais comment éteindre un feu que le sort alimente sans cesse ?

« Depuis nos dernières relations je manque une maison à jardin
qui pouvait seule me dédommager de celle que je quitte avec
tant de regret ; et j'apprends que tu es sans fonctions et réduit
à une inutilité qui ne peut être agréable qu'à la stupidité glorieuse. Un simple préjugé t'enlève d'une compagnie qui te chérit ;
et c'est un grand homme qui suit, par égards, les routines d'un
sot. Gardien m'assure qu'on n'a pas une seule bonne raison à
t'opposer (1).

« . . . . Voilà, mon cher ami, mes
nouvelles acquisitions dans la route du bonheur. Je te les ai rangées d'après l'ordre des dates et point du tout d'après celui de
ma sensibilité. Ajoute à cela les maux continuels de ma triste

(1) En 1787, date probable de cette lettre, Prudent-Jean Bruley avait été obligé
de renoncer à ses fonctions d'avocat du Roi, afin de se faire pourvoir dans la
charge de Président Trésorier de France, sorte de sinécure, où il succédait à
son père. Ces deux situations étaient réputées incompatibles.

imagination. Si ma fille est à la comédie, le bruit d'un tambour me fait frissonner : c'est sûrement la générale qu'on bat pour réunir les soldats et éteindre le feu.

« Si elle est pâle : c'est une fièvre putride qui s'annonce. Si elle est plus sérieuse qu'à l'ordinaire : elle s'ennuie avec moi, ou elle désire un changement d'état que je ne puis lui procurer.

« A force de coups mon âme est comme un écorché qui est vivement blessé du moindre attouchement. Si quelquefois j'appelle la mort à mon secours, les besoins de ma fille m'en font un crime. D'ailleurs, qui sait si pour mon propre compte je ne la prierais pas de m'aider à charger mon fagot ! Qui se connaît ? Ta femme vint lundi et fut ici depuis six heures jusqu'à neuf avec moi, en tête-à-tête. Nous causâmes avec un intérêt réciproque. Elle me fit connaître toute l'étendue de son extrême timidité. Je lui indiquai les moyens dont je me suis servie pour me tirer un peu de cette maladie : elle sentit et goûta fort mes raisonnements. Elle m'entretint de tes soins à la former avec une reconnaissance attendrissante. Enfin nous nous quittâmes très-contentes l'une de l'autre ; et je ne recommençai à entendre la générale qu'à l'instant où elle me laissa seule, et jusqu'à 9 h. 3/4 que ma fille revint de la Comédie. »

Madame Patas n'eut, de son second mariage, qu'une fille, ALEXANDRINE-JULIENNE, qui épousa, en 1793, M. AUBRY, ex-premier président au bureau des finances de Tours.

Ils eurent, pour unique enfant, LAURE-JULIE-JOSÉPHINE-RÉMONDE, qui naquit à Tours en 1895 et y épousa, en 1813, M Le BRETON DE VONNE, riche propriétaire, appartenant à la noblesse chinonnaise.

Mesdames Aubry et de Vonne, recherchèrent toutes les occasions d'entretenir avec leur famille maternelle les relations les plus affectueuses.

Leur esprit distingué et leur cœur rendaient d'ailleurs ces rapports bien précieux pour nous.

Mme de Vonne.

Madame de Vonne eut quatre enfants. Trois sont morts dans la force de l'âge, avant leur mère. Deux seulement ont fait souche.

HIPPOLYTE, l'aîné d'entre eux, périt assassiné, le 2 juillet 1871, à Saché, où il était maire.

Près de lui tomba, quelques instants après, frappé mortellement, le vénérable curé qui venait lui donner les derniers secours. Ce double crime inspiré par les passions anti-sociales déchaînées sur notre malheureux pays, fut suivi du suicide du meurtrier.

HENRI, le plus jeune des enfants de Madame de Vonne, est le seul qui ait survécu à sa mère. Il a été le camarade de mon enfance : ses enfants sauront, je n'en doute pas, se souvenir des liens qui nous unissent.

Son excellente mère s'est éteinte à Tours, le 7 décembre 1875, à l'âge de 80 ans.

Par une singulière fatalité, après avoir perdu son mari et trois de ses enfants, elle eut encore, vers la fin de sa vie, la douleur de voir mourir prématurément Madame la comtesse de Montlivault, sa petite fille, mère elle-même de plusieurs enfants encore en bas âge.

Ces deuils répétés ne furent pas les seuls qui vinrent briser son cœur; mais sa foi profonde lui donna la force de venir, jusqu'au bout, prier au chevet de chacun de ceux qui furent successivement ravis à sa tendresse.

Chacune de ces cruelles épreuves semblait, loin de l'accabler, raviver au contraire sa force morale et son religieux espoir.

Votre vieille cousine avait reporté sur vous, mes chers enfants, l'affection que lui avaient inspirée vos grands parents.

Que de fois je me suis entretenu de vous avec elle, quand la communauté de nos souvenirs et de nos regrets nous faisait porter de douloureux regards sur le passé. Votre avenir la préoccupait vivement; et elle se plaisait à discerner en vous le germe des qualités qu'elle avait appréciées chez vos grands parents. Combien alors, à parler de vous, le temps s'envolait vite !

Elle avait survécu à presque tous les membres de ma famille paternelle et m'était devenue d'autant plus chère.

Sentant sa fin prochaine, elle a recommandé qu'on me fit parvenir le dernier livre où son âme ait cherché la force de se détacher de ce monde. Je ne me suis pas mépris sur son intention ; et la lecture de ces pages de l'abbé Perreyve a, selon son espoir, contribué à m'inspirer de salutaires déterminations.

Soyez donc reconnaissants à votre vieille cousine, mes chers enfants ; n'oubliez pas l'affection qu'elle vous a témoignée et rappelez-vous qu'on s'honore toujours en restant fidèle à de semblables souvenirs.

Je dois maintenant vous entretenir, mes chers enfants, de PRUDENT-JEAN BRULEY, votre bisaïeul.

Prudent-Jean Bruley.

Vous n'avez pas oublié, à propos de son enfance et de son éducation, les détails intéressants relatés dans la correspondance de sa famille. — Ce qui va suivre achèvera de vous faire connaître sa longue existence, si traversée d'épreuves.

Je ne fais d'ailleurs que remplir en cela ses intentions ; car dans les derniers temps de sa vie il avait essayé, pour l'utilité de ses descendants, de recueillir ses souvenirs et de les fixer par écrit. Mais bientôt à bout de mémoire et de force, manquant aussi des documents nécessaires, il dût s'arrêter, n'ayant pu tracer que des notes très-incomplètes. Je me suis efforcé de combler ces lacunes, autant du moins que le permettaient encore les papiers et les lettres conservées par son entourage.

Voici d'abord ce qu'il raconte sur lui-même :

« Je suis né à Tours le 19 octobre 1759 (1). Suivant un usage alors invariable, je fus enlevé aussitôt par une nourrice de campagne. — Cette seconde mère était femme d'un vigneron de Rochecorbon ; elle m'abreuvait, disait-on, de piquette plus que de son lait. Après deux années de ce premier exil, je fus rappelé

(1) Son père Bernard-Prudent Bruley n'eut pas d'autre enfant.

et confié, à Tours, à une sevreuse de profession pour deux autres années. Quand il fallut m'en séparer on me trouva capable de porter culotte, car jusque-là j'étais resté en jaquette, ce qui rendait facile la correction si habituellement exercée.

« D'autres *détentions* m'étaient réservées dans les petites écoles qui, avec ma grande pétulance, étaient pour moi de tristes prisons. C'est ainsi que j'atteignis ma huitième année.

« A la Flèche existait à cette époque un digne prêtre, ancien ami de mon père, et qui tenait une pension près le collége : je lui fus confié et ce fut pour mon malheur. L'abbé Henriquet (nom de cet instituteur) mourut peu après mon arrivée. Il fut remplacé par un prêtre nommé Le Royer, homme sans mœurs, sans probité, et bien plus occupé de ses plaisirs et de ses intérêts que de ses devoirs.

« Privé comme je l'étais de protecteur spécial, je fus plus négligé qu'aucun autre élève. Ma situation n'était plus supportable lorsque mes parents, sur l'avis de cette détresse, me rappelèrent près d'eux; mais, hélas, ce ne fut pas pour longtemps.

« Vers cette époque l'instruction publique était bien négligée en France. Les Jésuites, qui depuis des siècles en avaient exercé le monopole, venaient d'être expulsés. On voulut les remplacer sans délai ; mais on ne trouva que des séculiers assez généralement incapables. Ce fut le sort du collége de Tours. Aussi, suivant l'usage, les écoliers sentant la faiblesse de leurs professeurs se moquèrent d'eux et ne songèrent qu'à s'amuser.

« Sous cette triste influence je suivis toutes mes classes, compris la rhétorique où je remportai, je ne sais par quelle influence, le prix d'excellence. Il faut dire cependant que dans chacune de mes classes j'avais obtenu des succès. Quant à la philosophie, mon père, qui avait fait d'excellentes études, ne voulut pas que j'en suivisse les cours au même collége, disant, de la philosophie scolatisque, que l'on était *trois ans à l'étudier et six mois à l'oublier*.

« Sorti du collége à 17 ans, je me trouvai libre, sans beaucoup de lumières et peut-être un peu trop exposé aux séductions de la société. Toutefois, sentant la nécessité de ne pas rester oisif et possédant quelques notions des sciences mathématiques, j'aspirais à l'école des Ponts-et-Chaussées ; mais mon père crut devoir

me donner une autre direction. Issu d'une honorable famille de
robe et avocat lui-même au Parlement de Paris, il me destinait
à la magistrature. En conséquence je fus confié comme externe
à un brave procureur, bon vivant, parfait honnête homme,
mais qui, malheureusement, était le plus faible des 37 procureurs
près le bailliage et siége présidial de Tours. Sous mon influence
son étude devint une école de Triomphe et de Tric-trac. Notre
débonnaire patron assistait parfois à ces parties qu'il ne dédaignait pas plus que le léger goûter qui suivait. N'étant point surveillé je perdis toute émulation, trop heureux encore d'avoir
contracté dès le collége un goût de lecture qui, jusqu'à ce jour-ci,
a fait constamment le bonheur de ma vie.

« On s'aperçut enfin de cette triste allure, et mon départ pour
Paris fut décidé à ma grande satisfaction. Un frère (1) de mon
père, homme aussi estimable que spirituel, y demeurait. Retiré
des affaires, il vivait très-honorablement, ayant voiture comme
table et société choisie. Pour me familiariser avec la triste
science de la chicane il m'avait retenu, moyennant pension, une
place chez un Procureur au Châtelet. J'entrai de suite chez M. de
Corneille, digne successeur de mon respectable et très-honoré aïeul.

« Ce patron était un travailleur infatigable et le plus modéré
des hommes. Pour la direction des affaires de sa forte étude, il
avait fait choix d'un maître clerc très-capable, mais tellement
passionné pour le jeu, qu'en faisant sa partie de Triomphe on
était assuré de son indulgence. Ayant moi-même du goût pour les
cartes j'avais souvent l'avantage de jouer avec ce chef de l'étude ;
aussi ne critiquait-t-il pas mes fréquentes absences.

« Notre trop candide patron gémissait de ce désordre, sans
avoir le courage d'y mettre ordre. Enfin, devenu moi-même honteux de cette situation, je rougis de mon ignorance et, regrettant le temps perdu, je me décidai à renoncer au triste métier de
clerc. Je pris un très-modeste logement, bien décidé à me livrer
à l'étude du droit, ce que je fis néanmoins bien faiblement ;
cependant, grâce à des dispenses toujours facilement obtenues en
payant, je fus reçu avocat.

(1) Jean-Germain Bruley.

« A cette époque mon père, dont la rare organisation intellectuelle s'affaiblissait rapidement, éprouvait les atteintes d'une précoce caducité. Je dus, sans hésiter, quitter Paris, ses séductions, pour aller partager à Tours avec ma pieuse mère les soins qu'elle prodiguait au respectable auteur de mes jours.

« Me trouvant alors fatigué de mon désœuvrement, j'éprouvai le besoin et la nécessité de me rendre utile. Une charge de second avocat du Roi au bailliage et siége présidial de Tours était vacante depuis plusieurs années ; comme elle ne rapportait que de stériles honneurs et nuls honoraires, personne ne songeait à en faire l'acquisition. Ce fut là le motif qui, en 1782, me porta à m'y faire pourvoir. Cette démarche de ma part était une véritable témérité ; car telle était mon incapacité comme magistrat, que je ne devais recueillir que confusion de cette imprudence. Je fus assez heureux cependant pour trouver dans mon respectable et savant collègue une grande bienveillance et les conseils de l'amitié. Honneur à la mémoire du bon M. Gauthier qui, chéri et honoré de tous ses concitoyens, est décédé président de notre tribunal civil.

« Dans cette nouvelle situation j'eus à subir les démarches des officieux négociateurs de mariages. Peu accessible d'abord à leurs doucereuses insinuations, je me proposai de conserver mon indépendance ; mais bientôt lié, par l'intermédiaire de mes amis, avec M. Loiseau (I) lieutenant général de Police et mon con-

(1) D'après l'armorial général de la Touraine, Valentin Loiseau, écuyer, juge honoraire du bailliage et siége présidial de Tours, lieutenant général de Police de la ville et banlieue de Tours (1765), secrétaire du roi, maison, couronne de France et de ses finances, mourut à Tours en décembre 1788. Il avait épousé Marie-Elisabeth Faure (originaire de l'île de St-Domingue.)

De ce mariage sont nés : Valentin-Marie Loiseau et Marie Loiseau, mariée à Vouvray (1784) à Prudent-Jean Bruley. Valentin-Marie Loiseau, écuyer, seigneur des châtellenies et fiefs d'Anzan, Montfort, du Coteau, Richebourg, Paulmy. Turcie, Crème, fut représenté par Martin De Lavau, le 16 mars 1789, à l'assemblée de la noblesse de Touraine pour la nomination des députés aux Etats Généraux ; il épousa, en 1802, Elisabeth-Noël Mercier dont il eut Eugène Loiseau d'Entraigues, consul honoraire, chancelier d'ambassade, marié en 1833 à Marie Godeau d'Entraigues—et Flavie Loiseau, mariée en 1837 à Louis René Auvray, ancien officier d'infanterie, maire de Tours en 1865. Louis-René Auvray est fils du général Baron Auvray, ancien préfet. Valentin-Marie Loiseau mourut en 1827.

La famille Loiseau portait d'argent à la fasce de gueules, accompagnée en chef

frère, je le vis comme voisin de campagne. L'amabilité de sa
jolie fille aînée me séduisit. J'avais eu d'ailleurs le loisir de
remarquer sa douceur, ses excellentes qualités et son talent de
musicienne servi par une charmante voix. Aussi le 15 juin 1784,
je devins son époux. Elle était destinée à jouir d'une fortune de
plus de 60,000 francs de rentes, fortune que l'économie un peu
trop sévère du père tendait à augmenter.

« Ce mariage a fait notre bonheur pendant près de quarante
années. De notre union sont issus trois enfants que, dans mon
extrême vieillesse, j'ai le rare bonheur de voir près de moi ; et qui,
à l'envi, ainsi que tous leurs descendants, se complaisent à combler mes vieux jours de tendresse et de soins.

« Jusqu'en 1787 aucun événement fâcheux n'a altéré la pai-
sible satisfaction de mon ménage ; mais la mort de mon père
vint nous occasionner de vifs regrets. Il succomba le 28 mars,
laissant aux siens les meilleurs souvenirs et une mémoire très-
justement honorée.

« Mon père était Président Trésorier de France au bureau des
Finances de la Généralité de Tours. Il jouissait de cette charge
comme héritier de M. Raphaël De Lavau, oncle de ma mère. Il
s'y était fait pourvoir dans l'unique dessein de me la transmettre

« Qui ne sait qu'avant 1789 l'existence d'un jeune plébéien,
issu d'une famille honorable, bien élevé lui-même, ayant de
hautes espérances de fortune et tous les avantages d'une excellente éducation, n'était pas supportable en province. Nos villes
et surtout les paisibles habitants de la campagne étaient constamment exposés, sans aucune protection légale, aux avanies d'une
foule de petits nobles ignorants, grossiers et ordinairement sans
fortune. Pour me mettre à l'abri de cette odieuse tyrannie, mon
père voulait me procurer l'appui et, au besoin, la protection de

d'une aigle à deux têtes, éployée, d'azur et d'un lion armé, aussi d'azur, en pointe.
Eugène Loiseau n'a pas eu d'enfant, mais du mariage de Flavie Loiseau avec
Louis-René AUVRAY sont issus :

1º Raoul-Louis René, né à Tours, le 22 mars 1838, marié le 6 août 1867 à Tours
à Marie-Cécile Gouin.

2º Arthur, né à Tours le 24 janvier 1840, marié à Paris, le 26 décembre 1871 à
Louise-Marie Nacquart. De ces mariages sont nés à Tours plusieurs enfants.

la magistrature. Tel fut l'unique motif qui le porta à me classer parmi les privilégiés.

« Dans mon désir de cumuler ces nouvelles fonctions, sorte de sinécure, avec celles d'avocat du Roi, il me fallut solliciter l'agrément du garde des sceaux. A cet effet je me rendis à Paris. M. de Lamoignon était à sa terre de Basville ; j'y courus en poste. Je fus reçu avec une politesse distinguée, et je me crus assuré du succès. Ce ministre me présenta à sa noble et belle famille, me retint à déjeûner, me fit visiter son parc ; mais quand il fut question du sujet de ma démarche, il s'y montra contraire d'une manière inexorable.

« Sans s'expliquer formellement sur les motifs de son refus, il me fit comprendre que de grandes réformes auraient incessamment lieu dans la magistrature ; et plusieurs fois il m'objecta ce dicton trivial : *Vous voulez vous faire marchand de poisson la veille de Pâques.*

« Pour l'intelligence de ce débat il faut savoir que M. de Brienne, parvenu enfin à être principal ministre, s'occupait alors très-secrètement avec le garde des sceaux de deux réformes radicales pour le succès desquelles il fallait plus de génie et de caractère qu'ils n'en avaient l'un et l'autre. Il ne s'agissait de rien moins que de renverser les Parlements et tout l'ordre judiciaire pour leur substituer de grands bailliages ; on devait bouleverser pareillement le système fiscal et le remplacer par l'impôt territorial en nature, etc. Pour réussir dans ces audacieux projets, il fallait dompter la résistance des Parlements ; or, deux fois, celui de Paris se laissa exiler sans consentir à l'enregistrement de ces ordonnances.

« D'un autre côté le clergé et la noblesse opposèrent, dans leur intérêt d'ordres politiques, non moins d'opposition, et entraînèrent la chute des deux ministres que la cour ne tenta pas de soutenir. Le garde des sceaux fut exilé, et le premier ministre, toujours protégé par la Reine, se retira avec l'Archevêché de Sens, plusieurs grasses abbayes et le chapeau de cardinal.

« On conçoit que cette crise politique, dans un moment d'agitation générale, devait accélérer la convocation des Etats Généraux demandée avec véhémence par la France entière. Ces Etats avaient été promis solennellement par la cour qui ne cherchait qu'à éluder cet engagement, sans songer à faire excuser ce mauvais vouloir.

« L'audace révolutionnaire effrayait le gouvernement ; et cependant la féodalité, toujours puissante, paraissait encore affermie pour longtemps. Le vieux maréchal de Ségur, récemment ministre de la guerre, n'avait pas hésité à signer avec l'unique bras qui lui restait la fameuse ordonnance qui réservait aux seuls nobles tous les grades d'officiers dans l'armée et la marine. En 1793 je me suis trouvé, à la Force, dans la même cour que ce vénérable vieillard que chacun respectait.

« Qu'il m'est pénible de retracer ici les affreuses circonstances d'un événement qui plongea ma famille dans une mortelle désolation et excita à Tours une émotion générale.

« Le 14 mars 1787 le jeune Alexis-Germain Bruley, mon cousin germain, se trouva engagé dans une partie de paume avec un officier du régiment du Roi. Cet officier était accompagné de cinq amis dont un seul n'était pas militaire.

« Pour rendre vraisemblables les détails qui vont suivre, il parait nécessaire de rappeler la haine invétérée du parti populaire pour la caste nobiliaire et l'orgueilleux dédain de celle-ci pour ce qui n'était pas privilégié. Tous ces sentiments n'étaient que trop surexcités par les circonstances.

« Les camarades de l'officier se tenaient dans la galerie des spectateurs. Humiliés sans doute de la supériorité du plébéien sur leur noble ami, ils se permirent hautement des propos irritants contre mon cousin qui gagna la partie d'ailleurs peu intéressée. Alors son adversaire s'approcha de lui et jetant à ses pieds une pièce d'or : *Payez-vous*, lui dit-il avec une insolence brutale. Indigné de cette insulte, le jeune Bruley répond par un soufflet. Aussitôt les cinq amis se jettent sur lui, l'accablent d'injures et l'outragent au point qu'il devait se croire obligé d'exiger satisfaction de tous. Bien qu'il n'eût aucun usage des armes à feu, sans hésiter il accepta le combat au pistolet. Dès cet instant toute injure, toute offense devaient cesser ; et cependant il n'en fut rien. Il ne put obtenir de ces forcenés, qui le retenaient avec violence, qu'il appelât à son aide un conseil, des témoins. Sous

prétexte qu'il voulait s'échapper ils s'emparèrent de lui, l'entraînèrent chez un armurier, puis chez un autre ; et n'ayant point
trouvé ce qu'ils cherchaient, ils se rendirent tous sur le terrain
convenu, où ils rejoignirent leur camarade qui s'était muni d'une
paire de pistolets à double détente, empruntés à un Anglais avec
lequel il s'exerçait souvent au tir, tant à pied qu'à cheval.

« On se demanda qui devait tirer le premier. Aussitôt un écu
jeté en l'air, et de suite couvert par un pied hostile, décida que
ce serait l'officier, ce qui eut lieu.

« De ces faits il résulte que cinq militaires en hostilité avec un
très-jeune homme sans expérience et livré forcément à lui-même,
après l'avoir outragé de toutes manières, l'ont provoqué en duel
et se sont établis *seuls* témoins, *seuls* juges du combat. Le résultat de ces violences criminelles ne pouvait être douteux : mon
jeune cousin fut tué.

« Pour dernier caractère de cette odieuse scène j'ajouterai que
la victime excellait aux arts d'agrément, à la gymnastique et à
l'escrime, ce que ses ennemis connaissaient parfaitement.

« On demandera comment il s'est fait qu'un pareil acte soit
resté impuni ; mais qu'on daigne se souvenir qu'à cette époque si
orageuse il existait une extrême irritation entre les privilégiés et
le parti populaire, c'est-à-dire la nation. En outre, la vindicte
publique ne pouvait être provoquée que par le ministère public
où par la famille si douloureusement atteinte.

« Or, le procureur du Roi près le tribunal criminel était un
homme sans talent, inconsidéré et peu occupé de ses devoirs.
Ennobli par une charge de secrétaire du Roi achetée par son
père, il avait la ridicule fatuité de s'assimiler à la noblesse. Cependant, sur une plainte rendue en son nom, une enquête fut
ordonnée ; des témoins au nombre de 40 furent entendus ; et néanmoins l'affaire n'eut aucune suite. En effet les coupables tenaient
à des familles aristocratiques plus ou moins en crédit et se trouvaient assurés de la protection de la cour. L'un d'eux était parent
par alliance de M. Hue de Miromesnil, garde des sceaux.
Quant à la famille de la victime, moi seul étais en situation de la
représenter et de provoquer la punition des coupables. J'avais la
volonté invariable de le faire ; mais pour agir il me fallait le con-

sentement, au moins tacite, du père et de la mère de la victime ; et voilà ce qu'il me fut impossible d'obtenir, malgré mes plus vives instances. Mon oncle infortuné me répondit sur un papier trempé de ses larmes et que j'ai présentement sous les yeux : *Plus je réfléchis à ta proposition, mon cher neveu, plus je persiste dans le parti du silence absolu.*

« Comme ancien magistrat il savait que les lois sur le duel étaient si rigoureuses que, sans distinction, elles frappaient tous les duellistes, vainqueurs ou vaincus, des plus accablantes punitions. Je pris donc forcément l'engagement de ne m'occuper en aucune manière de cette déplorable affaire ; et je me dois de déclarer que j'ai si scrupuleusement tenu à ma parole que, dans le cours terrible de la révolution, il eût suffi peut-être d'un mot pour perdre nos ennemis. Je dirai au surplus qu'aujourd'hui, après 58 ans, le souvenir de cette fatale catastrophe m'attriste encore profondément. Je me suis abstenu de nommer les auteurs de ce drame par égard pour d'honorables familles. Quant à eux, je leur rends au moins la justice de déclarer qu'humiliés de leur avilissement ils s'éloignèrent volontairement de la société. L'émigration en dévora plusieurs et le reste a fini misérablement.

« Cette année 1787 éprouva cruellement notre famille. Outre mon père, mon cousin et mon oncle, lequel n'avait pu survivre à la mort de son fils unique, nous perdimes aussi, vers la fin de décembre, M. Loiseau, mon beau-père. Il mourut d'une fluxion de poitrine gagnée sur la terrasse des Girardières où, par un froid excessif, il s'était amusé à tirer sur des corbeaux de passage.

« M. Loiseau, comme magistrat et homme d'honneur, fut généralement regretté. Il laissait deux enfants : madame Bruley, âgée de 21 ans, et un garçon qui achevait ses études au collége de Vendôme.

« Sa fortune, y compris la valeur de trois habitations à St-Domingue appartenant à ses enfants et dont il jouissait pendant leur minorité, était d'environ 1,700,000 fr. Dans cette somme les trois habitations coloniales pouvaient compter pour dix ou onze cent mille francs.

« Son passif était presque nul ; mais dans son actif se trouvaient des propriétés extrêmement négligées et des valeurs qui, depuis, eurent beaucoup à souffrir de la révolution.

« C'était : 1° une créance de 40,000 fr. sur la charge de Lieutenant général de Police de Tours, qu'il avait exercée longtemps avec désintéressement, et vendue ;

« 2° Une charge de Secrétaire du Roi au Grand Collége, de 130,000 fr.

« 3° Des rentes et créances sur l'Etat, toutes créances remboursées en assignats déchus de leur valeur.

« Il jouissait, en outre, de rentes sur particuliers et de devoirs féodaux, objets sur lesquels frappa la déchéance ou qui furent remboursés en assignats à l'époque de leur plus grand avilissement. On peut juger, après de tels échecs, combien d'altérations eurent lieu dans cette fortune qui fut bien autrement affaiblie par les emprunts forcés, réquisitions sans nombre, dons dits *volontaires*, perte croissante sur les assignats, *maximum* qui rendait comme nul le revenu foncier, etc.

« Cependant, comparées à la perte de nos habitations, toutes ces déconfitures étaient à peine sensibles.

« De toutes ces circonstances il est résulté la disparition des deux tiers, au moins, d'une si brillante succession. Qu'eût-ce été si j'avais accepté, en 1791, la proposition faite par madame de Trémais, ma parente, d'acheter en commun une magnifique habitation qui avait appartenu aux Jésuites et qui joignait cette dame et nous. Cette habitation nous était offerte pour 1,500,000 fr. dont 600,000, seulement, étaient payables à court terme. Notre associée, créole aussi entendue qu'intelligente, se chargeait de toute surveillance.

« Elle avait en France six enfants (4 filles et 2 garçons) en bas âge et qui étaient confiés à nos soins et à notre surveillance. Elle se croyait certaine qu'en moins de 8 à 9 ans l'habitation aurait été soldée par son produit même. Que l'on conçoive ma perplexité dans cette circonstance. Ce fut pendant mes irrésolutions qu'éclata au Cap la première conspiration des nègres, laquelle fut bientôt suivie de l'incendie de nos propriétés.

« Ce que j'ai dit des dépréciations subies par la fortune de ma femme s'applique aussi à ma fortune personnelle, dans laquelle se trouvaient également des charges importantes comme je l'ai dit plus haut.

« On ne s'étonnera pas qu'au commencement de la révolution j'aie été traité de millionnaire et que je n'aie pas été épargné dans toutes ses crises.

« Mais reprenons le cours des événements.

« En 1789, vers le mois de juillet, la municipalité de Tours ne se sentant pas de force à lutter contre les agitations publiques, entraînée d'ailleurs, bien malgré elle, par l'impulsion générale, se crut obligée de s'adjoindre des commissaires pris dans tous les ordres de la ville. Des députés des divers corps judiciaires, du clergé, des administrations de tout genre, des corporations, des négociants et fabricants, etc...., composèrent une cohue, nommée *Comité*, qui renfermait plus de 150 citoyens.

« Je fus l'un des deux commissaires envoyés par le bureau des Finances à cette assemblée.

« Les séances du Comité, faute d'ordre et de méthode, étant longues et très-tumultueuses, le maire et les échevins l'engagèrent à se choisir plusieurs présidents pour tenir, concurremment avec eux, ces assemblées journalières ; je fus l'un de ces présidents.

« La disette des grains, plutôt factice que réelle, occupait alors tous les esprits. Le peuple était exaspéré et ne savait à qui s'en prendre : de là des scènes souvent orageuses.

« MM. Simon, échevin, et Rose Bretonnière avaient exercé plusieurs commissions relatives aux approvisionnements de la ville. L'inculpation d'accaparement fut faite à ces deux citoyens aussi estimables que zélés. J'eus le bonheur, un jour, de les sauver de la fureur du peuple attroupé, en me précipitant au devant de la porte de M. Simon, qu'on voulait forcer. Je pris avec chaleur leur défense : j'en fus quitte pour des injures et des menaces.

« Cependant, la nécessité d'assurer la tranquillité publique et de seconder la révolution naissante avait frappé tous les esprits. Par une sorte de commotion électrique, de toutes parts les gardes nationales s'organisèrent d'elles-mêmes. Celle de la ville de Tours se composa, suivant la division politique de la ville, de quatre bataillons d'infanterie, de cavalerie et d'artillerie : rien ne manquait que des canons. Quatre jolies pièces de 4, bien montées sur leurs affûts, protégeaient ou plutôt décoraient le château de Chenonceaux occupé par madame Dupin. On sait que cette femme fut célébrée par J. J. Rousseau pour son esprit, ses talents et sa beauté. Comme la mairie et l'administration centrale convoitaient cette artillerie, on en fit la demande à la dame du lieu qui accueillit avec une extrême obligeance cette négociation dont j'avais été chargé. Je dois dire qu'antérieurement j'avais eu avec elle plusieurs relations de société.

« Je fus reçu avec une rare bienveillance ; et Mme Dupin me rappela, avec éloge, ses rapports avec mon père. La réception à Tours de cette artillerie fut un sujet de réjouissances publiques.

« Lors de la formation de notre garde nationale, en 1789, la compagnie à laquelle j'appartenais crut devoir, quoiqu'absent, me nommer capitaine, ce qui ne me convenait nullement. Mais je fus bien plus vivement contrarié quand le corps des officiers, chargé de nommer son état major, me choisit pour colonel. Vainement je voulus m'en défendre, en alléguant ma vue si fautive, mes habitudes pacifiques, mon ignorance et ma complète inaptitude à de pareilles fonctions. A toutes ces objections on opposait mes principes connus sur le devoir des citoyens envers la patrie, et mes discours sur ce sujet. Je voulais me soustraire à cette situation critique ; mais des circonstances politiques et pressantes, dont je ne pus me dissimuler la portée, triomphèrent de mes scrupules.

« Ma première attention fut de me familiariser au maniement des armes et à l'étude du service. Je m'équipai convenablement ; et s'il me fut difficile de me faire au régime militaire, du moins je m'étudiai à en observer les habitudes et le costume. Bientôt ma bonne volonté reconnue et mes manières franchement fraternelles avec mes camarades de tout grade, me concilièrent l'affection de ceux-ci et là bienveillance du public. A la vérité, le savoir-faire de mon cuisinier et ma cave bien assortie contribuèrent à ce succès.

« Ce fut l'époque brillante et pure de la Révolution. Alors le patriotisme était vrai, généreux, désintéressé. Il suffisait d'être revêtu de l'habit national pour trouver partout assistance et accueil fraternel. Aussi les fédérations semblaient ne faire de tous les citoyens armés qu'une seule famille. Plus de 4000 fédérés de Nantes, Angers, Poitiers, Orléans, le Mans, et même Paris, Bordeaux, etc., se trouvèrent réunis à Tours le 10 mai 1790. Ce fut à qui les recevrait. Jamais hospitalité ne fut mieux exercée ; et malgré l'extrême affluence d'étrangers venus à Tours pour cette fête patriotique, les auberges demeurèrent presque vides. Je me souviens que deux sapeurs de la garde nationale de Beaugency, logés chez un pâtissier de notre ville, se plaignirent à leur commandant de leur hôte qui les avait trop bien traités : ils en étaient tombés malades.

« A cette solennité j'eus l'honneur d'être nommé commandant en chef par tous les commandants réunis. Je redoublai donc d'efforts pour accueillir de mon mieux nos nobles hôtes et j'eus soin qu'une tente, dite de l'Etat-Major, fut largement approvisionnée. Un instant les soldats des deux régiments de la garnison de Tours menacèrent de se livrer à des actes d'insubordination vis-à-vis de leurs officiers, mais je parvins à les calmer ; de telle sorte que cette fête ne fut point troublée et que l'esprit d'union et de fraternité ne cessa pas d'y présider.

« Il fut arrêté que le procès-verbal de cette fête patriotique serait imprimé et porté au Roi par une députation à la tête de laquelle je fus nommé. A cette occasion j'eus à haranguer ce vertueux et infortuné monarque qui accueillit cet hommage avec une affabilité un peu affectée.

« La ville de Paris, contrariée peut-être de n'avoir pas eu l'initiative de ces réunions, annonça, avec un grand éclat, son projet d'une fédération nationale pour le 14 juillet 1790, jour anniversaire de la prise de la Bastille. J'eus encore l'honneur d'être le premier désigné par la garde nationale de Tours pour cette solennité qui devait être à jamais mémorable. C'était d'ailleurs une admirable occasion de resserrer l'union qui déjà existait entre la milice citoyenne de Paris et celle de Tours. En mémoire de cette nouvelle alliance, mon ami M. Cartier-Douineau, lieutenant-colonel de notre garde nationale, député aussi par elle, s'unit à moi pour faire frapper et graver une médaillon en vermeil rappelant cette solennité.

« Le souvenir de cette fête nationale m'émotionne encore. Jamais la France ne parut plus grande, plus digne de la liberté, que dans ces mémorables circonstances. On ne peut trop le répéter : tout était pur alors. Le patriotisme, dans son désintéressement, n'était que plus passionné. Que l'on était loin de prévoir les orages, les excès et le débordement des passions furibondes qui ne tardèrent pas à obscurir de si beaux jours !

« Quand on eut décidé la suppression des ordres monastiques, les administrations centrales eurent à faire exécuter cette réforme. Il fut nécessaire de faire un inventaire de la situation de tous les couvents. Lors de cette opération dans la vaste et riche abbaye de Marmoutiers, on trouva dans son trésor un beau rubis enchassé dans un anneau d'or massif.

« La tradition portait que notre bon Henri IV avait donné ce joyau aux Bénédictins de cette grasse abbaye. Le conseil du département jugea qu'il n'avait rien de mieux à faire que de le rendre à la couronne et d'en faire hommage au Roi. Aussitôt des commissaires, que j'eus l'avantage de présider, furent chargés de cette mission. Ils partirent avec moi pour Paris.

« M. le comte d'Estaing, successeur du duc de Choiseul au gouvernement de la Touraine, que nous avions nommé général de la garde nationale de Tours, se chargea d'obtenir du Roi une audience. Elle fut fixée au dimanche suivant, à l'issue de la messe du Château.

« Ce jour était celui des grandes réceptions ; nous n'abordâmes Louis XVI, dans la salle du Trône, qu'entouré de toute sa cour. Chargé de présenter l'offrande, je sentis qu'il n'y avait pas de harangue à faire pour un si mince sujet, et surtout en pareille circonstance ; il me suffisait d'un lieu commun servant de rapprochement entre le grand Henri et son vertueux successeur. Je me livrai sans timidité à une improvisation qui fut trouvée heureuse.

« M. d'Estaing, qui dans nos relations de service n'avait cessé de me combler des preuves de son estime et de sa bienveillance, voulut nous accompagner dans cette cérémonie, revêtu de l'uniforme national. Il fut aisé de remarquer à quel point cette démarche patriotique offusqua le cercle des cordons bleus, rouges etc., qui entourait le Roi. Celui-ci accueillit notre hommage d'un regard satisfait. Il passa à son doigt l'anneau de Henri IV et s'engagea à le porter.

« Lorsque nous nous retirâmes, le roi retint M. d'Estaing et lui dit qu'il m'avait reconnu (1).

« En novembre 1790, M. Mignon, maire de Tours, peu familiarisé aux principes nouveaux d'égalité et de liberté, étant décédé, on eut à renouveler la municipalité.

(1) Voici, au surplus, comment le *Moniteur universel* du 14 juillet 1790 raconte cette présentation.

« Lundi 12 juillet, les députés du district de Tours à la Confédération nationale, accompagnés de MM. les députés de Touraine à l'Assemblée Nationale, ont eu l'honneur d'obtenir une audience du Roi, à midi, et M. Bruley, colonel-commandant de Tours, parlant au nom de la députation, a dit :

« Sire, nous avons déjà eu l'honneur de faire agréer à Votre Majesté les hommages de toutes les gardes nationales confédérées à Tours. Nous venons aujourd'hui, au nom de celles du district de la même ville et à l'occasion de la fête nationale du 14 juillet, vous offrir l'anneau que portait Henri IV.

« Cet anneau fut donné par votre immortel aïeul aux Bénédictins de Marmoutiers, près Tours, en mémoire des services signalés des fidèles Tourangeaux.

« Vous avez, Sire, le cœur généreux de Henri IV ; votre bonté vous rend, comme lui, l'idole des Français, et depuis longtemps vos vertus vous ont mis à côté de ce bon roi que vous avez pris pour modèle. — Pouvons-nous croire que vous n'accepterez pas avec sensibilité l'offrande qui vient d'une main aussi révérée?

« Ah ! si nous possédions quelque chose de plus précieux que le gage de l'amitié de Henri-le-Grand, nous nous empresserions de le présenter à V. M. et ce ne serait jamais qu'un bien faible témoignage de notre amour pour Elle.

« Il nous reste un vœu à exprimer ; il est très-ardent, et nous espérons de votre bonté, Sire, que vous ne nous refuserez pas. Le désir de tous nos concitoyens est, Sire, que le jour de la réunion de tous les Français autour de la Constitution et de votre personne sacrée, vous daigniez porter l'anneau du bon roi Henri IV. — Ce dernier trait de ressemblance avec un monarque dont le souvenir est si cher à nos cœurs, mettra le comble à l'allégresse générale et aux sentiments d'amour et de vénération que vous ont voués tous les Français. »

« Le Roi a répondu : « Je suis très-sensible, messieurs, aux sentiments que vous me témoignez; je porterai avec grand plaisir cet anneau le jour de la coefédération. »

« *Nota.* — Le roi, en rentrant dans son appartement, a mis l'anneau à son doigt et il a dit à ceux qui l'approchaient : « Je n'ai jamais porté de bague, mais je porterai volontiers celle-ci. » Le roi a paru très-satisfait de l'objet de cette députation. »

« Ces sortes de nominations étaient honorables en ce qu'elles
étaient le résultat du suffrage libre de tous les citoyens. — Dans
les cinq sections de la ville je fus porté à une immense majorité
à la place de maire.

« J'hésitai d'autant moins à me rendre au vœu de mes concitoyens, que c'était quitter d'une manière convenable les fonctions de commandant qui n'allaient ni à mes habitudes ni à
mes goûts.

« Dans cette circonstance je reçus de tout le corps des officiers
et sous-officiers de la garde-nationale des témoignages d'attachement et de regret qui me furent trop sensibles pour que j'en
aie perdu le souvenir.

« En arrivant à la mairie, j'eus l'avantage de trouver des officiers municipaux zélés et déjà éprouvés. Pendant une première
année d'exercice, nous n'eûmes qu'un secrétaire. Nous avions
deux séances par jour ; et, pour expédier les affaires, chacun de
nous, suivant sa spécialité, se chargeait de la rédaction des
arrêtés ; de sorte que le secrétaire en titre n'avait d'autre travail que de porter ces décisions sur le registre de nos délibérations. Mais, par la suite, les travaux s'étant multipliés au point
où on les voit aujourd'hui, et le zèle s'étant refroidi, la bureau-
cratie s'est emparée du secrétariat de la mairie.

« Dans sa fuite, le Roi, le 20 juin 1791, avait entraîné avec
lui sa femme, ses enfants et Monsieur. Le comte d'Artois et
les autres princes de la famille royale les avaient précédés. Ce fut
un événement d'autant plus grave que, depuis longtemps, l'émigration des gens de la cour, de la noblesse et des prélats préci-
pitait en Allemagne cette masse d'indignes citoyens qui couraient
mendier l'appui de l'étranger contre leur patrie. Pour que
Louis XVI, prince sans énergie, qui n'avait jamais tiré du four-
reau son innocente épée, jouât si témérairement sa couronne et
sa tête, il fallait qu'il comptât sur l'appui efficace de l'étranger
et sur le parti des mécontents qui, resté en France, était plus à
craindre que l'émigration même.

« Dans cette crise, la prudence exigeait une exacte surveillance.
A cet effet l'administration centrale du département rassembla à
la hâte tous les chefs d'autorité pour assurer la sûreté publique

contre toute attaque. Comme maire je fus des premiers à me rendre à cette réunion.

« M. de S. de St-T., colonel âgé de 22 à 24 ans, tenait garnison à Tours avec son régiment. Loin de répondre à cette convocation cet officier, perdant la tête, prit la fuite et, comme s'il eût été poursuivi ou menacé, se sauva dans l'un de nos faubourgs.

« Dans son égarement il entre dans une allée, parcourt un jardin, en escalade le mur de clôture et se trouve dans l'atelier d'un potier. Il se blottit d'abord derrière des planches; mais ne se jugeant pas en sûreté dans cet endroit, il emprunte pour 12 francs la souquenille d'un misérable journalier, quitte son uniforme et, n'étant pas encore rassuré, se glisse dans un four à peine refroidi.

« On conçoit qu'à cette étrange nouvelle tout fut en rumeur dans ce quartier. On parle de conspiration, une patrouille de la garde nationale est appelée et l'on s'empare de ce prétendu conspirateur.

« Ainsi déguisé et tout couvert de la tête aux pieds de cendre et de charbon, on l'amène au milieu d'une foule considérable à la mairie. J'y présidais pour lors le conseil général en présence du public. Précédé de deux citoyens qui portaient des lanternes, tenu au collet par deux autres, il est introduit par le commandant du poste qui me dit : *Tenez, monsieur le Maire, reconnaissez-vous sous cet ignoble travestissement un colonel d'infanterie ?*

« La peur est rarement une bonne excuse en France ; on y est porté d'ordinaire à croire coupable celui qui fuit ou se cache. Il faut convenir que, dans cette circonstance, un pareil soupçon était bien naturel. Dès les premiers interrogatoires il fut aisé de reconnaître que cet officier n'était coupable que de lâcheté. Le relâcher était un devoir; mais cette liberté eût pu être fatale à M. de St-T.; car un grand nombre de soldats de son régiment, rassemblés sur la place, furieux de son inconcevable pusillanimité, étaient disposés à l'outrager. On crut donc, pour son intérêt même, devoir le faire conduire en prison, ce qui eut lieu par un passage particulier qui conduisait de la mairie à la maison d'arrêt. Le lendemain j'allai lui annoncer moi même sa mise en liberté. De suite il quitta la ville pour se rendre, probablement, à Coblentz avec tant d'autres émigrants.

7

« L'Assemblée Constituante, par un désintéressement mal entendu et qui a été funeste à la France, avait décidé qu'aucun de ses membres ne pourrait faire partie de la première législature. Des intrigues multipliées entravant sa marche, et la Constitution terminée à grand'peine, il ne resta à cette assemblée qu'à convoquer les collèges électoraux pour appeler ses successeurs.

« Les électeurs du département avaient à nommer en 1791, non-seulement les députés, mais les évêques, grands vicaires, administrateurs, juges, greffiers, etc...

« Les Procureurs du Roi étaient seuls laissés à la nomination royale.

« Au collège électoral de Tours, on me fit l'honneur de m'élire Président, ce qui était une rude épreuve pour moi. J'étais pour lors d'une faible complexion et je manquais de cette force, de ce mordant dans la voix que je jugeais indispensable pour maintenir l'ordre dans une réunion de 500 citoyens. J'essayai vainement de me soustraire à cette corvée, et je ne cédai que par la considération qu'un nouveau scrutin aurait fait perdre une journée aux électeurs.

« Il y avait à ces fonctions un genre de difficulté dont je ne fus pas effrayé : c'était l'obligation de répondre d'une manière convenable et toujours improvisée aux députations de tous les corps et des autorités constituées qui, jugeant nécessaire de haranguer le collège électoral, ne manquaient pas de lui parler de ses devoirs. J'avais heureusement été fort exercé à ces sortes d'improvisations dans mes fonctions de maire, de commandant de la garde nationale, ainsi que dans les diverses missions que j'avais eu à remplir auprès de l'Assemblée Constituante, du Roi et de ses ministres.

« Le collège de Tours fut bruyant, mais non orageux. Le patriotisme y était animé et désintéressé au point que quelques membres des cantons les plus éloignés ayant réclamé une indemnité pour tous les électeurs, la motion fut repoussée par des huées générales.

« Cependant comme pour être électeur du département il suffisait de payer en contribution la valeur d'un marc d'argent, l'on conçoit que le plus grand nombre n'était pas de la classe opulente.

« On avait huit députés à élire La faveur de mes concitoyens, bien inespérée et bien peu désirée, ne m'abandonnant point, je fus nommé premier député.

« Cette année 1791 fut la plus heureuse de ma vie. La fortune, en effet, sembla se complaire à me combler de tous les genres de prospérité. Nous voyions s'élever sous nos yeux nos trois jolis enfants, tous gais, vifs, brillants de santé. Ils n'avaient d'autres soucis que de recevoir les tendres prévenances, les caresses de leurs heureux parents et de se livrer sans contrainte à tous leurs jeux. Au mois de février de cette année j'avais fait l'acquisition de la Bellangerie. Dès ma première jeunesse cette terre m'était devenue chère pour y avoir été accueilli, en quelque sorte comme un enfant de la maison, par madame Cottin, épouse d'un ancien directeur de la Compagnie des Indes.

« Déjà, par mes soins et par une dépense d'environ 110,000 francs, j'avais amélioré nos propriétés coloniales dont j'avais élevé le produit annuel à 200 milliers, au moins, de café.

« La succession de mon beau-père et mes propres ressources me donnaient la facilité de payer, presque comptant, ces dépenses ainsi que l'acquisition, comme annexes de convenance à la Bellangerie, de bois et de prés pour 120,000 francs. A ces sujets multipliés de satisfaction je dois ajouter, comme le plus flatteur, que je jouissais d'un crédit et d'une estime publiques, que je croyais justement mérités par ma conduite et mes principes.

« Hélas ! dans cette brillante situation dont, par bonheur, je savais jouir sans orgueil et sans enivrement, pouvais-je prévoir qu'en peu d'années cette prospérité s'évanouirait comme un songe ! — Ces habitations, base d'une si belle fortune, devaient être incendiées et perdues à jamais pour nous. Nos 300,000 francs de créances sur l'Etat, nos autres créances privées, nos rentes, nos redevances féodales devaient être supprimés sans indemnité ou remboursés par des assignats et mandats diminuant rapidement de valeur jusqu'à leur complet anéantissement.

« Devait-on craindre, enfin, que des emprunts forcés, des réquisitions de toute nature et un désastreux *maximum* menaceraient ou détruiraient les fortunes les mieux établies.

« Agé présentement de 85 ans et prêt à quitter la vie, je me sens plus touché de ces calamités que je ne l'ai été en les subissant.

« J'aurais voulu transmettre à mes enfants ma fortune, telle au moins que je l'avais reçue. Je suis bien amèrement déçu ; mais je me résigne à la fâcheuse nécessité d'une détresse relative par la conviction que mes enfants, qui en connaissent la cause forcée, n'en imputeront point le tort à ma mémoire. Au surplus j'ai tellement la preuve de leur tendresse et de leurs sentiments d'honneur et de justice, que je me rassure sur ces appréhensions.

« En septembre 1791 commença la triste session législative, époque de ma vie qui me rappelle de bien pénibles souvenirs.

« Arrivé à l'assemblée nationale, j'y fus nommé l'un des douze membres du comité colonial. Venu, comme le plus grand nombre de mes collègues, avec l'intention de maintenir le pacte national si solennellement juré, de me consacrer sans réserve au bien-être de la France et au triomphe de la liberté, je ne tardai pas à m'apercevoir que tant de satisfaction nous était interdite. Il n'était pas au pouvoir de la première législature de maîtriser les événements. Deux éléments indispensables lui manquaient : l'opinion et une plus forte organisation. Tiraillée par deux factions implacables, elle n'eut pas assez de force pour les contenir. Le parti de la cour et de la contre-révolution, continuellement harcelé par les Jacobins partisans forcenés de la République, s'entendait avec ces fougueux républicains quand il était question de dépopulariser et même d'opprimer les Constitutionnels que l'on décriait sous mille dénominations odieuses ou ridicules. D'un autre côté, les ministres par leur incapacité, leur défaut d'énergie et surtout par leur duplicité achevaient d'avilir l'autorité royale.

« Un jour, comme chef de la députation d'Indre-et-Loire, je reçois de M. Dupon du Tertre une lettre par laquelle ce ministre de la Justice engage la députation à se réunir à lui pour une affaire d'intérêt public. A ce rendez-vous le ministre, par des phrases étudiées, nous assure que l'intention du Roi est de se rapprocher plus que jamais des représentants de la nation, de s'entendre avec eux pour le bien commun ; et en preuve de cette sincérité il nous dit que, le Roi ayant à nommer son Procureur près le tribunal civil de notre département, il ne veut se déterminer que sur notre avis.

« Là-dessus il donne la liste des nombreux candidats présentés pour cette place, ayant soin, à tous ceux qui ne lui convenaient pas, d'appuyer sur ses motifs d'exclusion. M. R. R. nous parut être celui désigné *in petto* par le ministre. Chacun de nous s'expliqua franchement et lui indiqua celui qui lui paraissait mériter la préférence.

« M. R. R. n'était appuyé par personne. Le ministre, contrarié, finit par dire que ce protégé était celui qui convenait le mieux. Jusque-là j'avais éludé de m'expliquer sur cet individu. Forcé de le faire, je dis que moi et les miens étant liés d'amitié avec sa famille, il m'était pénible de le desservir ; mais que je me croyais, en conscience, obligé de déclarer que de tous les candidats proposés il était le moins capable de remplir les fonctions de Procureur du Roi. Un autre fut nommé ; mais dès ce jour toute intimité cessa entre nos deux familles et l'inimitié fut le salaire de ma franchise. On demandera comment M. R. sut ce qui s'était passé secrètement dans le cabinet du ministre : je répondrai que le protégé ministériel, se croyant certain du succès, était caché derrière un paravent d'où il entendit tout ce qui se dit dans cette conférence, circonstance dont je fus instruit plus tard.

« — Je m'abstiens de parler des scènes déplorables du 20 juin, de la crise sanglante du 10 août et des autres orages qui préparèrent la chute du trône pendant notre courte session.

« Mais, puis-je passer sous silence les massacres du 2 septembre 1792 ! Jusqu'au tombeau je serai affligé et humilié par le souvenir de cette infernale proscription. Je sais que la législature, sans autorité, était elle-même outragée et que chacun de ses membres, s'il était étranger à la faction dominante, était journellement menacé. En ce qui me concerne le danger était si réel que, pour ma sûreté personnelle, j'avais cru nécessaire de me munir d'un poignard que je portais toujours en me rendant à l'Assemblée. Cependant que n'aurait pu faire dans ces déplorables circonstances le dévouement héroïque d'une assemblée entière qui, allant au secours des détenus, eût dit aux assassins de commencer par elle ces sacrifices de cannibales.

« La Convention Nationale fut convoquée ; je me trouvai heureux de n'être pas jugé assez ami de la liberté pour y être nommé dans mon département. Loin d'être à la *hauteur*, pour me servir de l'expression adoptée, j'étais au contraire repoussé comme royaliste, ministériel, modéré, etc...

« Enfin le 20 septembre arriva. Libre de quitter Paris je me hâtai de rentrer dans mes foyers, bien décidé à y vivre ignoré et à attendre avec résignation les terribles événements qui se préparaient.

« La municipalité de Tours devant être renouvelée à cette même époque, mes concitoyens eurent la bonté de se souvenir de moi et de m'élire pour maire à une immense majorité.

« Dans l'intérêt même de la Commune, comme dans le mien, je persistai dans un refus que diverses députations de la mairie et des sections de la ville ne purent vaincre. Il ne me fut pas difficile de faire sentir la nécessité d'élire des fonctionnaires qui ne fussent pas repoussés par le parti exagéré qui subjuguait tout.

« Mais j'avais été trop comblé des faveurs par la fortune pour qu'il ne me restât pas à compter avec ceux qui avaient porté envie à ma prospérité et qu'une dissidence d'opinions politiques m'avait rendus hostiles. Dès lors il n'y eut plus pour moi ni paix, ni sécurité. En effet les partis se succédèrent rapidement et par tous je fus calomnié et persécuté, parce que je n'ai jamais voulu appartenir à aucun. Dans tous les temps de factions il en arrivera autant à ceux qui, ne s'occupant pas des individus, ne voudront considérer que les principes, leurs devoirs et les lois.

« Cependant, de jour en jour, les circonstances devenaient plus difficiles. Les comités de surveillance furent créés ; j'y fus nommé dans ma section. L'union régnait parmi tous les membres, et l'on s'applaudit de voir de telles fonctions confiées à des citoyens justes et humains.

« Au mois de Brumaire an II, un Levasseur passe par Tours. Il lui prend fantaisie d'épurer, dans 24 heures, toutes les autorités constituées. Un conseil secret lui est choisi par un cocher hors de condition. Dans cet aréopage on balance mes destinées et celles de M. Baignoux, ex-législateur comme moi : des opinants votent pour l'arrestation. La majorité, cependant, se prononce pour nous; et, en faveur de l'aptitude au travail qu'on veut bien nous reconnaître, mon ami est nommé maire, et moi officier municipal.

« Confus de tant d'honneur, nous voulons nous y soustraire; mais nous n'avons que l'alternative de la prison ou de l'écharpe. Nous acceptons donc. Telle était alors l'horreur des circonstances, que cette nomination fut un jour de deuil pour ma famille. Dès lors je me préparai à la catastrophe qui n'eut lieu que six mois après.

« On sait que les municipalités avaient la concurrence avec les comités révolutionnaires pour les arrestations des *suspects* et pour toutes les mesures révolutionnaires, et que les agents nationaux des districts étaient obligés d'adresser, chaque décade, au Comité de Salut Public le tableau de toutes les opérations révolutionnaires des autorités constituées de leur arrondissement.

« La loi du 14 frimaire avait forcément rendu ces autorités surveillantes les unes des autres. La municipalité de Tours n'avait donc que deux partis à prendre dans cette position horrible : beaucoup incarcérer, beaucoup dénoncer ; et alors elle aurait été fort applaudie et fort protégée ; ou bien prendre force arrêtés contre les malveillants en général, déclamer sur les certificats de civisme, faire beaucoup de bruit, pour ne pas faire de mal. C'est cette dernière marche que la municipalité préféra.

« J'ai dit que pendant la législation je m'étais également éloigné des partis extrêmes et que j'étais sorti de l'Assemblée avec les qualifications de *modéré* et de *fayettiste*. J'étais en outre désigné aux proscriptions de la Montagne pour avoir, avec un petit nombre de mes collègues, demandé compte de l'attentat du 20 juin. D'ailleurs, je sentais que les calomnies auxquelles j'étais en butte de la part des Royalistes et, surtout, des Jacobins ne pouvaient manquer de me faire comprendre un jour ou l'autre dans les nombreuses arrestations de *suspects*.

« Dans le dessein de prévenir, autant qu'il dépendait de moi, cette calamité, je me mis de bonne heure, un jour de Floréal an II, à reviser mes lettres et papiers pour en élaguer tout ce qui pouvait me compromettre. En effet, à cette époque j'avais avec nos parents de St-Domingue, dont les enfants étaient confiés à notre surveillance et à nos soins, une correspondance très-suivie; et l'on peut concevoir tout ce que d'orgueilleux et riches colons disaient de la Révolution et de ses agents.

« Au moment où je déposais sur un fauteuil, près de mon bureau, tous les papiers à sacrifier, et terminais ce travail, j'entendis frapper violemment à ma porte. On ouvre; et je vois entrer trois hommes à tournure sinistre, armés de sabres, et qui m'abordent en disant : *Citoyen, nous venons t'arrêter au nom du Comité de Sûreté Générale. A quelle heure dînes-tu? Nous dînerons ici. En attendant, nous allons accomplir notre mission* (qui était d'arrêter pareillement mes amis et ex-collègues Baignoux et Cartier-Douineau). *Donne-nous la clé de ton cabinet, et ce soir nous ferons la visite de tes papiers.* Il fallut se soumettre; mais sachant que les papiers condamnés au feu étaient en évidence, je me crus perdu. Dans ce triste pressentiment je rejoignis ma famille que je trouvai en larmes et à qui je prodiguai des consolations qui m'eussent été si nécessaires à moi-même. Malgré ma préoccupation je vis mes enfants armés de ciseaux et occupés à mettre en pièces des papiers qu'ils se disputaient. Je voulus connaître le sujet de cette petite querelle enfantine : je saisis plusieurs de ces papiers et je reconnus ceux que j'avais condamnés. Alors je me souvins que, peu d'instants avant l'arrivée des estafiers du Comité de Sûreté Générale, mon fils, que je voyais fréquemment dans mon cabinet, y était entré et avait emporté ces papiers comme jetés au rebut.

« Dès cet instant je me crus sauvé et je me fis gloire de devoir la vie à l'un de mes enfants âgé seulement de six ans. Néanmoins, enlevé avec mes deux amis, sur un ordre non-motivé, nous fûmes transférés à Paris et jetés tous trois dans un infect cachot de la Force. C'était un souterrain qui était éclairé à huit pieds de terre par une seule imposte garnie d'énormes barreaux de fer. Dans ce cloaque nous trouvâmes une douzaine de détenus qui déjà avaient peine à respirer. Nous y restâmes près de trois mois, menacés chaque jour de l'échafaud. De là transférés à la maison des Anglaises, nous fûmes entassés dans une simple cellule de religieuse qui ne pouvait contenir trois lits de sangles.

« Réduits à n'avoir aucune communication avec le dehors, à être nourris à la gamelle, c'est-à-dire à être journellement empoisonnés par les entrepreneurs de notre nourriture à vingt-huit sous en *assignats*, nous aurions promptement succombé sous le poids de nos privations de tout genre et des mauvais traitements qui nous étaient prodigués. Heureusement le 9 Thermidor mit un terme à tant de misère. Délivré miraculeusement, je me vis libre, sans être fort tranquille.

« La faction Jacobine était encore très-audacieuse. Déjà elle avait obtenu que la liste de tous les citoyens mis en liberté serait imprimée ; encore un pas et elle pouvait faire ordonner leur réincarcération. Comme je n'avais pas pris goût à ce genre de vie, je quittai Paris le quatrième jour de mon élargissement, bien résolu à repousser par la force toutes les atteintes qui seraient portées arbitrairement à ma liberté.

« Rentré à Tours je refusai de reprendre les fonctions municipales dont j'avais été si indignement arraché. Le représentant du peuple Brival me nomma à la présidence du district ; mais je m'en défendis avec la fermeté d'un homme invariable dans sa détermination. »

Ici, mes enfants, s'arrêtent les notes un peu diffuses et malheureusement trop incomplètes, laissées par mon grand-père. Elles sont loin de relater tous les services qu'il rendit à ses concitoyens.

Il avait assez souvent payé de sa personne et de ses biens dans les crises révolutionnaires pour qu'on lui permît de rentrer dans la vie privée et d'y jouir des douceurs de la vie de famille. Mais l'estime de ses concitoyens vint encore l'arracher à ses occupations favorites, car on le savait homme à ne jamais refuser de se rendre utile.

Sa rare aptitude aux affaires lui permit de remplir un grand nombre de fonctions aussi diverses que modestes et gratuites.

Sans parler des nombreuses commissions dont il fit partie,

il devint membre du Bureau de Conciliation, suppléant au Tribunal de Commerce, assesseur du Juge de Paix, membre du Jury central d'Instruction Publique et conseiller de Préfecture. Il fut enfin nommé plusieurs fois au Conseil général dont il présida trois sessions avec une supériorité incontestée.

Durant sa longue carrière les épreuves de toutes sortes ne lui furent pas épargnées. Resté en évidence, malgré sa retraite et la perte de sa grande fortune, il fut persécuté par toutes les factions qui déchirèrent la France, parce qu'il ne voulut pas se rallier à elles. Il avait d'ailleurs pour ennemis naturels tous les gens pusillanimes qui s'étaient cachés pendant les orages de la révolution tandis que les hommes de cœur résistaient à la démagogie et s'exposaient à la proscription. Mécontents d'eux-mêmes, ils ne pouvaient pardonner aux bons citoyens de n'avoir pas partagé leur faiblesse. Cette basse animosité persista longtemps et, même sous le Consulat, mon grand-père faillit en être victime. Peu s'en fallut qu'il ne partageât en effet le sort de son ami, le sénateur Clément de Ris, dont j'ai déjà raconté l'enlèvement et la séquestration. Ce furent lui et M. Guizot qui réunirent et portèrent à Orléans la rançon considérable exigée par les brigands, mais qui ne leur fut pas remise, car ceux-ci ne tombèrent point dans le piége qui leur avait été tendu.

Cet événement était resté entouré d'une certaine obscurité qu'on a cherché plusieurs fois à dissiper. Récemment encore un historien (1) a voulu démontrer que l'enlèvement avait été ourdi par Foucher pour rentrer en possession de certains papiers compromettants conservés par le sénateur. Selon cette supposition, le parti royaliste serait demeuré complétement étranger à l'affaire.

Mais voici une lettre adressée par M. Baignoux à mon grand-père; elle vient démontrer que le gouvernement ne se trompait pas en attribuant l'enlèvement du sénateur Clément de Ris à un complot royaliste. Elle met à néant la prétendue complicité de Foucher.

(1) M. Carré de Busserolles.

Tours, 23 vendémiaire.

« Pendant le peu de temps que je suis resté à Tours j'ai appris, mon ami, des choses assez importantes pour t'en faire part.

« Le complot de l'enlèvement du c. Clément a été formé à Tours, le... Un jeune homme (1) qui me touche de près et qui a servi sous M. de Bourmont aurait été de cette expédition, s'il eût eu la faiblesse de céder aux sollicitations qui lui ont été faites.... je te dirai le reste à la première entrevue.

« Les enlèvements projetés sont motivés sur ce que le traité de pacification n'a pas été exécuté à l'égard de quelques émigrés qui sont sans ressources et qui cherchent à reprendre de vive force ce qu'ils ont perdu.

« Il leur est facile de séduire des vagabonds qui profitent de la première occasion et qui, par l'appât de quelques louis, font aisément le métier de brigands.

« Ce qu'il y a de certain, c'est que le gouvernement n'ayant pas trop les moyens d'arrêter dans sa source cette espèce de brigandage, puisqu'il est forcé pour ainsi dire de temporiser avec les chefs, il est très-vraisemblable que les mêmes hommes qui ont enlevé Clément vont former de nouveaux projets.

« Les cc. Guizol, Gidoin, Bonicourt et toi étiez sur leur liste ; et je te conjure, par l'amitié que je te porte, de revenir à Tours et de laisser ta Bellangerie jusqu'à ce que ce brigandage soit comprimé de manière à détruire toute espèce d'inquiétude.

« Ne crois pas que ce soit une terreur panique de ma part. Au surplus elle serait excusable par l'intérêt que je te porte.

« Tout ce que je sais, je le tiens d'une personne sûre qui pense qu'il y a de l'imprudence dans ton séjour à la Bellangerie. Je n'ai rien dit à ta femme dans la crainte d'augmenter l'inquiétude qu'elle a déjà sur ton compte, et qui est bien fondée.

(1) Mon grand-père a écrit en note : M. Lange, neveu de M. Baignoux.

« Si j'avais pu quitter ma femme pour aller te conter tout
cela moi-même, je serais parti ; mais il faut absolument que je
sois demain à...

« Je te conjure encore une fois, mon ami, de revenir. Brûle
ma lettre parce que je serais fâché que ce que je t'écris fût connu
d'une autre personne ; je t'en dirai la raison...

« Je viole même en quelque sorte le secret qu'on a exigé de
moi ; mais en pareil cas l'amitié l'emporte, et pour sauver son
ami on n'a point de parole à garder. Je t'embrasse et suis tout à
toi. »

En note, de la main de mon grand père :

« Malgré cet amical avertissement, je ne crus pas devoir céder à la peur et quitter la campagne. Pour unique précaution je
m'entourai de bonnes armes et m'éloignai peu de chez moi. »

Mais sortons de cet incident et revenons à mon grand-père
que nous avons laissé retiré de la politique et consacrant son savoir et sa prodigieuse activité à des fonctions modestes, mais
utiles à ses concitoyens.

L'Empire chercha à se l'attacher, ainsi qu'il le fit pour tous
les hommes marquants, et, le croyant accessible à la vanité,
lui offrit le titre de baron. C'était mal s'adresser : mon grand-
père avait vu de trop près les abus de l'ancien régime pour ne
pas être opposé au rétablissement de la noblesse, eût-il dû en
profiter personnellement.

Rien ne put donc le faire sortir de son attitude réservée, car
l'admiration qu'il éprouvait pour le génie de Napoléon ne l'avait
pas aveuglé. Les inconvénients de ce despotisme de jour en jour
plus absolu lui apparaissaient clairement.

Aaucun triomphe de nos armées ne pouvait lui faire oublier
les deuils qui désolaient presque toutes les familles et rien ne
compensait à ses yeux les lourdes charges qui grevaient l'agriculture et le commerce sacrifiés à un faux point d'honneur plus
militaire que national. Derrière la ruine et la dépopulation de
la France, il pressentait les humiliations et les désastres de
l'invasion. Il avait donc borné son ambition à servir ses concitoyens, et son bonheur à jouir de la vie de famille.

La mort de sa mère (Catherine Véron de la Croix) vint, en 1808, éprouver cruellement sa tendresse.

Habitué dès l'enfance à prendre sa mère pour conseil et pour guide, la perte de cette femme supérieure laissa dans ses habitudes et dans son cœur un vide que rien ne put combler. Elle lui avait donné l'exemple de toutes les vertus et de tous les sacrifices : aussi lui portait-il une sorte de culte. Chez elle la charité et l'amour de la famille étaient comme l'aliment de la vie et l'aidaient d'ailleurs à oublier les cruelles souffrances qui étaient venues assaillir sa vieillesse. Elle s'était faite dame de charité pour être plus à portée de secourir l'infortune; et c'est sous cet humble costume qu'elle a voulu être peinte dans son portrait par Durand. C'était en effet ainsi vêtue qu'on la voyait le plus souvent. Elle mourut à quatre-vingts ans.

La perte de cette femme de bien fut universellement ressentie dans la ville de Tours. L'abbé Nicolas Simon, qui a laissé dans notre pays une réputation de sainteté, vint l'assister à ses derniers instants. La mourante lui demandant sa bénédiction, ce fut le prêtre qui, tombant à genoux, crut au contraire devoir implorer celle de sa pénitente.

—La fermeté des principes politiques de mon grand-père, une certaine raideur de caractère, le rôle que sa haute situation et son patriotisme lui avaient imposé pendant les événements de la Révolution avaient, comme je l'ai dit, suscité autour de lui de basses jalousies et des rancunes qui trouvèrent dans les premiers temps de la Restauration l'occasion naturelle de se produire. Aussi certains agents de la réaction déployèrent-ils contre lui un zèle d'autant plus ardent que leur conversion était plus nouvelle et mieux connue.

Voici ce qu'il raconte à ce sujet dans ses notes :

« Les plus lâches de ces persécutions étaient celles des préfets et autres agents de la Restauration qui, investis des pouvoirs les plus étendus et encouragés par l'autorité dominante, exercèrent des vexations de tout genre contre les ex-fonctionnaires publics et les libéraux. Entre autres persécutions que j'eus à supporter et que je ne cessai de braver, ne s'avisa-t-on pas de me traduire à la Cour prévôtale de Tours, de m'en faire subir la procédure et le jugement, sous l'accusation d'avoir provoqué un pillage de grains qui avait eu lieu à Vouvray !

« Il fut démontré que je n'avais eu d'autre part à ce désordre que d'en avoir détourné une pauvre fille, ce qui me valut un acquittement dont s'étonnèrent le Président et plusieurs juges du tribunal civil qui, tous, m'avaient fait donner le conseil de m'éloigner.

« Enfin, à la chute de la Restauration, les citoyens rétablis dans leurs droits purent en jouir.

« En ce qui me concerne, je fus nommé membre du conseil général, à mon insu, honneur que mes infirmités et mon âge me contraignirent à décliner.

« Je fus également appelé à diverses commissions d'utilité publique, toutes gratuites et transitoires. »

Dans cette notice biographique il n'est pas inutile de rappeler que la majeure partie de la riche argenterie que mon grand-père avait acquise au temps de son opulence et qui était la reproduction du service du duc d'Orléans, fut employée en dons volontaires adressés à la municipalité de Tours aux époques de détresse publique.

Il gratifia le Musée de la ville de plusieurs tableaux; la Bibliothèque reçut aussi de lui de nombreux ouvrages.

Enfin ce fut l'École de pharmacie de Tours à qui échut d'intéressants instruments de physique et de chimie avec lesquels il avait fait d'utiles recherches.

Dois-je aussi faire connaître que le mail de Tours reçut par ses soins les ormeaux qui l'ombragent encore et que, dans une année de disette, il fit à ses frais ensemencer les promenades publiques.

S'intéressant à toutes les méthodes nouvelles de culture, il s'efforçait de les vulgariser, prêchant beaucoup plus d'exemple que de préceptes.

C'est ainsi qu'il parvint à répandre l'usage de la pomme de terre qui, nouvellement importée en France, n'était guère utilisée que pour la nourriture des animaux. Il comprit que l'alimentatation publique pouvait en profiter plus directement; et dès lors il fit paraître en toute circonstance ce précieux tubercule sur sa table. Mais ses conseils à ce sujet furent mal interprétés : on l'accusa de vouloir nourrir les pauvres comme des cochons, et bientôt l'irritation, se répandant, faillit devenir dangereuse.

Dès cette époque, il préconisait aussi l'hippophagie.

Plein d'amour-propre pour son pays, il soignait ses vignobles de Vouvray de façon à en accroître le plus possible la réputation.

Sa cave était d'ailleurs constamment garnie des meilleurs vins de la Touraine, afin de montrer leur supériorité.

Son zèle pour propager les procédés de culture nouveaux l'avait fait désigner par ses concitoyens, en l'an VII, pour organiser la Société d'Agriculture qui venait d'être créée dans Indre-et-Loire. Là encore son activité triompha de tous les obstacles; et en l'an VIII on lui décerna, comme récompense, l'honneur de présider l'œuvre nouvelle.

Voici ce que disait de lui, en 1842, l'historiographe des travaux de la Société :

« J'ai sous les yeux de nombreux écrits d'un homme que je vous ai nommé plus haut et dont les actes présentent un caractère d'incontestable générosité. Il se délassait des hautes et rudes fonctions administratives en se consacrant à des méditations qui avaient la Société d'agriculture pour objet : c'était là son œuvre de prédilection ; il en avait d'ailleurs surveillé l'organisation avec sollicitude ; et, le 28 prairial au VIII, il en fut nommé le Président. Il remplissait les mêmes fonctions auprès du Conseil général où il plaidait avec succès les intérêts de la nouvelle Société. Sa correspondance avec toutes les hautes autorités du temps annonce qu'il ne négligeait rien pour en assurer l'avenir.

« Le ministre Chaptal le félicite sur son zèle et accorde, à sa demande, des encouragements pour aider à l'institution naissante. Nous puiserions de très-profitables idées dans un cadre des travaux de la Société où sont exposées avec méthode toutes les questions qui intéressent la science et les progrès agricoles, et que j'ai trouvé écrit de sa main. »

Parlant de cette époque agitée le même auteur ajoutait :

« L'histoire du pays redira les noms de citoyens qui ont consacré leur existence à la gestion des affaires publiques dans les temps où les fonctions honorifiques étaient difficiles et jamais sans dangers. Elle racontera la vie de ces hommes heureusement doués de cet instinct du bien qui donne le privilège d'être utile dans toutes les situations. Elle nous les montrera également modestes et désintéressés dans toutes les positions, parce qu'ils trouvaient dans leur cœur la récompense de leurs travaux. »

Après avoir essayé de faire connaître le caractère et la vie de mon grand-père, je voudrais vous transmettre, mes chers enfants, le souvenir qui m'est resté de lui.

Quand je l'ai connu il était déjà fort âgé. Sa taille était élancée, bien qu'un peu voûtée par le poids des ans. Son extrême myopie ne l'empêchait pas de passer ses journées à lire et à prendre des notes sur tout ce qui l'intéressait.

Il ne se servait guère de lunettes que pour les cartes ou le trictrac. Tous les jeux lui étaient familiers ; cependant, malgré son habileté, il gagnait rarement. Les parties n'étaient d'ailleurs intéressées que pour la forme.

Ceux que n'effrayait pas la surdité qui lui était venue avec la vieillesse étaient bien vite dédommagés de leurs efforts pour se faire entendre, car il était impossible de trouver un conteur plus gai, plus spirituel, plus instruit. Longtemps on restait sous le charme de son enjouement qui rappelait cette façon de dire particulière au XVIIIe siècle. On aimait à colporter les saillies malicieuses dont il poursuivait ceux qui prêtaient sottement au ridicule. Aussi, malgré sa bienveillance habituelle, ses traits d'esprit lui firent-ils beaucoup d'ennemis, surtout parmi les hypocrites et les vaniteux.

Son activité touchait à l'impatience, surtout dans les derniers temps de sa vie.

Respectueusement empressé auprès des femmes, soigné dans sa mise et d'une propreté irréprochable, toujours discrètement parfumé, aimant à offrir des fleurs, il était parvenu à rendre sa vieillesse attrayante.

Son cabinet était tapissé d'instruments scientifiques et de livres presque tous rares ou précieux. Dans une autre pièce voisine se trouvaient des outils de toutes sortes dont il se servait avec adresse.

Très frileux sur la fin de sa vie, il était parfois tenté de préférer le feu au soleil. Au printemps on le voyait sortir enveloppé dans une douillette de soie violette. Un domestique en livrée le suivait à distance, mais le plus souvent à son insu. C'était une des mille précautions dont la tendre sollicitude de ses enfants entourait son grand âge.

Devant ce vieillard plein de distinction on se sentait frappé de respect ; aussi la plupart des passants saluaient-ils instinctivement. Cependant aucune décoration n'attirait sur lui l'attention.

Il s'est éteint à Tours le 13 janvier 1847. Tous ses enfants étaient là. Leur douleur était aussi grande que la sérénité du mourant était parfaite : il avait si souvent envisagé la mort !

Que pouvait-il craindre ou regretter ? Sa vie avait été trop bien remplie pour qu'il redoutât d'en rendre compte à Dieu. N'était-il pas, d'ailleurs, arrivé à un âge que l'on dépasse bien rarement et où les infirmités font de la vie un fardeau. S'il quittait une famille éplorée, n'allait-il pas retrouver des affections que la mort n'avait pu briser.

Il s'excusait, en quelque sorte, des larmes qu'il coûtait : c'étaient les premières depuis les cachots de la Terreur.

Quel calme, quelle force d'âme jusqu'au dernier moment ! Tous ses enfants, les domestiques même eurent les conseils qu'ils pouvaient attendre de sa longue expérience. A chacun il savait donner des remerciements affectueux. Comment oublier de pareils moments, et quel exemple ! Son dernier mot fut *au revoir*, parole qui résumait ses dernières espérances et contenait aussi pour sa famille désolée le meilleur des encouragements. Un digne prêtre, son curé de Vouvray, s'était rendu près de lui ; il eut peine à contenir l'admiration que lui inspirait une telle fin. Dans un article nécrologique destiné à perpétuer la mémoire de l'homme de bien qui venait de s'éteindre ainsi, le *Journal d'Indre-et-Loire* du 16 janvier 1847 disait :

« Le dévouement à la cause publique, le désintéressement et l'abnégation, l'exercice d'une charité inépuisable et comprise

8

dans son sens le plus élevé furent chez ce digne citoyen des vertus portées à l'extrême. »

Puissiez-vous, mes chers enfants, mériter un jour pareil éloge !

Mais je dois, pour achever de vous faire connaître votre bisaïeul, vous donner des extraits de sa correspondance où vous trouverez, à votre tour, de précieux conseils.

« Paris, le 9 mai 1787.

« Vous devez penser, ma chère mère, que je n'ai point encore pu faire ce que je désirais, puisque je ne vous ai point écrit. Accoutumé à votre indulgente amitié pour moi, je savais bien que vous ne blâmeriez point un silence qui ne pouvait être volontaire, et j'ai couru au plus pressé.

« Par la lettre que j'ai reçue de vous j'ai vu, avec le plus grand plaisir, que tout s'était bien passé pendant mon absence; vous me parlez de nos enfants de manière à me donner la plus grande sécurité sur leur sort : en un mot, ma chère mère, vous n'oubliez rien de ce qui peut me mettre l'esprit en repos, excepté sur votre compte dont vous ne parlez point. Je ne peux être heureux, vous le savez, qu'autant que vous et tous les miens le seront eux-mêmes et se porteront bien. Ma chère moitié m'a écrit, il y a deux jours, une charmante lettre; je suis fort content d'elle; mais c'est dommage qu'elle ne se mette pas plus souvent en train. Je lui ai promis de ne lui écrire qu'autant de fois qu'elle m'écrirait elle-même : où en serait-elle, si je lui avais tenu parole ! Une seule épître, en huit jours de temps, ne l'aurait pas rendue de bonne humeur. Allons, ma chère maman, cédez-lui l'excès de votre activité et apprenez-lui à communiquer davantage ses sentiments. Elle ne peut que gagner infiniment à se laisser pénétrer et à développer le fond de son âme; et cependant, par une sorte de réserve mal entendue, elle ne se livre pas comme elle le devrait aux élans de l'amitié.

« J'ai écrit hier à madame Patas sur l'affaire de mon malheureux cousin (1) ; je l'ai engagée à disposer tous les esprits à la modération.

« Personne ne doute ici que ses cinq persécuteurs n'obtiennent leur grâce ; et notre silence y contribuera sans doute. Plus je réfléchis à notre conduite dans cette occasion, et plus je la trouve conforme à la raison et à l'humanité. L'infortune de cinq familles ne nous aurait pas consolés ; et par une vengeance implacable nous n'aurions obtenu qu'une haine implacable. Au lieu de cela notre conduite, mise en opposition avec celle de nos ennemis, ne fera que fortifier l'opinion du public sur notre compte, comme sur le leur, et vous pouvez juger que le parallèle ne sera pas à leur avantage.

« Au surplus les lettres de grâce ne sont point encore expédiées, malgré les puissants protecteurs de ces messieurs. Leur mauvaise cause plaide seule contre eux et, s'ils succombaient dans leur espérance, ils n'auraient de reproches à faire qu'à euxmêmes.

« Daignez m'instruire, ma chère mère, de l'état actuel de mon oncle et de ma tante ; leur santé, leurs occupations, leurs dissipations, tout m'intéresse infiniment et je serais heureux d'apprendre que le courage a surmonté la douleur dont ils ont été navrés. Ah ! si l'amitié, si les tendres soins, si les vœux de leurs propres parents pouvaient adoucir leur sort et leur rendre la vie agréable, vous savez assez qu'il ne leur resterait rien à désirer. Quant à moi, je ne connais pas de sacrifices impossibles à ma tendre amitié. De tout temps ils ont eu pour moi des soins paternels ; et je conserve au fond du cœur les mêmes sentiments de respect et de reconnaissance que s'ils avaient sur moi ce précieux titre. Peut-être m'en veulent-ils de ne leur avoir pas encore écrit ; mais il vous sera facile de leur en laisser pénétrer les motifs. Combattu entre la crainte de réveiller peut-être trop vivement leur douleur, et celle de leur paraître indifférent en ne leur en parlant pas, d'une manière ou d'une autre je crains l'excès, et j'aurais de la peine à ne pas m'écarter avec eux d'une fermeté courageuse dont je fais ici une étude suivie. Puissé-je gagner

(1) Celui qui fut tué en duel.

assez de force pour lutter avec succès contre tous les malheurs
dont chacun de nous est incessamment menacé.

« Je ne vous marquerai point de nouvelles ; je n'en apprends
qu'en courant et elles se contredisent presque toutes. Celles qui
m'intéressent le plus me viendront de Tours. Pourvu que
femme, enfants, mère, amis se portent bien et soient heureux,
je me soumets avec joie à tous les évènements. Qu'on impose
mes biens, mais qu'on me laisse mon amitié; et je paierai avec
joie, s'il le faut pour le bien de l'Etat.

« Faites agréer, je vous prie, mes respects à madame Preuilly
ainsi qu'à nos amis, et soyez assurée, ma chère et très respectable mère, que je serai toujours avec les sentiments de vénération et de reconnaissance que vous me connaissez, votre très
humble, très dévoué et très soumis serviteur et fils. »

« Paris, ce 15 mai 1787.

« J'ai appris, ma chère maman, tous les soins que nous avez
eus de ma pauvre femme pendant la maladie légère qu'elle vient
d'éprouver. Ce sont ceux de la mère la plus tendre ; et votre fille
a pour vous toute la reconnaissance que vous avez droit d'en attendre. J'ai vu, avec le plus grand plaisir, les sentiments dont elle
est pénétrée à votre égard. Que puis-je avoir à désirer de plus
agréable que de voir les deux personnes pour qui je prodiguerais
toute mon existence, s'estimer, se chérir et m'offrir le spectacle
ravissant d'une union sans laquelle je serais le plus malheureux
des hommes. Ah ! si, par un hasard qu'on ne pouvait prévoir,
j'avais eu la douleur de voir que ma mère et ma femme n'auraient
pu s'accorder ensemble ; si, pour ramener la paix au milieu de
nous, j'avais été réduit à faire un choix entre elles deux, à prendre le parti d'une femme contre la mère la plus tendre, ou à défendre celle-ci contre les caprices de l'autre : quel partage affreux
n'eût-il pas fallu faire dans mon cœur, et comment aurais-je pu
concilier d'aussi chers intérêts ! Mais, grâces au ciel, je n'ai ja-

mais rien eu à craindre de semblable : l'indulgence, l'amitié ont continuellement occupé votre belle âme, et ma femme s'est attachée à vous par les liens les plus durables du respect et de la reconnaissance.

« Comment, en effet, la plus tendre amitié pouvait-elle manquer de vous unir ? Extrêmement sensibles l'une et l'autre, vous avez les mêmes affections, les mêmes désirs, et nombre de vertus vous sont communes. Il n'existe donc entre vous deux qu'une différence de goûts passagers que l'âge et les circonstances changent tous les jours, qu'une diversité d'opinions sur les modes, les usages et sur toutes les choses qui ne tiennent qu'à l'expérience et qui, par conséquent, ne peuvent se ressembler entre deux personnes aussi disproportionnées d'âge. Mais, pour tout le reste, vous serez toujours d'accord : le goût pour la vertu peut être le même à toutes les époques de la vie, et l'amitié est de tous les âges.

« Je reçois ici, ma chère maman, votre lettre et celle de madame Patas. Vous ne vous doutez pas du plaisir qu'elles me font. Vous m'y parlez l'une et l'autre de la famille ; et vos lettres, semblables à un tableau magique, me représentent jusqu'aux moindres circonstances. Vos peintures, animées par le sentiment, portent l'empreinte de la plus vive éloquence : je suis attendri, et la joie que j'éprouve ne peut se concevoir que par ceux qui connaissent mon amitié pour mes parents.

« L'impression que j'ai faite sur votre esprit, en vous présageant la nouvelle de la grâce de ces messieurs, ne m'étonne pas : je l'avais prévue. Mais il fallait vous y préparer ; sans cela je n'aurais point cherché à alimenter vos peines en en retraçant le souvenir. J'ai voulu porter vos esprits à la modération et, pour votre repos, je désire vivement que vous vous y affermissiez. Vous me parlez d'écrire à M. Loiseau : eh bien, qu'il vous montre la lettre qu'il a dû recevoir de moi aujourd'hui mardi. Vous y verrez peut-être que j'ai su prendre sur moi depuis que je suis ici et que j'ai mis en pratique la morale que je prêche. Rencontrer ces messieurs dans les promenades, aux spectacles, chez les restaurateurs ; avoir reçu une visite du plus coupable de tous et être continuellement questionné sur tous les détails révoltants de leur affaire : voilà le calme que j'ai rencontré à Paris.

« Cependant j'attends l'événement avec courage ; mes vœux sont contraires aux coupables, mais je sais qu'ils sont impuissants et je suis tout préparé à les voir déçus.

« Faites comme moi, mes chers et très-respectables amis ; si vous vous sentez la force de bannir tout ressentiment, je crois que je serai en état d'oublier même qu'ils furent coupables envers nous, sans perdre pour cela le souvenir du malheureux qui n'est plus. Vous ne vous doutez pas, ma chère mère, combien le ressentiment et, surtout, la haine sont pénibles à mon cœur : ces sentiments me sont étrangers au point qu'ils me rendraient plus à plaindre que mes ennemis, quand même je triompherais d'eux. Recevez, ma chère maman, les tendres embrassements du fils le plus véritablement attaché et le plus respectueux.

A SA MÈRE

« Paris, le 15 avril 1789.

« Comment pouvez-vous craindre, ma tendre et respectable mère, que des observations qui partent d'un cœur aussi bon que le vôtre puissent me déplaire ? Ne sais-je pas quel est le principe de vos actions et de vos discours ; et quand j'aurais le malheur de ne pas penser comme vous, en aurais-je moins de vénération pour vos opinions ?

« Votre conduite, vos paroles, toute votre vie présentent l'ensemble de la vertu : elles feraient au moins respecter notre religion sublime à ceux mêmes qui auraient le plus d'éloignement pour ses incompréhensibles mystères, avantage que n'ont point tous nos orateurs emphatiques dans leur chaire.

« Vos réflexions touchantes, ma chère bonne mère, m'ont attendri jusqu'aux larmes ; je me suis mis à votre place, je me suis supposé votre inébranlable ferveur, votre âme brûlante et la tendresse que vous daignez me prodiguer : et j'ai reconnu que ces mêmes réflexions n'exprimaient que faiblement tous les sentiments qui vous animent.

« Ne vous laissez pas aller, je vous en conjure, à de trop vives alarmes sur mon sort. J'ai déjà appris de vous à chérir la vertu et à lui rendre hommage; vous m'avez inspiré une partie de votre aversion pour les vices qui déshonorent les hommes ; si j'ai quelques bonnes qualités, c'est à vous que je les dois et, sans vos exemples, sans vos sages conseils, surtout sans les procédés si touchants par lesquels vous avez su m'inspirer l'amour de ce qui est bon et honnête, j'aurais été entraîné par la raideur de mon caractère et par mes passions : j'aurais été probablement plus loin qu'un autre dans la triste carrière du déréglement. Si j'ai évité une partie de ces écueils où la jeunesse échoue si souvent, ne devez-vous pas espérer que les réflexions et la maturité de l'âge viendront enfin dissiper les nuages dont vous croyez encore mon esprit offusqué. Si des doutes cruels retiennent mon esprit, peut-être sera-t-il ramené par la pureté de la morale évangélique qui commencera par gagner mon cœur. C'est beaucoup que d'aimer le bien et la vérité : je désire l'un avec ardeur et je recherche la vérité de bonne foi. Avec ces dispositions on ne reste pas longtemps dans une erreur grossière... » (*La fin de cette lettre manque*).

A M. PRIEUR, A SAINT-DOMINGUE

« Tours, le 20 août 1790.

« ..... C'est ici l'occasion de répondre, monsieur et cher parent, à l'article de votre lettre du 10 mai par laquelle vous avez la bonté de me consulter sur le projet que vous avez de placer les deux frères dans une pension bien choisie, à Paris. Voici mes réflexions à ce sujet. Si l'éducation que l'on donne à Vendôme vous convient en elle-même et si vous n'êtes disposé à en retirer vos enfants qu'en raison de leur peu d'avancement, je vous conseillerai, d'après mes observations sur leur compte, de différer l'exécution de votre projet. Rien ne démontre que nos jeunes gens eussent plus d'aptitude et d'application ailleurs, et il est très-certain que tous les changements de colléges et de pensions retardent et, souvent, rebutent les enfants par la différence des méthodes, des principes et de conduite des instituteurs. Si, au contraire, le système d'éducation, l'enseignement de Vendôme ne vous conviennent point (et j'avoue qu'ils me conviennent peu à moi-même), alors ayez la bonté de me le dire nettement, et je ferai tout ce qui dépendra de moi pour répondre à vos vues. La première éducation est un point si essentiel pour former des hommes, que l'on ne peut trop seconder les intentions des pères auxquels on s'intéresse. Je médite déjà beaucoup sur un sujet dont je serai obligé, dans quelques années, de m'occuper bien particulièrement. Mon opinion est telle, que je préférerais laisser une bonne éducation à mes enfants, plutôt qu'une belle fortune.

« J'avoue, avec regret, que vos enfants se trouvent dans une circonstance très-défavorable. L'éducation publique de tous nos colléges est si évidemment défectueuse, qu'elle a besoin d'une réforme générale. Elle ne peut subsister avec tous ses préjugés et ses erreurs au milieu du rajeunissement général de tous les principes de la raison. Il doit donc se former une grande révolution dans cette partie, si essentielle, de l'éducation du citoyen ; et, malheureusement, ceux qui profitent de ces réformes ne sont pas ceux qui en sont les témoins. Déjà de grands colléges, présageant ou craignant peut-être cette salutaire réforme, se sont livrés au découragement et, sans aller au-devant des nouveaux principes que l'on adoptera, ils ont abandonné ceux d'après lesquels ils enseignaient ; ils ont laissé leurs élèves livrés à la plus pernicieuse indépendance. Le collége de Vendôme, confié aux Oratoriens dont la suppression n'est ni prononcée, ni même probable, n'a point heureusement donné l'exemple de ce relâchement. Ce n'est qu'aux colléges tenus par des moines supprimés, que l'on a ce reproche à faire. D'après les règles (si familières aux religieux) de l'égoïsme et de l'intérêt personnel, chaque professeur, peu soigneux de remplir jusqu'à la fin les devoirs qui lui étaient imposés, a préféré se livrer à des démarches dictées par l'ambition.

« Je connais peu de pensions particulières ou de colléges dans la capitale ; mais j'imagine bien que de grandes agitations s'y font sentir et qu'une égale incertitude doit ralentir chaque partie de l'institution.

« Le régime que nous quittons est si différent de celui auquel nous entendons nous soumettre uniquement, qu'il faut bien abjurer toutes les méthodes de cet ancien régime ci-devant façonnant les hommes, dès leur enfance, à la servitude sous laquelle ils devaient vivre. Aujourd'hui, il faut les préparer à cette liberté qui fera leur bonheur, s'ils apprennent à n'en point abuser. Qu'un jeune homme sût bien expliquer Virgile et Juvénal, qu'il connût l'histoire romaine et la mythologie : on regardait qu'il avait fait d'excellentes études, quoiqu'il parlât mal sa langue, qu'il l'écrivît mal, qu'il ignorât l'histoire de son pays, ses lois, ses mœurs, ses usages et que, sur tout le reste, il fût d'une ignorance absolue.

« Aujourd'hui on s'appliquera, un peu moins exclusivement, à enseigner le latin qu'il est cependant essentiel qu'un jeune homme connaisse, et on lui apprendra tout ce qu'il est plus important pour lui de savoir. Vos chers enfants et leurs cousins sont très-portés d'avance pour cette nouvelle éducation (du moins en ce qui concerne l'éloignement pour le latin) ; ils ont tous une grande aversion pour cette langue et ils répètent, d'après de Trémais l'aîné qui, par sa taille, son âge et surtout par son caractère décidé, est l'orateur des cinq camarades, que cette langue est absolument inutile. Celui-ci, pour prouver combien il est pénétré de cette prétendue vérité, a renoncé à se livrer à cette étude : il n'y fait rien du tout. J'ignore qui a prêché à cet enfant ce précepte et quelques autres qui circulent bien rapidement dans toutes ces jeunes têtes. Il en résulte un grand inconvénient : c'est que leurs instituteurs, ne pensant pas de même, consacrent à l'étude du latin une grande partie de la journée, et que nos docteurs, qui trouvent cela inutile, préfèrent ne rien faire pendant tout le temps, plutôt que de démentir cette belle théorie..... »

A MADAME DE TRÉMAIS, A SAINT-DOMINGUE

SUR L'ÉDUCATION DE SES ENFANTS CONFIÉS, EN FRANCE, A MON GRAND-PÈRE

« Tours, 25 août 1790.

.... « Puisque j'en suis présentement, madame et chère
parente, à vous donner le bulletin de toutes ces jeunes personnes,
je dois pareillement vous parler des demoiselles. Pour commencer
par celles qui sont en pension, je répéterai ce que j'ai dit plusieurs
fois : mademoiselle Zinette ne fera plus rien, ni au couvent, ni en
pension, ni dans aucune autre maison d'éducation, quelle qu'elle
soit. Son caractère, ses goûts sont trop formés pour se prêter à
toutes les habitudes et à toutes les convenances de ces sortes de
maisons. Elle s'ennuie ; et cet ennui, qu'elle ne cherche peut-être
pas à surmonter, s'accroît chaque jour. Le moindre inconvénient
qui puisse en résulter, c'est de lui voir consommer aussi tristement les plus belles années de sa vie ; mais le dégoût, la tristesse,
le découragement, quelquefois l'altération de la santé sont la suite
de cette disposition de l'âme ; et l'humanité ainsi que la raison
exigent également que l'on épargne aux jeunes personnes, autant
qu'il est possible, cette pénible situation.

« Si l'on songe que mademoiselle Zinette a bientôt dix-huit
ans, qu'elle a toute la fraîcheur, la bonne santé et, sans doute,
les goûts de son âge, qu'elle est fort jolie et que, depuis plusieurs
années, elle est toute formée, on lui pardonnera facilement de
préférer la société et ses amusements à ceux, un peu trop inno-
cents, qu'elle a continuellement sous les yeux.

» Mademoiselle Zélie, sa cadette, n'est pas aussi formée
qu'elle ; aussi se déplait-elle un peu moins au Musée et travaille-
t-elle avec plus de succès. J'ignore, madame, quelle significa-
tion vous donnerez à ce mot *travailler*. Si par là vous entendez
ces ouvrages ingénieux et même utiles qui ne déparent point la

main des Grâces et qu'une bonne maîtresse de ménage doit connaître, je vous répondrai que vous êtes dans l'erreur. Aujourd'hui les demoiselles ne savent ni coudre, ni filer, ni tricoter, ni broder, etc ; mais elles savent chanter, danser, jouer passablement de quelque instrument. Elles connaissent un peu de géographie, quelques traits de l'histoire : c'est à cela que se borne leur éducation. Voilà ce qu'elles appellent travailler, et voilà encore ce que fort peu de demoiselles savent apprendre dans leurs dix années de pension.

« Voici, madame, le projet que nous avons conçu pour tirer nos demoiselles de l'ennui qui les obsède : nous agissons pour elles comme nous le ferions pour nos propres enfants ; et c'est dans l'espérance que vous ratifierez ce même plan, que nous allons l'exécuter avant de vous avoir consultée.

« Le quartier de la pension de toutes nos demoiselles doit expirer à la fin du mois prochain : cette époque sera le terme du séjour des deux aînées au Musée. Nous les rappellerons auprès de nous, à Tours ; elles auront chez nous un appartement commode, des instruments, une gouvernante à leurs ordres et des maîtres qui viendront exactement les faire travailler chaque jour. Nous veillerons à ce que rien de ce qui pourra leur être utile ou agréable ne leur manque ; mais aussi, il faudra bien qu'elles se prêtent aux conditions que nous exigerons pour leur propre avantage. La première de toutes sera de ne jamais sortir sans ma femme : cela ne leur coûtera point parce que la décence l'exige. Elles iront en société, au spectacle, au bal même avec elle ; et, comme nous sommes sédentaires et que nous aimons bien mieux recevoir la société que courir après, nos demoiselles en jouiront souvent sans aller trop dans le monde.

« Ma femme est musicienne ; elle donne assez souvent des concerts où, par parenthèse, mademoiselle de Trémais, l'aînée, se fait applaudir. Le plaisir d'y jouer et, surtout, le désir très-vif de briller rachèteront sans doute les avantages qu'elles trouvent à Paris avec de meilleurs maîtres. En un mot, nous ferons ce qui dépendra de nous pour que vos chères enfants répondent à votre attente, et pour que vous les trouviez telles que vous les voulez, lorsque vous viendrez au printemps prochain. Si nous réussis-

sons, comme je.l'espère, nous trouverons notre récompense dans
le succès même.

« Nous vous supplions ici, madame, de ne point donner à nos
procédés plus de mérite qu'ils n'en ont réellement et de ne pas
user envers nous d'expressions d'une reconnaissance que nous ne
pouvons avoir méritée. Vous feriez pour nous, si vous étiez à
notre place, beaucoup plus peut-être que nous ne faisons nous-
mêmes et vous ne prétendriez pas sans doute aux remerciements
que vous avez la bonté de nous prodiguer. Convenez, ma chère
cousine, d'une grande vérité : c'est que celui qui oblige est beaucoup plus satisfait que celui qui est obligé. Cela seul, joint à la
certitude que nous avons de votre amitié et même de vos bons
offices, s'ils nous étaient nécessaires, vous acquitte suffisamment
envers nous. »

A SA FEMME

QU'IL AVAIT LAISSÉE A TOURS POUR ALLER SIÉGER A L'ASSEMBLÉE LÉGISLATIVE

« Paris, ce 29 septembre, à minuit (1791).

« Après trente heures de route, ma chère bonne amie, nous
voilà enfin arrivés. Jamais je n'ai trouvé les chevaux de poste
aussi fatigués. Si j'étais homme à croire aux présages, j'aurais
pu en redouter de sinistres pour ce soir, car nous avons rencontré depuis Orléans deux enterrements, trois chevaux de poste
morts et un petit cochon perdu. Nous n'avons pas été effrayés
et nous sommes arrivés à bon port.

« Au peu de gravité de mon début tu t'empresseras, sans
doute, de juger la situation actuelle de mon âme. Au moment de
mon départ tu enviais ma philosophie et, tu n'osais pas dire, ma
froideur ; aujourd'hui tu m'envieras peut-être pareillement ma

gaieté et mon indifférence. Tu me jugerais aussi mal dans l'une et dans l'autre position.

« Tu es bien éloignée, ma chère amie, de connaître encore le fond de mon caractère. Tu t'imagines que modérer les mouvements intérieurs de mon âme, c'est en maîtriser les sensations : cette erreur t'empêchera toujours de bien connaître les hommes.

« Sache que chaque individu reçut de la nature une portion plus ou moins étendue de sensibilité qu'il n'est pas en son pouvoir d'étendre ou d'étouffer. La raison, l'expérience et la philosophie apprennent bien à en modérer les excès ; mais leur empire ne va guère plus loin. Je n'ai pas pu trouver dans leur secours assez de force pour te faire, ainsi qu'à nos bons parents et amis, des adieux qui n'auraient servi qu'à accroître la peine de notre séparation et à tirailler cruellement nos âmes. Calcule toutes les affections, toutes les jouissances, toutes les habitudes et toutes les affaires que j'ai quittées brusquement ; et tu jugeras si j'ai du sentir vivement la douleur d'une telle séparation..... Ne parlons plus de ce moment.

« Me voilà à la tête des plus grands intérêts dont un citoyen puisse être chargé. Je suis revêtu d'une grande confiance ; tous mes moments appartiennent à la chose publique. C'est dans les grands intérêts, c'est dans les sentiments purs et ardents de l'amour de sa patrie et de ses concitoyens qu'il faut trouver le dédommagement et même la récompense des sacrifices que l'on fait pour eux.

« Avant mon départ ma bonne mère m'a fait ses adieux par écrit. La conformité des sensations qu'elle peignait avec celles que j'éprouvais m'a fait verser des larmes que je suis encore obligé d'essuyer en t'en parlant. Répète mille fois à cette trop tendre mère que l'amitié et la tendresse de ses enfants et petits enfants répandront sur ses jours toutes les consolations qui dépendront d'eux. Dis à ta bonne grand maman (madame Faure) que nous serions tous des monstres si nous n'avions pas pour elle tous les égards et les sentiments que sa bonté et son âge exigent.

« Je ne te parlerai pas en particulier de chacun des parents que nous avons à Tours et que nous avons tant de plaisir à voir :

il n'en est aucun auquel je n'aie de grandes obligations. Leur exemple m'a identifié avec la probité et a rendu nécessaire à mon existence le besoin d'une bonne réputation.

« Il est bien consolant d'avoir à confondre dans les mêmes personnes sa tendresse, son estime et sa reconnaissance : c'est ce que j'éprouve avec nos parents et c'est ce qui me rend leur société si chère.

« Je ne te parle point de toi ni de tes enfants, ma très-chère amie ; c'est à toi de m'entretenir de tout ce qui touche ces objets si chers à mon cœur. Donne-m'en fréquemment des nouvelles, et sois assurée que je ne peux être heureux que de leur bonheur. »

A MADAME FAURE

« Paris, le 10 novembre 1791.

« Madame et bonne maman,

« Ma femme vous aura sans doute appris que l'île de St-Domingue et, principalement, la partie du Cap sont exposées aux plus grands ravages de la part des noirs. A l'heure qu'il est nos habitations sont peut-être entièrement ravagées et nos nègres révoltés. C'est une bien grande perte pour nous ; mais c'est un malheur bien plus grand encore pour les colons qui n'avaient d'autre bien que leurs habitations. On s'empresse de porter dans cette colonie toute sorte de secours. Peut-être le mal n'y est-il pas aussi considérable que les lettres le disent, et l'on est assuré d'y rétablir dans peu le bon ordre. Quels que soient, madame, nos malheurs, quand nous perdrions tout ce que nous possédons à St-Domingue, vous n'aurez point à en souffrir. Nos égards pour vous, notre tendresse et nos soins n'en seront point affaiblis ; et il faudrait que nous manquassions du nécessaire pour que nous vous fissions éprouver la privation de nos jouissances ordinaires.

« Soyez tranquille sur l'avenir : il nous restera toujours assez pour vous rendre la vie agréable et pour bien élever nos enfants. Je ne serai jamais malheureux tant que je pourrai remplir ces deux objets de mon ambition.

« Recevez, madame et bonne maman, l'assurance de mon attachement tendre et respectueux. ».

A M. PRIEUR, A SAINT-DOMINGUE

« Paris, 15 mars 1792.

« Vos deux lettres des mois d'août et d'octobre, monsieur et cher parent, ne me sont point parvenues ; et cette privation m'a été d'autant plus douloureuse que, depuis les premières nouvelles de vos effroyables calamités, nous avons été plus de trois mois dans la plus cruelle inquiétude sur le sort de notre famille et de nos habitations dont nous ne recevions aucune espèce de nouvelles.

« Instruits que le quartier qui contient tous ces objets de notre sollicitude avait été des premiers la proie des brigands et des flammes, qu'une grande quantité des colons qui l'habitaient avaient été victimes de leur sécurité ou de leur courage, jugez quelles devaient être nos alarmes !

« ...... Quoiqu'intéressés pour les trois quarts de notre fortune dans les malheurs de St-Domingue, nos premières inquiétudes, nos premières douleurs ont toutes été pour des parents dont la vie était aussi menacée que leurs propriétés, et qui, comme nous, n'ont pas une ressource en France. Peut-être apprendrons-nous dans peu que l'ordre sera rétabli et qu'alors chacun de nous pourra rassembler paisiblement les débris de sa fortune. Cette issue de tant d'horreurs est la seule que l'on doive désirer ; chacun doit y tendre de tout son pouvoir, et cependant je ne vous dissimulerai point que je n'ose l'espérer. Tant que la cause du mal subsistera, les mêmes malheurs menaceront toujours vos têtes et vos propriétés. Je pense avec le Comité colonial dont je suis membre et avec toute l'Assemblée nationale, que le seul remède à tant de maux est de cimenter franchement et d'une manière solennelle une paix durable avec les hommes de couleur. Dussiez-vous leur accorder tous les droits politiques qu'ils réclament et qui, sous ce rapport, les assimileraient aux autres citoyens, faites-le plutôt mille fois que de vous exposer à une subversion totale..

« En vous parlant ainsi je me prête aux opinions de la colonie ; car la mienne, à moi, comme celle de tous les Français qui se piquent d'être justes et dépouillés de passion dans cette grande affaire, est que vous n'avez pas le droit de refuser une pareille demande. Les événements de St-Domingue ont vivement intéressé la France entière ; sous les rapports de l'humanité on a gémi sur le sort de ses frères égorgés ; sous ceux de la prospérité nationale on a senti l'étendue des pertes qui doivent en résulter : et cependant, vous l'avouerai-je, la conduite des blancs a prodigieusement affaibli ces impressions douloureuses. Les personnes qui pensent, toutes celles qui n'écoutent que le langage de la raison (sans cependant s'élever à cette philanthropie systématique et meurtrière dont les partisans sont bien moins nombreux ici que vous le pensez à St-Domingue), tout le peuple enfin qui n'envisage cette question que sous les rapports les plus simples de la justice : tout a contribué en France à rendre intéressante la cause des gens de couleur et à révolter contre l'opiniâtreté des blancs à leur refuser la demande la plus simple.

« Les massacres, les incendies et toutes les horreurs qui ont été la suite du soulèvement des noirs et des prétentions des hommes de couleur, n'ont trouvé d'approbateurs que parmi un petit nombre d'individus méprisables qui, s'enveloppant d'une fausse humanité, sont indignes du nom d'hommes ; mais aussi l'on a pensé qu'il n'a tenu qu'aux blancs de faire cesser tant de calamités en s'attachant les hommes de couleur ; et, sous ce rapport, on a été tenté de vous faire un crime, à vous-mêmes, de ces mêmes malheurs dont vous étiez les principales victimes.

. « Franchement, monsieur, est-ce auprès d'une nation qui a secoué courageusement tant de préjugés et qui périra plutôt que de consentir à leur retour, que l'on fera entendre qu'il importe au salut de la colonie qu'il existe une barrière insurmontable entre l'homme blanc et l'homme de couleur, lorsqu'ils sont tous les deux libres et propriétaires. Quand cette différence serait nécessaire jusqu'à un certain point, les Français d'aujourd'hui ne peuvent concevoir cette idée ; et il importait sans doute aux colons, pour l'intérêt même de leur système, de se plier davantage au génie de la métropole.

« Je sais que les prétentions des hommes de couleur sont exorbitantes, parce qu'elles ont été en croissant en proportion de leurs succès ; et c'est pour cela même que je regrette infiniment qu'on ne leur ait pas accordé, dans le principe, tout ce qui pouvait se concilier avec la justice et l'intérêt de la colonie. Cet accord serait, je le crois, plus difficile aujourd'hui ; mais plus vous attendrez, plus il deviendra pénible. Si vous vous opposez constamment à un pareil traité, qu'en résultera-t-il ? Une guerre à mort entre les blancs et les mulâtres, et définitivement l'insurrection continuelle des noirs, vos ennemis communs, qui finiront par vous exterminer tous et par anéantir la plus riche des colonies.

« Je ne vous parlerai point des dispositions de l'Assemblée à l'égard de St-Domingue. Son empressement à accorder des secours considérables, sur la première nouvelle de vos malheurs, répond assez aux reproches ridicules qu'on lui fait de ne pas se soucier de la conservation de cette colonie. Je ne dois pas vous laisser ignorer, en même temps, qu'elle est bien peu favorable à votre assemblée coloniale et à tous les blancs en général. C'est dans son sein, principalement, que la haine dont je vous ai parlé plus haut contre tous les préjugés se fait sentir avec le plus d'énergie. Entourée d'écueils et de conspirations contre la liberté nationale, son caractère a pris ce degré de force et de ténacité que commandent les circonstances actuelles et qui ne se prête guère aux subtiles considérations d'une politique dont elle ne connait plus les calculs. Elle est donc persuadée que ce que les colons appellent convenances locales, ordre politique nécessaire, éloignement des hommes de couleur de l'exercice des droits de citoyen, n'est qu'orgueil, préjugés injustes ; et elle ne voit qu'avec indignation que, pour maintenir un système qu'elle regarde comme aussi indifférent en lui-même, on prodigue les hommes, les propriétés, l'argent et que l'on expose la colonie de St-Domingue à une subversion totale.

« C'est à cette manière d'envisager vos troubles qu'il faut attribuer les sorties terribles qui ont été faites dans l'Assemblée contre l'Assemblée coloniale et contre les blancs en général. C'est à cette seule cause qu'il faut imputer la réception peu favorable qu'ont reçue vos dix commissaires. Les hommes sensés de l'Assemblée, sans être philanthropes par système, sont justes et humains par principes ; et c'est pour cette raison qu'ils n'ont pu se prêter à des opinions auxquelles ils attribuent tous les malheurs qui vous accablent.

« Je ne vous parlerai pas des rapports qui ont été présentés à l'Assemblée sur ces malheurs, des motions qui ont été successivement faites à cet égard : tout cela est d'un trop grand intérêt pour vous pour que vous n'en soyez pas instruits aussi promptement qu'il est possible.

« Je me bornerai à vous dire que la discussion va enfin être reprise ces jours ci sur le moyen de ramener la tranquillité à St-Domingue, s'il en est encore temps, et que beaucoup d'orarateurs soutiendront que ce moyen ne peut exister que dans la révocation du décret du 24 septembre (1). Depuis que le Comité a proposé de vous faire passer des secours et vivres et autres choses de première nécessité, l'Assemblée a subordonné ces secours aux mesures dont il s'agit. »

(1) Le décret du 24 septembre 1791 autorisait l'assemblée coloniale à faire les lois concernant les personnes non-libres et l'état politique des hommes de couleur et nègres libres, ainsi que les règlements relatifs à l'exécution de ces mêmes lois. Cette exécution était cependant temporairement subordonnée à l'approbation du gouverneur de la colonie.

A SON BEAU-FRÈRE, M. LOISEAU, ALORS A ST-DOMINGUE

« Paris, ce 31 juillet 1792.

« .... Tu as raison de dire que je ne peux que courir des risques dans les désordres dont nous sommes menacés. Telle est ma position : je ne peux attendre de ménagement d'aucun parti, excepté de celui de la justice et de la liberté, s'il triomphe.

« La faiblesse de mes moyens physiques et moraux s'est opposée à ce que je jouasse un rôle à la tribune de l'Assemblée nationale ; mais la franchise de mes opinions sur tout ce que je vois suffit pour que chaque parti me signale, au gré de ses passions. Mon intérêt personnel m'occupe très-peu.

« Comme citoyen, je dois à la patrie le sacrifice de ma tranquillité et de ma fortune ; et, comme fonctionnaire public, je dois mourir à mon poste, si tel est l'empire des circonstances. Mais des objets sur lesquels il m'est permis de jeter des regards attendris, ce sont ma femme, mes enfants, c'est ma famille. Je le répète, la France pourrait jouir à présent de tous les fruits de la plus heureuse révolution. Au lieu de cela, elle est menacée de toutes les horreurs d'une révolution qui aura des caractères bien différents de la première..... »

A SA FEMME

« Paris, ce 27 août, l'an IV de la liberté.

« Que j'ai souffert pour toi hier, ma chère bonne amie ! Il faisait un temps extrêmement lourd ; et je sais combien la chaleur et la pesanteur de l'air te rendent malade. Puisses-tu être arrivée avec toute ta couvée, sans aucun accident, au lieu où vous avez dû coucher. Il me semble que c'est à Beaugency. Samedi dernier vous vous êtes sans doute arrêtés à Arpajon où je présume que la nuit vous aura pris. D'après mes calculs vous devez dîner aujourd'hui à Tours. Que je voudrais pouvoir y être avec vous ! Avec quel plaisir je m'y verrais entouré de tout ce que j'ai de plus cher au monde, et je m'y trouverais dégagé des soucis et des immenses obligations qui m'attachent présentement à mon poste. Dans un mois, au plus tard, j'espère être réuni à vous tous. Je m'attends à recevoir ce matin une lettre de toi datée de l'endroit de ta première couchée. J'ai quelques raisons pour attendre plus impatiemment cette première que celles qui suivront.

« Tu m'as promis qu'après tes premiers embrassements de famille, tu irais à la Bellangerie. Donne-moi des nouvelles de cette maison que mon imagination embellit en me la présentant comme la retraite où je trouverai la tranquillité, la paix de l'âme et peut-être le bonheur. Une seule chose me tourmente : c'est la beauté et la trop grande étendue des bâtiments ; ce sont les accessoires, comme cours, avant-cour, etc., qui annoncent trop de prétention. Tout cela sent le château ; et, dans un moment où l'on fonde l'égalité, on ne peut trouver de véritable tranquillité que dans une retraite simple et obscure. Notre fortune, d'ailleurs, ne nous permet plus ces dehors de l'opulence, ni la dépense qui les accompagne. Vivre dans une belle terre comme un simple concierge, c'est n'avoir que les seules jouissances de la vanité. Ne vaut-il pas mieux, mille fois, n'habiter qu'une humble retraite, la remplir de ses amis et y jouir, sans efforts, d'une honnête aisance !

« Nous avons beaucoup perdu à la révolution, ma chère amie; mais nous sommes encore en état de lui faire bien des sacrifices. Je n'en connais point, du côté de la fortune, qui me soit pénible, si par là je peux contribuer à la liberté et au bonheur de mon pays.

« Tu as sans doute reçu ma lettre d'hier. Accuse-moi exactement réception de toutes celles que je t'écrirai. Vous en recevrez une chaque jour, ma mère ou toi, et quelquefois même, toutes deux. On ne me reprochera pas le temps que j'emploierai à cela, puisque je n'y consacrerai que celui que je pourrais destiner à mon délassement. C'en est un bien grand pour moi que de me rapprocher par la pensée des personnes loin desquelles je ne peux trouver ni plaisir, ni jouissances. Ce langage te paraîtra peut-être contraster avec l'impatience, l'humeur même avec lesquelles j'ai précipité votre départ (1); mais cependant si, depuis que nous vivons ensemble, tu as enfin appris à me connaître, tu dois savoir qu'il n'y a aucune contradiction entre mon langage et la conduite que j'ai tenue. Tu dois savoir que je n'aime les autres que pour eux-mêmes. C'est leur bien-être que je veux ; et lorsque je cherche à le leur procurer, je ne songe jamais si le mien en souffrira.

« Va, ma chère amie, sois assurée que, malgré une pétulance souvent importune à ceux qui m'entourent, sous l'écorce rude qui couvre mon caractère, je renferme une âme bonne, généreuse. Le plus souvent la brusquerie n'est chez moi que le déguisement d'une sensibilité dont je veux cacher la faiblesse.

« Adieu, ma chère amie ; embrasse avec ta tendresse ordinaire nos mamans, nos enfants ; mille tendres compliments à tous nos parents et amis. »

« Paris, ce 4 septembre 1792.

« Madame et chère belle-mère, après avoir été longtemps privée de la consolation d'avoir auprès de vous vos petits-enfants, vous les avez revus enfin en bonne santé. J'espère qu'ils s'étudieront tous à vous rendre heureuse et qu'ils répondront par leurs

---

(1) Sur cette lettre on lit dans une note écrite plus tard par mon grand-père :

« Au moment où j'écrivais ceci j'étais, comme le plus grand nombre des membres de l'Assemblée nationale, en état de proscription. L'exécrable journée du 27 septembre 1792 se préparait, et nous devions être enveloppés dans les massacres. »

soins à votre tendresse. Quant à moi qui n'ai jamais autant éprouvé combien il est douloureux d'être éloigné des siens, je me console par l'espérance de retourner bientôt auprès de ma famille.

« Mais que les journées me semblent longues ! Que les heures se succèdent lentement ! Dès que je serai auprès de vous j'aurai oublié bien des soucis et bien des inquiétudes. Ménagez votre santé, continuez-nous votre tendresse et comptez, Madame et très-chère belle-mère, sur toute la vivacité de mon attachement et de mon respect. »

A SON BEAU-FRÈRE, M. LOISEAU, A ST-DOMINGUE

« 28 avril 1793.

« . . . . Quant à moi, je me suis toujours bien soutenu au milieu des agitations continuelles de nos révolutions. Après les différents postes éminents où tu m'as vu placé, j'ai eu le bonheur de rentrer dans une sphère d'activité bien plus obscure et, par conséquent, plus conforme à mon caractère et à mon goût. Je continue à servir de mon mieux la cause de la liberté par mon activité, mes vœux et, surtout, mes sacrifices.

« Il en faut faire, mon cher ami, de bien grands et de continus. Tant de citoyens souffrent en ces moments difficiles, que ce serait en être un très-mauvais que de ne pas leur prodiguer tous les secours qui peuvent dépendre de soi.

« Je ne te cache pas que je n'ai point donné à nos affaires communes, et encore moins aux miennes particulières, le degré d'activité et de surveillance dont j'aurais été capable dans d'autres circonstances. . . . .

« Je n'entrerai pas ici dans des détails bien grands sur nos biens de France : qu'il te suffise d'apprendre qu'ils ne sont plus ce qu'ils étaient en 1789. La suppression, sans indemnité, des

dimes inféodées, rentes féodales et autres semblables revenus
nous a coûté beaucoup à Richebourg, à Anzan et à Montfort.
Nos contributions, d'ailleurs, sont sextuplées de ce qu'elles étaient
au commencement de la révolution. D'après cela tu dois juger
que notre revenu net se réduit à fort peu de chose. Que le produit
de nos vignes manque entièrement : tout le reste suffira à peine à
acquitter les contributions et à faire les réparations.

« Au surplus, mon ami, nous savons, ma femme et moi, plier
nos besoins sur nos ressources ; aucun retranchement de dépense
ne nous coûte et nous vivons présentement avec la plus grande
économie. On est toujours assez riche quand on sait propor-
tionner ses désirs à sa fortune. »

La correspondance qui suit passait sous les yeux des gardiens
de la prison de la Force où mon grand-père était détenu comme
suspect. Il était obligé d'affecter une sécurité qui était bien loin
de sa pensée ; il s'efforçait en même temps de dissimuler à sa
famille les horreurs de sa situation. C'est d'ailleurs ce qui résulte
d'une note écrite de sa main après être sorti de captivité.

A SA MÈRE

« Paris, de la Force, département de la police, ce 13 prairial,
l'an II de la République une et indivisible.

« Je suis en retard de lettres avec vous, ma bonne et trop
sensible mère, mais je me flatte de n'y pas être sur les sentiments
dont je paie votre tendresse. Les cœurs qui se connaissent,
comme les nôtres, s'entendent toujours et ils n'ont pas besoin de
lettres pour exprimer ce qu'ils sentent si bien. Cependant la
correspondance est l'aliment nécessaire de l'amitié. Elle fait
oublier quelque temps les ennuis de l'absence et elle rassure sur

les inquiétudes multipliées que cause cette même absence. Soyez donc assurée, ma tendre mère, que je vous donnerai aussi fréquemment de mes nouvelles qu'il me sera possible. J'espère encore que l'on ne m'enviera pas cette douce et innocente consolation. Cependant vous avez dû voir ce que j'ai écrit à ce sujet à ma femme ; et il faut encore nous tenir prêts à faire, sans murmurer, ce nouveau sacrifice, si on l'exige. J'avoue qu'il me coûterait infiniment.

« Il paraît que ma femme se donne beaucoup de mouvement pour nos affaires. J'en suis doublement satisfait : sa santé en sera meilleure et le temps qu'elle emploie en courses est autant de dérobé aux méditations et aux pensées tristes qui ne sont jamais bonnes qu'à énerver l'esprit et le corps. Elle me dit toujours qu'elle se porte bien : je m'en croirai plus assuré quand vous me l'aurez confirmé. Quant à moi, il n'est rien de plus vrai que ma santé se soutient bonne. L'appétit, ce baromètre ordinaire de ma santé, se maintient, et l'usage modéré que j'en fais m'en garantit la durée.

» Ce qui contribue infiniment à soutenir mon appétit, c'est la certitude de ne manger rien qui ne soit préparé par l'amitié. La citoyenne Baignoux a, à cet égard, des attentions qui répandent une sorte de jouissance sur notre situation. Le *trio* mange toujours ensemble ; il ne passe pas un repas sans boire à la santé de celle qui le prépare et des femmes et des mères des deux autres. Je vous assure, ma bonne mère, que quand on a l'innocence pour compagne, on trouve des plaisirs jusque dans la captivité. Mes amis n'abuseront sûrement pas de cet aveu pour chercher à prolonger ceux dont je parle. Il en est d'autres mille fois plus vifs dont l'espoir remplit mon âme à chaque instant..... »

A SA MÈRE

« Paris, de la Force, le 10 messidor, l'an II de la République
une et indivisible, au soir.

« . . . . . . J'ai reçu avec une véritable sensibilité la petite
peinture qui était contenue dans l'une de vos lettres. Vos expressions rendent mille fois mieux les tendres sentiments qui occupent votre âme, que l'ingénieux emblème qui représente nos deux
cœurs.

« Oui, ma tendre mère, ces deux cœurs seront réunis ; oui, je
vous ferai oublier les jours d'ennui et de peine que je vous aurai
si involontairement occasionnés. Oui, je compte bien répandre
sur le reste de vos jours toutes les consolations que vos vertus,
votre tendresse inexprimable exigent si impérieusement de
moi, comme de tous vos autres enfants. Soyez assurée qu'ils
n'auront tous pour vous qu'une même âme et qu'un même
désir de vous rendre heureuse. Jusqu'au moment de notre
réunion il faut avoir courage, patience et confiance...... »

« Paris, maison de Nimes, rue de Grenelle-Honoré, ce 17 thermidor.

« Nul obstacle, mes dignes et tendres amies, ne s'oppose plus
à ce que je sois réuni à vous. Dans peu j'espère vous serrer l'une
et l'autre dans mes bras et vous faire oublier par ma tendresse les
chagrins que je vous ai occasionnés, hélas, bien involontairement.

« Un arrêté du Comité de Sûreté générale vient de nous mettre
en liberté Cartier et moi. Il nous a été apporté aux Anglaises, à
minuit, par les représentants Ruelle et Fressine à qui nous avons
de véritables obligations. Ils étaient accompagnés de la citoyenne

Vanigoute pour qui j'en dois avoir de bien plus étendues encore.

« Je ne resterai à Paris que le temps rigoureusement nécessaire pour ce que j'ai à y faire. La reconnaissance et la prudence m'imposent quelques devoirs que je ne négligerai pas. Je vous embrasse, ma bonne et respectable mère, ma tendre et digne femme, de toute mon âme. Embrassez également pour moi ma chère tante, Aubry et sa femme et, surtout, mes trois enfants. »

A SA FEMME

« Sans date (probablement du 18 thermidor an II).

« Hier, ma chère femme, en t'annonçant ma liberté je n'avais pas l'âme satisfaite. Baignoux était resté derrière nous et nos regards se portaient sans cesse vers ce compagnon de nos infortunes. De nouvelles démarches ont dissipé quelques préventions injustes ou exagérées, ont échauffé quelques cœurs attiédis, et Baignoux a été mis en liberté cette nuit, en vertu d'un arrêté particulier du Comité. Mes vœux ne sont pas encore entièrement satisfaits : il nous reste des amis, des frères arrêtés par les calomnies de Sénard. Nous avons besoin de les embrasser, et j'espère qu'avant deux jours nous aurons cette satisfaction. Tu peux regarder comme certain que, sinon les onze qui ont été arrêtés avant nous, du moins une très-grande partie touche au terme de sa captivité.

« Quel moment, ma chère femme, que celui où des patriotes persécutés se retrouvent et se serrent dans leurs bras ! Quel exemple pour ceux qui dans les circonstances critiques ne conservent pas toute l'énergie d'un républicain ! Quelle leçon pour les intrigants et pour les scélérats ! Tous vont être démasqués et punis. Non, la justice, la probité, le patriotisme et la vertu ne seront pas longtemps persécutés en vain. Tôt ou tard ils doivent triompher, et l'échafaud finit toujours par être le partage du crime.

« Je me porte bien, ma chère amie; mais que je respirerai bien plus facilement quand je serai au milieu de vous ! Ma poitrine a besoin de l'air que vous respirez ; celui de la Bellangerie sera pour moi le plus salutaire.

« J'embrasse avec toute la sensibilité de mon âme ma tendre mère, toi, mes enfants et nos dignes et chers parents. »

A SA MÈRE

« Paris, le 21 thermidor, l'an II de la République une et indivisible.

« Je suis contrarié, ma chère et tendre mère, car je ne peux partir aussi promptement que je l'avais projeté et que je le désire. Il paraît que je verrai à Paris la fête du 10 août. Au surplus je fais en sorte que ce temps ne soit pas perdu ; et peut-être nous applaudirons-nous plus d'une fois ensemble de l'emploi que j'en aurai fait. Je vous avais annoncé que nous comptions embrasser, avant notre départ, la majeure partie des onze compagnons d'infortune arrêtés à Tours par Sénard. Hier ils ont été mis, tous, en liberté. Cette nouvelle va compléter la joie de nos concitoyens. Combien ils ont gémi sous le poids de la calomnie et de l'oppression ! On commence enfin à rendre justice à notre pauvre ville ; et il faut espérer qu'on la vengera des scélérats qui y ont exercé d'atroces persécutions. J'ai dîné hier avec Tessier et sa femme.

« Je compte voir aujourd'hui quelques-uns de nos autres compagnons d'infortune.

« C'est un plaisir bien vif que de se retrouver sur le rivage après une tempête pareille à celle que nous avons éprouvée. Nous n'avons jamais connu qu'une faible partie de nos dangers. Oublions-les tous présentement pour ne plus nous occuper que des douceurs de l'amitié, de la liberté et des devoirs que la patrie exige encore de tous ses véritables amis.

« Recevez, ma bonne et digne mère, mes tendres embrassements. »

« Paris, le 24 thermidor, l'an II de la République une et indivisible.

« Je peux enfin, ma chère mère, vous annoncer que le moment de notre réunion est très-prochain. Demain dans la journée ou après-demain, au plus tard, je projette de partir avec quelques-uns de mes frères d'infortune. Dans peu de jours je pourrai donc me croire véritablement libre et heureux.

« Ah! si l'on pouvait, pendant quelque temps au moins, me laisser goûter un repos que j'ai assez acheté par cinq années de fatigue et d'agitation ! Ma santé a besoin de ce délassement salutaire.

« Je m'occupe présentement à me soustraire à des fonctions qui sont au-dessus de mes forces et pour lesquelles mes ennemis seuls peuvent m'avoir désigné. J'espère réussir ; cette affaire, cependant, pourrait retarder mon départ d'un jour ou deux.

« J'ai reçu le dernier billet où vous vous empressez tous de me donner des assurances de votre tendre amitié. Croyez, ma bonne et très digne mère, que rien ne peut égaler l'attachement et la reconnaissance que je vous ai voués. J'embrasse de toute mon âme ma femme, mes enfants et ma tante. »

A SON COUSIN M. BRULEY, A LOCHES

« Tours, le 27 pluviôse, an III.

« Je te félicite beaucoup d'avoir su trouver dans la retraite les vrais plaisirs de l'homme sage : l'étude, l'agriculture et l'amitié. Que faut-il de plus pour être heureux ? Ces passions-là ne s'usent point et elles procurent chaque jour de nouvelles jouissances. Tes goûts et tes habitudes sont également les miens.

« Cependant je ne suis pas aussi dégagé que toi des devoirs de la société. Je tiens toujours à des fonctions publiques; mais je n'en ai que la partie agréable et je ne suis plus, comme autrefois, lancé au milieu des flots révolutionnaires. Je remplis les paisibles fonctions de membre du Bureau de Conciliation de notre ville et je voudrais n'en occuper jamais d'autres. Je te félicite sur les heureux produits de ta terre. N'est-il pas juste que celui qui la fertilise par ses dépenses et son intelligence en goûte les premiers fruits?

« ..... Les véritables amis de l'agriculture n'ont qu'un parti sûr à prendre pour parvenir à éclairer les cultivateurs : c'est de s'occuper uniquement de la pratique. Labourons, cultivons suivant les règles de la science physique et de l'expérience, ne prêchons point nos méthodes, mais obtenons de meilleures récoltes que nos voisins. C'est alors qu'ils ouvriront les yeux et qu'ils nous demanderont des instructions que nous nous empresserons de leur prodiguer.

« Dans la première année de mon acquisition de la Bellangerie je me livrai, en grand, à la culture de la pomme de terre. J'en proclamai le résultat qui fut très-avantageux. Je fis plus : j'avais obtenu par le mélange de ce tubercule et de la farine de froment, un très-beau pain ; je m'empressai d'en adresser des échantillons à toutes les municipalités de mon voisinage, en invitant tous les cultivateurs à se livrer à la culture d'une production aussi précieuse. Mon zèle, mes soins me valurent mille imprécations, des menaces violentes, etc. Je changeai de batteries : sans parler davantage de pommes de terre, je m'occupai, l'année suivante, d'en perfectionner la culture et j'ai obtenu des résultats tels que les plus prévenus des hommes ne pouvaient s'empêcher d'ouvrir les yeux.

« Alors on m'a demandé des pommes de terre; je n'en ai donné qu'à condition qu'elles seraient employées en semence, et j'ai la satisfaction de voir que, dans mon voisinage, la culture s'en est accrue de plus des cinq sixièmes. Il en sera de même pour le reste.

« Nous avons eu une bonne récolte en vins ; mais, comme nous étions encore sous l'empire du *maximum*, ce sont les marchands qui profitent, aux dépens des propriétaires, de la cherté que cette denrée a acquise. *Sic vos non vobis.* Tu conçois que j'y perds beaucoup. »

A M. DUNY (1).

« Tours, le 5 thermidor an III.

« ..... Tu sais, mon ami, que mon opinion est qu'on ne parviendra pas à rétablir nos colonies. Depuis quatre années cette conviction a tellement pénétré dans mon âme, qu'il ne m'arrive pas une fois par mois de me rappeler que je fus propriétaire à Saint-Domingue. Mais si j'ai une si profonde indifférence sur ce qui fut la majeure partie de ma fortune, je n'en suis pas moins navré de douleur, à chaque instant de la journée, en pensant aux innombrables victimes que la scélératesse de quelques hommes a faites dans ces colonies autrefois si florissantes. Rien ne me paraît plus touchant que le sort de ces infortunés colons qui, descendus de l'opulence, n'ont cessé, depuis quatre années, d'être persécutés, calomniés, proscrits, égorgés. Leur famille et leurs enfants m'ont mille fois arraché des larmes que mes propres infortunes n'obtiendront jamais. Je ne peux songer à tant d'atrocités sans le mouvement convulsif de la plus profonde indignation. C'est pour cette raison que j'ai souvent évité de répondre à tes déchirantes lettres.

« Les jeunes Prieur et Trémais, qui sont en pension à Paris

(1) M. Duny, commissaire du gouvernement à St-Domingue, prit une part active aux événements de la colonie. Il y servit ensuite comme officier dans la milice. Sa brillante conduite et son énergie lui valurent d'être délégué par l'assemblée coloniale auprès de la Convention, afin de dévoiler les crimes des agents envoyés de France pour révolutionner le pays. La Convention le fit jeter en prison. Il était originaire de Touraine.

et qui y font les plus heureux progrès, viennent de m'écrire que le citoyen Fondeviole, ton compagnon d'infortune et notre parent, se proposait d'aller à Nantes et de passer par Tours : j'aime à croire que ce voyage est concerté entre vous et qu'il entre dans votre projet de nous consacrer quelques jours en passant par Tours. J'attends de toi cette marque d'amitié. Je dois t'instruire cependant que la route de Nantes n'est pas sûre.

« Les partisans des chouans, qui ne sont que trop nombreux parmi nous, voudraient nous effrayer ; mais, sans ajouter foi à tous leurs aristocratiques récits, nous sommes assurés que la route de Nantes est infestée de brigands. Si la trahison ou les hasards de la guerre permettaient que ces hordes sanguinaires arrivassent jusqu'à Tours, tu pourrais être assuré, dès le jour que tu en recevrais la nouvelle, que ton ami aurait cessé d'exister. Mes sentiments invariables de patriotisme m'ont fait inscrire en tête de toutes les tables de proscription. Les infâmes terroristes me traitaient de royaliste et m'avaient plongé dans leurs bastilles ; les aristocrates me traitent d'égorgeur et me vouent à l'assassinat. Dans le choc des passions les plus dégoûtantes, je vis tranquille avec ma conscience ; et je combattrai jusqu'au dernier soupir et les buveurs de sang et les ennemis de la liberté. Je n'ai que trop observé qu'ils font cause commune. Adieu, mon cher ami, compte sur la durée et la vivacité de mon attachement. »

AU MÊME

« Tours, 2 pluviôse an IV.

« Mon cher et digne ami, les expressions brûlantes de ton indignation, au récit des persécutions odieuses auxquelles j'ai été exposé, ont répandu dans mon âme un baume consolateur.

« Au milieu des perfidies, de la lâcheté et de la bassesse du commun des hommes, le cœur juste et généreux d'un ami est le seul lien qui puisse rattacher à la société l'homme de bien outragé et calomnié. J'avais eu soin, jusqu'à ces derniers temps, de dérober à ta connaissance les sottises d'une partie de mes concitoyens ; tu as exigé des explications sur ce qui me concernait, et ta sensibilité, déjà si fort irritée sur l'injustice à laquelle tu as été toi-même livré, a été vivement émue.

« Tel est l'empire de l'amitié, qu'elle nous rend plus sensibles pour autrui que pour nous-mêmes. J'ai été plus affecté peut-être que toi-même des horreurs sans nombre auxquelles tu n'as cessé d'être en butte depuis quatre années, tandis que de ton côté tu éprouvais la plus violente indignation au récit des injustices auxquelles j'ai été livré et qui n'ont fait sur mon âme d'autre impression que celle d'un mépris profondément senti.

« Dans l'exaspération toujours croissante des partis, au milieu de la corruption d'un peuple que l'on démoralise journellement, les brigands, les ambitieux, les meneurs, quels qu'ils soient, ne m'entraîneront jamais dans leurs bandes coupables. Je dois donc m'attendre à être constamment froissé dans tous les chocs. Si le parti des hommes purs qui veulent sincèrement la liberté sans l'alliage du crime, vient à succomber, je m'honorerai d'en être une des victimes et alors je quitterai sans regret une terre où la vertu sera en si grande minorité.

« Je t'ai déjà dit, mon cher Duny, qu'une des principales causes du déchaînement des aristocrates contre moi était une fortune que ma dépense, alors que je touchais les revenus de Saint-Domingue, faisait paraître très-brillante et que l'envie grossissait encore prodigieusement. Si ceux qu'un sentiment aussi bas domine connaissaient le véritable état de mes affaires, ils tourneraient bientôt vers de plus fortunés la convoitise qui les dévore. J'ai encore un extérieur d'opulence, parce que ma fortune consiste en propriétés aux environs de Tours ; mais si l'on savait qu'indépendamment des rentes viagères très-considérables dont je suis grevé, je suis encore endetté, on verrait que mon embonpoint n'est que bouffissure.....

« ..... C'est trop longtemps t'occuper de mes intérêts : parlons de tes affaires. Où en sont tes projets ? Pourras-tu exécuter celui de passer, au printemps, à Saint-Domingue ? Cela me paraîtrait aussi difficile qu'infructueux dans les circonstances présentes. Avant de songer à fertiliser de nouveau ces tristes habitations qui fument encore du sang de nos frères, il faut que la paix y prépare le retour de l'industrie. Je ne m'aperçois pas encore qu'elle se dispose à répandre ses bienfaits sur la pauvre colonie. Si la lassitude et le découragement te portent à quitter Paris, je te propose de venir passer dans le sein de la retraite et de l'amitié le temps que tu ne pourras pas consacrer à tes spéculations. Nous pourrons nous être respectivement utiles et nous y gagnerons sûrement le plaisir d'être réunis. Nous nous sommes peu vus ; mais nous n'en sommes pas moins connus l'un de l'autre. Tes lettres, depuis quatre années, m'ont donné pour toi une estime et un attachement qu'une simple liaison de société n'aurait probablement jamais aussi bien développés. On ne peut exprimer avec autant d'énergie que toi l'amour de la liberté, la haine pour la tyrannie et l'aversion pour le crime, sans être un excellent patriote et un homme de bien.

« Tiens-moi toujours instruit des nouvelles, quelles qu'elles soient, que tu recueilleras de notre famille. Déjà j'ai appris que les citoyennes du Hart et de Saint-Germain, ainsi que de Trémais l'aîné avaient péri. Je redoute pour le reste de cette famille infortunée la même catastrophe. Et mon beau-frère ? Il n'y a pas de jour qu'il ne soit l'objet de nos inquiétudes. »

AU MÊME

« Tours, le 23 pluviôse an IV.

« Je suis profondément indigné, mon cher Duny, des nouvelles atrocités que tes implacables ennemis te font éprouver. Non, je ne crois pas que tu sois un coupable ! C'est en vain qu'un ministre dresse ton acte d'accusation : il est ou trompeur ou

10

trompé. On peut te calomnier, t'incarcérer, te proscrire; mais non te faire perdre mon estime, ni mon amitié. Ces sentiments te sont acquis par cinq années d'une correspondance suivie qui m'offre en toi le républicain, l'homme de bien, l'ennemi généreux de toutes les turpitudes qui n'ont que trop souillé la plus belle des révolutions. Si c'est un crime d'abhorrer Sonthonax (1) et tous ses valets, qu'on me dénonce aussi à Truguet, car je regarde ce farouche proconsul comme l'agent de la contre-révolution dans nos colonies. Je crois qu'il s'y est gorgé de l'or et du sang de ses habitants pour en faire à Pitt un hommage digne de l'un et de l'autre. Si je suis dans l'erreur que l'on m'éclaire; qu'on réponde aux hommes courageux qui sont venus accuser les commissaires dévastateurs et qu'on ne les embastille pas continuellement. Ne sais-je pas que, venu exprès en France avec tes collègues pour faire connaître au gouvernement de grands coupables que vous accusiez sur votre tête, au lieu d'être entendus vous avez gémi, comme des criminels, dans les cachots de Robespierre? Ne sais-je pas que dans les mouvements de Prairial tu as été persécuté, que tu l'as été en Vendémiaire; ne vois-je pas que tu l'es aujourd'hui et que tu le seras tant que tu combattras le crime triomphant! Je lis les lettres que tu m'as écrites à toutes les époques que je viens de rappeler, et je demeure convaincu que la même faction, que les mêmes scélérats, toujours attachés à tes pas, répandent l'or et la corruption pour étouffer la vérité. Toi un rébellionnaire à la volonté nationale! Toi un ennemi du gouvernement! Toi un royaliste! Tes actions seraient donc bien différentes de ton langage?

« Que tes persécuteurs osent m'interroger et je rendrai hommage à la vérité : je leur dirai que dans les cachots où j'ai aussi été plongé comme un mauvais citoyen, pendant quatre mois, je m'étais muni de notre correspondance, de préférence à mille autres pièces, pour faire connaître à mes juges, comme s'il y avait des juges alors, quelle était l'étendue de nos sacrifices et de nos vœux pour la liberté dont nos cœurs étaient avides. Je leur dirai que si j'avais trouvé un seul moment en toi un lâche déser-

(1) L'un des commissaires envoyés par la Convention à St-Domingue.

teur de la cause populaire et de la sainte égalité, dès longtemps
nos relations seraient finies, et que je ne te regarderais plus que
comme ces vils égoïstes qui, croyant en Vendémiaire que la
contre-révolution était faite, ont jeté un masque qu'ils ne portaient que par frayeur depuis quelques années. Tant que l'on ne
me prouvera pas que tu es le plus méprisable des hommes, je
persisterai à te croire le plus estimable des républicains.

« Je t'offre ma bourse, mes soins, toutes mes facultés ; et si tu
crois que je puisse concourir par ma présence à te faire rendre
justice : parle, et aussitôt je vole près de toi.

« Malheureusement j'ai très-peu de relations. Ami de la
retraite, ayant en horreur l'intrigue et trop confiant dans l'exécution des lois, j'ai de tout temps dédaigné ces appuis qui sont, à
notre honte, si souvent nécessaires pour obtenir justice. Cependant ma voix ferme, l'accent de la vérité, le langage d'un homme
irréprochable : tout cela pourra être de quelque poids. Je ne cal-
culerai point si mes démarches m'attireront de nouvelles persécutions. Mon âme est trempée contre l'adversité; et des disgrâces
qui me frapperaient seul me trouveraient insensible.

« Tu connais la suite d'humiliations dont on a voulu m'abreuver. Ni les cachots où l'on m'a plongé comme royaliste; ni les
listes de proscription sur lesquelles j'ai été inscrit comme terro-
riste, depuis le 9 thermidor ; ni les menaces journalières des
chouans ; ni enfin tous les découragements dont on environne
l'inflexible patriotisme : rien ne m'empêchera de servir la liberté,
de remplir mes devoirs de citoyen et d'ami, et de braver tous les
projets du crime.

« Je vais écrire à Ysabeau ; mais, entre nous, j'attends peu de lui.
Eclairé par toi sur une multitude de faits relatifs aux colonies et
que tant d'autres ignorent, ne devait-il pas tonner au Corps
Législatif et provoquer enfin la vérité? Ne devait-il pas exiger
sur tant d'événements ce fameux rapport qu'on nous promet
depuis plus de deux ans et que, probablement, nous n'aurons
jamais. Ne devait-il pas demander que les coupables, quels
qu'ils fussent, subissent la peine due à leurs forfaits, que le crime
fût réparé, l'industrie ranimée et la tranquillité rétablie?

« Ne t'occupe pas présentement, mon ami, des affaires que je

t'ai communiquées dans ma dernière lettre. Rien ne presse, et je
veux qu'il n'en soit question que quand tu seras redevenu libre.

« Adieu, reçois l'assurance du tendre intérêt de ma femme. Je
n'ai pas laissé ignorer à mes amis qu'un patriote languit dans
les fers.

« Je t'embrasse et suis ton meilleur ami. »

AU CITOYEN YSABEAU, DÉPUTÉ AU CORPS LÉGISLATIF.

« Tours, 26 pluviôse, l'an IV.

« Notre ami Duny, mon cher concitoyen, vient de m'instruire
de sa nouvelle arrestation Il m'a même fait part de la lettre qu'il
vous a écrite du fond de sa prison. Je lui ai répondu par des
paroles de consolation; je lui ai fait toutes les offres de service
qui sont en mon pouvoir; je lui ai enfin donné un éclatant témoignage de l'estime et de l'attachement que m'ont inspiré son
patriotisme, son courage, sa droiture et son inflexible persévérance à poursuivre des hommes qu'il regarde comme les bour-
reaux de sa patrie.

« Il appartient plus à vous qu'à moi, mon cher concitoyen, de
venir au secours de Duny, de le préserver de l'oppression, de le
défendre contre la calomnie et contre toutes les horreurs dont on
l'environne. Vos talents, vos relations, votre séjour à Paris et,
plus encore, le caractère national dont vous êtes revêtu, vous don-
neront les moyens d'écarter l'injustice de dessus la tête de notre
ami. Je le crois innocent des crimes qu'on lui impute; il me
paraît par sa correspondance qu'il a votre estime; par conséquent vous devez avoir de lui la même opinion que moi. Faites
donc pour la justice quelques-unes des démarches que tant de
vils intrigants ne cessent de prodiguer pour perdre leurs ennemis.
Si Duny est trouvé reprochable, qu'il soit puni; mais s'il est
innocent, c'est à ses amis, c'est à tous les hommes de bien qu'il

convient de venir à son secours. J'avoue qu'il me faudrait l'évidence pour le croire coupable. »

A M. DUNY

« Tours, 11 prairial an IV.

« Je conçois comme toi, mon ami, tout le mal que les nouveaux commissaires de Saint-Domingue vont faire à Paris. En faisant sur l'état actuel de cette colonie des rapports horriblement mensongers ils parviendront à endormir quelques propriétaires, la nation qui est ignorante des faits et le gouvernement lui-même : ce sommeil sera celui de la mort. J'ai vu un moment l'un de ces commissaires à leur passage par Tours ; j'étais avec Bergcy. Il nous a débité, comme ils le font partout, que la colonie est florissante, tranquille, soumise aux lois de la République, etc. Il ne nous a pas trouvés crédules. Malheureusement pour ces éhontés romanciers, cinquante lettres qui venaient d'être reçues à Tours confirmaient les affreuses catastrophes déjà connues, en donnaient d'horribles détails et présentaient un tableau, bien différent du leur, de l'état actuel de la colonie.

« Je fis part à ce commissaire de tous mes sentiments sur les personnes et sur les choses : il fut d'autant plus frappé de mes opinions sur tout cela, qu'à mon ton et à mon langage il ne pouvait pas douter que je ne fusse un républicain prononcé et un ami passionné de la liberté. Si la clique infernale des dépopulateurs du territoire français dans les deux mondes n'eût été jamais combattue que par des mains républicaines, elle n'aurait pu résister un moment contre la masse de l'opinion publique. Mais on ne peut se dissimuler que ces forcenés qui, à leur manière, veulent aussi la contre-révolution, n'ont eu souvent à lutter que contre la plus virulente aristocratie ; et ce sont de pareils antagonistes qui ont fait toute leur force. Je suis intimement convaincu que l'hôtel

Massiac, en 1792, a nui autant à la colonie par sa raideur que Sonthonax par sa férocité. C'est alors qu'il fallait céder du terrain à l'opinion qui devait aussi apporter du changement au régime des colonies. Au lieu de cela on a voulu tout contester; et l'on a tout perdu.

« Je l'ai dit mille fois depuis quatre ans, je le dis aujourd'hui ; hélas ! je crains de le répéter encore longtemps : *nos colonies sont perdues.* Je ne sais quel génie humain peut ramener l'ordre, l'amour du travail, le respect des propriétés, la subordination enfin dans un pays où tous les ressorts de la civilisation sont rompus, où la proscription la plus féroce de la part de ceux qui n'ont rien a lieu envers ceux qui ont des propriétés. Tant que la guerre des couleurs sera aussi acharnée (et je ne pense pas qu'elle soit près de finir) quels liens, quels rapports uniront les colonies à la mère-patrie ? Quels seront les moyens de culture ?

« Le résultat inévitable de cette boucherie de cannibales sera nécessairement la destruction de l'une ou l'autre caste.

« Si ce sont les Blancs qui disparaissent, croit-on que les vainqueurs soient bien disposés à voir des concitoyens dans les pères et les frères de ceux qu'ils auront immolés; qu'assassins des Blancs à Saint-Domingue, ils voudront unir leur fortune à celle d'autres Blancs à deux mille lieues d'eux ? Que les Blancs de leur côté triomphent : ne seront-ils pas condamnés à rester seuls après leurs sanglantes victoires et à ne se trouver entourés que d'ossements et de ruines sur une terre devenue à jamais stérile…. Ah! mon ami, voilà pourtant à quelles extrémités nous a conduits une philanthropie mal conçue, trop brusquée et dont les scélérats ne se sont que trop souvent faits les perfides apôtres pour tout perdre.

« Je n'ai particulièrement reçu d'autres nouvelles de Saint-Domingue qu'une lettre de la citoyenne Trémais qui me confirme la perte de son fils aîné, de sa mère et de sa sœur Saint-Germain. L'âme la plus endurcie ne pourrait refuser des larmes au récit de tant d'infortunes. Comment n'être pas nâvré en la voyant ainsi que sa très-nombreuse famille, tous accablés d'une fièvre épidémique, fuir sans ressources, sans guide, sans asile, sans secours au milieu des déserts espagnols, voyant derrière eux la flamme qui dévorait leurs habitations et entendant les hurlements des barbares qui regrettaient de voir échapper leur proie? Mon pauvre beau-frère était de ce triste voyage, qu'il ne manquerait plus que de faire passer pour émigration (1). Malgré l'accablement d'une maladie dévorante, il n'a cessé dans cette fuite horrible de prodiguer ses soins à ses compagnons d'infortune. Présentement il est en fort bonne santé : tous mes efforts vont tendre à le rappeler en France le plus tôt qu'il lui sera possible.

« P. S. — Voici un fait que je ne garantis point parce que je ne le tiens que de seconde main :

« L'un des commissaires de Saint-Domingue nouvellement arrivés à Paris (il est mulâtre), dans le peu d'instants qu'ils se sont arrêtés à Tours, s'est chargé de porter lui-même une lettre qui lui avait été recommandée. Il a trouvé plusieurs personnes rassemblées; on l'a questionné : il s'est déchaîné contre les Blancs; et, sur l'observation qui lui a été faite par un citoyen que cette haine contre les Blancs était odieuse puisque c'est à eux que les hommes de couleur doivent le jour : « Je voudrais, a répondu avec fureur ce commissaire, retrouver en France celui qui me donna le jour, pour avoir le plaisir de m'abreuver de son sang. »

« La main hésite à transcrire de pareilles horreurs. »

A MADEMOISELLE DE T...

« Tours...., ventôse an VII.

« Ma chère et aimable cousine, par votre lettre du 24 pluviôse, lettre que je n'ai reçue que le 8 de ce mois au moment où je partais pour la campagne, vous me mettez dans une situation dont il me paraît difficile de sortir à notre commune satisfaction.

« D'un côté vous me demandez des explications nouvelles sur

(1) C'est en effet ce qui eut lieu.

le compte du jeune homme qui a l'avantage de vous plaire, vous
sollicitez des conseils, vous annoncez que ces conseils feront la
règle de votre conduite : en un mot vous poussez la déférence
jusqu'à soumettre en quelque sorte à ma décision l'affaire importante qui vous occupe.

« D'un autre côté vous faites du citoyen P... un portrait très-
satisfaisant : vous le jugez digne de votre main par l'honnêteté
de sa famille, par sa bonne conduite, par ses talents, ses sentiments et sa fortune. Vous développez avec la justesse ordinaire
de votre esprit toutes les circonstances de votre situation actuelle
et future et les motifs qui vous déterminent : en un mot, vous
présentez l'établissement projeté comme vous assurant un état,
un appui dans la société, une existence agréable et vous donnant
les moyens de retourner dans la colonie et d'y seconder votre
digne mère dans la restauration de ses affaires. Vous auriez pu
ajouter à ces considérations puissantes celle qui ne l'est pas
moins, qu'un mari digne de votre tendresse répandrait sur votre
existence le bonheur auquel il est si naturel d'aspirer.

« Pour nous entendre parfaitement il ne me manque que de
partager votre manière de voir et de sentir dans la circonstance.
Mais les tristes avis dont je vous ai parlé sont toujours sous mes
yeux ; je ne peux suspecter ni les intentions, ni la véracité de
celui qui me les a transmis ; et ma perplexité est extrême. Elle le
serait bien moins si je prenais à votre sort un intérêt moins sincère et moins tendre.

« M'opposer à votre mariage : je ne le peux sans vous en donner
des motifs puissants, fondés sur des faits et tellement décisifs
que vous n'ayez plus qu'à vous rendre à l'évidence. Or, il ne
m'est pas survenu à ce sujet de nouvelles lumières ; je vous ai
exprimé mes doutes, mes incertitudes ; je vous ai engagée à
scruter sévèrement la fortune, la conduite (la conduite ! c'est
l'objet essentiel), les talents et moyens du citoyen P... Sur tous
ces points vous me répondez d'une manière aussi satisfaisante
qu'affirmative, ce qui doit me faire croire que vous avez pris ces
informations.

« Je ne peux cependant donner mon consentement à votre
projet : des doutes restent dans mon esprit ; et je ne pourrais ré-

pondre à vos désirs sans trahir la vérité de mes sentiments. Que ne donnerais-je point pour acquérir la conviction que les avis qui m'ont été donnés sont mal fondés ; combien je souhaite que mes craintes ne se réalisent pas !

« Vous avez eu le consentement de votre oncle ; vous avez celui de la demi-tante qui vous reste à Brest ; vous êtes convaincue que votre union ne peut qu'être avantageuse : eh bien, chère cousine, que cela vous suffise ! Suivez les mouvements de votre cœur ; consultez encore plus les inspirations de votre raison et ne tenez point à un consentement qui, au fond, n'est que déférence pour votre plus ancien ami, lequel n'est qu'un parent éloigné. Si le mariage se conclut, comptez qu'il n'altérera en aucune manière l'amitié que nous vous portons, et que votre mari trouvera en nous les sentiments de bienveillance et d'affection qu'à ce titre il partagera avec vous. Qu'il vous rende heureuse : c'est la meilleure manière de justifier votre choix.

« Le temps me manque pour répondre à T..., et je ne veux pas différer d'un courrier le départ de cette lettre. J'aurais d'ailleurs trop d'observations à lui faire. Il me parait avoir mal saisi la nature de mes représentations et me prêter le rôle d'un parent capricieux, qui met des entraves à un projet d'établissement uniquement pour signaler son autorité ou sa morgue. Par exemple, il consacre un long paragraphe pour justifier le citoyen P... de ce qu'il y a des marchands détaillants dans sa famille : il me rappelle aux principes d'égalité naturelle dont je fais profession.

« Ne sais-je donc pas que le mérite est purement personnel ? Croyez, ma chère cousine, que je suis si éloigné de cette orgueilleuse et sotte recherche qui autrefois faisait préférer ce que l'on appelait des aïeux à toutes les bonnes qualités dont je viens de parler, que c'est le dernier objet dont je voudrais m'occuper dans l'établissement de mes filles. En voilà assez sur ce sujet : vous devez me connaitre assez pour savoir quels sont mes principes à cet égard.

« Recevez de la part de ma femme et de toute ma famille l'assurance du plus tendre attachement et comptez, chère cousine, sur la tendresse invariable et respectueuse de votre parent et ami. »

A M. CLÉMENT DE RIS, SÉNATEUR

« Tours, 6 nivôse an IX.

« Je ne peux me dispenser, mon bon ami, de t'importuner d'une demande. Il s'agit de donner du pain à une mère de famille, à une femme veuve, à ma parente et l'amie de mon enfance. Le mémoire ci-joint t'instruira de l'objet dont il s'agit ; et permets-moi de recommander puissamment à ta bonté ordinaire et à ton amour pour la justice madame Goupil d'Inferville. Il est d'autant plus douloureux pour elle de languir dans un dénuement absolu, qu'elle a été bien élevée, qu'elle a joui de l'aisance dans la maison paternelle et qu'elle appartient à une famille infiniment respectable.

« Je ne lui ai pas laissé ignorer le peu de succès que j'attendais de sa demande qu'elle m'a adressée d'Alençon, où elle demeure.

« La chère femme croit sans doute que ceux qui ont fait tout ce qui était en leur pouvoir pour la révolution conservent un grand crédit sous un gouvernement qui doit son existence à cette même révolution.

« Puissé-je parvenir à la maintenir dans cette erreur en lui faisant obtenir le débit de papier timbré qu'elle demande ! »

A SON FILS

ÂGÉ DE 14 ANS, PENSIONNAIRE A PARIS

« Paris, ce 23 prairial an IX.

« Je te fais passer, mon cher ami, une lettre que ta grand'-maman vient de m'adresser pour toi. Dans toutes celles que je reçois de Tours il n'est question que de toi et du chagrin que l'on a de voir que tu t'accoutumes peu à ton collége. Ne feras-tu pas cesser, mon ami, ces inquiétudes? Pour cela, il faut rassurer complétement tes trop sensibles mère et grand'-mères et leur prouver, autant par le résultat de tes études que par tes lettres, que tu t'es accoutumé au Prytanée et que tu t'y plais. Si, à ton âge, tu ne savais pas te plier au régime d'une bonne maison d'éducation, tu me donnerais sur l'avenir les plus sérieuses inquiétudes. Comment, en effet, pourrais-je me flatter que, devenu grand, tu saurais te plier aux règles bien autrement sévères qu'imposent les différents états auxquels on a à se consacrer! Et que te dirais-je des lois bien plus terribles encore du malheur et de la nécessité, auxquelles personne ne peut espérer se soustraire. C'est par la raison, mon ami, que j'espère ramener ton esprit effarouché. J'ai la confiance que tu sauras prendre goût à des travaux d'où dépendent ton instruction, ton état et ta réputation. S'il pouvait en être autrement, je te déclare que je n'aurais aucun égard à tes petites lamentations de paresseux, et que je serais le premier à provoquer contre toi des mesures de rigueur· Fais comme tes camarades, comme j'ai fait à ton âge, comme ont fait tous les hommes dont l'éducation a été soignée : travaille, aie de l'émulation, et tout te paraîtra facile. Il n'y a que les paresseux et les cœurs mous qui trouvent des difficultés à tout.

« Je ne sais, mon ami, quel jour je pourrai te revoir ; sois assuré cependant que nous nous embrasserons encore une fois ou deux avant mon départ. Le jour n'en est pas encore déterminé.

« Adieu, mon cher fils, je t'embrasse comme je t'aime, de tout mon cœur. »

AU MÊME

« A la Bellangerie, ce 13 thermidor an IX.

« Notre bonne tante, mon cher ami, doit partir dans deux jours pour se rendre à Paris où tu sais bien qu'elle doit demeurer. Tu connais sa tendresse pour notre famille, et je suis assuré qu'elle t'en donnera toutes les preuves qui dépendront d'elle. Je te recommande en conséquence de la payer d'un bien juste retour et d'avoir pour elle les attentions que commandent son âge, son titre de tante et ses excellentes qualités. Aie égard aux avis qu'elle te donnera, parce qu'ils seront toujours le résultat d'un esprit juste, d'un bon cœur et de l'expérience.

« Pour éviter à mon ami Clément de Ris l'embarras de ta dépense, je compte prier ma tante de se charger de cet objet, ce qui n'empêchera pas le c. Clément de te voir, de surveiller tes études et de te procurer tous les agréments qui dépendront de lui. Nous pouvons à cet égard nous en rapporter complétement à son amitié pour nous et à son inépuisable complaisance.

« Si ma tante se charge d'acquitter ta dépense, tu t'adresseras à elle et tu n'auras rien à demander à notre ami Clément. Sache que, dans ce cas, l'argent qu'il paierait pour toi, ou qu'il te remettrait, ne lui serait pas remboursé par moi qui n'en aurais pas connaissance ; et ton intention n'est sûrement pas qu'un autre que ton père supporte les frais de ton entretien ou de tes amusements.

« . . . . Je ne puis trop te le répéter, mon cher Prudent, montre-toi respectueux envers toutes les personnes qui, par leur âge, leur mérite ou par leurs places, sont au-dessus de toi. Que signifie, dans ta dernière lettre, de me parler des c. c. Sieyès et Journu, comme s'ils étaient tes camarades d'étude, et de les nommer cruement, sans même leur donner la qualification de citoyen. Perds cette mauvaise habitude. Chez les Grecs la jeunesse se faisait remarquer par son respect pour la vieillesse. La jeunesse française ne se pliera jamais aux mêmes égards ; mais encore faut-il ne pas négliger toutes les convenances. »

AU MÊME

« A la Bellangerie, ce 2 fructidor an IX.

« Le but de cette lettre, mon cher ami, est de te prévenir que
je viens d'engager notre bonne parente des Pallières à te faire
venir à sa campagne le plus tôt qu'il lui sera possible. Elle m.'a
écrit dernièrement qu'elle relevait d'une maladie grave : j'espère
qu'elle est complétement remise et que l'augmentation d'une
personne dans son ménage, qui est déjà fort nombreux, ne lui
sera pas importune. Que cela, mon bon ami, te serve d'avertissement pour n'être ni incommode, ni bruyant.

« Tu trouveras à Conflans une famille unie, aimante, simple ;
et il faut que par tes procédés ouverts et affectueux tu te mettes
dès le début à l'unisson. Évite, autant que tu le pourras, le ton
bêtement embarrassé qu'ont d'ordinaire les écoliers. De la confiance, de l'aménité, un ton affectueux : voilà ce que doivent
toujours inspirer des procédés généreux.

« Qu'en coûte-t-il d'exprimer ce qu'on veut ? N'oublie jamais
que tous les parents sont toujours indulgents pour les enfants
des autres. Ainsi, quand il t'échapperait quelque propos ou
quelque action un peu hasardeux, tu peux compter qu'il ne t'en
sera fait aucun reproche capable de te mortifier. En un mot, mon
ami, je tiens beaucoup à ce que ta première sortie du collége te
fasse connaître comme un enfant bien élevé, franc et sensible.
La sotte timidité, ou mauvaise honte, dénote toujours également
un cœur froid et un orgueil excessif. Je te le répète, tu seras avec
les personnes les plus simples, les plus affectueuses et les plus
éloignées de te trouver des torts.

« Il sera nécessaire que tu prévoies tout ce qui te sera indispensable à la campagne, pour n'y être pas malpropre. Culotte de
rechange, redingote, chemises, souliers, bas, etc.; n'oublie rien.

« J'ai une autre recommandation à te faire, et j'en ai parlé à madame des Pallières par l'inquiétude que j'en éprouve. Sa maison est sur le bord de la Seine et n'en est séparée que par un mur de terrasse peu élevé. Il t'est expressément défendu de songer à aller seul sur le bord de la rivière, sous quelque prétexte que ce soit. La moindre infraction à cette défense, qui ne t'est faite que pour ta conservation, te ferait renvoyer de suite au Prytanée. »

AU MÊME

« A la Bellangerie, le 13 vendémiaire an X.

« ...... Il me parait, mon ami, que tu reprends la carrière avec un sentiment de courage qui nous fait augurer des succès dans cette nouvelle année. Une phrase de ton avant-dernière lettre ne nous a point échappé : *Je sens que je suis bien peu avancé pour mon âge.* Elle en dit plus que toutes les phrases possibles. Quand on sent son infériorité, on est bien près d'en sortir; et quand avec une volonté soutenue de bien faire, on en a comme toi les moyens, le succès est alors assuré.

« Je ne te cache point, mon cher Prudent, que je deviendrai chaque jour plus exigeant avec toi que je ne l'ai encore été. Je sais que ton directeur, le digne c. Champagne, ainsi que tes professeurs, t'ont reconnu de très-heureuses dispositions : ils te regardent comme pouvant réussir très-rapidement dans tous tes exercices; et il faut que tu justifies la bonne opinion qu'ils ont de toi, en comblant de satisfaction tes bons parents.

« J'ai sur un autre point à t'exprimer mon contentement : je veux parler de la manière dont tu te comportes avec ma bonne tante et avec ceux de mes amis que tu as occasion de voir. Tu es assez heureux pour te faire aimer de toutes ces personnes; et je t'engage, pour ton propre bonheur, à conserver et à perfectionner même, autant que tu le pourras, les qualités aimables qui contribuent à te concilier ainsi la bienveillance de tes connaissances. Avec de l'esprit et de l'instruction on peut se faire considérer, admirer même jusqu'à un certain point : tout cela, mon ami, ne satisfait que l'amour-propre ; mais ce qui rend heureux, ce sont les sentiments affectueux que l'on sait éprouver et inspirer aux autres. »

AU MÊME

« A la Bellangerie, le 12 brumaire an X.

« J'ai vu un temps, mon cher Prudent, où je me permettais de te reprocher quelquefois de ne pas nous donner assez fréquemment de tes nouvelles. Aujourd'hui, il n'en est plus ainsi ; tu t'es emparé à mon égard de l'offensive dans cette petite querelle, et je me vois en quelque sorte forcé de me justifier. Je ne disconviens pas, mon ami, qu'il n'y ait quelques-unes de tes lettres qui soient restées sans réponse ; mais me permettras-tu de te demander si j'ai pris l'engagement avec toi de répondre à toutes ? Bannissons-donc, crois-moi, de notre correspondance tous reproches de cette nature. Donne-nous de tes nouvelles quand tu le pourras ; de mon côté je répondrai quand je le croirai convenable ; et demeurons convaincus, de part et d'autre, du plaisir que nous avons respectivement à nous écrire.

« Par ta lettre du 7, je vois que l'organisation militaire du Prytanée est en pleine activité et qu'elle prend chaque jour plus de consistance. Je te dirai relativement à ces exercices ce que je t'ai répété si souvent pour tes autres travaux : tâche de bien faire et de surpasser tes camarades. Vous occupa-t-on à faire des allumettes, je te ferais la même recommandation ; *age quod agis* était le proverbe familier des Romains. Tu sais que, pour ton bien-être, j'attache infiniment d'intérêt au développement de tes facultés physiques ; et ce n'est que dans les exercices du corps bien entendus que l'on peut acquérir cette légèreté, cette souplesse et cette force qui trempent, en quelque sorte, le tempérament et font supporter les fatigues auxquelles si peu d'hommes peuvent résister. »

AU G. CHAMPAGNE

DIRECTEUR DU PRYTANÉE FRANÇAIS, A PARIS

« A la Bellangerie, le 4 frimaire an X.

« Me permettrez-vous, citoyen, d'offrir à madame Champagne deux corbeilles de nos fruits de Touraine ? C'est le plus faible témoignage que je puisse vous donner de ma reconnaissance. Les soins que vous daignez avoir de mon fils ont gravé ce sentiment si profondément dans mon âme qu'il serait difficile de vous en exprimer l'étendue.

« Souffrez que je recommande à la continuation de votre bienveillance ce fils, ce cher fils sur lequel reposent mes espérances et mon bonheur. Jusqu'à ce jour vous avez eu pour lui de l'indulgence et une attention particulière; je réclame de vous les mêmes bontés.

« Mon fils est docile, aimant; il a le désir de bien faire, quoique vif et léger; enfin il a pour votre personne l'attachement et le respect que vous méritez. Que de moyens d'exciter en lui l'émulation, de tirer parti de ses facultés et d'enflammer son cœur pour tout ce qui est beau, grand et honnête ! Qu'il apprenne, surtout, au Prytanée à être bon citoyen et homme de bien; et il aura recueilli les meilleurs fruits de son éducation.

« Madame Bruley, ma tante, ainsi que le c. Clément de Ris son ami et le mien, ont la bonté de prendre intérêt à mon fils. Je vous prie, citoyen, d'avoir égard à ce qu'ils pourront vous recommander à son sujet; et même, lorsqu'il le méritera, de le confier à leur amitié quand ils voudront bien vous le demander.

« Vous m'avez fait espérer, citoyen, que je recevrais à des époques périodiques des nouvelles de mon fils. Ces communications entre les instituteurs et les parents, outre leur utilité morale, ont encore l'avantage d'exciter les enfants à bien faire ; elles sont pour les parents éloignés une sorte de dédommagement qui leur fait supporter plus patiemment l'absence de ce qu'ils ont de plus cher. Le Prytanée est fondé sur des bases trop saines pour qu'une semblable institution n'y soit pas appréciée. Qu'il me soit donc permis de la recommander à l'active sollicitude de vous, citoyen, qui êtes père, qui êtes ami de l'enfance et qui êtes le directeur éclairé du Prytanée.

« Il me semble qu'il conviendrait de faire parvenir aux pères et mères un bulletin, au moins, par trimestre. On y inscrirait ce qui concerne la santé, l'accroissement, la disposition morale, la conduite, l'application, les études et les progrès de leurs enfants.

« Aujourd'hui que tout l'échafaudage de castes, de priviléges, de charges héréditaires, etc., est heureusement renversé, les parents doivent plus particulièrement connaître les dispositions et le goût de leurs enfants, pour pouvoir, à leur sortie des maisons d'éducation, aplanir la route que ces enfants auront à suivre pour se faire un état.

« Agréez, citoyen, l'assurance des sentiments d'estime, d'attachement et de respect de votre dévoué concitoyen. »

A SON FILS

« Tours, le 17 pluviôse an X.

« . . . . . Les avis que je t'ai donnés ont produit leur effet ; et ta dernière lettre, plus développée et bien mieux écrite, ne ressemble aucunement à toutes celles qui l'ont précédée. Il ne faut jamais perdre de vue que l'écriture est la représentation du lan-

11

gage, et qu'il est aussi facile de rendre ses idées sur le papier que par l'organe de la parole.

« Accoutume-toi, mon cher ami, à réfléchir sur tout ce qui t'intéresse ; sache te rendre compte de tes observations ; apprends à les mettre en ordre ; et tu verras qu'avec cette méthode, tes discours, tes lettres, auront un ordre et un esprit de suite qui seuls dénotent la méditation et le jugement.

« Ton oncle ne m'a donné qu'une seule fois de ses nouvelles. Je désirerais que, pendant son séjour à Paris, il pût te voir assez fréquemment et te procurer tous les délassements qui peuvent se concilier avec tes études. Tu connais à cet égard mes principes : il est indispensable et j'exige impérieusement que tu te livres tout entier à tes études ; mais en même temps je désire que tu goûtes tous les amusements que ton âge et ta situation comportent. En tout temps je ferai ce qui dépendra de moi pour que ton existence soit douce et heureuse.

« Adieu, mon bon ami ; reçois les tendres embrassements de tous les tiens.

AU MÊME

« Tours, 11 prairial an X.

« . . . . . Tu m'as donné un dangereux exemple, mon cher Prudent ; celui de la paresse est contagieux et tu vois que je ne t'ai que trop bien imité.

« Tenons-nous respectivement quittes : je ne te reprocherai pas la lenteur que tu as mise à répondre à mes lettres, j'agrée toutes tes excuses et tu voudras bien me pardonner et me dispenser de t'en donner de mon côté.

« Je désirerais cependant que notre correspondance fût un peu plus animée qu'elle ne l'est. Si néanmoins tu ne pouvais t'y livrer qu'à tes moments déjà un peu courts de récréation, j'aime

mieux, mon bon ami, être privé du plaisir de tes lettres, que de
te priver des délassements qui sont nécessaires à ta tête après les
longues applications de l'étude, et qui ne le sont pas moins à ton
être physique. A cette occasion, je t'engage à t'exercer, le plus
qu'il te sera possible, par la course, la balle, le saut, etc. Je n'aime
point les amusements sédentaires ; et il faut absolument que tu
entretiennes ton corps souple, agile et dans l'habitude des mouvements rapides. C'est de la santé, plus que de tout le reste, que dépend le bien-être ; et si j'avais à choisir, je te souhaiterais plutôt
une robuste constitution que le savoir.

« Mais il n'est pas question ici d'option. Tu es né sain, bien
conformé ; la nature te destine une santé brillante, si tu ne con-
traries pas ses vues : ainsi nous voilà tranquilles de ce côté. Il
n'est donc plus question que d'acquérir sur l'autre point la même
sécurité ; et cela dépend encore de toi.

« Nous voyons, mon bon ami, avec la plus vive satisfaction que
tu as le désir de bien faire et que tes instituteurs sont contents
de toi.

« Persévère, redouble d'efforts et ne perds jamais de vue qu'il y
va de ton bonheur et, par conséquent, du bonheur d'un père et
d'une mère qui n'existent que pour leurs enfants et qui mettent
toute leur espérance en eux. »

AU MÊME

« Tours, le 5 messidor an X.

« Ta maman m'a instruit, mon cher Prudent, de la petite distraction qu'elle t'a ménagée ; et j'en ai éprouvé une véritable satisfaction. Tu sais du reste que ton instruction ne m'occupe pas
exclusivement, et que je ne désire pour toi de la science qu'autant qu'il en faut pour te rendre heureux. Comme je suis persuadé,
au surplus, que tu ne peux l'être que par le succès dans tes études

et l'accomplissement de tes devoirs, tu me verras toujours insister sur ce point ; et tu m'en sauras gré un jour.

« . . . . Prudence grandit et se fortifie bien : je la crois présentement aussi grande que toi. A quoi songes-tu donc de rester ainsi en arrière? Je te l'ai déjà marqué : je n'aime point que tes heures de récréation soient employées à des amusements sédentaires. Si ce n'est par goût, par raison au moins livre-toi à tous les excercices du corps qui peuvent tendre à te développer. Sous ce point de vue et sous plusieurs autres j'ai fort approuvé l'exercice de la natation.

« Si cela pouvait être compatible avec tes études et le régime du Prytanée, je te voudrais un maître d'équitation en attendant celui d'escrime. Au surplus ma femme m'a marqué que le gouvernement devait à l'avenir donner aux élèves l'exercice de la danse. J'exige, mon ami, que tu le demandes avec instance et que tu t'y appliques. D'une manière ou d'une autre il faut qu'avant deux mois je te sache faisant des rigodons. Il me paraît d'autant plus nécessaire que tu sois entre les mains d'un bon maître que celui de Pont-Levoy, par ses indignes contorsions, t'a fait beaucoup plus de mal que si tu n'avais jamais appris. Plus tard il ne serait plus temps de t'y prendre et, à ton entrée dans la société, tu te verrais privé de l'exercice qui procure le plus d'agrément aux jeunes gens. Tu vois bien que je sais m'occuper d'avance de tes plaisirs. »

AU MÊME

« Tours, le 26 messidor an X.

« . . . . . Je crains bien que les distractions multipliées que tu viens d'avoir, à l'occasion du départ de ta mère, ne t'aient été nuisibles ; et j'en serais bien fâché. Au surplus je te félicite de l'amitié que nos excellents parents de Villaire t'ont témoigné. Voilà, mon cher fils, les êtres auxquels il faut que tu t'accoutumes de bonne heure à prodiguer attachement, confiance et vénération. On devient toujours bon et estimable dans la société des personnes de cette trempe et c'est déjà se montrer soi-même digne d'estime, que de savoir les apprécier. Au surplus M. de Villaire, par ses connaissances, son esprit et ses talents, peut être pour toi de la plus grande utilité. Avant d'être formé on ne se fait des choses que des idées bien fausses : l'imagination trompe ; et le jugement ne se forme que bien lentement. Si, dans cet âge de l'illusion, on néglige la liaison des personnes qui peuvent donner de chaque chose des notions exactes, pour ne se livrer qu'à des têtes frivoles ou inexpérimentées, on court grand risque de n'acquérir jamais de maturité et de n'être toute sa vie qu'un grand enfant. Que j'en connais qui, à l'âge de 60 ans, sont encore journellement dupes d'une imagination déréglée et qui n'ont des notions justes sur aucune des choses qu'il leur importe le plus de bien connaitre !

« Tu n'es pas encore assez formé toi-même, mon bon ami, pour apprécier l'importance de ces réflexions ; mais qu'elles te reviennent à l'esprit quand ta raison sera plus mûre, et alors tu pourras en juger l'importance. »

A SON FILS

« A la Bellangerie, le 18 vendémiaire an XI.

« Ta maman, en répondant à tes deux premières lettres, a dû te dire, mon bon ami, les motifs qui m'empêchaient de le faire moi-même. Je reçois aujourd'hui ta nouvelle lettre du 13, et je mets autant d'empressement que de plaisir à m'entretenir de suite avec toi. J'avais appris de ma tante que tu es en rhétorique et que tu dois apprendre l'anglais cette année, comme je le désirais. Elle ne m'a pas laissé ignorer non plus tous les petits détails dans lesquels tu entres avec moi et dont je te sais gré. Rien de ce qui te concerne ne peut m'être indifférent ; et je t'engagerai toujours à te livrer avec nous à cette causerie franche, dont l'objet sera de nous faire mieux connaître les progrès de tes sentiments, de tes idées et de ton instruction.

« Tu dois avoir remarqué avec plaisir, mon cher Prudent, que j'ai commencé à te traiter en homme. Comme tu le penses bien, je ne rétrograderai pas ; et je suis convaincu que tu sauras justifier cette conduite. C'est, je crois, t'avoir donné une assez bonne preuve de la confiance que tu m'as inspirée, que de t'avoir confié à ta propre surveillance dans le double voyage de Tours que tu viens de faire. La plus douce satisfaction qu'un père puisse recevoir de ses enfants est de les voir de bonne heure affranchis des lisières de l'enfance et de pouvoir trouver en eux des amis. Tu seras le nôtre, je n'en ai jamais douté ; et plus tu avanceras en âge, plus tu jugeras, mon cher fils, que tu ne peux en trouver dans le monde de plus tendres, de plus dévoués, ni de plus constants que tes père et mère. Pour retour de ces sentiments que désirent-ils ? De la confiance en leurs conseils, de l'aptitude au travail, des mœurs pures, la conduite d'un homme d'honneur ; et ces vœux mêmes sont la plus grande preuve de leur amitié, puisqu'ils ont uniquement pour but ton avancement et le bonheur de tes jours.

« Je ne m'étonne point que tu aies repris avec courage le cours de tes études. Toutes les épines sont disparues pour toi et tu n'as plus que des fleurs à cueillir. Plus tu avanceras, mon ami, et plus tu reconnaîtras le but et l'utilité de l'instruction. Je te l'ai dit plusieurs fois avec ma franchise ordinaire : tu as à te défendre du penchant à la paresse qui tient au sol qui t'a vu naître. C'est un motif pour toi de redoubler d'efforts et de vaincre cet obstacle, le seul que je voie devant toi.

« Tu as l'attention d'entrer avec moi dans le détail de tes études actuelles ; continue à satisfaire de la sorte ma tendre sollicitude et sois persuadé d'avance de tout le plaisir que tu me feras.

« A peine es-tu rendu au Prytanée que déjà tu songes aux vacances de l'année prochaine : c'est porter loin la prévoyance. Tu sais que ce voyage a été en dernier lieu la récompense de tes

travaux et de la satisfaction de tes instituteurs. Tu dois bien compter
sur le même salaire de tes efforts. Crois au surplus que, pour
notre propre satisfaction, nous avons autant que toi le désir de
te voir auprès de nous. Jamais ta mère et moi n'avons trouvé le
temps plus rapide que celui où nous nous sommes vus entourés
de nos chers enfants. Mais comme c'est pour leur utilité, plutôt
que pour notre propre satisfaction, que nous nous occupons d'eux,
nous ne sacrifierons jamais leur avancement au plaisir de les
voir. Si je m'étais monté sur le ton sévère en t'écrivant ici, j'aurais pu te dire, mon ami, que la manière dont tu as passé tes
vacances ne doit pas m'engager à te faire revenir. Car enfin qu'as-
tu fait? Rien, où à peu près ; or tu savais quelles avaient été nos
conventions. C'est dans le désœuvrement que se perd l'aptitude
au travail, et l'on a d'autant plus de peine à s'y remettre. Ne parlons plus de ceci. Plus éclairé, tu sauras, une autre année, tirer
un meilleur parti de tes loisirs.

« Ce M. Péroud, que tu as vu dans la diligence, est actuellement chez nos amis de Rougemont. Il m'a parlé de toi en
termes satisfaisants et je lui ai su gré de cette attention. M. Péroud, au surplus, est une de mes anciennes connaissances à Paris.
Il était dans la finance, il a un fils banquier, et cette famille pourra
être pour toi une connaissance à cultiver à ta sortie du Prytanée.
Tu sais qu'elles sont nos vues pour réparer une partie de la fortune
qui nous a été enlevée par la Révolution : le commerce ou la
finance, exercés d'une manière grande et loyale, sont les états les
plus honorables et les plus productifs que l'on puisse embrasser.
On y vit libre et considéré; avec de la conduite on y fait plus
ou moins rapidement sa fortune et l'on y recueille la satisfaction
bien douce de ne devoir rien à autrui et d'être l'artisan de son
bien-être.

« Tu es encore trop jeune pour te livrer sur cette matière à des
réflexions bien sérieuses. La seule chose que j'attende de toi,
c'est que tu te fies à ma tendre sollicitude pour ton avancement.
Je veux que tu aies dans la société de la consistance, de la considération, de l'aisance et de l'agrément. Voudrais-tu contrarier de
pareilles vues ? Pour le moment j'exige de toi que tu te livres
franchement à la langue anglaise; que tu te familiarise autant

que tu le pourras avec le calcul, et que tu ne laisses échapper aucune occasion de cultiver la bienveillance des bons amis que tu me
connais à Paris et qui, presque tous, sont en mesure de te rendre
de très-grands services à ton entrée dans le monde.

« Nous t'embrassons, mon cher Prudent, avec la tendresse que
tu nous connais pour toi. Adieu aime toujours ton père et bon
ami. »

AU MÊME

« A la Bellangerie, le 29 brumaire an XI.

« Peu de jours avant ta lettre du 21, mon très-cher Prudent,
j'en avais reçu une de M. Champagne dans laquelle il m'expose
les motifs qui l'ont porté à te refuser, pour cette année, l'étude des
mathématiques.

« La rhétorique, à laquelle il désire que tu t'appliques uniquement, sera le complément de tes études littéraires ; et c'est un
motif pour que tu redoubles d'efforts. Si ce cours est manqué,
tout ce que tu as fait jusqu'à ce jour sera à peu près perdu. Il ne
te restera pas assez d'acquis pour que tu sois en état de perfectionner par toi-même ton instruction. Les difficultés de l'étude
n'auront point été aplanies ; et, entré dans le monde, tu ne soi-
gneras plus les langues ni la littérature : tu retomberas dans la
classe des personnes dont l'éducation n'a point été soignée.
Alors, mon bon ami, tout le fruit de nos soins, de nos sacrifices
et même de tes travaux sera perdu. Alors, un premier défaut de
succès dans la partie la plus brillante de l'instruction, en prépare de semblables dans les branches qui te restent à parcourir.

« Aucun de ces tristes pressentiments ne se réalisera, j'en suis
convaincu et cela dépend de toi. Au surplus, je ne dois pas te
laisser ignorer que M. Champagne se loue de ta conduite et qu'il

te reconnaît des dispositions heureuses qui t'imposent l'obligation de justifier la bonne opinion qu'il veut bien avoir de toi.

« Cette lettre, mon ami, te sera probablement remise par le bon citoyen Dulièvre, curé de Vouvray, que tu as pu voir à la Bellangerie, et qui l'année dernière prit la peine de te visiter au Prytanée. Cet estimable prêtre, en sa qualité de constitutionnel, c'est-à-dire de fidèle aux lois de son pays, est déplacé par l'effet des nouvelles nominations aux cures. Il n'avait que cette ressource pour vivre; il va essayer à Paris si l'appui de plusieurs personnes en crédit, qui ont pour lui la meilleure volonté et dont quelques-unes lui sont attachées par les liens du sang, pourra lui faire obtenir une place. Accueille-le, mon ami, avec les égards dus à son caractère, à son âge, à sa bienveillance pour toi et, surtout, à son infortune.....

« Dans ce moment-ci tes deux sœurs se trouvent avec nous. Ma bonne mère vient de nous quitter; nous avions la satisfaction d'être tous réunis; toi seul nous manquais, mon cher Prudent.

« Tes parents ne cessent de songer à toi; et nous ne sommes consolés de ton absence que par la certitude qu'elle est commandée par la nécessité. Dédommage-nous de cette privation en nous procurant les fruits que nous nous en sommes promis. »

AU MÊME

« Tours, ce 17 pluviôse an XI.

« ..... Je ne t'ai point parlé des compositions que tu m'as fait passer. Quoique fort pressé dans ce moment, je vais te dire en peu de mots ce que j'en pense.

« Tes deux petites pièces de vers sont assez bien tournées. La nécessité où tu as été probablement de te resserrer, ne t'a pas permis assez de développement; de sorte que tes sujets sont pour ainsi dire étranglés. Les vers sur le *Génie, enfant du besoin,* ont dû te coûter moins que ceux sur la lutte des *Taureaux amoureux*. Ils sont plus naturels et meilleurs.

« Ton discours me paraît bien supérieur en son genre. Noblesse, fermeté, convenances, diction : tout m'y paraît bien, hors le sujet. Ceci n'est point un reproche qui te concerne.

« Quelle détestable manie de vos professeurs d'aller toujours choisir leurs sujets d'éloquence dans l'histoire du plus méprisable peuple de la terre. Quelle absurdité de nous représenter toujours comme invincible et conduite par Dieu même une nation misérable, odieuse à tous ses voisins, sans cesse battue, dispersée, réduite en esclavage et qui, de l'aveu de ses propres historiens, s'est souillée de plus de crimes que les peuples les plus barbares !

« Tu me consultes, mon cher fils, sur les pratiques religieuses que l'on paraît exiger de toi : je n'ai point, à cet égard, de conseils à te donner. Suis les inspirations de ton cœur, et scrute-toi pour t'assurer jusqu'où va ta croyance. Un point qui sera constamment l'objet de mes recommandations, c'est l'observation de tous les devoirs qui font l'honnête homme et le bon citoyen. Sois juste, humain et indulgent; rends-toi utile à ton pays par tes travaux et, du reste, fie-toi en la bonté infinie du père de la nature.

« Depuis longtemps tu me fais espérer un de tes dessins : puis-je compter que tu t'en occuperas lorsque le froid sera passé ? Conserve la bonne habitude de m'adresser des copies de tes compositions ; ne faut-il pas que je recueille aussi quelques fruits de tes études ? »

AU MÊME

« Tours, le 2 ventôse an XI.

« Hier, à cinq heures et demie du soir, mon cher fils, nous avons éprouvé une perte à laquelle nous sommes tous fort sensibles. Madame Faure, ta respectable bisaïeule, nous a été enlevée à la suite d'une maladie catarrhale qu'elle n'a pu surmonter. Elle était dans sa quatre-vingt-deuxième année, forte encore assez pour espérer quelques années. Elle n'avait aucune infirmité, et nous nous faisions tous un bonheur de contribuer à sa conservation.

« Tu sais, mon ami, quelle était la tendresse de cette bonne grand'maman pour tous ses enfants : elle avait une chaleur de sentiments que connaissent bien peu de personnes, même dans la force de l'âge. Elle t'aimait particulièrement et elle t'a plusieurs fois demandé avant de fermer les yeux. Sûrement tu mêleras tes regrets aux nôtres et tu donneras quelques larmes à la mémoire d'une personne qui, à tant d'égards, devait t'être chère et dont je te souhaite les excellentes qualités.

« Tu as été suffisamment instruit par mes deux dernières lettres de l'inquiétude que ta trop sensible mère, ainsi que moi, avions sur ta santé. Nous avons été complétement rassurés par ta lettre du 29; et comme si les sujets de consolation devaient toujours accompagner les amertumes dont la vie n'est que trop remplie, ta lettre, ta chère lettre, nous est parvenue quelques heures avant la perte que je viens de déplorer avec toi. Ta bonne aïeule a appris avec satisfaction que tu jouissais d'une meilleure santé; et cette nouvelle a contribué à rendre moins pénibles ses derniers moments. Au surplus, la douleur que sa perte nous cause est adoucie par le peu de souffrances qu'elle a éprouvées. Ses derniers moments ont été calmes; ils n'ont point été précédés de ces angoisses qui rendent les apparences de la mort plus pénibles que la mort même. Ta bonne grand'maman a fini paisiblement sa carrière et elle a joui jusqu'à la fin de toutes ses facultés.

« J'engage ma chère tante à te faire sortir pour adoucir un peu tes regrets. Modère-les en songeant que chacun de nous doit payer le même tribut à la nature. Au moins ta bisaïeule ne l'a pas acquitté prématurément. Mais combien de personnes sont enlevées du sein de leurs familles à la fleur de leurs ans !

« Adieu, mon cher fils; aime toujours bien des parents dont tu es tendrement chéri. Que tes succès, que ta bonne conduite, que ton excellente santé, que ton bonheur enfin soient jusqu'à la fin de nos jours le prix de nos soins pour toi.

« Adieu, je t'embrasse en père et en ami. »

AU MÊME

« Tours, le 29 ventôse an XI.

« J'ai reçu ta lettre du 19 de ce mois, mon cher fils, et j'y ai remarqué avec une bien véritable satisfaction la sensibilité de ton âme.

« J'avais été instruit par notre chère tante et mon excellent ami Clément des regrets que tu avais éprouvés en apprenant la mort de ta grand'maman. Ces regrets, mon ami, tes larmes étaient un juste tribut de ta piété filiale pour une aïeule qni méritait toute ta tendresse. Mais, après ces premiers moments d'affliction, tu auras sans doute réfléchi que ta grand'maman avait considérablement dépassé la mesure ordinaire de la vie; qu'elle n'avait plus que des douleurs, des infirmités et de terribles privations à éprouver; et que sa fin, qui a été très-calme, est le terme le plus désirable d'une carrière aussi longue.

« Tu es jeune, mon cher fils; pour toi le temps paraît s'écouler lentement et tu n'aperçois la vieillesse que dans le plus grand éloignement; mais que tu en jugeras bien autrement quand tu auras plus vécu! Il est une époque de la vie, et je l'ai déjà passée, où mesurant d'un œil juste le temps écoulé et celui qui reste à parcourir encore, on ne voit qu'un point qui sépare les deux extrêmes. Je me rappelle les jeux de mon premier âge comme d'un amusement de la veille, et cependant j'ai fourni plus des deux tiers de ma carrière.

« De ces observations je ne veux point tirer des réflexions dans le genre d'Young. Ne nous attachons pas trop à la vie, parce qu'elle a une durée courte et qu'elle peut nous être ravie à chaque instant. Mais aussi tâchons par nos occupations, par nos vertus et surtout par nos bonnes actions de la rendre douce et fortunée. Pour l'homme qui a la conscience pure, qui a su bien

employer ses loisirs et qui a su faire du bien, le dernier jour
arrive sans avoir été prévu, ni redouté; et l'on s'endort dans
l'éternité plutôt que l'on ne meurt..... »

AU MÊME

« Tours, le 18 germinal an XI.

« ..... Sais-tu, mon ami, que tu as, aujourd'hui 8 avril, seize
ans faits? Porte la main à ton menton et tu y sentiras le premier
duvet de l'âge viril. Tu n'es plus un enfant et tu sais que, de-
vançant l'âge, je me suis toujours plu à te faire entendre le langage de la raison et à te traiter en ami. Que d'autres soient
jaloux, tant qu'ils le voudront, de leur autorité paternelle; qu'ils
cherchent à la prolonger au-delà de ses limites naturelles : pour
moi, je ne veux connaître d'autre puissance avec mes enfants
que celle du sentiment. Je veux qu'ils cèdent à la raison et non
à la force. S'ils pouvaient être assez ingrats, assez ennemis de
notre bonheur mutuel pour nécessiter de ma part une conduite
opposée, ce serait en gémissant que je m'y résoudrais. Mais enfin
il faudrait bien remplir mes devoirs envers la société. Je suis au
surplus sans alarmes sur ce point..... »

AU MÊME

« Tours, le 4 prairial an XI.

« ..... J'ai été fort satisfait de ta dernière lettre : tu l'as écrite
avec esprit, raison et jugement. Puisque tu sais écrire de la sorte
pourquoi le fais-tu quelquefois en enfant? Il me paraît bien con-

venu que tu n'auras pas de prix cette année ; tu ne te crois pas de force à lutter contre les vétérans de la classe : à la bonne heure. Tu sens bien qu'il faudra doubler ta rhétorique, car je ne souffrirai pas que tu finisses tes humanités étant inscrit sur la liste un peu trop humiliante des *médiocres* sachant qu'aux yeux des professeurs, médiocre équivaut à mauvais. Voudrais-tu, sortir du Prytanée avec une aussi mauvaise réputation ? Tu ne peux honorablement te montrer ici que couvert du laurier des vainqueurs. Tes concitoyens ont les yeux ouverts sur toi ; ils savent l'importance que j'attache à ton éducation ; ils savent que je t'ai placé au Prytanée comme dans la meilleure maison d'éducation ; ils ont enfin entendu les éloges que l'indulgence de mes amis a quelquefois daigné donner à tes dispositions. Que deviendrait tout cela si tu te trouvais confondu honteusement dans la foule des jeunes gens qui n'ont su retirer aucun fruit de leurs études ?

« Je t'engage toujours à cultiver par des prévenances et par l'expression d'une franche amitié tous ceux de nos parents et amis qui ont la bonté de s'intéresser à toi. De ce nombre sont des sénateurs, des législateurs, etc..., et, ce qui vaut bien mieux que les qualifications, des personnes recommandables par leur mérite et leurs vertus. Tu ne peux de trop bonne heure jeter les bases de l'amitié. Cette plante que chacun se flatte de cultiver prend bien difficilement racine et ne se fortifie qu'à force de patience et de temps. Sache, mon cher Prudent, la faire croître sur ton sol, cultive-la avec soin ; et sois assuré qu'elle contribuera plus au bonheur de ta vie que tous les amusements de société.

« Pour les cœurs corrompus, l'amitié n'est point faite. »

« Ce vers est un des plus heureux qui soient sortis de la plume aussi ingénieuse que féconde de Voltaire. Prépare-toi donc à l'amitié par la bonté, la franchise, la générosité et les autres vertus qui constituent l'homme de bien..... »

A SA MÈRE

« Paris, le 15 prairial an XI.

« .... Depuis mon arrivée, à peine ai-je eu le temps de me reconnaître. Accompagné de ma femme et de mes enfants, nous avons vu parents et amis que nous avons trouvés bien portants et dont je n'ai eu qu'à me louer. Malgré la légèreté tant reprochée aux Parisiens, je sais par une expérience de vingt-cinq années qu'ici l'on trouve des personnes bonnes, franches, sachant aimer, disposées à rendre service et qui ne sont ni envieuses, ni médisantes.

« Dans la maison Clément, où j'ai dîné le jour de mon arrivée, il a été beaucoup question de vous. On y conserve pour vous un attachement tendre et une vénération bien due à vos vertus, mais dont l'expression me pénètre toujours d'attendrissement. Si ceci, ma chère mère, faisait par hasard entrer dans votre âme admirable un petit grain de vanité, vous en seriez quitte pour en faire l'aveu à votre très-inutile directeur.

« Madame Bouilly doit nous accompagner ce matin à la pension que nous destinons à notre chère Prudence. Tout, jusqu'à ce moment, me prévient en faveur de cette maison. Puisse le résultat répondre à cette attente ! Au surplus, si nous sommes encore incertains sur le choix de la pension, nous ne pouvons pas être irrésolus sur la nécessité de nous séparer de cette enfant. Il lui faut absolument l'émulation qui manque dans la maison paternelle ; il fui faut, outre les bons maîtres en tout genre qu'elle aura ici, les leçons que la vanité trouve toujours dans une maison d'éducation où les caractères se polissent entre eux à peu près comme les cailloux sur le rivage de la mer.

« Prudence est aimée de nos connaissances ; elle saura l'être de ses institutrices comme de ses camarades ; et pour peu qu'elle

veuille s'appliquer et bien faire, elle ne sera pas reconnaissable
dans trois ans. Il lui faut ce temps d'épreuve.

« .... Le père Bocher court, s'amuse et rit comme un jeune
homme. Il n'y a point de vieillesse pour ces caractères et ces tem-
péraments-là.

« Il tombe ici de l'eau tous les jours ; vous n'en éprouvez peut-
être pas davantage à Tours depuis mon départ qu'avant. Vous
voyez que Dieu ne répartit pas également ses faveurs ; car à mesure que nous nous sommes approchés de Paris, les vignes nous
ont paru belles de plus en plus. C'est au point qu'ici elles ne sont
point gelées du tout. C'est à cela, au surplus, qu'il faut plus spécialement reconnaître la bonté divine ; les marchands de vin étant
en possession de faire à Paris, du Champagne, du Bourgogne, du
Bordeaux, etc... avec leurs jolis vins des côteaux de la Seine, il
en résulte qu'ils pourront continuer leurs métamorphoses. »

A SON FILS

« Tours, le 15 thermidor an XI.

« ...... Je viens de recevoir de notre chère Prudence une
petite lettre gentille, mais par trop courue. Il faut qu'elle
mène de front la diction, l'orthographe et les caractères. Cette
dernière partie est trop négligée par elle. Ce n'est pas à moi qu'il
appartient de lui donner des leçons sur ce point ; et elle me dirait
que mes pattes de mouches ne valent pas mieux que les siennes.
Mais toi, qui es l'homme de belles-lettres de la famille, dis-lui
qu'il n'est pas suffisant de bien dicter une lettre, mais qu'il faut
encore la rendre agréable à l'œil et la faire lire facilement.

« J'approuve beaucoup votre petite correspondance amicale et
fraternelle. Vous ne pourrez qu'y gagner l'un et l'autre en affection
et en facilité. Si nous sommes l'objet habituel de vos entretiens,
comptez, mes biens chers enfants, que vous n'occupez pas moins

vos parents. Votre image est toujours gravée dans nos cœurs, votre nom est continuellement à notre bouche et la plus douce occupation de votre sensible mère, comme de moi, est de nous occuper de vous. . . . »

AU MÊME

« Tours, le 3 nivôse an XII.

« Nous avons été bien sincèrement affectés, mon cher Prudent, de la contrariété que tu as éprouvée. Je conçois toute la peine qu'elle a dû te faire. Si le règlement qui, dit-on, n'autorise pour les élèves du lycée qu'une seule sortie par mois s'exécute à la rigueur, nous n'avons point à murmurer du refus que tu as éprouvé. Mais si des exceptions ont assez fréquemment lieu, je trouve qu'il y a eu de la barbarie à te refuser de voir ta tante malade ainsi que ta sœur que tu n'avais pas embrassée depuis longtemps et qui t'apportait des nouvelles de ta famille entière. Il est assurément très beau d'enseigner du grec et du latin mais je voudrais bien que l'on apprît aussi aux enfants à être bons, sensibles, généreux ; qu'on ne les isolât pas trop de leurs parents et qu'on alimentât dans leur cœur les sentiments de respect, de tendresse et de reconnaissance qu'ils doivent aux auteurs de leurs jours.

« La privation qui t'a été imposée, mon bon ami, a affligé autant ta sœur que toi-même. Au surplus votre réunion n'est que différée : Prudence m'écrit aujourd'hui que notre bon ami Clément de Ris doit vous avoir à dîner le premier jour de l'an. Tu sais que si je suis jaloux de vous voir remplir vos devoirs, je ne le suis guère moins de vous savoir satisfaits. Que ne puis-je vous conduire à la science par un chemin de roses ! Mais cela est impossible ; en toutes choses, pour obtenir quelque succès, il faut un travail soutenu et opiniâtre. Ce n'est qu'à ce prix que l'on recueille les fruits de l'instruction.

12

« Quand tu m'as envoyé ton parallèle du guerrier et du magistrat j'ai prévu l'échec que tu devais éprouver sur cette trop faible composition. Sans parler de l'énorme bévue de ton César triomphant à Cannes (bévue que je ne regardais que comme une distraction dans la copie que tu m'as envoyée), je trouvais ta composition faible d'idées et de conception. On voit qu'en la commençant tu ne t'étais pas fait une opinion précise et que tu étais incertain sur ta conclusion. Alors point de plan, point de raisonnement suivi, point de conséquences et, enfin, point d'intérêt. On ne peut rencontrer ainsi que des idées communes et des phrases arrondies.

« Combien j'aurais aimé que, t'écartant de l'opinion servile et vulgaire qui a la sottise d'élever au-dessus de toute autre vertu la vertu guerrière, tu te fusses appliqué à ne faire voir dans la plupart de ceux qui sont presque exclusivement en possession du titre de héros que des ambitieux, des hommes sanguinaires, presque toujours les oppresseurs de leur patrie et les fléaux de l'humanité !

« Sans doute il est beau de porter les armes pour la défense de son pays et de vaincre ses ennemis ; mais pour un Epaminondas, un Cincinnatus, combien de Syllas, de Marius, de Césars, etc... Opposant à tous ces illustres meurtriers les vertus modestes, le courage calme, la vigilance infatigable du magistrat qui veille pour le bonheur de ses concitoyens et qui sait braver de sang-froid les plus grands dangers, comme j'aurais aimé que tu eusses donné hautement la préférence à ces généreux sénateurs romains qui se laissèrent tous massacrer sur leurs bancs par les Gaulois, plutôt que de compromettre leur dignité ; que tu eusses présenté Cicéron violant les lois de Rome et s'exposant volontairement à la proscription pour sauver sa patrie, etc... ! Pour le malheur de l'espèce humaine on a de tout temps trop exalté les vertus guerrières. Echauffé de la lecture d'Homère, Alexandre a voulu égaler Achille en valeur : il a été le fléau de l'Asie. Combien les succès extraordinaires de ce conquérant n'ont-ils pas exalté d'autres têtes ardentes ! César, Charles XII et mille autres ont voulu atteindre à la même célébrité : et il en a coûté la vie à des millions d'hommes.

« Je suis fort aise, mon ami, que le peu de succès de la composition dont il s'agit ne te décourage point et que tu conserves une copie de toutes les autres. Tu es content de toi, cela me prouve de l'application : c'est tout ce que je puis exiger. Plus ou moins de facilité détermine les petits succès de collége, mais il n'y a qu'une application véritable et soutenue qui assure le résultat, bien plus désirable, de ses études. L'essentiel, mon ami, c'est que tu sentes la nécessité et le but du travail, que tu y prennes goût et que tu contractes de bonne heure l'habitude d'une vie occupée et active. Si tu savais combien les délassements de la société ont de charme quand ils sont ainsi achetés, tu redouterais comme un véritable malheur la situation de ces hommes désœuvrés pour qui la vie est un fardeau pénible et qui ne savent à quoi employer leur temps.

A SA MÈRE

« Orléans, le 14 pluviôse an XII.

« Nous voici, ma chère bonne mère, à moitié du voyage sans être fatigués. Il est vrai que nous avons éprouvé beaucoup de vent, de pluie et de neige, mais comme nous n'avons reçu tout cela que sur le dos de nos gens, nous avons pris notre mal en patience et nous nous sommes enfermés dans notre voiture comme le rat dans son fromage. Je peux vous répondre que le reste du chemin ne sera pas plus pénible que la première moitié et même beaucoup moins, car la route est beaucoup meilleure. J'espère donc après ce petit détail que vous bannirez de votre esprit toute espèce d'inquiétude. C'est bien assez du regret que notre départ vous donne. Celui de notre séparation s'en est accru d'autant; mais quand nous songeons que nous voici à une égale distance de vous et de nos enfants, je vous avoue qu'il nous en coûterait de rétrograder.

« Dans deux jours nous aurons le plaisir de les embrasser pour nous, pour vous et de leur procurer quelques dédommagements à la sécheresse de leurs études. Vous pouvez juger si dans tous nos entretiens il sera question de la mère la plus tendre, la plus respectée et la plus chérie.

...... « J'ai, ma chère bonne mère, une prière à vous faire : c'est que vous me donniez votre procuration pour vous remplacer chaque jour pendant une heure à l'église. Je vous jurerai, foi de catholique-apostolique-romain, de remplir mon engagement mais de votre côté aussi vous me promettrez de ne pas faire de double emploi avec moi. Nous y gagnerons, vous, bien sûrement, de ne pas tant exposer votre santé, et moi, peut-être, de devenir plus zélé croyant... »

A SON FILS

« Tours, ce 26 germinal, an XII.

« Je te dois une réponse, mon cher Prudent, et tu connais trop le plaisir que j'ai à acquitter ces sortes de dettes pour me reprocher de ne l'avoir pas fait plus tôt.

« Les travaux qui avaient nécessité mon voyage touchent à leur terme et j'userai de la liberté dont je vais jouir pour visiter nos propriétés. Il y a, comme tu le sais, bien des travaux à faire aux Girardières pour rendre cette habitation commode. Je crains bien qu'en notre absence on ne commette plus d'une maladresse. Qu'y faire? J'aime encore mieux cet inconvénient que d'être éloigné trop longtemps de toi et de ta sœur.

« Tu sais, mon ami, que l'affaire à laquelle j'attache le plus d'importance, celle qui ne cesse de m'occuper, celle enfin sur laquelle repose presque uniquement mon bonheur est l'éducation l'avancement et la bonne conduite de mes enfants. Je croirais faiblement à leur tendresse pour nous si je les voyais répondre avec froideur à tous nos vœux à leur égard.

« Nos parents, nos amis, presque toutes les personnes que je vois ont la bonté de me parler de toi avec intérêt. Tel est l'heureux avantage de la jeunesse qu'elle sait toujours se faire aimer. De grandes espérances semblent reposer sur la tête d'un adolescent ; et ceux qui à leur entrée dans le monde savent soutenir cette bonne opinion par leur conduite et leurs succès, jouissent de très bonne heure d'une excellente réputation. Mais aussi malheur à ceux qui par leurs sottises perdent le fruit de cette bienveillance publique. Il leur faut ensuite des efforts incalculables pour la reconquérir. Si ta maman et tes sœurs n'écoutaient que leur inclination elles iraient te voir presque tous les jours ; mais tu sais par combien de liens elles sont retenues chez elles. Contente-toi donc des petites lettres qu'elles t'écrivent.

« Prudence me marque qu'elle prend chaque jour plus de goût à son italien : je ne doute pas qu'elle ne soit avant les vacances en état de lire couramment de la prose. Ainsi en peu de mois elle se sera mise en état de parler une des plus agréables langues. Il en est de même de toutes les études. Quelques efforts soutenus dans le début, de la persévérance : et le succès est assuré.

« Je te reporterai tes compositions puisque tu les désires. Que je crains, si tu es obligé de les montrer à M. Champagne pour justifier de ton application, qu'il ne te dise que tu aurais pu faire encore mieux ! N'importe, j'approuve ton but ; il serait trop humiliant pour toi que le directeur du lycée conservât l'opinion que tu n'as été susceptible d'aucune émulation dans ta seconde année de rhétorique.

« Ma bonne et respectable mère ainsi que tous nos parents et amis sont ici en bonne santé. J'ai vu il y a peu de jours ton petit cousin Eugène Loiseau qui m'a paru joli et bien constitué. Dispose-toi à être un jour son mentor comme lui pourra l'être, à son tour, de tes enfants. C'est cette succession de services, de procédés généreux qui fortifie le lien des familles et inspire de solides attachements.

« Adieu, mon cher ami, mets à profit le reste de ton année d'études, conserve-moi une tendresse qui n'est que le retour de l'affection inaltérable de ton père et meilleur ami. »

A MONSIEUR DE B.

« Tours, le 3 floréal an XII.

« Vous croyez sans doute, monsieur, avoir acquis avec la Bellangerie le droit de m'outrager. Il est vrai que la modération avec laquelle j'ai supporté jusqu'à ce jour vos inépuisables questions, vos difficultés toujours renaissantes, les soupçons et les très-désobligeantes perquisitions que vous n'avez cessé de vous permettre sur ce qui me concerne, a pu vous encourager à m'écrire votre inconcevable lettre du 30 germinal. Cependant tout à un terme et je désire connaître celui que vous comptez mettre à vos procédés offensants.

« *Tous les jours, dites-vous, monsieur, on vous rebat les oreilles de ce que vous n'avez pas en vos mains tous les biens que j'avais acquis et annexés à la Bellangerie. Vous m'engagez avec candeur et franchise à faire cesser ces rumeurs, m'offrant d'y contribuer si je vous fais connaître d'une manière satisfaisante l'emploi que j'ai fait de ces acquisitions.*

« Tout cela signifie très-nettement que j'ai retenu une partie des domaines qui font l'objet de votre contrat et que j'ai commis un des crimes les plus graves qui puissent avoir lieu dans les transactions entre citoyens.

« Vous ne pouvez espérer, monsieur, que je réponde sérieusement : je ne pourrais le faire que d'une manière qui vous paraîtrait un peu trop laconique. N'envisageons donc tout ceci que sous son véritable aspect, celui du ridicule, et jasons.

« Ainsi, quoique vous me mettiez sur la sellette pour y subir vos interrogatoires, approuvez que je civilise l'affaire et que nous la traitions sur le ton de l'une de ces petites et nombreuses discussions auxquelles vous m'avez accoutumé.....

. . . .

« Après avoir répondu, monsieur, avec candeur à toutes vos questions, serait-il déplacé de vous en faire une seule et de vous demander les noms des charitables personnes qui vous les ont suggérées ? Vous ne pourriez pas décemment me refuser cette bien légère satisfaction et votre réponse pourrait être embarrassante. Soyez sans inquiétude ; je n'ai pas plus envie de connaître ces individus que je n'en ai eu de savoir quelle dame de vos amies vous a tenu les très-ridicules propos qui m'ont valu à Paris l'honneur de votre visite et une fort longue explication. Serait-il d'ailleurs bien difficile de les deviner? Les gens assez sots ou assez méchants pour tenir sur autrui les propos calomnieux dont *vos oreilles sont rebattues tous les jours*, ne peuvent être que de ceux qui, ayant affecté l'incrédulité il y a dix ans et plus, affichent aujourd'hui une plate cagoterie; de ceux qui ne vont si ostensiblement à la messe et aux prédications que pour se croire autorisés à déchirer ceux qui ne les imitent pas; de ceux enfin qui n'ont pris le masque hideux de l'hypocrisie que pour acquérir, au moins parmi les dévotes, une considération qui leur manque dans la société; que pour distiller plus sûrement le fiel qui les consume et accréditer des calomnies qui, sans ce manteau, n'obtiendraient aucune créance.

« Ce qui m'étonne véritablement, monsieur, c'est que vous, qui professez une haute dévotion, prêtiez si légèrement l'oreille à des propos qui blessent directement le premier précepte de la religion que vous suivez : la charité. Avouons que ces gens-là se sont crus bien assurés de votre penchant à la défiance pour hasarder des imputations dont l'absurdité seule égale l'atrocité. Croyez qu'il faut toujours être en garde contre tous ceux qui, connaissant nos faiblesses, ont la lâcheté de les flatter au lieu de les combattre.

. . . .

« Je comprends assez mal tout ce que vous me marquez au sujet de Serrault, fermier. Que signifient les formes que vous m'objectez et auxquelles il m'était bien libre, je pense, de ne pas m'assujettir? Dans toutes mes conventions secondaires avec mes fermiers et autres j'étais si peu formaliste que souvent je me contentais de leur parole, comme eux avaient toute confiance dans la mienne. Jamais je n'ai eu à m'en repentir. Mon secret, monsieur, était de me montrer avec tous ceux qui dépendaient de moi juste, bon, généreux même, de sorte que par le sentiment de leur propre intérêt j'aurais su les contenir et même les punir s'ils m'avaient donné lieu de me plaindre d'eux. Au surplus vous en agirez avec Serrault comme il vous plaira; je n'y ai d'autre intérêt que celui du désir que les engagements que j'avais pris avec lui soient remplis. Cela est de toute justice, vous y êtes obligé et je pense qu'il saura faire valoir ses droits s'il y est forcé.

« ..... Je terminerai cette fatigante lettre par une réflexion dont je suis profondément affecté : notre traité s'est conclu de part et d'autre d'une manière franche et loyale. Comment se fait-il qu'il ait eu des suites si pénibles?

« Par ma franchise, par mes procédés conciliants et mon désintéressement ne devais-je pas me flatter d'avoir acquis sinon votre amitié qui exige d'autres épreuves, au moins votre estime et votre confiance? Je devais compter sur ces sentiments, ils m'étaient dus.

« Au lieu de ce retour je n'ai éprouvé qu'explications inquiètes, que soupçons et, pour conclusion, une imputation horrible. Quelle est donc la cause de tout ceci? Serait-ce quelque dissentiment présumé dans nos opinions religieuses ou politiques? Mais qu'importent les opinions quand les actions sont conformes à la justice, à la raison, à la probité la plus exacte?

« Vous m'avez contraint de prendre un ton d'ironie qui ne devait convenir ni à vous, ni à moi; mais était-il possible de répondre sérieusement à votre lettre du 30? Réfléchissez, monsieur, apprenez à connaître mieux et les hommes qui vous égarent par l'infamie de leurs propos et ceux qui regardent comme une des premières règles de la probité de ne pas plus nuire aux autres dans leur réputation que dans leur fortune.

« J'ai l'honneur de vous saluer. »

A SON FILS

« Plombières, le 30 prairial an XII.

« Aujourd'hui je t'écris de Plombières, lieu de notre destination, où nous sommes arrivés hier au soir par le plus beau temps. Nous avons traversé avec délices les montagnes des Vosges et nous voilà présentement dans une petite vallée assez riante où bientôt se trouvera réunie une société qui vient chercher ici autant le plaisir que la santé. Partout Comus reçoit plus d'hommages qu'Esculape. Demain ta maman commencera le cours de ses bains, boissons, douches, etc.... Elle ne sortira pas de l'eau. Par occasion je pourrai aussi me donner les airs d'un buveur d'eau et j'espère bien n'en pas trop contracter l'habitude.

« La belle saison que celle-ci pour un ami de la nature qui sait observer en voyageant! Que les campagnes sont belles! Que la terre est richement ornée! Quelle source de douces émotions! Combien nos produits de l'art auxquels nous donnons les noms pompeux de monuments, de chefs d'œuvres sont petits et ridicules, comparés à la magnifique simplicité de la nature!

« Ta maman a partagé les douces émotions que j'ai éprouvées dans notre voyage et rien n'aurait manqué à notre contentement si chaque pas que nous faisions ne nous eût éloignés de parents, d'amis et de vous, trop chers enfants. »

AU MÊME

« Plombières, le 18 messidor an XII.

« ..... Prudence nous écrit fort souvent. Dans l'une de ses dernières lettres elle me rend un compte net, bien circonstancié de tous ses travaux, s'excusant quand sur quelques points elle ne se trouve pas assez d'application et promettant toujours de nouveaux efforts.

« On voit que ses études l'intéressent, lui plaisent et qu'elle travaille plus par l'amour du travail même que par le motif un peu vain de dépasser ses camarades. Qu'arrivera-t-il ? Cette enfant réussit à tout et je reçois sur son compte les témoignages les plus satisfaisants.

« Au dessin elle fait des progrès étonnants ; à l'étude elle va très-bien ; et l'italien que tu lui as vu commencer il y a à peine deux mois lui est déjà assez familier pour lui permettre d'écrire une fort jolie lettre à sa maman dans cette langue.... Cette chère petite sait combien nous avons à cœur son instruction et son plus grand désir est de nous prouver son attachement par ses progrès.

« .... Clément m'apprend que l'Empereur l'a nommé Préteur du Sénat. J'exige de toi, mon ami, que tu lui écrives à cette occasion une lettre de félicitation. Accoutume-toi de bonne heure à participer à tout ce qui arrive d'heureux ou de contraire à tes amis. C'est un moyen assuré de les convaincre de la bonté de ton cœur et de te les attacher sérieusement. ... »

A SA FEMME

« Tours, le 25 germinal, an XIII.

« .... J'ai trouvé ma bonne mère bien portante : elle a un visage excellent et elle était rayonnante de joie à mon arrivée.

« Avant de me coucher j'ai passé avec elle quatre heures des plus agréables de ma vie. Nous n'avons cessé de nous entretenir de toi, de nos enfants, de nous-mêmes, de notre bien chère malade, et ces moments du plus doux épanchement ont passé comme un songe. Plus je vais et plus je me sens pénétré d'admiration, d'amour et de respect pour cette excellente mère. Tu ne te doutes pas de la peine avec laquelle elle supporte notre éloignement sans s'en plaindre. Cette idée m'afflige profondément et me fait désirer de quitter Paris le plus promptement que nous le pourrons.

« .... J'aurai soin, ma chère amie, de te donner fort exactement des nouvelles de tout ce qui peut t'intéresser ici. Il faut bien que tu aies la même attention pour moi. Je n'étais pas content de toi à mon départ; j'ai remarqué des regrets, une faiblesse qui me font craindre que mon absence ne t'afflige. Eh ! qu'est-ce cependant qu'une séparation de trois semaines ! Pour ton bonheur je te voudrais plus de fermeté dans l'âme. La bonté du cœur devient un supplice quand elle n'est pas soutenue par le courage. Du côté de la bonté, de la sensibilité la nature t'a tout prodigué; emprunte donc de la raison ce qu'il faut pour tempérer ces excellentes qualités. Je t'ai laissée au milieu de nos chers enfants; jouis de ce plaisir mais ne le prolonge pas trop. Ils ont tous à s'occuper bien sérieusement de leur éducation, et comment s'y porteraient-ils d'eux-mêmes si leurs parents avaient la faiblesse de les en distraire.. »

A SON FILS

ALORS A L'INSTITUTION LEMOINE, A PARIS, POUR SE PERFECTIONNER DANS LES HAUTES ÉTUDES ET DANS LES ARTS D'AGRÉMENT.

« Tours, le 22 prairial an XIII.

« Je ne puis, mon ami, écrire à l'un de mes enfants sans éprouver le besoin de m'entretenir avec les deux autres. Je viens d'écrire à Prudence et je veux que le même paquet te donne de nos nouvelles.

« Ta maman s'est chargée de t'instruire ainsi que Prudence de l'heureuse issue de notre voyage. Elle m'a disputé ce plaisir et j'ai du céder à sa tendresse pour vous.

« Elle vous aura sûrement donné quelques détails de notre route et vous aura surtout entretenus de votre bonne grand'maman pour qui notre arrivée a été un jour de grande satisfaction.

« Aujourd'hui, onzième jour du mois de juin, cette femme si vertueuse, si adorable pour nous entre dans sa soixante-seizième année et tout nous fait espérer que nous aurons le bonheur de la conserver bien longtemps encore. A ses douleurs près, infirmité que l'on peut éprouver à tout âge, elle est plus forte et mieux portante que je ne l'ai vue dans toute mon enfance. Elle était alors d'une santé chancelante. Cette vigueur est le fruit d'une tempérance et d'une sagesse que rien n'a jamais altérées. Elle tient surtout à cette tranquillité de l'âme que procurent les affections douces et l'habitude des actions vertueuses. Puisse son existence être aussi prolongée qu'elle mérite de l'être !

« Tous nos parents et nos amis nous ont demandé de tes nouvelles avec un véritable intérêt : on veut bien avoir ici une haute opinion de toi et il faut que tu la justifies.

« Te voilà, mon ami, au moment décisif pour les exercices de la fin de l'année. Il est en ton pouvoir d'y obtenir de très-grands succès et je compte bien que notre attente ne sera pas déçue. Sous ce rapport notre départ te sera avantageux.

« ..... Adieu, mon ami, soigne ta santé sans trop t'écouter, sois sage, ne fais aucune imprudence et livre-toi avec passion à l'étude : il n'y a pas de plus sûr moyen de te procurer des jours sereins et heureux. Reçois mes bien tendres embrassements. »

AU MÊME

« Tours, le 29 prairial an XIII.

« Je viens de recevoir, mon cher ami, ton paquet du 26. J'ai lu avec autant d'intérêt que d'attention et ta lettre et les réponses à mes questions. Mon premier sentiment a été celui de la satisfaction en voyant que toutes les connaissances que l'on exige de toi pour ton admission aux Relations extérieures ne t'effrayent point. Si la présomption est d'un sot, il est digne de celui qui sent ses forces et son courage d'avoir en lui-même une noble confiance. Tout ce qu'on exige de toi n'est point au-dessus de tes forces ; tu as acquis l'essentiel, la connaissance approfondie de ta langue et du latin ; le reste viendra facilement.

« Il faut, comme tu le dis toi-même, que tu sois à la fin de l'année prochaine en état d'être admis. Le reste viendra ensuite et nous aurons le loisir de nous en occuper.

« Pour ne point courir deux lièvres à la fois, au risque de ne rien attraper, ne songeons pas présentement à déranger le cours de tes études. Tu touches au terme de ton année littéraire, des prix t'attendent : il faut les remporter. Ce sera la meilleure recommandation pour la nouvelle carrière que tu auras à suivre l'année prochaine. J'avais vu avec regret que tes camarades avaient renoncé à jouer la *Mort de César*. Représentez cette pièce et pénétrez-vous de tous les sentiments que vous aurez à

rendre (1). Ces personnages romains ont une grandeur, une élévation qui est leur caractère distinctif. Il semble que toute notre
grandeur moderne n'est, auprès d'eux, que bouffissure. Au
surplus, mon ami, tu ne dois regarder cet exercice que comme
un délassement; qu'il ne te détourne pas de tes études.

« Tu dois sentir la nécessité de posséder à fond la langue
latine. Que Tacite devienne ton auteur favori : il aura pour toi
l'avantage de te familiariser avec les plus grandes difficultés de
cette langue, de te préparer à la carrière que tu te proposes de
suivre et d'exercer profondément ta réflexion.

« Quand nous en serons à examiner quelle est celle des langues
vivantes qu'il faut étudier, peut-être reconnaîtras-tu avec moi
que celle des Allemands mérite la préférence. Sur l'étude de la
géographie, de l'histoire, de la constitution des gouvernements,
etc..., nous consulterons de bons guides et tu ne quitteras point
Paris sans avoir un plan d'après lequel tu te conduiras. M. Lemoine me paraît en toutes choses un des hommes les meilleurs à
consulter. Il est bon, il t'aime, et je suis assuré qu'il te donnera
les conseils d'un père et d'un ami.

« ..... Tu ne saurais croire, mon ami, comme on estime,
comme on loue un jeune homme qui sait cultiver l'amitié des
personnes âgées ! Cette conduite annonce toujours un bon cœur
et un jugement sain. Tout cela s'allie parfaitement avec les
aimables folies du bel âge.

« .... Adieu, mon cher et bon ami ; continue à me faire part de
tes réflexions : elles me font toujours grand plaisir. Dans celles
de ta dernière lettre je trouve de la maturité et une certaine
profondeur qui doivent t'encourager.

« Quand tu verras Prudence n'hésite pas à lui faire part de ce
qui te concerne, aie même l'attention de la consulter. Cela la
flattera et la portera à la réflexion. Ce sont les confidences qui
sont le meilleur aliment de l'amitié. Les bavards et les indiscrets
ne sont jamais bons à rien, mais les personnes trop réservées
connaissent peu les affections douces et les inspirent encore
moins. L'essentiel est de savoir parler et se taire à propos. »

(1) Les principaux acteurs du Théâtre-Français venaient donner des leçons de
déclamation.

AU MÊME

« Tours, le 18 messidor an XIII.

« ..... Ce que tu nous mandes de Prudence ne me plaît point. Cette disposition à la mélancolie annonce une sensibilité qui lui coûtera bien des larmes. Heureux les caractères nés avec de la vivacité et de l'enjouement : la nature leur épargne des chagrins de tout genre. Les personnes nées avec trop de penchant aux affections mélancoliques et douces doivent de bonne heure prendre sur elles-mêmes, éviter de se trouver seules, ne jamais lire les ouvrages dits à *sentiments*, rechercher la société des personnes d'un caractère opposé au leur et, surtout, fuir le désœuvrement.

« Ces avis, mon ami, ne te sont pas inutiles car je te crois de ton côté un peu enclin à cette faiblesse larmoyante que nous voyons avec peine être le lot de Prudence. Songe que si trop de sensibilité fait le tourment d'une femme, elle rend un homme bien plus malheureux encore.

« En elle-même cette disposition de l'âme est vertueuse et très-estimable ; poussée trop loin elle est la source des plus grandes sottises humaines et de tous les malheurs qui les suivent. »

AU MÊME

« Tours, le 26 messidor an XIII.

» ...... Depuis ma dernière lettre j'ai relu la *Mort de César* et toujours avec un plaisir plus vif. C'est dans de tels ouvrages, bien plutôt que dans les précepteurs Rollin et autres, qu'il faut étudier les véritables règles de l'éloquence. L'exemple vaut toujours mieux que le précepte. Ton rôle de *Cassius* me paraît devoir être joué avec enthousiasme. S'il n'est pas agité du démon de la liberté ce n'est qu'un ambitieux, un conspirateur ordinaire.

« Qu'on dise avec froideur :

Je frémis du conseil que je vais te donner . . . .

ainsi que le reste de la scène, *Cassius* devient un misérable qui ne conseille rien moins à son ami *Brutus* que de tuer monsieur son père. On ne s'intéresse au théâtre que pour les grandes passions : elles seules peuvent rendre intéressants d'illustres coupables.

« J'ai bien fait d'attendre le courrier avant de fermer ma lettre... Je ne suis pas surpris de la prudence de MM. Vigée et Lemoine. La pièce que vous vouliez jouer n'est pas à l'ordre du jour et cependant je m'applaudissais de ce petit succès des principes républicains. Il n'y faut plus songer (c'est de la république que je veux parler). »

AU MÊME

« Aux Girardières, le 6 thermidor an XIII.

« ..... Je ne suis pas surpris que notre infortunée et bien chère goutteuse (1) conserve l'espérance de guérir. Toutes les annonces de cures, plus étonnantes les unes que les autres, dont les journaux retentissent doivent lui donner cette confiance. Qu'on se garde bien de la lui enlever. Je n'ai jamais pardonné à MM. Pinel, Hallé et Desgenettes la barbarie avec laquelle ils lui ont annoncé que son état était incurable. — Mais, Messieurs, disait la patiente, je ne demande que de pouvoir faire le tour de ma chambre avec des béquilles. — Non, madame, ne l'espérez pas ;

(1) Sa tante, Mme Bruley.

on ne peut guérir de la goutte, la Faculté l'a décidé et votre état ne peut qu'empirer. Bonsoir, et payez-nous!

« C'est de la sorte que les médecins les plus célèbres se croient obligés de décider. Annoncer une guérison quand on ne l'espère pas! ce serait compromettre sa dignité et sa réputation. Ne vaut-il pas mieux jeter le désespoir dans l'âme d'un pauvre malade que d'exposer son amour-propre? Tous les hommes, mon ami, sont faits ainsi à bien peu d'exceptions près. On rapporte tout à soi et les intérêts d'autrui ne sont rien près de notre vanité. »

AU MÊME

« Aux Girardières, le 3 brumaire, an XIV.

« ..... Tu me diras quelle est la partie des mathématiques que l'on t'enseigne et si l'on donne à cette étude la direction que je désire pour toi. Il faut absolument que l'on te familiarise à toutes les règles de compagnie et à toutes celles qui conviennent pour former un commerçant ou un financier. Et la tenue des livres, s'en occupe-t-on ?

« .... Je plains bien sincèrement l'excellent D. Voilà donc la récompense de ses éclatants services, voilà le fruit de la haute protection de M. S. La carrière des emplois publics est bien ingrate et l'on ne peut y faire un chemin rapide qu'en passant sur le corps de ses camarades et à force de passe-droits. Heureux celui qui par son industrie, son talent et son travail sait se faire un état indépendant et être l'artisan de sa fortune. C'est à quoi je travaille pour toi présentement et c'est à toi à me seconder.

« ..... Si tu ne t'observes pas sur tout ce que tu crois être des besoins je pense bien que ton argent et le double ne te suffira pas. Sache t'armer d'une fermeté un peu stoïque et, si tu sais débuter par l'ordre et l'économie, il ne t'en coûtera pas par la

13

suite pour lutter contre cette foule de fantaisies, colorées du nom
de besoins, qui viennent vous tourmenter à chaque instant du
jour. Quelle que soit au surplus l'issue de cette première épreuve,
confie-moi tes petites affaires et je saurai te donner au besoin
quelque bon conseil et peut-être quelque chose de meilleur. Je
compte que tu as un livre bien réglé où chaque article de dépense est porté par date. Il faut qu'un feuillet du même livre soit
consacré à la recette, car il faut être en état de balancer à chaque
instant sa recette et sa dépense pour connaitre sa situation. Dans
ce moment-ci tu comptes des sous, mais qui sait si dans quelques années tu ne seras pas chez quelque banquier, occupé à
tenir les livres de caisse et à compter par millions (1)? »

AU MÊME

« Tours, le 14 juin 1806.

« ..... Tu as donc enfin commencé à te livrer à l'arpentage. J'estime plus quelques-unes de ces leçons données sur le terrain que
plusieurs mois de démonstrations à la classe. Il n'y a qu'une manière de bien apprendre les choses : c'est de les réduire en pratique.
La théorie semble toujours se confondre avec le vague de nos idées,
mais une application physique reste gravée dans la mémoire et
fait mieux sentir l'utilité des choses. Profite le plus qu'il te sera
possible de ces leçons, n'en manque aucune et quand tu auras
des propriétés tu reconnaîtras toute l'utilité de cette connaissance.

« Je suis fort aise de te voir dans la disposition bien prononcée
d'étudier le droit romain et français. Comme tu le dis fort bien,
cette étude est nécessaire dans toutes les circonstances de la vie.
Que l'on soit guerrier, négociant, propriétaire : dans tous les

(1) Cette prévision s'est réalisée.

états on fait des acquisitions, des ventes, des actes de société, des baux ;. on se marie, on donne, on reçoit, etc., et pour tous ces actes on est à la merci du premier homme de loi si l'on ne sait pas se conduire soi-même.

« Tes observations sur l'état de notaire ne sont pas encore bien nourries : nous y reviendrons. Je ne tiens pas tellement à cette profession que je voulusse contraindre tes goûts si tu y répugnais. Mais aussi je suis convaincu que plus éclairé sur les avantages de l'état de notaire tu n'en parlerais pas aussi légèrement. Tu préférerais la diplomatie et tu n'en vois que le côté brillant. Je sais qu'avec un bon esprit d'observation et le goût de l'instruction il y a beaucoup à gagner dans des voyages et dans des relations avec des hommes d'un mérite éprouvé. Mais crois-tu que cette carrière n'ait pas aussi ses épines et ses désagréments ? Tu crains qu'une application *sédentaire* et *méthodique* (ce sont tes expressions) ne convienne pas à ton caractère. Mais crois-tu donc que dans la diplomatie il n'y ait qu'à voyager et que tous les travaux en soient agréables ? Les chicanes entre les gouvernements comportent, si l'on veut, un plus grand intérêt que celles entre particuliers, mais en sont-elles moins fastidieuses ? L'entortillage qui fait le langage propre de cette science ne fait que la rendre plus pénible.

« Crois-moi, mon ami, chaque profession a ses difficultés et ses désagréments, et c'est de la persévérance à les surmonter que naît le succès et même le contentement. Sans persévérance on n'est propre à rien et le succès n'est que le fruit d'une volonté forte de réussir. Sans cette énergie, l'esprit, l'éducation, les meilleures dispositions ne sont d'aucune ressource.

« Tu sais combien je serais heureux de te faire parvenir à une place d'Auditeur d'État et je suis bien éloigné de renoncer à cet espoir. C'est particulièrement dans cette vue que j'insiste tant pour que tu te livres tout entier à l'étude du droit en sortant de chez M. Lemoine.

« Mais enfin, si cette ressource vient à nous manquer, faudra-t-il nous décourager et perdre le fruit de tes travaux ?

« J'approuve encore ta louable résolution de repasser tes auteurs classiques. Plus tu liras Virgile, Horace et Cicéron, plus tu te plairas avec ces admirables auteurs. Si tu parviens à sentir sans effort les beautés de leurs ouvrages, ils feront les délices de ta vie entière.

« Te voilà au courant des changes ; joins à cette connaissance celle des comptes et tu seras en mesure de devenir bon négociant, bon banquier. Il serait bien fâcheux qu'avec tant de moyens de te faire un état tu n'en eusses pas un.

« Aie l'attention de nous instruire de tes amusements comme tu le fais de tes travaux : crois que tout ce qui te concerne ne peut nous être indifférent. Je t'avouerai que je redoute le désœuvrement de tes dimanches. Avant de quitter M. Lemoine ces jours-là, il faudra faire ton petit plan pour toute la journée de manière à éviter ces moments toujours critiques où l'on en est à dire que *ferai-je?*

« Rien de plus dangereux que cette situation qui égare plus d'un sage. Sois sur tes gardes, évite soigneusement les mauvaises liaisons et crains de t'oublier un seul instant. Un premier écart est toujours celui qui coûte le plus et

Une chute toujours entraîne une autre chute.

« Tu sais que je n'ai pas une morale bien sévère, et c'est pour cela même que je suis plus fortement attaché à tous les principes de délicatesse et d'honneur. Les dévôts, avec toute leur pruderie, sont bien moins scrupuleux parce qu'ils comptent toujours sur la confession pour les absoudre de leurs écarts.

« Adieu, mon ami, mon cher fils ; tu vois que je te traite en homme : continue à me prouver que tu mérites cette confiance. »

AU MÊME

« Tours, le 9 juillet 1806.

« ..... Tu sais que je prodigue peu la louange ; cependant je suis juste et je trouve que tu ne l'es pas envers toi-même quand tu rougis de ton âge. S'il faut se défendre de la présomption comme du plus grand travers dans lequel puisse tomber la jeunesse, il faut éviter pareillement de se livrer à trop de défiance de soi-même. Il y a de la sottise à se croire savant et propre à tout en sortant des bancs de l'école, mais c'est être faible et peu courageux que de s'effrayer de la carrière que l'on aura à parcourir. Tu n'as à rougir ni sur le résultat de tes études, ni sur tes dispositions, ni encore moins sur tes qualités morales. Tu pourrais être plus avancé, mais chez toi la nature a eu un développement lent et il y aurait sottise à tirer de ce retard des conséquences qui te fussent défavorables : il y aurait surtout de l'injustice à t'en faire des reproches que tu ne mérites pas.

« Je ne crains pas de te le dire : je suis content de toi ; tu t'es porté avec zèle et confiance aux diverses études que j'ai jugé t'être plus essentielles ; tu as su apprécier le mérite et les vertus de ton respectable instituteur, et l'amitié que celui-ci ainsi que sa famille ont pour toi t'honore infiniment.

« Tu as dû remarquer, mon bon ami, que de tout temps j'ai rendu justice à ton bon naturel, mais que j'ai toujours cru devoir combattre une certaine mollesse de caractère et d'esprit qui, si elle ne disparaissait à l'âge viril, serait le plus grand obstacle à toute espèce de succès. Dans le monde, dans les sciences, partout on ne prospère qu'à l'aide d'une volonté soutenue et que les obstacles n'ébranlent pas. Quelle est donc la carrière dont l'entrée ne soit obstruée d'une multitude d'individus qui, n'envisageant que le but et sans consulter leurs moyens, croient qu'il est facile de parvenir. Si par vos connaissances et votre énergie vous ne savez pas vous élever rapidement au-dessus de tous ces êtres timides, vous rampez avec eux dans la nullité et le mépris.

« Quand je te verrai un caractère bien prononcé, un plan d'avancement bien formé ; quand tu auras ce degré d'ambition qui n'est qu'un louable désir de captiver l'estime publique, alors, mon ami, je ne douterai plus de tes succès et je te compterai par avance parmi les hommes qui savent se rendre utiles à leur patrie. »

AU MÊME

« Les Girardières, le 24 juillet 1806.

« ..... Te serais-tu refroidi sur notre dernier plan d'études pour l'année prochaine? Tu ne m'en parles plus. Je présume que la réflexion ne fera que le mûrir. Dans ta situation et dans l'état actuel des choses, je ne vois rien de préférable pour toi à une étude approfondie du droit romain et particulièrement du droit français. Ayant renoncé de bonne grâce à la profession des armes qu'après tout il est permis de dédaigner, la connaissance du droit te rendra facile l'accès à toutes les places civiles qui seront à ta portée. Si le talent de l'orateur venait à se développer en toi, tu te livrerais à la profession d'avocat qui est la plus honorable de toutes quand elle est exercée avec probité et quelque supériorité.

« Les tribunaux ne sont peuplés que d'anciens juges ou praticiens ; rien ne sera plus facile à quiconque aura bien étudié la jurisprudence que d'obtenir des places dans les tribunaux.

« Vient l'état de notaire que, malgré tes dédains peu réfléchis, je ne perds pas de vue. Avec la dose de raison que tu as reçue en partage, je veux qu'avant une année tu reviennes sur tes préventions à ce sujet. Un notaire instruit et estimable ne tarde pas à être apprécié ; sa réputation et sa fortune vont croissant et il est d'autant mieux vu partout où il se présente que l'intérêt et la confiance attachent tous ses clients à sa personne. Certes tu aurais beau jeu à Paris, après l'éducation très-soignée que tu as reçue, si à ces avantages tu savais joindre une étude approfondie des principes de la législation. Sans vouloir blesser qui que ce soit, je te dirai que le plus grand nombre des notaires a été dépourvu de tous ces avantages, ce qui ne les empêche pas cependant de faire honorablement leur état. Mais quelle différence

il y a d'un acte fait d'après une instruction routinière et des pro-
tocoles imprimés, à un acte rédigé du style d'un Daguesseau et
sur les principes réfléchis de la législation.

« Pour achever de développer tous les avantages que tu peux
te promettre de l'étude sérieuse du droit, je te rappellerai que si,
par quelque circonstance heureuse, nos vues sur la carrière
diplomatique venaient à se réaliser, cette science deviendrait
l'instrument le plus sûr de ta fortune.

« Tu sais que financier ou marchand, que propriétaire il faut
connaître les lois de son pays et que, pour bien acquérir cette
connaissance, ce sont leurs éléments qu'il faut étudier et non
les textes qui ne font que surcharger la mémoire sans enrichir
l'esprit.

« Je n'entends plus parler de la famille C. que je n'ose plus
dire nos amis car, tu l'apprendras dans la société, les honneurs
changent les mœurs. Quel que soit le refroidissement auquel je
doive m'attendre de ce côté, je ne cesserai, je crois, jamais de
prendre un sérieux intérêt à un ménage que j'ai aussi sincèrement aimé. Il faut être sévère en amitié, difficile à se livrer ;
mais une fois que l'on a placé son affection, il faut regarder
comme une faute, ou du moins comme une inconséquence, l'oubli
de cette affection. »

AU MÊME

« Tours, le 16 août 1806.

« Nous recevons, mon cher ami, tes deux lettres. C'est avec
une bien vive satisfaction que nous applaudissons et au style et
surtout aux sentiments qu'elles expriment. Du naturel, de la
bonté, de la raison : voilà ce qui nous plaît en toi et ce que nous
t'engageons à conserver précieusement. Ce seront tes moyens les

plus assurés de plaire aux gens de bien et de gagner l'estime des personnes que tu fréquenteras.

« Nous n'avons pas donné nos bouquets à ta maman et par un pacte de famille la fête de Marie est différée. Il nous aurait manqué deux fleurs que ta sœur et toi devez joindre aux nôtres et sans lesquelles notre hommage eût été moins agréable à ta bonne mère.

« Nous avons eu hier une fête complète. Procession, discours, *Te Deum*, illumination, feu d'artifice ; rien n'y manquait que le contentement. La poule au pot promise par le bon Henri ferait mille fois plus pour le bonheur du peuple que toutes ces merveilles politiques et guerrières dont on paie si chèrement la façon. On nous fait espérer une paix prochaine et durable : ce sera là un véritable bienfait et pour lequel il sera inutile de nous commander des réjouissances. »

AU MÊME

« Aux Girardières, le 23 novembre 1806.

« ..... J'ai eu l'attention de ne point cacheter toutes ces lettres pour que tu puisses en prendre lecture.

« Elles sont relatives à diverses affaires dans lesquelles je ne suis pas fâché de t'initier. J'exige de toi d'ailleurs que tu les remettes en personne et en cela j'ai le double motif de te faire connaître et de te fournir l'occasion de parler d'affaires. Rien ne donne plus de consistance aux jeunes gens dans le monde que la confiance qu'ont en eux leurs parents et l'habitude qu'ils prennent du maniement des affaires. Tu verras donc que je ne perds jamais de vue mon grand but qui est de te faire connaître, de te procurer de l'instruction, et de te rattacher à la société par les rapports honorables de l'utilité.

« Je vais te parler de ces lettres dans l'ordre où je désire qu'elles soient données. Tu n'oublieras pas sûrement de les cacheter après les avoir lues.

« La première est pour M. du Cluzel. Je ne le connais point, et je n'en suis pas moins convaincu que tu seras flatté de faire sa connaissance. Il est fils d'un ancien Intendant de Touraine qui a eu des bontés pour moi. Je dois d'ailleurs comme Tourangeau de la reconnaissance à ce magistrat qui était bon, serviable, et qui employait tout son crédit au bien-être de la province confiée à ses soins.

« C'est s'honorer soi-même que d'honorer les vertus publiques et de se montrer reconnaissant.

« Tu verras ensuite M. Decorneille dont ma tante t'indiquera la demeure avec plus de précision que moi. Tu lui donneras la lettre qui est à son adresse et l'engageras à lire celle pour M. Carstensohn.

« Il te prescrira les démarches que tu auras à faire pour obtenir de ce débiteur les deux reconnaissances que je lui demande. Tu verras sûrement ce M. Carstensohn que je suis forcé de poursuivre pour en obtenir l'argent que je lui ai prêté il y a trois ans.

« Ce vieillard a joué dans sa patrie (le Danemarck) un rôle important ; il t'entretiendra de grands projets de finance. Écoute-le avec complaisance et reviens toujours à ton but qui est la remise des deux reconnaissances inutiles qui sont en ses mains et qui, par l'ambiguité des expressions de l'une d'elles, m'exposent à perdre 600 fr. qu'il sait bien ne m'avoir pas payés.

« Il est bon que tu saches ce qu'est M. Decorneille. Tu trouveras en lui un petit homme d'un froid à déconcerter la personne la plus communicative. Ne t'étonne point : c'est un avoué fort estimable chez lequel j'ai passé deux années comme clerc et envers lequel j'ai eu à cette époque quelques torts d'étourdi que j'aime à réparer dans l'occasion. Il avait été associé de mon oncle (le mari de notre tante de Paris) et sous ce rapport il mérite les égards de ma famille. Trouve le moyen de lui parler de l'attachement et de l'estime que j'ai pour lui : cela le flattera et le dé-ridera un peu.

« Troisièmement. Billet pour M. Fortin que tu aurais pu envoyer par la petite poste mais que j'aime beaucoup mieux que tu donnes toi-même. M. Fortin, successeur de M. Laneuville, est mon agent de change avec lequel je ne suis pas fâché que tu fasses connaissance. C'est un fort bon homme qui, non plus que son prédécesseur, n'a pas, comme on dit, inventé la poudre. C'est un des mille et mille exemples que tu verras dans le monde que pour réussir dans quelque partie que ce soit, il ne faut que l'esprit de conduite. Les grands talents, l'imagination brillante, l'esprit cultivé servent toujours moins que la tenacité d'un esprit borné qui ne voit qu'un objet, qui y tend sans cesse et qui ne le manque presque jamais. Ce bon M. Laneuville a gagné une fortune de plus de 1,200,000 fr. et l'estime publique par son travail et son honnêteté.

« Quatrièmement. Je présume que tu as vu la famille Riffault ; voici au surplus un message dont je te charge auprès du mari. Pour mon compte je fais très-peu de cas des fonctions de membre du conseil général qui chaque année me font faire deux fois au moins le voyage de Tours à Paris en poste. Mais par rapport à toi et à tes sœurs je tenais à cette place qui, me liant honorablement à la chose publique, peut me donner le moyen d'approcher des ministres et autres faiseurs. Une personne isolée se voit aujourd'hui sans crédit et presque sans aucun moyen d'approcher des gens en place. Occupe-toi donc de ma réclamation comme d'une affaire qui t'est personnelle. Sois très-mesuré dans tes propos, ne fais point de plaintes, mais vois les personnes que tu croiras disposées à me seconder.

« ..... Ta grand'maman nous a quittés hier au soir pour le bon Dieu. Lui seul peut l'emporter dans son âme sur ses enfants. Elle est toujours fort souffrante par accès, mais elle conserve les jambes, l'appétit, le sommeil et, ce qui vaut encore mieux, la sérénité de l'âme qui est le plus grand consolateur de tous les maux. »

AU MÊME

« Aux Girardières, le 28 novembre 1806.

« .... Je te recommande encore de ne contracter de liaisons qu'avec ceux de tes camarades qui se porteront franchement à l'étude. Fuis tous les autres comme capables de t'entrainer et de te faire oublier tes devoirs. Les plus aimables, ceux qui ont le plus de fortune, sont précisément ceux qui sont le plus à craindre. En effet il est si facile dans l'âge des passions et des séductions de tout genre de se laisser aller à l'attrait du plaisir ! Sois donc sur tes gardes, ne te fie point trop en tes forces et, si tu ne veux pas succomber, fuis les tentations. Tu sens bien qu'il s'agit ici de tentations de plus d'un genre. Un des meilleurs préceptes de l'Évangile est : *qui amat periculum peribit in illo.* »

AU MÊME

« Tours, le 28 mai 1807.

« .... Il y a une réflexion, mon ami, qui ne doit jamais cesser d'être présente à toi qui as l'esprit réfléchi, l'âme droite et bonne.

« Par les lois terribles qui pèsent aujourd'hui sur la France tous les jeunes gens sont dévoués au plus dur des services militaires. Tu es assez heureux pour te trouver dans un cas d'exception : abuseras-tu de cette faveur pour te livrer au désœuvrement, aux plaisirs quand tous tes contemporains font un service si pénible ? L'honneur trace ta conduite : rends-toi utile dans les fonctions civiles comme eux le sont les armes à la main. »

AU MÊME

« Tours, le 2 août 1807.

« ..... J'ai trouvé ta maman et tes sœurs en bonne santé et, notre chère et respectable mère dans la situation où je l'avais laissée. Elle a de continuelles alternatives de douleurs aiguës et de calme. Son courage, sa sérénité sont inaltérables et elle attend les événements avec la plus vertueuse résignation. J'ai été fêté au Mans par une famille nombreuse qui m'a reproché non sans raison d'avoir tant tardé à lui faire cette visite. Depuis longtemps je me faisais moi-même ce reproche et je ne sais par quel concours de circonstances j'ai été continuellement détourné de faire un si court voyage. On ne saurait trop resserrer les liens de famille, ils agrandissent en quelque sorte notre existence. Il est certain du moins qu'ils donnent à nos affections une direction honnête, douce, et qu'ils nous disposent à la bienveillance. L'estime publique est toujours le partage des familles nombreuses qui savent être unies et s'aimer. Cet accord est la preuve que chaque membre de la famille est bon et honnête.

« Il est d'autant plus nécessaire de se pénétrer de ces principes, qu'aujourd'hui l'égoïsme semble avoir brisé tous ces liens. À peine se connaît-on au degré de cousin germain et il résulte de cette apathie un isolement qui livre chaque individu sans défense aux attaques de ses ennemis ou aux revers de la fortune.

« Je suis resté trois jours au Mans et j'en suis parti me promettant bien d'y retourner.

« J'ai emporté de Paris le regret de n'avoir pas vu notre grande tante madame des Pallières. Vois-la, fais-lui agréer mes excuses, atténue mon tort de ton mieux et dis-lui bien que nous lui sommes tous infiniment attachés. Si sa santé lui eût permis de faire le voyage de Touraine nous aurions été très-flattés de la recevoir. Elle aurait remplacé momentanément sa bonne sœur, madame Faure, dont elle a l'excellent cœur. »

AU MÊME

« Aux Girardières, le 5 novembre 1807.

« ..... Tu fais, plus que tu ne crois peut-être, ton éloge en disant que tu as trouvé aimables tes cinq compagnons de voyage. L'amabilité n'est pas une manière d'être habituelle, il faut l'inspirer, et il est bien rare que les personnes qui n'ont ni aménité, ni enjouement, trouvent ces qualités dans les autres. M. H..., que j'ai vu hier, m'a dit que ses dames avaient été fort contentes de toi. J'en ai conclu que tu avais eu pour elles la politesse et les prévenances dont un jeune homme bien élevé ne doit jamais s'écarter avec les dames. Ces égards sont d'autant plus remarqués aujourd'hui qu'ils ne sont pas ordinaires parmi nos jeunes gens qui prennent la suffisance pour du mérite. Continue, mon ami, d'être poli avec tout le monde, d'être prévenant pour les personnes plus âgées ou plus élevées que toi, d'être respectueux avec les dames et tu verras que cette conduite te vaudra une considération bien supérieure à ton mérite réel.

« ..... La conduite des jeunes gens à Paris est parfaitemsnt connue dans leurs départements. Sans s'en douter ils sont observés par des compatriotes de toutes les professions et chacun se plaît à dire, en bien et en mal, tout ce qu'il sait des personnes de sa connaissance. Pour confirmer cette vérité je dois te dire que mon mariage avec ta maman a manqué d'être rompu parce que M. Loiseau apprit que j'avais perdu une dizaine de louis dans une partie de trente et quarante. Il n'y eut que ma bonne conduite éprouvée qui le rassura sur la crainte de donner sa fille à un joueur, et il est très-probable que s'il avait eu connaissance de deux ou trois séances pareilles je ne fusse jamais devenu son gendre.

AU MÊME

« Tours, le 28 janvier 1808.

« ..... J'ai bien réfléchi sur ce qui te concerne et je me suis convaincu plus que jamais qu'il n'y a pour toi de carrière praticable que celle de la magistrature. Les fonctions en sont honorables dès les premiers degrés et on ne peut pas en dire autant des autres états. Tous nos tribunaux ne sont occupés que par d'anciens jurisconsultes pour la plupart avocats ou procureurs qui, n'ayant point été disposés pour la magistrature, n'en ont pris ni la dignité, ni les sentiments. Le manque de sujets capables se fait éprouver généralement et il n'y a pas à douter qu'un jeune homme bien né, bien élevé qui, avec de l'aptitude et quelques talents, se livrera à cette profession y jouira dès le début d'une véritable considération.

« Au nom de ton bonheur et de ton intérêt, mon ami, crois à mon expérience, à ma prévoyante tendresse et ne dévie pas de la route que la raison t'a tracée. Au surplus je te le répète, l'étude soignée du droit peut t'ouvrir mille autres issues et elle te sera toute la vie d'une ressource infinie. »

AU MÊME

« Tours, le 3 février 1808.

« D'après ma dernière lettre, mon ami, tu ne peux attendre de Tours que de bien fâcheuses nouvelles. Ta bonne grand'-maman respire encore, mais tel est son état de souffrance et d'accablement, que nous ne pouvons désirer la conserver plus longtemps. Nous sommes dans la consternation et nous nous attendons à une séparation qui, quoique annoncée depuis longtemps, n'en sera pas moins douloureuse. Ma respectable mère ne s'est pas démentie un seul instant du courage, de la résignation et de la bonté qui ont si éminemment caractérisé toute sa vie... Je connais, mon ami, ta vénération pour cette digne mère, je sais combien sa perte te sera sensible et j'exige de toi que tu recherches des consolations dans la société de nos meilleurs amis et de ma bonne tante. Evite de rester seul et appelle à ton secours la raison et la philosophie.

« .... J'en étais là de ma lettre, mon cher ami, lorsque ma mère m'a fait dire de descendre auprès d'elle. Je m'y suis rendu avec ma femme et nos enfants : toi seul y manquais, mais tu étais présent à tous nos cœurs. Cette vertueuse mère nous a donné à tous sa bénédiction. Je ne puis te rendre tout ce que cette cérémonie religieuse a eu d'attendrissant. Puissions-nous tous recueillir une partie des vertus d'une aussi respectable mère ! Adieu, mon ami ; nous avons tous besoin de courage. »

AU MÊME

« Tours, le 11 février 1808.

« Mon ami, après avoir rendu les derniers devoirs à notre bien chère et bien vénérable mère, nous allons passer quelques jours à la campagne. Ta trop sensible maman espère y trouver le sommeil qui depuis longtemps la fuit ici. J'y vais chercher, bien inutilement sans doute, le calme que je ne puis attendre que du temps et de la tendresse de mes enfants.

« La perte que nous avons faite m'est toujours présente ; je la sens plus vivement que le premier jour, elle laisse dans mon cœur un vide qui ne se remplira jamais.

« Mon attachement pour une mère si bonne était le résultat de
la plus vive reconnaissance, d'un respect profond et de tous les
sentiments que commandaient une âme aussi pure, un cœur aussi
tendre, un esprit aussi juste et la vertu la plus épurée que j'aie
connue. Toutes ces qualités ne se trouvent jamais réunies aussi
éminemment dans une même personne : de semblables pertes ne
se réparent jamais. L'existence de ma bonne mère était devenue
si nécessaire à la mienne que je ne pouvais réfléchir sans chagrin
aux trente années qui séparaient nos âges. Elle était au surplus
si fortement constituée, elle avait été toute sa vie si tempérante,
si maîtresse des passions véhémentes qu'elle avait reçues de la
nature, que je me flattais de la conserver jusqu'à la plus extrême
vieillesse. Jusqu'à son dernier soupir elle a eu à la bouche le nom
de ses enfants ; sois certain, mon ami, que tu étais aussi présent
que nous à son cœur et que la bénédiction qu'elle nous a donnée
s'est aussi répandue sur toi. Cette admirable mère nous laisse un
bien précieux héritage, celui des vertus qui la rendaient un objet
de vénération pour tous ses concitoyens. Montrons-nous-en
dignes et méritons d'être avoués pour les successeurs d'une
aussi vertueuse femme. »

AU MÊME

« Tours, le 23 novembre 1808.

« .... Ce que tu me marques relativement à tes sœurs fait
l'éloge de ton cœur, de ta raison et ne me surprend point Il est
très-vrai qu'un homme qui a de l'instruction et des moyens peut
tant qu'il le veut se tirer d'affaire, mais quelles sont les
ressources d'une pauvre fille ?

« .... J'aime, mon bon ami, à m'entretenir avec toi de nos
plus chers intérêts parce que ton cœur est toujours à l'unisson
avec les nôtres. Je voudrais n'avoir jamais d'autres confidents

ni d'autres conseillers que mes enfants. Tu sais que ta maman sur ce point comme sur le reste partage mes sentiments.

« J'ai fait ériger sur la tombe de ma vertueuse mère un monument simple qui retrace d'une manière bien faible ses admirables qualités et nos regrets. J'ai été contrarié de ne pouvoir en faire faire l'érection avant ton départ. Tout est terminé présentement et je voulus hier, accompagné de mademoiselle Boissy (1), aller jeter quelques fleurs sur cette tombe sacrée. Mes genoux fléchirent avant d'en approcher et je me suis vu forcé de remettre à un autre jour cette douloureuse cérémonie. Je n'ai que trop éprouvé que la perte d'une personne que l'on a si tendrement chérie laisse des souvenirs ineffaçables. Je regretterai ma bonne mère jusqu'à mon dernier soupir. »

AU MÊME

« Tours, ce 22 décembre 1808.

« ...... Je n'ose féliciter nos bons parents de Villaire sur l'état qu'a pris leur grand Eugène. Le fils d'un colonel du génie, simple soldat ! On me persuadera difficilement que ce soit un avantage pour lui. L'essentiel est qu'il ne soit pas soumis à l'excessive fatigue dont on accable nos troupes, avant l'entier développement de ses forces. Que de dangers il a à courir avant d'être général !

« Tu m'as fait plaisir en me parlant de ton ami M. Brunet. Ce jeune homme a de la franchise, du caractère, le goût de l'étude et, quelque parti qu'il prenne, il doit réussir : fais-lui nos compliments.

(1) Mademoiselle Boissy, plus connue à Tours sous le nom de sœur Agathe, était une ancienne religieuse qui, restée sans asile et sans ressources au moment de la suppression de son couvent en 1793, avait été recueillie par madame Bruley et l'assistait dans toutes ses bonnes œuvres. Elle est morte dans notre famille et a été inhumée auprès de sa bienfaitrice.

14

« J'ai reçu ici un autre de tes amis ou, pour mieux dire, un
de tes camarades d'étude : il se nomme Carbonnel de Beaumanoir. Il dit avoir été avec toi à Pont-Levoy et au Prytanée et
avoir été un de tes intimes, surtout lorsqu'il s'agissait, à ton occasion, de donner et conséquemment de recevoir des taloches, M. Carbonnel est, dans la garde impériale, fourrier des canonniers de
la marine. C'est un Breton qui me paraît tout formé pour le
métier des armes. A l'entendre, il a beaucoup ferraillé, et il n'y
avait pas cinq minutes qu'il était renfermé avec moi au coin de
mon feu, qu'il avait tiré son grand sabre recourbé pour me faire
une démonstration sur l'art de s'en servir. Ce militaire me paraît
avoir suivi sa vocation. Il va en Espagne ; que Dieu le bénisse ! »

AU MÊME

« Tours, 15 février 1809.

« Tu m'annonces, mon ami, des observations sur l'ouverture
que je t'ai faite. Je les entendrai avec toute l'attention et l'intérêt
que comporte le sujet. Rien n'est plus important que le choix
d'un état ; on ne saurait y apporter trop de méditation. Un jeune
homme capable d'en peser les avantages et les inconvénients
donne une garantie de ses succès dans la carrière qu'il aura
librement adoptée. Je dois t'observer cependant qu'il ne faut pas
que de semblables réflexions soient poussées trop loin. Il n'y a
rien qui n'ait un bon et un mauvais côté, et quiconque ne verrait
d'un état que les inconvénients finirait par n'en prendre aucun,
ce qui serait le pire de tous les partis.

« Je t'ai parlé de la magistrature ; c'est une profession fort
honorable. Elle ne mène pas à la fortune mais aussi elle a
l'avantage d'assurer en quelque sorte votre existence politique
de bonne heure, ce qui donne la facilité de faire dans sa jeunesse
un bon établissement.

« D'autres états tels que le parti des armes, l'administration des domaines, etc., ont l'inconvénient de vous faire languir dans les gardes inférieurs et de ne vous donner une véritable consistance que dans l'âge du retour ; mais aussi l'émulation y est fortement soutenue et l'espoir qu'elle vous donne n'est pas sans avoir ses douceurs, quoiqu'il soit bien souvent déçu. De cet inconvénient, qui est grave, faut-il conclure que ces professions ne sont pas bonnes à suivre ? Tu parais désirer le barreau. Ce serait assurément une résolution bien louable ; mais avant de se livrer à la profession d'avocat il faut bien tâter ses forces et surtout son courage. S'engager pour reculer ensuite, est de toutes les fautes la plus grave. C'est ce découragement qui peuple la société de tant d'êtres inoccupés. On estime davantage, en quelque sorte, une personne qui n'a jamais eu d'état, que celles qui ont quitté le leur avant le temps. Ceux-là laissent au moins à penser que, s'ils avaient voulu faire quelque chose, ils en auraient eu la capacité. L'on est au contraire toujours disposé à penser que ceux qui ont reculé l'ont fait par incapacité ou par inconduite. »

AU MÊME

« Aux Girardières, le 6 décembre 1809.

« ..... Dans les contrariétés et les peines qui pénètrent mon âme, je ne puis éprouver de véritables consolations que celles qui me viennent de ma vertueuse et excellente femme et de nos enfants ! L'élévation de tes sentiments et la bonté de ton cœur me touchent au-delà de ce que je pourrais dire et cependant ne me surprennent point. Je t'ai toujours apprécié ce que tu vaux et tu sais que je n'ai jamais combattu en toi aucun vice, aucun défaut essentiel.

« Si je n'avais que toi, mon ami, si je n'avais même que des garçons qui pensassent comme toi, loin de m'affliger des revers de la fortune, je m'en applaudirais en ce que mes enfants y puiseraient une salutaire leçon et sentiraient la nécessité d'être quelque chose par eux-mêmes.

« Je suis convaincu que mon adversité tournera à ton profit et, je te le dis franchement, ce n'est point pour toi que je m'en afflige. Ce que tu nous marques par rapport à tes sœurs a été apprécié par ta sensible mère comme par moi et, quel que soit le parti que nous soyons forcés de prendre, reçois au moins par avance les bénédictions de ta famille. Tu ne peux douter que notre tendresse pour toi ne soit égale à celle que nous avons pour tes sœurs : nous ne vous avons jamais distingués dans nos cœurs ; nous avons donc un égal désir de vous voir tous trois bien établis et heureux.

« La plus grande marque d'estime que nous puissions te donner serait d'user de l'invitation que tu nous fais d'avantager tes sœurs à tes dépens. Il y a bien peu d'enfants qui soient capables, je ne dis pas de faire une semblable proposition à leurs père et mère, parce qu'il ne faut pour cela qu'un bon mouvement de générosité, mais de persévérer dans un pareil sentiment, de donner les mains à son exécution et d'avoir assez de véritable élévation dans l'âme pour n'en éprouver de ressentiment dans aucun temps.

« Mon plus grand désir, mon cher ami, est de te faire recueillir les fruits de ton désintéressement et de faire en sorte, du moins, que tu n'aies point à en souffrir. Au surplus ce que tu as de mieux à faire, pour ton propre intérêt, c'est de te conduire comme si tu n'avais que fort peu de chose à attendre de notre succession. Toutes tes vues, toute ton ambition doivent tendre à être l'instrument de ta fortune. Si tu y parviens, comme on ne peut en douter, tu éprouveras par la suite quelles jouissances suivent la bonne conduite et le succès de ses entreprises. Une fortune acquise par des travaux honorables est mille fois plus chère que celle due aux hasards de la naissance. Ajoutons que l'on sait bien mieux la conserver.

« Nous ne pouvons te dissimuler que, quand même nous ne ferions à tes sœurs aucun avantage à ton préjudice, tu ne pourrais attendre de nous les mêmes avances de notre vivant. Pour les établir le plus convenablement que le permet notre situation, il faudra forcer les dots et nous réduire au strict nécessaire. Ce ne pourra donc être réellement que dans notre succession que tu pourras être égalé à Prudence et à Valentine.....

« Je regrette de m'être trop laissé aller sur ce chapitre qui est aussi délicat que pénible à traiter. »

AU MÊME

« Tours, 21 mars 1811.

« ...... Je conçois, mon ami, que tu doives attendre avec une grande anxiété la prochaine promotion d'auditeurs ; mais est-il raisonnable de dire que, si tu échoues, tu seras *découragé*, *désespéré*. Est-ce là le langage d'un homme qui est jeune, qui a du caractère, des moyens et des amis ? Tu me demandes quel état prendre quand le gouvernement semble exiger que tout se rattache à lui et soit dans sa dépendance. Je te répondrai que c'est à soi-même qu'il faut faire de semblables questions, parce que seul on est juge de ses forces, de son courage et de son activité. Je te dirai que M. Chaptal, étant ministre de l'intérieur, jouissant d'un grand crédit, d'une fortune brillante, ne put déterminer son fils aîné à entrer dans les emplois publics qui lui offraient tant de moyens d'avancement. Son activité, son amour de l'indépendance, mais surtout son goût pour les arts l'entraînèrent et il alla fonder à Marseille des fabrications chimiques dont il paraît attendre une grande fortune.

« Nous avons vu avec le plus vif intérêt que tu as enfin acquis la certitude de ton insertion sur la liste du duc de Bassano et, pour le dire en passant, ce devra être le motif de ta visite à M. de Pommereul (1), à qui tu ne manqueras pas de dire qu'à lui seul en est

(1) Le général de Pommereul, ancien préfet d'Indre-et-Loire. Il devint conseiller d'Etat et directeur-général de la librairie. Il occupait cette dernière situation quand il attacha mon père à son cabinet et s'employa pour le faire arriver auditeur au Conseil d'Etat.

duc l'obligation. Toute notre inquiétude aujourd'hui est qu'il n'y ait un nombre de candidats bien plus considérable que de nominations à faire, ce qui ne te laisserait que peu d'espérance. En effet, sans parler de ces substitutions dont tu redoutes avec tant de raison la perfidie, peux-tu te flatter d'avoir en ta faveur le moindre motif de préférence ? Tu es recommandé par MM. tels et tels ; mais qui manque de ces officieuses recommandations ! Je ne te fais point cette réflexion pour te décourager, mais pour prévenir l'abattement en cas de non-succès. »

AU MÊME

« Aux Girardières, le 11 juin 1811.

« ...... De notre nature nous sommes tous portés au repos et, vieux comme jeunes, nous ne valons que par les circonstances qui nous forcent à vaincre cette tendance habituelle à l'inaction. Je peux sur ce point me citer en exemple ; j'ai tâté de l'une et l'autre situation et je suis forcé de convenir que mon activité naturelle s'use aujourd'hui dans de misérables détails qui me laissent un grand vide dans l'âme. Pour vivre heureux, il faut des occupations sérieuses et utiles. L'estime des autres et le contentement de soi-même en résultent. Cette situation nous sauve de cette inquiétude vague et fatigante qui afflige tout individu non occupé.

« Tu peux, mon ami, en croire mon expérience et ma propre observation. Dusses-tu par hérédité voir les honneurs et la fortune être un jour ton partage, je te plaindrais d'avance s'il fallait jouir de ces avantages dans le désœuvrement. Te le dirais-je, mon ami ? la plus grande et presque la seule consolation que j'aie ressentie de tous les malheurs qui n'ont cessé de m'assaillir depuis ma vente désastreuse de la Bellangerie, a été que cette énorme diminution dans une modeste fortune servirait, plus puissamment que tous mes avis, à te faire sentir la nécessité de te créer un état à toi-même. Je n'ai été profondément affecté de ces revers que pour tes sœurs. L'ambition de les établir d'une manière brillante est ce qui leur a nui. Quant à ta tendre et bonne mère, elle a supporté d'une manière admirable cette épreuve, sans jamais me faire quelques-uns des reproches auxquels elle pouvait se croire autorisée. Elle a fait porter sur elle-même les sacrifices dont elle a reconnu la nécessité et telle est sa raison et son amour pour vous, qu'aucun ne lui coûtera tant qu'il s'agira de votre bien-être. J'avoue que je suis encore éloigné d'avoir sur ce point son courage et sa raison.

« La solitude absolue dans laquelle je me trouve ici me porte à ces réflexions mélancoliques. Les Girardières sont dans toute leur beauté, cependant je ne pourrais y rester longtemps seul et éloigné des miens.

« .... Pour une famille unie il n'y a rien de plus pénible, sans doute, qu'une séparation dont le terme est indéterminé. Mais si les parents se pénétraient bien de cette vérité que ce n'est pas pour eux-mêmes qu'ils élèvent leurs enfants et que la plus grande utilité de ceux-ci devra toujours être le mobile de leur conduite, de bonne heure ils se familiariseraient avec l'idée de vivre un jour séparés les uns des autres. Mais qu'il est difficile de se façonner au chagrin par prévoyance ! »

A MADAME DEROUET, SA FILLE

« Aux Girardières, 28 juillet 1811.

« Ta maman, ma bonne amie, paraît avoir eu avec toi une correspondance suivie depuis votre séparation ; ainsi je n'ai rien à te dire de ce qu'elle a vu et fait à Paris, t'en supposant mieux instruite que moi. Je crois aussi inutile de te parler de ce qui concerne ton frère.

« Tant de personnes en crédit s'intéressent au succès de sa demande, que nous pouvons raisonnablement en concevoir de l'espérance. Cependant il ne faut compter sur rien. L'arbitre de nos tristes destinées se plaît souvent à déjouer toutes les combinaisons de ceux qui l'approchent. Bien rarement sa politique se trouve d'accord avec celle de ses ministres ; ainsi notre pauvre Prudent peut être présenté, recommandé, reproduit de nouveau et, cependant échouer. Je ne cesse de lui marquer qu'il ne doit pas tellement se fier sur le succès de ses démarches, qu'il néglige d'autres moyens de pourvoir à son avancement. M. de Pommereul a bien voulu le prendre auprès de lui, quoique encombré dans son ministère d'employés dont il s'est vu obligé de congédier une partie. Ce brave général a de l'amitié pour nous et particulièrement pour ce candidat et, s'il veut bien lui être utile, il en a autant de moyens que tout autre.

« .... Je te dirai avec quelque peine que dans la série de tes occupations je ne vois pas de temps consacré à l'étude et à la lecture. Travailler de l'aiguille est sans doute très-louable, mais cet exercice mécanique, dans lequel tu es surpassée par une ouvrière à douze sous par jour, ne doit occuper qu'une partie de ton temps. Au nom de Dieu, travaille à orner ta mémoire, à fortifier ton jugement, à élever ton imagination et ton esprit. Fais-toi un petit plan d'étude, et, comme il y a dix mille fois plus de volumes que n'en peut lire la personne la plus studieuse, fais surtout le choix le plus sévère dans tes lectures.

« Je voudrais que tu te fisses une loi irréfragable de ne jamais lire ni romans, ni ouvrages inconnus, ni enfin aucun de ces livres, fûssent-ils bien écrits, qui n'ont pour but aucune instruction positive.

« Des ouvrages substantiels et philosophiques sur l'histoire, des voyageurs connus pour leur véracité et la variété de leurs observations, les ouvrages les plus distingués de la littérature grecque, latine et moderne, etc. ; voilà sur quoi doit porter ton choix. Ne crois pas que tout cela comporte un grand nombre de volumes. En tout genre le bon est rare et surtout dans les productions du génie. Un bon livre, lu dix fois et médité, est mille fois plus profitable que le fatras d'écrits frivoles dont on dévore plusieurs volumes en un jour et qui font à l'esprit ce que les éclairs font à la vue.

« Essaie de cette méthode et je t'assure qu'avant six mois tu auras des idées positives sur une multitude de choses qui pour toi sont présentement comme si elles n'existaient pas. Que ton mari trouve ici ma prière de te seconder dans cette circonstance et de te procurer les bons ouvrages qu'il n'est pas permis d'ignorer. »

A SON FILS

« Tours, le 20 janvier 1812.

« Les voilà donc réalisés ces tristes pressentiments dont je ne pouvais me défendre et dont je t'ai si souvent entretenu. Par ta lettre tu me dis, mon bon ami, que S. M. ne sachant plus où placer les auditeurs, ne parait plus disposée à en créer de nouveaux. Si tu es sage tu dois te regarder comme entièrement désappointé, car tu ne peux te flatter d'être du petit nombre de privilégiés en faveur de qui quelque dignitaire viendra se mettre en avant. Je ne te dirai point : Renonce à l'espoir d'être un jour nommé auditeur, mais, regarde cette chance comme si peu probable qu'il faut de toute nécessité songer à d'autres ressources.

« Tu me parles, mon ami, du désir qu'aurait M. de Pommereul de me voir maire de Tours. Je ne dois regarder cela que comme un témoignage de bienveillance auquel je suis fort sensible.

« Je serais au reste bien contrarié s'il était question de réaliser cette idée. Je refuserais nettement une telle place qui met si étroitement dans la dépendance du Préfet. Celui-ci ne laisse au pauvre maire que les opérations pénibles, odieuses au public et se charge seul du surplus. Ma fortune, ma déplorable vue qui faiblit chaque jour, mes habitudes, mon domicile à la campagne, tout concourt à repousser l'exécution d'un pareil projet. »

AU MÊME

« Tours, le 13 avril 1812.

« .... Tu te flattes, mon ami, que ton tour viendra d'être nommé, et moi j'en désespère depuis longtemps. Si, comme tant d'autres, j'avais su prendre un nom de terre et allonger ce nom d'un *de*, j'aurais bien plus d'espoir. Tu pourrais cependant dire, si cela paraissait nécessaire, que dans l'ancien ordre de choses j'avais la noblesse acquise. Qui aurait jamais cru que l'on dût se souvenir de ces chimères-là ?

« ... Ce ne sera pas sans une sorte de scrupule que je quitterai ce pays au moment de la crise actuelle. La misère est extrême et le devoir de ceux qui ont quelque superflu à sacrifier, est de donner les secours qui dépendent d'eux. N'offrit-on que des consolations, c'est encore une manière de compatir qui n'est pas sans utilité. M. le Préfet m'a fait membre du bureau de bienfaisance chargé d'organiser la confection et la distribution de 3200 soupes économiques par jour. Il n'est pas aussi aisé qu'on le pense d'improviser de semblables secours, surtout quand les aliments qui font la base de ces soupes sont épuisés. Au surplus nous avons la satisfaction de faire fabriquer ici ces soupes avec tant de propreté et de soins, qu'elles sont réellement nourrissantes et bonnes.

« J'avais il y a quelques jours à dîner dix-huit personnes, au nombre desquelles étaient le Préfet, le Maire, etc. Au moment de se mettre à table j'envoyai acheter trois portions de ces soupes et chacun en mangea sans aucune répugnance. Le point difficile sera d'y accoutumer les indigents.

« Notre prélat est ici et il ne sert qu'à faire comparer les temps et les hommes. Tous ceux de mon âge se souviennent parfaitement d'avoir vu à sa place M. de Fleury. Sa charité était telle, qu'il aurait sacrifié dans cette circonstance plus de moitié de son revenu d'une année. Après lui M. Decourié, tout aussi charitable, était bien plus éclairé. Nous l'avons vu, une année où nos hospices ne suffisaient pas pour recevoir tous nos malades, convertir tout son palais en hôpital. La bonne sœur Agathe était la principale hospitalière, l'office était convertie en pharmacie et le cuisinier ne servait que pour les malades. Celui-ci pourra nous aider de ses prières, de ses vœux et donner sa bénédiction à tout venant. »

AU MÊME

« Tours, le 19 juillet 1812.

« ..... Mon arrivée aux Girardières a été une sorte de petite fête de famille. J'ai éprouvé que le plaisir de se voir aimé de ceux dont on est entouré est le plus doux que l'on puisse goûter. J'ai toujours pensé qu'il n'y a de prospérité, de considération et de réel bonheur que pour les familles unies.

« Quoique nous ayons cet avantage, nous en sommes encore à attendre la prospérité ; mais on ne peut douter au moins du contentement très-réel de chacun de nous quand nous sommes réunis.

« ..... Les jeunes gens ont besoin dans le monde d'amis, d'appuis, de prôneurs. Tout est disposé en leur faveur, mais il faut qu'ils daignent faire des frais. Tu n'éprouveras que trop combien les personnes faites influent sur la réputation et souvent sur la destinée des jeunes gens. Quiconque a l'art de se ménager la bienveillance des gens à influence, est sûr de n'être jamais attaqué impunément et d'être habituellement averti de ce qui intéresse son avancement. Sois assuré que tel chef de division tel employé en sous-ordre a plus de crédit pour ou contre toi que cet essaim de jeunes gens qui papillonnent dans vos jardins publics, en les supposant tous tes amis.

« ..... Il y a un milieu à prendre entre la suffisance que l'on reproche avec raison à quelques jeunes gens et la timidité qui naît d'une trop grande défiance de soi-même. Ton bon esprit et les excellents principes que tu as pris chez M. Lemoine t'ont préservé du premier de ces écueils et c'est à ta raison de te défendre pareillement de l'autre. Sans vouloir t'inspirer de vanité, je te conseillerai d'examiner les personnes qui d'ordinaire donnent le ton dans la société et de te comparer à elles. Vouloir paraître bien plus qu'on ne vaut réellement, c'est s'exposer à de fréquentes humiliations ; mais ne pas se montrer ce qu'on est, c'est duperie. »

A SA FEMME

« Orléans, le 19 juillet 1815.

« Ici je reçois la lettre de notre cher Frédéric (1). J'y lis avec surprise et affliction que les débris de notre armée qui sont à Tours, luttent encore et veulent soutenir une couleur qu'il faut sacrifier. Les insensés ! Ils ne savent pas que cette résistance inutile compromet la tranquillité de la France entière et l'intégrité de son territoire. Ils ignorent apparemment que cette résistance est ce que désirent le plus vivement les Prussiens qui, toujours animés contre les Français, voudraient exterminer nos dernières ressources militaires et s'emparer des débris de notre artillerie ; ils s'en expliquent assez hautement.

« La partie de l'armée de la Loire la plus considérable est sans doute vers Orléans. Eh bien, ici, le drapeau blanc flotte de l'autre côté de la Loire depuis hier matin. La soumission est

(1) Frédéric Derouet, son gendre, officier du génie.

faite depuis quatre jours et tout le monde sent tout ce que cette
conduite a de mérite. La preuve qu'elle est nécessitée par l'intérêt
même de la patrie c'est, encore une fois, qu'elle afflige nos alliés
qui se flattaient de vaincre par leur masse toutes les résistances
et d'exterminer les débris de nos armées. Si les choses eussent
été poussées à cette extrémité, vainqueurs alors de la France ils
lui auraient imposé les conditions les plus dures.

« Que chacun au contraire se rallie au Roi, alors ils n'ont
plus aucun prétexte, d'après leurs proclamations, pour nous
imposer des contributions et rester sur notre territoire.

« ..... Malgré la sécurité avec laquelle on pourrait arborer à
Orléans et drapeau blanc et cocarde, chacun s'y abstient de cette
démonstration, sans doute pour prévenir toute dissension. A cet
égard on ne peut que louer la sagesse des Orléanais dont les sentiments ne sont pas équivoques. Voilà la deuxième fois qu'ils
se conduisent avec cette louable circonspection à laquelle ils
doivent le maintien de l'ordre et de la tranquillité. Si à Tours
on avait eu la même sagesse, les désordres regrettables qui y ont
eu lieu ne seraient pas un sujet d'affliction. Il n'y a que les
brouillons, les intrigants et les sots qui soient si empressés de
signaler leur zèle vrai ou simulé. Ils ne veulent pas sentir que
dans ces conflits politiques le pauvre bourgeois qui se met en
avant, ne peut jamais attraper que des coups sans compensation.
Malgré mes opinions politiques j'ai toujours été de ce sentiment,
parce que l'étourderie n'est pas du courage. »

A SA FEMME

A L'OCCASION DU PROCÈS EN SÉPARATION DE CORPS INTENTÉ PAR SA FILLE, MADAME
ARNAULT, CONTRE SON MARI.

« Orléans, le 15 août 1815.

« Victoire, mes bons, mes chers amis ! Valentine nous reste ;
elle est affranchie de la plus horrible tyrannie. Sur les quatre
heures et demie nous avons appris que la Cour avait confirmé le

jugement de première instance. L'affluence depuis ce moment jusqu'à celui-ci a été telle dans notre petit appartement, que je ne puis vous annoncer cet heureux résultat qu'à l'entrée de la nuit et en présence de quelques personnes.

« Mon premier dessein était de ne pas assister aujourd'hui à l'audience. Cependant M. Moreau devait répliquer ; il désirait que j'assistasse à son plaidoyer ; et je m'y suis rendu dans l'intention de le conforter par ma présence. Il a parlé avec talent et méthode. Après lui l'avocat général a porté la parole. Vous savez que je le regardais comme nous étant contraire, et mon motif était que lui-même avait dit qu'il ne trouvait pas dans notre affaire des preuves suffisantes. Quel a été mon étonnement de le trouver tellement favorable à ma fille que j'en ai conçu ainsi que M. Moreau de l'inquiétude. Je me suis rendu après la clôture des débats auprès de ma fille et là j'ai passé, dans l'attente du résultat, les deux heures les plus longues, les plus pénibles de ma vie. Enfin j'ai vu courir vers notre appartement, un peu avant cinq heures, le jeune Baillet suivi de quelques autres personnes et alors nous avons jugé que ma fille était sauvée.

« Que n'aurais-je pas donné, mes bons amis, pour vous posséder ici dans ce moment, ou au moins pour pouvoir vous instruire avec la plus grande rapidité de notre bonheur. Faute de mieux, je vous adresserai cette lettre par le conducteur de la diligence qui doit partir à minuit et vous l'aurez demain, j'espère, pour votre dîner.

« Aujourd'hui Valentine et moi avons mangé avec plaisir, avec appétit, pour la première fois depuis quelques jours. Cette nuit, je l'espère, nous dormirons aussi avec calme, ce qui ne nous est pas arrivé depuis longtemps.

« Je ne vous parlerai pas ici des opérations qui vont suivre : je ne suis pas en situation de parler d'affaires. Restons, pour aujourd'hui, tout à notre satisfaction, à l'ivresse du bonheur.

« Je vous ai alarmés par mes précédentes lettres : eh bien ! sachez que je ne vous ai dépeint qu'une partie de mes craintes. Toutes les personnes que j'ai vues hier et aujourd'hui ont déclaré qu'elles regardaient le procès de ma fille comme désespéré. M. Arnault et sa digne servante, se croyant assurés du succès, avaient déjà redoublé d'insolence et de provocation.

« Beaucoup de ceux qui nous portaient intérêt n'ont pas osé assister à l'audience d'aujourd'hui. Le jugement est l'objet des félicitations les plus empressées. Nous aurons bien des remerciements à faire et ce sera avec la plus délicieuse exactitude que nous acquitterons cette dette de la reconnaissance.

« Adieu, mes bons amis; que ne donnerais-je pas pour vous faire tenir de suite ce griffonnage !

« Recevez nos plus tendres embrassements ; que ne pouvons-nous être dans vos bras ! »

« P. S. Je ne dois pas vous laisser ignorer que si ma fille eût succombé, nous vous en aurions porté nous-mêmes la nouvelle. Mes mesures étaient prises : nous partions dès ce soir et c'est au milieu de vous que se serait passée la première explosion de notre douleur. Respirez, dormez et sentez, comme nous, qu'au milieu des circonstances les plus tristes on peut trouver un bonheur réel. »

A SON FILS

« Tours, le 2 avril 1817.

« Nous aimons à croire, mon ami, que tu as été mal informé relativement à notre nouveau préfet. M. le comte de Waters (eh ! qui n'est pas comte aujourd'hui !) quitte bien le département de la Vendée, mais il y avait été précédé par un autre préfet, comte ou non, qui avait révolté par sa dureté.

« Celui-ci au contraire, nous dit-on, a sollicité lui-même son changement, ne pouvant, malgré son dévouement à la personne du Roi qu'il a suivi à Gand, parvenir au royalisme pur de ces heureuses contrées. Au surplus il a très-bien débuté, ainsi que madame. Politesse, accueil facile, exactitude à rendre les visites, belles promesses : voilà ce que nous avons tous vu. On lui donne l'intention de ne pas reconnaître de partis, ce qui serait la conduite d'un homme d'esprit et franchement dévoué au gouvernement.

« ...... J'ai été bien surpris dernièrement en recevant un nouveau volume du *Censeur*. MM. Comte et Dunoyer ont singulièrement étendu leur juridiction, et l'Europe entière est devenue leur justiciable : ils ont pris le titre de *Censeur Européen*.

« On ne sait, en vérité, comment cet écrit a pu circuler quand la presse est entravée par tant de sages restrictions. Ces gens-là, avec leurs principes, leur vigoureuse dialectique, leurs sorties contre la noblesse féodale qu'ils traitent sans façon de *sauvage*, de classe *oisive-dévorante*, m'ont bien l'air de s'attirer plus d'une méchante affaire! Ne vont-ils pas jusqu'à dire que nos preux, parlant sans cesse de leur vaillance et de leur conscience, ressemblent à des Bayard et à des du Guesclin comme les soldats du Pape à ceux de César. Enfin ils poussent l'irrévérence jusqu'à attaquer par des plaisanteries l'opposition, si populaire, de la dernière Chambre. Au surplus nous sommes ici dans une ignorance complète sur tout ce qui se fait, se dit et s'imprime à Paris. Nos libraires ne vendent que des livres de cantiques et des Imitations. Létourmi, le plus fort de ces messieurs, n'a pas même entendu parler du livre de l'*Esprit*, seul bon ouvrage d'Helvétius ; il prenait ce titre pour celui de l'un de ces *anas* qui enrichissent les quais de Paris. »

AU MÊME

Tours, le 11 août 1818.

« ... Tu me parles encore de l'établissement à Tours d'une école d'instruction mutuelle, et je vois avec une sorte d'humiliation que nous ne sommes pas mûrs ici pour une institution qui aura gagné Moscou et Arkangel avant d'être adoptée à Tours, au centre de la France. Croirais-tu qu'en dernier lieu, lorsqu'on a délibéré sur cet objet dans le conseil général de la commune de Tours, deux voix seulement, dont était M. Aubry, ont émis un vote favorable. Cependant, comme il faut parler à charge et à décharge, il convient d'ajouter que ce conseil de commune n'est pas du choix des habitants, mais de celui de MM. les comtes et barons qui se sont succédé à notre préfecture.

« C'est le même discernement, le même amour pour la liberté, le même esprit de justice qui tous les trois mois forme les listes des jurés; et les mêmes jurés qui se sont dans d'autres temps montrés indulgents jusqu'au scandale, jusqu'à faire désirer la suspension de cette admirable institution, sont aujourd'hui d'une rigueur telle que l'on en serait à regretter l'ancienne instruction criminelle si cela devait durer.

AU MÊME

« Tours, le 3 septembre 1818.

« ... Déjà plusieurs fois je t'ai engagé à m'expliquer comment tu conçois ton affaire, car il s'agit d'opérer sûrement et fructueusement, circonstances qui se réunissent rarement dans les spéculations financières. Ta maman dans sa dernière lettre m'a paru séduite par les aperçus très-brillants de ton estimable et sage ami Vallet, mais il me semble qu'en résultat, il s'agit de spéculations sur les fonds publics, c'est-à-dire de ce jeu terrible à la hausse et à la baisse qui, comme tous les jeux de hasard, ruinent vingt spéculateurs pour un qu'ils enrichissent.

« Dans les jeux de société les cartes absorbent tellement les profits, qu'à fortune égale la perte est certaine pour tous les joueurs et que le plus heureux est celui qui se retire intact. Est-ce qu'aux jeux si effrayants de la Bourse les frais de négociation n'absorbent pas pareillement, à la longue, tous les profits ? Les cartes de jeu ayant une valeur fixe, il en résulte que pour les gros joueurs elles sont une dépense presque insensible ; mais il n'en est pas de même pour les frais de négociation qui sont toujours proportionnés aux valeurs négociées.

« Qui me dira, par exemple, s'il a été bien facile de prévenir la baisse rapide qu'éprouvent depuis dix jours tous les effets publics ? Ils remonteront, me dira-t-on ; je le veux croire, mais on conviendra qu'ils peuvent baisser beaucoup encore. Or quel est le sort du spéculateur qui, n'ayant rien à perdre, a commencé ce jeu au moment de la baisse ?

« Les personnes qui se laissent séduire par l'appât du gain et qui ont le courage de renfermer toute leur fortune dans leur portefeuille croient avoir tout dit quand, décriant la propriété, elles lui reprochent de ne rapporter que deux et trois pour cent. Mais si on leur répond, ce qui est exactement vrai, qu'une propriété valant 100,000 fr. aujourd'hui, en valait à peine moitié il y a vingt ans, il sera bien démontré que ce même bien rapporte plus de 5 0/0 du capital qu'elle représentait il y a vingt ans. Que serait-ce si l'on se reportait à un demi-siècle et plus ? Il est constant, et j'en ai moi-même la preuve, que bien des propriétés ont aujourd'hui un revenu plus considérable qu'elles ne valaient intrinsèquement autrefois. Mais en prenant les choses dans l'état actuel, pourra-t-on disconvenir que, suivant la progression constante des choses, un capital placé aujourd'hui moitié en effets publics, moitié en immeubles, éprouvera une telle disproportion que, même en admettant, par impossible, que les capitaux mis sous la main du gouvernement n'éprouvent aucune de ces réductions qui depuis plus d'un siècle ont été la ressource ordinaire des ministres des finances, au bout de peu d'années tout l'avantage sera pour l'immeuble.

« Il est donc bien reconnu que se défaire de ses biens fonds pour les placer sur le gouvernement dans la vue seule d'accroître momentanément son revenu, c'est égoïsme, imprévoyance, sottise. Mais, me dira-t-on, ce n'est pas de collocation de ce genre qu'il s'agit ici : ce sont des spéculations que nous voulons faire. A cela je n'ai rien à objecter jusqu'à ce que je connaisse la nature de ces spéculations qui, je le répète, ne sont d'ordinaire très-fructueuses qu'en proportion des risques.

« Tu es sûrement instruit que notre chère Prudence va, d'après nos arrangements, avoir la Barre. Je puis assurer que depuis quarante-cinq ans que cette propriété est dans notre famille, elle a produit de sept à huit fois au moins son capital qui n'était que de vingt et quelques mille francs. Que serait-il aujourd'hui si ma bonne mère, moins sage, moins occupée de mon avenir, l'avait placé en rentes sur l'État ? De réductions en banqueroutes, 1,200 fr. de rentes de cette époque n'en vaudraient pas cent aujourd'hui.

« Ta sœur bien convaincue de l'excellence de cette propriété qui lui sera d'autant plus chère qu'elle lui viendra de sa grand'-maman, s'y attachera et sera certaine de laisser à ses enfants un immeuble avantageux.

« Je pourrais en dire autant des Girardières, mais que deviendra après nous cette propriété qui pour mes enfants a également le mérite de provenir de leurs bons grands parents ? Valentine, dans nos arrangements de famille, aura aussi des immeubles, et il le faut bien puisque j'ai à la remplir de sa dot. Mais que lui donnerons-nous qui puisse lui convenir et lui plaire ? Tout cela se règlera à l'amiable. Il existe entre nous tous trop d'union, trop d'estime, trop de véritable amitié pour que nos arrangements ne soient pas calculés pour l'intérêt et la satisfaction de chacun.

« Pendant votre très-courte réunion occupez-vous de ce sujet et soyez certains, mes chers enfants, que mon plus grand et, je puis dire, mon unique désir est que vous retiriez tous les trois le plus grand avantage possible des débris de notre fortune. Soyez certains que votre maman, toujours excellemment tendre, sage et bonne, partage à cet égard tous mes sentiments qui sont souvent l'objet de nos plus sérieux entretiens. »

AU MÊME

« Tours, le 13 janvier 1819.

« .... Voici un autre objet pour lequel j'ai besoin de renseignements et je les attends de toi avec précision et célérité, car il s'agit de venir au secours de l'infortune la plus déplorable et la plus complète. Ceci est, malheureusement, une histoire de famille et il faut bien que tu prennes ta part de la peine qu'elle nous fait.

« M. Pénaud, en faisant par mer le trajet de Nantes à Brest où il demeurait, a fait naufrage l'année dernière. Cette mort a éveillé l'inquiétude des créanciers et il est résulté d'un inventaire qui élevait le passif beaucoup au-dessus de l'actif, que les créanciers ont tout saisi, tout fait vendre et que la veuve chargée de quatre enfants, est restée sans ressources, sans autre pain que celui de la charité.

« L'un de ses enfants, sujet intéressant et d'une haute espérance, est à Pont-Levoy. Il est dû un arriéré sur la pension, on menace de le congédier si l'on ne paie cet arriéré et ce qu'il est d'usage de payer en avance. Un autre garçon est embarqué comme aspirant de la marine ; celui-là avec de la valeur et de la conduite sera, avec un peu d'aide, en état de se suffire à lui-même.

Un troisième garçon, destiné à la même carrière, est à une école spéciale d'Angoulême d'où on le congédiera indubitablement, si l'on ne vient pas à son secours (1). Reste un dernier enfant qui est une fille en bas âge, condamnée à partager la misère de sa mère.

(1) Ces trois garçons sont arrivés aux plus hautes positions dans la marine. La famille de Trémais, à laquelle appartenait madame Pénaud, avait été ruinée par les événements de St-Domingue. Il en était de même pour les de Villaire et les des Pallières.

« Dans cet état les correspondants chargés de faire l'avance des pensions, les instituteurs, les créanciers se remuent, invoquent la bienfaisance des parents de cette malheureuse famille : personne ne veut se mettre en avant.

« M. le comte de Gourdon, commandant de la marine à Brest, a adressé à madame Legris, fille unique de notre défunt parent M. Journu, la lettre la plus noblement écrite et la plus touchante pour invoquer l'assistance de cette parente et de toute une famille qu'il voudrait connaître pour lui écrire pareillement. Madame Legris m'a écrit pour me faire passer la lettre de M. de Gourdon, en me marquant qu'elle ne pouvait rien faire. Loiseau et moi sommes disposés à des sacrifices, mais nous ne sommes pas, à beaucoup près, en état de nous charger d'un si énorme fardeau. Nous sommes donc d'avis que les plus proches parents de madame Pénaud remplissent ce devoir et nous nous empresserons de les seconder. Mademoiselle Aubert, que tu as connue enfant sous le nom de *Bellile*, a épousé un M. Lefebvre que l'on dit riche. Elle est nièce de madame Pénaud ; c'est à elle et à son mari qu'il convient d'entreprendre cette œuvre de justice et de bienfaisance.

« Il faut, mon ami, que tu fasses ce qui dépendra de toi pour approcher de cette jeune dame dont tu nous feras connaître la demeure et, pour émouvoir sa sensibilité. Par le moyen de madame de Villaire tu connaîtras aisément l'adresse de madame Lefebvre. Cette bonne parente de Villaire, les des Pallières sont tous plus proches parents que nous : mais qu'attendre de ces infortunés qui eux-mêmes luttent péniblement contre leur mauvaise fortune ? Dans cette occasion aide-nous du moins de ton activité et de ton exactitude : c'est tout ce que l'on peut attendre de toi.

« ... Nous sommes dans l'attente des propositions de loi du nouveau ministère. Il ne faudra pas un grand degré de pénétration pour juger, dès l'abord, s'il est franchement constitutionnel, ce dont je prends la liberté de douter. Tous les dépositaires du pouvoir croient avilir l'autorité en renonçant à l'arbitraire et à tous les moyens de despotisme dont il faudra pourtant bien apprendre à se passer. Toute marche tortueuse ne peut plus conduire qu'à des précipices. Pour arriver et se maintenir il n'y a plus que la ligne droite.

AU MÊME

« Tours, le 25 mars 1819.

« .... Voici une charge bien sérieuse et peut-être bien longue dont l'honneur et l'humanité prescrivent à Loiseau et à moi le poids et l'embarras. Le directeur de Pont-Levoy, à qui il est dû un arriéré considérable sur la pension d'Alphonse Pénaud, a écrit à MM. Gouin, correspondants de cette famille infortunée, qu'il allait leur renvoyer cet enfant si personne ne se chargeait de sa pension. Pour prévenir un pareil désagrément nous nous sommes engagés provisoirement au paiement de cette dépense. N'y a-t-il pas à craindre que cet engagement ne devienne pour nous une charge bien longue et bien lourde? Encore si ces sacrifices faisaient cesser les calamités de toute cette famille! Mais, jusqu'à présent, nous ne voyons aucun secours, aucune ressource pour subvenir aux pensions et à l'entretien de la mère et des trois autres enfants. »

AU MÊME

« Tours, le 2 août 1819.

« Notre trop cher Henry (1) respire encore et c'est pour son tourment et le nôtre. Telle est notre misère qu'il nous faut

(1) Henry Derouet, son petit-fils.

regarder en quelque sorte son existence comme un malheur. Ne prenant plus, de loin en loin, que quelques gouttes de lait que l'estomac refuse et qui occasionnent des convulsions, cet enfant lutte de toute la vigueur de son tempérament contre une fin inévitable. Je ne te dirai rien de nos peines, de l'accablement de la mère, du tableau déchirant de toute une famille et de domestiques affectionnés entourant silencieux ce berceau où la mort est si voisine de la naissance. Pour comble de douleur notre pauvre enfant, plus beau que jamais, conserve une fraîcheur de teint admirable et toutes les apparences de la santé. Dans ses convulsions il tend les bras comme pour implorer un secours qu'il n'est plus au pouvoir des hommes de lui donner. Quel spectacle, mon ami! Pourquoi faut-il que je sois condamné à survivre à l'un de mes petits-enfants, ayant eu le bonheur d'élever tous ceux que la nature m'a donnés! Avec quel empressement je rachèterais les jours de cet enfant au prix des miens! Sa carrière ne faisait que commencer, elle aurait pu être heureuse et brillante : la mienne s'achève et je n'ai en perspective que souffrances et infirmités.

« Tous nos soins se portent sur la chère Prudence qui est dans un accablement affreux.

« Si le sacrifice n'est pas consommé demain, je n'aurai le courage de t'écrire qu'autant qu'il nous sera survenu de l'espérance. Mais il me semble qu'à moins d'un miracle il ne faut pas y compter. Tu sauras donc entendre mon silence.

« Adieu, mon cher Prudent, je n'ose regretter que tu ne sois pas avec nous, et cependant en partageant nos larmes tu en adoucirais l'amertume. »

AU MÊME

« Tours, le 6 août 1819.

« Mon silence t'aura suffisamment instruit, mon ami, du malheur auquel je ne t'avais que trop préparé. Ce fut le jour même de ma dernière lettre que le trop cher petit Henry succomba. La forte complexion de cet enfant n'a servi qu'à prolonger ses souffrances ; il a eu une agonie longue, douloureuse et mille fois plus pénible pour nous que pour lui-même. Nous étions parvenus avec bien de la peine à séparer ma fille de son enfant auquel, jusqu'au dernier souffle, les soins ont été prodigués, comme si l'espoir eût encore lui pour quelqu'un. Tout notre soin présentement doit être de prévenir les suites de l'extrême fatigue que Prudence a éprouvée et de l'abattement qu'elle ressent aujourd'hui. Son chagrin est peu communicatif et n'en aura que plus de durée. Quand les grandes affections de l'âme ne se manifestent pas au dehors, elles oppressent le cœur et souvent ont des suites funestes.

« Employons donc tous nos soins à la distraire et à la consoler, s'il est possible. Je t'engage à lui écrire. Ne crains pas de provoquer ses larmes en lui parlant beaucoup de l'objet de ses regrets. Présente-lui ensuite les sujets de consolation qu'elle doit elle-même chercher dans ses deux autres enfants et dans une famille dont elle est tendrement aimée. Eh ! quelle famille, quel individu peuvent se flatter de vivre sans affliction ! Dans les grandes adversités nous sommes toujours pris au dépourvu, par la raison que personne n'y est préparé ; dans la prospérité nous nous aveuglons sur l'avenir et ne pensons plus que le malheur puisse nous atteindre. Si l'individu isolé et uniquement occupé de lui-même se flatte vainement d'éviter l'affection, comment une famille nombreuse pourrait-elle en concevoir l'espérance ? La consolation de celle-ci est dans son union, dans les mutuelles consolations ; tandis que l'égoïste succombe souvent sous les premiers coups de la fortune.

AU MÊME

« Tours, le 26 avril 1820.

« J'étais fort tranquillement aux Girardières avec ta maman, mon ami, lorsque j'ai reçu ta lettre du 20. Je te sais gré des motifs qui te l'ont inspirée, mais je t'avoue que je n'ai partagé aucune de tes inquiétudes sur ma tranquillité.

« Un vétéran de la liberté, un homme qui dès 1788 n'a cessé de professer les principes de gouvernement auxquels il a bien fallu se rendre après tant de crises, d'orages et de crimes ; un homme qui a fait sans murmurer tant de sacrifices à cette noble cause et qui, sans aucun retour personnel d'intérêt quelconque, a bravé tous les genres de proscription ; cet homme, dis-je, n'est ni facile à intimider, ni disposé à endurer la persécution. Crois que ces agents du pouvoir, si arrogants quand ils s'étayent d'une majorité servile, n'ont que de la violence sans énergie, de l'emportement sans force réelle et que, dans le choix des victimes de leur orgueil, ils redoutent les personnes dont la conduite est irréprochable et qui ne sont pas de trempe à se laisser opprimer sans résistance. La lettre dont tu as entendu une lecture imparfaite ne pouvait me concerner et sûrement ne parlait pas de moi. Elle était de ton ami César Bacot qui rendait compte d'une persécution qu'on voulait susciter à son père comme provocateur d'une adresse des communes de Vernou et Noizay en faveur de la Charte. »

AU MÊME

« Tours, le 21 avril 1822.

« .... L'on me juge mal, mon ami, si l'on croit que c'est par tiédeur ou par égoïsme que je me refuse à me mettre en avant pour les élections prochaines. Il a été de tout temps contraire à mes sentiments de faire de pareilles démarches qui vous assimilent trop aux intrigants qui n'ont pas les mêmes scrupules. Vraiment si je m'étais senti cette force de talent, de caractère, qui peuvent rendre un député essentiellement utile, j'aurais pu dans la circonstance présente franchir le pas et hasarder des démarches; mais puis-je, en conscience, montrer cette ambition quand je me juge si inférieur aux devoirs que je contracterais ? Au surplus, aux personnes qui sondent mes intentions à cet égard je dis que je redouterais d'être nommé, j'invite à ne pas songer à moi ; mais en même temps je déclare que si un pareil honneur vient me chercher, je n'hésiterai point à l'accepter. J'ai toujours pensé qu'une élection libre à des fonctions gratuites est un ordre et qu'il est du devoir d'un bon citoyen d'y déférer, dût-il lui en coûter la vie.

« Au reste, toutes ces explications sont en pure perte. Comment les électeurs libéraux pourraient-ils lutter contre les électeurs féodaux et contre ceux, en plus grand nombre, que la crainte enchaîne ? On a passé l'époque où l'on disait à cette armée dévorante de fonctionnaires dont la France est couverte : Vous voterez de telle manière sous peine de destitution. On leur dit aujourd'hui : *Vous êtes destitués si tels et tels ne sont pas nommés.* On sent combien une telle insinuation excite le zèle et le dévouement.

A MADAME DEROUET, SA FILLE

« Angers, hôtel du Faisan, ce vendredi 11 » (1825).

« Soyez sur vos gardes, mes chers amis ; défiez-vous de moi :
je suis gagné, séduit, et, sans le vouloir, mon âme préoccupée va
sans doute essayer de faire éprouver aux vôtres les impressions
douces dont elle est pénétrée. Eh ! qui pourrait y tenir ? Une
famille (1) parfaitement unie, aimable, pleine de franchise, du
meilleur ton, généralement aimée et estimée ; au milieu de tout
cela une tendre mère qui paraît ne vivre que pour se complaire à
faire le bonheur de ses enfants, qui en est tendrement chérie et
dont les gendre et bru se mettent à l'unisson de ses touchantes
affections. Voilà, mes amis, le spectacle ravissant dont j'ai joui
hier une partie de la journée ; jugez si ma situation était avantageuse pour traiter au milieu de cet entraînement le triste et
froid chapitre des intérêts matériels.

« Au surplus ce chapitre de l'intérêt est ce qui occupait le
moins la mère et j'ai vu que ce qui l'attriste profondément, c'est
la crainte d'avoir à se séparer de sa chère fille. Son ton, son langage étaient également pénétrants. Elle voulait me faire promettre au nom de mon fils qu'il s'engagerait à passer auprès
d'elle, avec sa femme, au moins six mois chaque année. A cette
demande faite d'un ton presque suppliant, je n'ai eu autre chose
à répondre que je n'avais aucune autorisation pour prendre un
pareil engagement. Mais attendri par ce sentiment si pur, si
attrayant d'une excellente mère, je me suis engagé à écrire de
suite à mon fils et à joindre mes instances à celles de madame
des Varannes pour obtenir de lui une promesse qui, à ce qu'il

(1) La famille Lévesque des Varannes dans laquelle allait entrer son fils.

me semble, sera bien douce à faire et à tenir. Il ne m'a pas été
difficile de faire sentir qu'il serait plus flatteur pour la mère et
sa chère fille que mon fils se décidât à cet acte de complaisance
de son propre mouvement, que comme y étant en quelque sorte
engagé par moi. A cette occasion madame Drouin (1) m'a dit que
mademoiselle Elisa, qui n'avait pas paru au salon, éprouvait les
mêmes sentiments que sa mère. Rien ne disposait davantage à
un mutuel attachement et à la confiance que cet état d'attendrissement, et j'aurais tout refroidi, tout gâté si, dans cette disposition des esprits, j'avais entamé de mon côté le chapitre des
intérêts......

« Maintenant, mes amis, que vous voilà bien éclairés, tenez
conseil et décidez-vous. Si vous voulez connaître mon sentiment
je vous dirai : avec une pareille famille il faut se montrer généreux, confiant, et se livrer avec sécurité. A cet effet, le parti le
plus convenable, le plus franc et en même temps le mieux
calculé est que mon fils accoure ici sans le moindre délai. J'ai
promis une réponse dans trois jours : il l'apportera lui-même, et
cet empressement flattera tous les amours-propres. Qu'il se
montre tendre et empressé et tous les cœurs de ces braves gens
sont à lui. Une temporisation mal calculée peut lui faire perdre
bien du terrain et, sans que l'on m'en ait dit un mot, j'ai cru
remarquer que l'on s'attendait à le voir arriver avec moi. Ma
déplorable vue me rend bien mauvais juge en figures et néanmoins il m'a semblé que celle de mademoiselle Elisa est agréable
et pleine d'expression. Sa démarche est aisée, son langage naturel, et je suis convaincu qu'elle réussira parfaitement à Tours.
On la dit vive, spirituelle, très-enjouée ; mais ce qui la caractérise
éminemment, à ce qu'il paraît, c'est une admirable douceur et
une bonté de caractère qui seule, pour un mari, vaut toutes les
autres bonnes qualités.

« Ou je me trompe, ou l'empressement de mon fils à venir
faire sa cour lui gagnera plus d'affection en quelques minutes
que ne peuvent le faire toutes vos lettres et mes discours en sa
faveur.

---

(1) Mme Drouin était la fille aînée de Mme des Varannes.

« ...... La terre d'Echarbot est une des plus agréables que je connaisse. Parc parfaitement distribué, eaux vives en abondance, plantations magnifiques, tenue parfaite et, pardessus tout, un sol si fertile que la végétation y a une force inconnue dans notre *jardin de la France*, même dans les beaux jardins de Vernou. Le ménage est monté sur un ton qui annonce l'habitude d'une honorable réception. Belle argenterie, bonne table et le reste. En ce qui me touche personnellement, je n'ai recueilli dans cette première entrevue que des témoignages flatteurs d'estime, de confiance et d'une affectueuse bienveillance. Madame des Varannes, alléguant le mauvais temps, a voulu me retenir.; je voyais que je la contenterais en cédant, mais elle avait la bonté de nous donner encore sa voiture, et je ne voulais pas laisser mes deux compagnons de route revenir seuls. En nous quittant elle m'a dit, d'une manière marquée, qu'elle se rendait en ville samedi. Tout parlait dans le maintien de cette bonne mère et semblait dire qu'elle attend avec la plus vive sollicitude une réponse conforme à ses désirs. »

A SON FILS

« Tours, 28 avril 1825.

« ..... On nous a reproché notre précipitation à quitter Echarbot : si l'on nous avait vus sur la route et à notre arrivée, ces plaintes obligeantes se seraient converties en une véritable pitié. Jules pleurait et sa mère et moi ne rompions de temps en temps le silence que pour parler de vous tous et gémir sur la nécessité qui nous éloignait. Echarbot et surtout les personnes qui embellissent ce séjour déjà si beau, sont l'objet continuel de nos entretiens et de nos souvenirs.

« Hier nous avons dîné chez notre chère et bonne Justine (1).

(1) Madame Loiseau, belle-sœur de mon grand-père.

Nos récits, en réveillant tous ses regrets, ont intéressé vivement ses convives, du nombre desquels était l'ami Bouilly arrivé depuis trois jours. Une soirée nombreuse doit avoir lieu samedi prochain chez ma belle-sœur pour entendre la lecture d'une pièce, que je crois en trois actes, de notre concitoyen. Cette pièce est reçue aux Français, ce qui fait présumer qu'elle n'est dénuée ni d'intérêt, ni de mérite. Cependant je ne négligerai pas de prendre du café.

« ..... En peu de jours la famille des Varannes a conquis toute notre estime, toutes nos affections ; nous la voyons comme une réunion d'amis véritables et, sur la fin de ma carrière, je me sens ranimé par les douces émotions d'un sentiment qui se fortifiera chaque jour.

« Te voilà établi, mon ami ; ton bonheur me paraît assuré, je ne doute pas davantage de celui que tu sauras procurer à ta charmante petite femme et il ne me reste plus qu'à jouir de votre félicité. Tes sœurs pensent comme moi sur ton heureuse alliance, et l'union qui existe entre vous sera pour nous la plus réelle des jouissances. Ta bonne et douce Elisa se plaira avec nous, elle nous aimera et elle sera payée du plus tendre retour. »

A SA BELLE-FILLE

« Aux Girardières, 6 mai 1825.

« Je viens d'écrire à votre mari, mon aimable et bien chère fille, et j'éprouve le plus vif désir de m'entretenir aussi quelques instants avec vous. C'est pour moi goûter, en quelque sorte, d'avance le plaisir que nous procurera votre prochaine arrivée. Un nouveau domicile, une nouvelle famille vous attendent, et si je n'avais pas la certitude que vous serez heureuse parmi nous, le jour de votre mariage, qui me fût si cher, serait pour moi une source continuelle de regrets. Votre union avec mon fils sera

pour lui, comme pour nous tous, l'époque d'une véritable satisfaction ; vous partagerez nos sentiments, nos affections, même
nos peines et l'accord le plus parfait continuera d'exister dans
ma famille.

« Déjà, ma chère fille, parmi vos excellents parents vous avez
goûté toutes les douceurs, plus rares qu'on ne croit, de cette parfaite union ; il n'y aura plus de rivalité entre nos deux maisons
que sur le point de savoir qui contribuera le plus à votre bonheur.

« Fidèle aux engagements que j'ai pris en quelque sorte avec
votre excellente maman, je n'exigerai jamais ni de vous ni de
mon fils aucun sacrifice de votre temps ; vous conserverez votre
liberté entière et je n'en jouirai que mieux de celui que vous me
consacrerez : votre présence près de nous sera toujours également chère et désirée.

« ..... Chez votre bonne et nouvelle tante Justine vous trouverez, dès le premier bonjour, une amie dont l'inaltérable douceur
vous intéressera chaque jour davantage. Vous trouverez la même
bonté de caractère dans son mari et dans M. Derouet, mon gendre.
Vous avez assez d'expérience pour savoir combien il est agréable
de vivre avec les personnes de ce caractère, surtout quand à
leur bonté se joignent les qualités aimables et la plus irréprochable
droiture.

« A la Plaine (vous avez entendu parler à mon fils de cet
agréable séjour) vous verrez M. Bouilly, auteur aimable, qui
est notre compatriote et mon ami dès la première enfance. Dernièrement il nous a lu à Tours, dans une très-nombreuse réunion,
une pièce qu'il voudrait bien faire jouer aux Français mais que
des préjugés inhérents à la légitimité pourront en écarter. Cette
pièce a pour titre : *Une Matinée de Louis XIV*. C'est une
espèce de lanterne magique où une vingtaine des personnages
les plus célèbres du grand siècle sont mis en scène, ce qui don-
nerait à cette action anecdotique un véritable intérêt de souvenir.
Je ne doute point que notre cher auteur, bien pénétré de votre
éloge, ne roule dans sa tête, en votre honneur, quelque impromptu dont il accouchera en vous voyant.

« Veuillez, aimable interprète de mes sentiments, faire agréer
à madame des Varannes, à M. votre père et à tous vos aimables

entours les sentiments tendres et respectueux de chacun de nous.
Ils ne peuvent trop entendre dire que nous attendons avec une
délicieuse impatience le jour de leur réunion dans nos humbles
foyers. Déjà j'ai recommandé à mon fils d'exiger d'eux indulgence et bonté; qu'ils soient certains que nous les recevrons de
cœur et d'affection : passé cela je ne réponds plus de rien.

« Permettez, mon aimable fille, ma chère Elisa, que je termine
cette lettre sans autre compliment que de vous assurer de toute
ma tendresse et de vous embrasser cordialement. »

A MADAME DEROUET, SA FILLE

« Echarbot, 1er mai 1826.

« ..... Je te remercie des détails que tu me donnes sur le
mariage de mademoiselle G. Personne ne désire plus que moi
qu'elle soit heureuse avec son mari. S'il n'a rien des grâces d'un
Adonis, peut-être les rachète-t-il par quelques-unes des vertus
d'Hercule. Au surplus la beauté dans un homme est bien plus
souvent pour une femme un sujet de chagrin que la laideur même.
Un homme honnête sait apprécier ce qui lui manque et s'occuper
des dédommagements.

« ..... La famille L. commence à prendre l'habitude de faire
parler d'elle : elle devrait savoir qu'il est toujours très-critique
de faire rire à ses dépens. Il faut croire que l'épouse de M. l'apothicaire aura été plus sobre le lendemain de ses noces et que
M. D., que je n'ai pas l'avantage de connaître, aura eu à remplir
plutôt les fonctions de mari que celles d'apothicaire. Au surplus
c'est toujours une consolation d'avoir au besoin l'un et l'autre
dans le même personnage. »

A SA PETITE-FILLE, MARIE-PRUDENCE BRULEY

DONT LA NAISSANCE VENAIT DE LUI ÊTRE APPRISE PAR UNE LETTRE DU PÈRE PARLANT
POUR L'ENFANT

« Tours, 31 juillet 1826.

« C'est avec une joie inexprimable, bien chère Marie-Prudence,
que je reçois l'annonce de ton début dans ce monde. Ta manière
aussi ingénieuse qu'aimable de nous donner cette bonne nouvelle, fait l'éloge de ton esprit; mais devons-nous augurer aussi
favorablement de ton cœur! Comment, malicieuse petite, as-tu
pu faire souffrir pendant quinze heures une charmante maman
qui, avant même de te connaître, te chérissait tant? Pourquoi
avoir affligé un père qui te tendait les bras et attendait ta venue
avec tant d'anxiété? Mais tu t'excuseras, je le sais, sur ton inexpé-
rience; tu allègueras les fatigues du trajet et convaincu de ton
innocence, je te pardonnerai tout.

« Il est bien plus doux, chère et jolie petite, de me réjouir avec
toi sur ta venue, de te féliciter sur le bonheur, encore peu
apprécié par toi, de resserrer les nœuds qui unissaient deux
familles qui t'attendaient avec tant d'impatience, qui te chéris-
saient à bon compte et que toi-même aimeras de tout cœur quand
tu apprendras à les connaître. D'un côté tu verras un vieux
grand-papa qui n'aura pas longtemps à jouir de tes innocentes
caresses mais que tu charmeras jusqu'à son dernier jour. D'autre
part tu auras une bonne et bien aimable grand'maman que tu
n'auras pas de peine à chérir car elle se fait aimer de tout le
monde. Cependant, soit dit entre nous, tu auras peut-être à redouter son trop de bonté. Tu seras gâtée par elle comme l'a été
aussi un peu ta maman, mais dans l'espérance qu'il n'en
résultera pas plus d'inconvénients pour toi que pour elle, il ne
faut pas trop te plaindre.

16

« Tu as fait preuve de discernement, chère enfant, en préfé-
rant pour premier séjour Echarbot à la rue de la Roë. 'Ta
maman y sera moins longtemps retenue prisonnière et toi-
même jouiras plus tôt de l'air pur de cette délicieuse campagne.
Puisses-tu un jour, pour ton bonheur, conserver du goût pour les
champs ! Les plaisirs y sont moins vifs, mais ils sont plus purs
et ne s'altèrent pas par la jouissance.

« Remercie mille fois de notre part ta petite maman du cadeau
qu'elle vient de nous faire et dis-lui que l'affection de chacun de
nous en est accrue. Nous l'embrassons à la file avec la plus vive
tendresse et cependant avec les ménagements que son état
exige.

« Je ne demanderai pas à ma petite-fille (doux nom que je
n'avais pas encore eu le bonheur de prononcer) qu'elle continue à
m'écrire et à me donner elle-même le bulletin de la *mère et de
l'enfant* : elle a vraiment bien autre chose à faire ! Téter et dormir,
dormir et téter ; voilà tout ce qu'on a à lui demander pendant
plusieurs mois. Puisse-t-elle dans cette première période de sa
vie, comme par la suite, ne connaître ni la douleur, ni les larmes ! »

A MADAME DEROUET, SA FILLE

« La Plaine, 15 mai 1827.

« .... Auprès de ma belle-sœur je suis choyé comme pourrait
l'être un grave directeur au milieu de ses ouailles. Nous voyons
peu de monde, car qui voudrait quitter la foire, mais nous
n'avons pas un moment de vide et d'ennui. Une bonne table,
d'excellents lits, un très-beau temps, le charme de la campagne
la plus fraîche et, au-dessus de tous ces agréments, ceux d'une
réception douce et affectueuse.

« Que peut-on avoir à désirer dans une pareille situation ?
Cependant l'âme n'est pas aussi aisée à satisfaire que les sens. Au

milieu de toutes ces jouissances j'éprouve un vide que bientôt tu contribueras si puissamment à remplir.

« .... Ce que tu me dis des inconvénients du trop de facilité de notre cher Frédéric ne m'étonne pas. Il est certain qu'il n'y a que ce que l'on apprend avec peine et à l'aide d'un travail soutenu qui se retienne bien. Les jeunes gens à grande facilité et à mémoire heureuse doivent se pénétrer de la fable du *lièvre et de la tortue*. — Et Jules, comment va-t-il? Avec quel plaisir je m'entretiendrai avec toi, ma chère amie, de tout ce qui concerne l'avenir et le bonheur de ces bons enfants en qui je mets toutes mes espérances. La gentille petite Marie a fait la conquête de tout Echarbot, depuis le salon jusqu'à la basse-cour. Il est certain que cette enfant par sa gentillesse, sa douceur et ses caresses se fait aimer de tout le monde. Puisse-t-elle conserver toute sa vie cet heureux don. Adieu, mes bien chers enfants; j'embrasse le *quatuor* de toute mon âme. »

A SA BELLE-FILLE, A ANGERS

« Paris, 26 septembre 1828.

« .... Vous avez dû être surpris, mes chers enfants, en apprenant mon subit départ pour Paris. J'avais résisté à vos tendres sollicitations, je n'avais pas été plus ébranlé par celles de mes chers enfants de Tours. Attaqué d'une infirmité non douloureuse, qui me paraissait l'inévitable effet de l'âge, je me résignais sans me plaindre et je faisais le sacrifice de mes oreilles, après en avoir fait quelques autres plus pénibles peut-être. J'étais donc bien décidé à ne tenter aucun remède

« Pour réparer des ans l'irréparable outrage. »

« Un motif d'un autre ordre m'a décidé; je me suis dit: vivant habituellement avec mes enfants, le spectacle continuel de mes infirmités les affligera, je leur deviendrai à charge et pour rien au monde je ne voudrais consentir à cette humiliation. Ils désirent tous que j'aille tenter à Paris des moyens de guérison, donnons-leur cette satisfaction et, s'il n'en résulte rien qui soit conforme à nos vœux communs, que du moins ma résignation soit méritoire auprès d'eux ; qu'ils ne me livrent pas à un délaissement humiliant quand mon infirmité, devenue plus grave, ne me permettra plus de communiquer avec la société. Je n'en suis pas encore réduit à cette extrémité ; mon ouïe est plutôt paresseuse que paralysée et, sans élever la voix plus qu'à l'ordinaire, on se fait entendre facilement de moi en ayant l'attention de parler lentement.

« M. Cormier ayant obtenu, sous le même rapport, les plus heureux résultats des procédés employés par M. Itard, médecin des sourds et muets, je me suis livré à lui.

« Ma première condition a été qu'il ne serait question d'aucune opération chirurgicale. D'un coup de scalpel on fait une plaie, mais qui peut assigner l'époque d'une guérison certaine pour un individu de mon âge ? Hier j'ai été visité et je n'ai pas recueilli de cette première consultation de grands sujets d'espérer. M. Itard, voyant que j'ai une oreille d'un entendement plus dur que l'autre, paraît se borner à faire monter la plus mauvaise au ton de l'autre. En vérité, un pareil résultat ne mérite ni le voyage ni les sujétions auxquelles on me soumet.

« Aujourd'hui, à neuf heures, a commencé le traitement. Il consiste à m'injecter avec force, à l'aide d'un soufflet, une vapeur chaude et émolliente dans les oreilles. Cela n'est ni long, ni douloureux ; mais pour ne pas perdre l'onctueux effet de cette sorte de douche, il faut rester pendant plusieurs heures avec les oreilles bien tamponnées et avec un bonnet. Vous sentez qu'ainsi accoutré j'ai été embarrassé de ma contenance, et c'est ce qui me contrarie le plus. Tous les jours à pareille heure, et je ne sais pendant combien de temps, cette farce durera. Mais il faut s'armer de patience : je n'en manque pas plus que de courage dans l'occasion, et cependant je m'afflige d'être éloigné et de vivre dans un isolement presque absolu au milieu du tourbillon de Paris...

A SA FILLE, MADAME DEROUET

« Paris, 27 septembre 1828.

« J'arrive de mon second jour de traitement avec l'espérance
que M. Itard, reconnaissant bientôt l'inutilité de ses soins, me
dira comme Jésus au paralytique : *Tolle grabatum et ambula.*
Ambula veut dire : va te promener. Au surplus, si je n'éprouve
aucun soulagement notable, mon docteur pourra me dire : De quoi
vous plaignez-vous? Si mon remède ne vous fait pas de bien, du
moins il ne vous fait pas de mal (ce qui est très-vrai). Le traitement consiste à introduire dans l'une et l'autre oreille, à l'aide
d'un soufflet, une vapeur chaude et émolliente. Après cette douche
auriculaire on vous tamponne avec du coton, un bonnet recouvre
le tout et l'on vous dit : Prenez patience et revenez demain
matin.

« J'ai voulu faire l'épreuve de mes oreilles et de ma vue en
allant jeudi aux Français voir la *Fille d'Honneur,* et hier à
l'Opéra où l'on joue avec un succès équivoque la *Muette de
Portici,* qui est la révolution qui porta un instant Masaniello
au comble du pouvoir pour le précipiter de plus haut.

« Je n'ai rien compris à l'intrigue, j'ai entendu très-peu les
acteurs, quoique touchant à l'orchestre, et je me suis dit que le
spectacle est encore un plaisir dont il faut apprendre à me
passer.

« .... J'ai aussi, et toujours avec la protection de mon senti-
mental ami, fait connaissance avec un coiffeur qui me fait une
perruque en cheveux châtains. J'espère qu'avec tous ces agré
ments on me trouvera rajeuni. Franchement, mes bons amis, je
serais tenté de me livrer à cette illusion. Imaginez-vous que je ne
sais comment me lasser. Avec mon bonnet noir, qu'il faut garder
pendant quelques heures, je suis un peu embarrassé de ma con-

tenance en sortant de chez M. Itard. J'ai imaginé en conséquence de faire des promenades longues et écartées. Hier j'ai
parcouru tous les boulevards du nord, avant déjeûner, et ceux du
midi, après. Pour ne pas trop me vanter, je dois dire cependant
que sur la place de l'Eléphant je me suis donné le passe-temps de
monter dans l'omnibus qui, pour vingt-cinq centimes, m'a conduit rapidement à la place du Carrousel. Voilà une institution
vraiment populaire..., »

A SON FILS

« Meslay, 6 octobre 1828.

« ...... Je t'ai fait connaître le véritable, l'unique motif de ma
tentative : je voulais complaire à mes enfants, me rendre à leurs
instances et tenter une guérison dont je n'espérais rien. Je n'ai
point été déçu dans cette attente : je suis revenu tel que j'étais
allé, trop heureux peut-être de n'avoir point éprouvé un accroissement de surdité par mon imprudente tentative..

« Je n'ai eu qu'à me louer de M. Itard. Après avoir essayé de
la sonde, des vapeurs émollientes, d'une très-forte douche locale,
il a reconnu dans l'organe un défaut de sensibilité qui ne permettait pas de plus longues tentatives.

« Après l'avoir remercié de cette déclaration, qu'il aurait pu
différer, je lui ai dit qu'il agissait en honnête homme et, après
l'avoir embrassé et payé, j'ai pris gaiement congé de lui. N'est-il
pas très-agréable de savoir à quoi s'en tenir et de ne point conserver de doutes ?..... »

A MADAME DEROUET, SA FILLE

« Echarbot, 2 août 1829.

« ..... Notre vie ici est douce et uniforme. A de plus exigeants
que moi elle paraitrait monotone, mais elle suffit à mes goûts.
Tu connais la pétulante bonté de madame des Varannes, la douceur et l'aimable étourderie de la chère Elisa, les prévenances
calmes et le cœur toujours excellent de ton frère. Ajoute à cela
l'inexprimable charme que répand dans une pareille réunion une
enfant chérie de tout le monde et qui devient chaque jour plus
intéressante. Que faut-il de plus ? Une bonne table, des romans,
de belles promenades et de la liberté ; nous avons tout cela et je
m'en contenterais, si d'autres objets de mes affections n'existaient
pas ailleurs.

« Voilà notre cher Frédéric dans la crise ; maintenant il n'y a
plus qu'à soutenir son courage et lui inspirer de la confiance en
lui-même. Je partage, mes chers amis, toutes vos sollicitudes. Les
approches d'un examen, dont dépend si souvent l'avenir d'un
jeune homme, sont dans la vie une véritable crise dont naît souvent le découragement. Ce triste résultat ne paraît pas à craindre
pour notre cher Frédéric. Si cette année il est trouvé faible, je suis
certain qu'il n'éprouvera aucune humiliation et que l'année
prochaine il sortira avec honneur de ces rudes épreuves : il est
assez jeune pour se confier au temps.

« ...... La grossesse de la chère Elisa est avouée depuis longtemps et cependant il ne parait pas qu'elle en ait une certitude
de deux mois. Les choses, ici, ne cheminent pas avec la lenteur
mesurée du temps : pif, pouf, pan, on agit et l'on réfléchit après.
Cette pétulance au surplus est si gaie, elle part d'un si excellent
fond, qu'elle n'a jamais rien d'offensif pour personne. La partie
de la Ville-au-Maire a été concertée et manquée aussi étourdiment.

Si notre bien chère Elisa, dont la santé et surtout l'appétit sont excellents, ne fait aucune imprudence, elle ne peut qu'avoir une couche heureuse.

« ..... Prudent entre avec sa gentille Marie qui ressemble à un bouquet de roses. J'en suis fâché pour *tantine* : elle est absente et l'on ne pense plus à elle. Un papillon que la chère enfant porte dans une petite boîte est dans ce moment l'objet exclusif de son attention.... »

A LA MÊME

« Saumur, 6 octobre 1830.

« ..... Je vous donne à deviner quelle personne nous avons eue à déjeuner aujourd'hui sur l'invitation précédemment faite par mon fils. Il faut venir au secours de votre imagination et vous apprendre que c'est le grand, gros, gras, frais ex-curé, ex-juge de paix de Vouvray, ex-régisseur de tels et tels, enfin M. D. Je lui ai demandé s'il est vrai qu'en lui conférant une cure dans le diocèse d'Angers, on lui eût imposé l'obligation de rompre toute communication quelconque avec les habitants du diocèse de Tours. Il a nié la chose, mais comme je le soupçonne de n'avoir pas perdu l'ancienne habitude d'altérer la vérité, je crois, pour son honneur, qu'il avait des motifs impérieux pour renoncer aussi complètement à toutes ses relations d'amitié et d'affaires. Je lui ai appris aussi que depuis quelques années, fondé sur son silence, on l'avait fait passer pour mort. Mais à le voir, surtout à table, on juge que, malgré ses soixante-quinze ans, il compte pousser loin encore sa carrière. Au surplus il dessert trois paroisses. Par ses excellentes qualités il a su se rendre agréable à tous ses paroissiens et toutes ses prédications sont faites dans le meilleur esprit de concorde, de respect pour les lois et d'amour de la liberté.

« ..... Vous vous feriez difficilement une idée, mes bons amis, de la satisfaction que j'éprouve ici. D'abord l'accueil si caressant, si franchement cordial de notre jeune ménage était seul capable de me faire éprouver cet ineffable plaisir.

« Mais quelle jouissance pour moi, au terme de ma carrière, de voir mon fils aimé, considéré, justement apprécié, et de trouver le bonheur de ce joli ménage exempt de nuages et d'alarmes. On ne peut rien ajouter à la tendresse du père et de la mère pour leurs deux jolis enfants et ceux-ci par leur extrême fraicheur, leur vigoureuse santé et leur gentillesse, inspirent à tout le monde le désir de les caresser.

« J'ai la parole d'Elisa de venir passer quelques jours avec ses enfants aux Girardières. Je n'ose pas concevoir l'espérance que mon fils puisse les accompagner. Il est vraiment à l'attache du matin au soir et la politique (1), autant que son devoir, s'accordent pour le rendre accessible tous les instants du jour.

« Dans toutes ces audiences il ne lui en coûte pas pour se montrer ce qu'il est : c'est-à-dire bon, juste, modéré, conciliant, et ses formes aimables lui assurent tous les suffrages.

« Une demi-douzaine de communes de son ressort s'obstinent encore à repousser les couleurs nationales et à refuser à Philippe les prières que par habitude, plutôt que par affection, elles ont prodiguées à Louis et à Charles, mais j'ai la conviction que par ses douces manières et ses insinuations patriotiques, Prudent parviendra à vaincre cette résistance. »

A MADAME DES VARANNES

« Saumur, 7 octobre 1830.

« ..... Je ne puis vous exprimer, Madame, toute la satisfaction que j'éprouve dans le joli ménage de nos enfants. La fortune

(1) Son fils venait d'être nommé sous-préfet de Saumur.

pourra par la suite leur sourire, mais jamais ils ne jouiront d'un bonheur plus complet. Au surplus, ils savent bien apprécier cette douce situation et je doute qu'ils désirent mieux dans l'avenir. Mon fils, généralement considéré, aimé, ne tardera pas à recueillir les fruits de son application à remplir dignement tous les devoirs de sa place. Accessible pour tous et à tous les instants du jour, ses administrés sauront apprécier son zèle, son caractère conciliant, la rectidude de son jugement. Une fois en possession de la confiance publique, il n'aura aucune résistance à craindre et sa tâche en deviendra de jour en jour plus facile.

« Quant à sa charmante petite femme, je voudrais en faire le type des épouses douces et bonnes, des excellentes mères et des femmes aimables. Ses deux jolis enfants sont pour elle, comme pour le papa, l'objet d'une sorte de culte, et en étudiant la physionomie, le son de voix, les manières de ces deux chers marmots, on acquiert la conviction qu'ils tiendront de leurs parents et qu'ils auront un jour les excellentes qualités qui rendent Prudent et sa femme si chers à leurs parents et à leurs amis.

« J'ai remarqué également avec grand plaisir que votre bien-aimée Elisa n'est point embarrassée dans la formation et la tenue de son ménage. Elle a cette justesse de mesure qui n'est pas aussi facile à acquérir qu'on serait tenté de le croire et l'on peut être assuré qu'elle saura, au besoin, diriger aussi bien un fort ménage que celui dans lequel elle est nécessitée d'aller terre-à-terre.

« Quant à moi, c'est samedi prochain que je projette de me rendre à Angers par le bateau à vapeur. Plein de confiance dans vos attentions ordinaires, j'ose me flatter que vous voudrez bien me procurer la facilité de me rendre promptement près de vous. Si j'étais resté aussi dispos que je l'étais encore il y a moins d'un an, je pourrais, n'implorant un secours étranger que pour mon petit bagage, me rendre lestement à pied à Echarbot. Mais je n'en suis plus là et je me vois forcément réduit à savoir que j'ai soixante-onze ans et que mes forces déclinent rapidement. »

À LA RÉUNION PRÉPARATOIRE DES ÉLECTEURS DE TOURS

« 5 juin 1831.

« Je ne puis me rendre à la réunion indiquée pour le 29 ; mon âge avancé et mon séjour actuel à la campagne me servent d'excuse.

« Depuis 1789 mes principes politiques et ma conduite ont été invariablement consacrés à la liberté publique. Ils m'ont placé, j'espère, hors de tout soupçon de variation dans ces sentiments. Jusqu'à mon dernier soupir je serai dévoué à l'égalité et à la liberté de ma patrie. De nombreux candidats s'offrent, dit-on, à nos suffrages. Certes, on ne peut pas suspecter le patriotisme de ces honorables concurrents, mais quelle est la nature de ce patriotisme ? Voilà ce que chacun doit connaître.

« Une question que l'on peut appeler *vitale* et qui, par la force des circonstances est un heureux moyen d'épreuve, est celle relative à la Pairie. Ne semble-t-il pas que quiconque ne se prononce pas contre l'hérédité de cette institution, toute d'origine féodale, abjure par ce fait les principes de juillet, base de notre nouveau gouvernement, et se jette dans le mouvement rétrograde si justement reproché au ministère.

« En effet, vouloir l'hérédité de la Pairie, c'est incliner *in petto* pour les majorats, les substitutions, les priviléges et pour les distinctions de tout genre, si chères aux courtisans et aux flatteurs des ministres.

« Ne pas voter hautement et de conviction contre une telle institution, c'est indirectement réprouver les améliorations de notre ordre social qui sont si ardemment désirées par les meilleurs citoyens. C'est enfin méconnaître les nécessités que commande la haute civilisation actuelle de la France.

« Je demande donc que chaque compétiteur soit invité à s'expliquer de la manière la plus explicite sur la question de l'hérédité de la Pairie : sinon, non. »

A MADAME DEROUET, SA FILLE

« Saumur, 14 février 1832.

« Je rendrais difficilement, ma chère Prudence, le plaisir que m'a fait éprouver ta dernière lettre. Quand on a la jaunisse on voit, dit-on, tout en jaune, et depuis deux jours c'était pour moi une idée fixe que ta santé avait subi une nouvelle altération. C'est la nuit que j'étais spécialement préoccupé de cette idée triste, me trouvant, à l'occasion de mon rhume, dans une sorte d'état fébrile qui n'avait d'autre gravité que de m'attrister. Ton aimable lettre me prouve à quel point j'étais dans l'erreur et je ne saurais trop te remercier pour le plaisir qu'elle m'a fait...

« Depuis dimanche mon fils est parti pour aller organiser ou installer divers bataillons de gardes nationales dans trois cantons de son arrondissement. Prudent a pour ces corvées une résignation et une patience admirables ; il fera des discours, il sera harangué, il subira d'interminables banquets et il se tirera de tout cela avec une aménité et un aplomb qui charmeront tous ses administrés. Nous ne l'attendons que demain et je doute qu'il soit plus satisfait de revenir au milieu de nous, que nous le serons de le revoir. Pendant cette absence très-pénible pour notre chère Elisa, cette excellente petite femme n'a pas voulu me quitter. Vainement j'ai essayé de la décider à se rendre aux réunions où elle était invitée : elle avait toujours pour rester de si bonnes raisons, qu'elle semblait me savoir gré de la mettre dans la nécessité d'observer quelques jours de repos.

« .... Et Jules ? Son courage se soutient-il ? Il lui en a fallu, pour se résigner à travailler seul et isolé la grande partie du jour, après avoir été dès son enfance toujours entouré de camarades. Mais si l'émulation, effet ordinaire de ces réunions, lui manque, il a pour perspective le besoin de s'instruire, de se préparer un état, de faire le bonheur de ses parents, et enfin de gagner l'estime de ses concitoyens. Je présume que vous avez toujours de bonnes nouvelles de Frédéric.

« .... Quel dommage que la bonne Elisa soit trop faible avec ses enfants et qu'elle ne sache ni leur rien refuser, ni se faire obéir au besoin! Au surplus ses deux enfants sont d'un si bon naturel, qu'ils tourneront à bien, même quand on continuerait de les gâter. On ne peut être plus doux, plus caressant que Marie ; mais je vois avec peine qu'on recule toujours le moment où l'instruction doit commencer pour elle, comme si elle ne devait pas se développer en même temps que l'intelligence de l'enfant. Quant à Georges, c'est un très-bel enfant, bien turbulent, mais annonçant déjà de la douceur et un très-bon cœur. »

A SON FILS

QUI VENAIT DE RECEVOIR LA CROIX DE LA LÉGION D'HONNEUR

« Girardières, 27 juillet 1832.

« Mon cher ami, ta sœur, plus active que moi, a pris les devants en te félicitant ce matin sur la bonne nouvelle que j'ai reçue de toi hier. En te faisant ses compliments, elle n'aura pas oublié sans doute de te dire à quel point j'ai été touché et de la lettre de M. de Montalivet et surtout de la chaleureuse recommandation, auprès de ce ministre, de ton préfet. La conduite de M. Barthélemy à ton égard est d'autant plus généreuse qu'il ne peut se dissimuler qu'en te servant aussi chaudement, il travaille à se priver d'un sous-préfet qui possède si intimement sa confiance et son estime.

« Jouis, mon ami, jouis à loisir et sans remords d'une récompense due à tes talents, à tes services et à la considération que tu t'es acquise.

« A ta boutonnière le signe de l'honneur sera aussi celui d'un courage civique bien plus rare parmi nous que celui des combats. Ta tendresse t'égare, cher Prudent, en exprimant à mon sujet les vœux d'une semblable distinction. Ce qui est pour ta situation un acte de justice et de convenance, serait considéré à mon égard comme le résultat de l'intrigue. Je serais véritablement honteux d'obtenir une récompense que je n'aurais pas méritée et j'espère que mes meilleurs amis respecteront assez mes cheveux blancs pour ne pas leur imposer ce ridicule.

« Nous nous sommes trouvés d'accord, ta sœur et moi, dans la présomption que cette faveur ministérielle n'est qu'une préparation à quelque distinction plus honorable et plus profitable. Cet espoir, mon ami, est dans notre intérieur le sujet de nos plus doux entretiens et récrée singulièrement nos âmes. Il est constant que la prospérité et le bien-être de mes enfants me touchent bien plus vivement que s'il était question de moi-même. Mon caractère, dont l'indépendance a été, dès l'enfance, la qualité distinctive, m'a de tout temps rendu insensible aux jouissances de l'ambition. Dans ce sens, peut-être suis-je allé trop loin, mais par principe et dans toutes les circonstances de ma vie politique, j'ai constamment suivi un système d'opposition qui ne tendait pas à me concilier les faveurs du pouvoir. Il m'a toujours semblé qu'un citoyen, qui par sa fortune et sa situation sociale pouvait vivre indépendant, devait à son pays de tenir une attitude sinon hostile, du moins défiante envers tous les pouvoirs qui, de leur nature, sont envahissants et constamment disposés à abuser de leur situation. Malgré le très-vif intérêt que je porte à la famille de ta chère femme, j'ai eu de l'éloignement à m'expliquer sur la conduite de M. C. à l'égard de mademoiselle M.

« Avec de l'esprit et un jugement sain, il me semble qu'étant décidé à demander cette demoiselle en mariage, s'il n'en était pas vivement épris, au moins devait-il le paraître aux yeux du public pour couvrir certain inconvénient de cette alliance et ne pas paraître faire de cet objet une spéculation.

« La passion, en pareille occurrence, couvre tout; au point que les mariages les plus disproportionnés sont constamment vus avec indulgence.

« Dans quelques instants Prudence va me quitter pour aller à Tours, incertaine d'y trouver une place dans les voitures publiques. Je vous laisse à penser si, restant seul, mon cœur ne l'accompagnera pas. Toute ma satisfaction dans cet isolement sera de penser que vous serez tous bien portants, joyeux et très-satisfaits d'une réunion qui sera trop courte pour vous procurer un contentement réel. Quand se réalisera ici celle après laquelle je soupire depuis si longtemps ?

« Adieu, mon cher ami, ma chère fille, mes chers petits enfants ; je vous embrasse tous avec toute la tendresse de mon cœur paternel.

« *Iterum vale.* »

A M. SERS, PRÉFET DE LA MOSELLE

« Tours, 10 février 1833.

« Monsieur le Préfet,

« Il est indiscret, je le sais, de se permettre des recommandations quand on aurait besoin d'en solliciter pour soi-même. Mais qui n'excuserait la sollicitude d'un père pour le bien-être de ses enfants ?

« M. Frédéric Derouet, mon petit-fils, sortant de l'École Polytechnique, se rend à Metz avec le grade de sous-lieutenant pour y terminer son instruction.

« Son père, qui commande ici le génie, a fait honorablement les campagnes de Napoléon. M. Derouet a dans les sommités militaires assez de solides connaissances pour procurer dans cette carrière d'utiles protections à son fils.

« Mon désir spécial, monsieur le Préfet, est de faire obtenir au jeune Derouet d'honorables appuis dans l'ordre civil et, dans cette unique intention, je prends la liberté de le recommander à votre bienveillance. Qu'il me soit permis d'invoquer à cet effet des souvenirs toujours présents à ma mémoire.

« A l'Assemblée législative j'avais l'avantage d'être collègue de M. votre père et de son ami M. Journu-Aubert, mon parent et mon correspondant à Bordeaux dans le temps où j'avais plusieurs habitations à St-Domingue. La conformité de nos principes politiques et de nos sentiments avait établi entre nous une sorte d'intimité qui a subsisté pendant la présence de ces messieurs au Sénat.

« Mon petit-fils a recueilli les fruits d'une éducation distinguée, sa conduite a été constamment irréprochable, il a une bonne tenue et je puis répondre de sa moralité et de la sagesse de son patriotisme.

« Veuillez, monsieur le Préfet, accueillir ce jeune militaire avec bonté et l'honorer de votre appui. Je serai d'autant plus reconnaissant de cet accueil, que je suis sans titre pour le solliciter. »

A SON FILS

« Girardières, 31 juillet 1833.

« .... Je ne vais pas de fois en ville que je n'aille visiter ma bonne Valentine (1) dans son couvent. Je me complais infiniment à la trouver calme, contente et heureuse. Cette situation répand sur mes jours une grande sérénité et je n'ai plus d'autre désir à son sujet que de la voir persévérer dans cette voie qui aurait si peu d'attraits pour d'autres...

(1) Sa fille, madame Arnault, qui, après avoir obtenu sa séparation de corps, s'était retirée à Tours dans la communauté des Dames du Refuge dont elle avait pris l'habit et suivait la règle.

A M. DURAND, INSTITUTEUR COMMUNAL

« Vouvray, 8 juin 1833.

« Monsieur,

« Il n'y a pas à Vouvray un père de famille qui ne doive s'intéresser à notre naissante école d'instruction élémentaire.

« Dans la vue de seconder vos généreux efforts et d'exciter l'émulation de vos enfants, j'ai l'honneur de vous inviter, ainsi que tous ceux d'entr'eux dont vous serez satisfait, à venir passer la soirée du dimanche 23 dans le jardin des Girardières. Je ferai ce qui dépendra de moi pour rendre cette partie agréable à nos chers élèves. »

A SON FILS

« Girardières, 15 août 1833.

« J'ai reçu, mon cher ami, et lu avec un double intérêt, la brochure (1) que tu m'as fait parvenir. Tu ne m'as pas dit l'usage que je devais faire des exemplaires dont je peux disposer et cela m'embarrasse. Faut-il en adresser à l'un de nos deux journaux? Peut-être cet écrit ne serait-il du goût d'aucun d'eux. Celui-ci le trouverait trop libéral ; et l'autre trop peu démocratique. Pour moi je pense qu'il est digne d'une publicité honorable pour toi et utile, ne fût-ce que pour modérer l'engouement, si inopinément

(1) *Quelques mots sur Napoléon* brochure publiée par mon père sans nom d'auteur.

17

réchauffé par le pouvoir, pour le grand homme de bronze.

« Mérite d'idées et de style à part, j'ai de tout temps professé sur ce colosse politique des sentiments trop conformes à ceux que tu exprimes si bien, pour ne pas me trouver de tout point d'accord pour toi. Dans mon admiration pour le génie prodigieux de Bonaparte, je trouvais un motif de plus de détester son intolérable despotisme et un égoïsme qui lui faisait sacrifier à son ambition nos fortunes, nos existences et surtout notre liberté.

« Il me semble qu'adressé avec art en haut lieu, il peut, je parle de ton écrit, y produire quelque résultat heureux pour toi. Dans cette région on doit être fatigué de la prodigieuse renommée de Bonaparte et l'on pourra y être flatté du zèle d'un fonctionnaire qui, sans cesser d'être juste appréciateur du génie, n'en sent pas moins la nécessité de réduire le héros à sa juste proportion.

« Deux jours avant la réception de tes imprimés, ton affectueuse lettre du 5 m'était parvenue. Tout cela, mon cher ami, m'a été d'autant plus agréable que j'étais encore dans la solitude dont je t'ai parlé et qui n'était pas aussi pénible que tu sembles le croire. Quelques détails agricoles, des lectures variées, près de moi un service doux et l'âme remplie de riantes pensées, qu'il est aisé dans cette situation de ne pas connaître l'ennui !

« Au surplus cette sorte d'exil est terminé, et hier tous nos chers Derouet me sont arrivés de Tours et de Meslay. Le père et Jules avaient été le matin visiter Valentine à l'occasion de sa fête, tandis qu'ici nous lui envoyions pareillement nos compliments affectueux et nos bouquets. La dévotion de la pauvre enfant s'est accrue d'une circonstance qu'elle a racontée avec chaleur à son beau-frère. On s'est avisé dans la maison du Refuge d'une image qui jusqu'alors n'avait pas fait parler d'elle et qui, aujourd'hui, se mêle d'opérer des miracles. A cette occasion Valentine était engagée dans une neuvaine qui probablement sera suivie de plusieurs autres, car les saints ne restent pas en si bon chemin... »

AU MÊME

« Aux Girardières, 21 août 1833.

« ..... Tu connaissais assez mon sentiment sur Bonaparte au temps de sa toute-puissance, pour juger que si j'avais eu à émettre une opinion publique sur cet ogre héroïque, j'aurais de beaucoup négligé la réserve que tu t'es imposée ; mais aussi je n'aurais probablement pas choisi l'époque d'un engouement national pour miner les pieds du colosse. Connaissant, mon ami, la sagesse de tes opinions et la sérénité de ton caractère, j'ai cru, je l'avoue, et mes enfants ont été ici du même sentiment, qu'il y avait là une de ces combinaisons politiques que l'on ne peut juger sainement. Ainsi que je crois te l'avoir écrit, ton pamphlet sera approuvé de tous ceux qui n'ont dû céder qu'avec dépit à l'opinion publique ; mais cette approbation sera secrète, sauf à sévir contre le téméraire qui les aura si bien servis.

« .... On affecte d'oublier que Bonaparte était l'ennemi mortel de la liberté, pour ne se souvenir que du niveau d'égalité dont il pressait toutes les têtes. Pour le dire en passant, ce système était de sa part le résultat d'une profonde observation. Il avait eu lieu de remarquer que les Français, peu touchés d'une véritable liberté, ne songeaient qu'à une égalité qui flattait l'amour-propre de tout ce qui était dans la société en infériorité ; aussi, à force d'égalité, il aurait fini par nous faire marcher tous sur les mains... »

AU MÊME

« Méslay, 18 septembre 1834.

« Je regarde, mon ami, sinon comme une épreuve, du moins comme une plaisanterie, ta singulière proposition. Tu veux payer chez moi la pension de tes chevaux ? Allons, j'y consens ; mais dis-moi combien j'aurai à te reporter en compensation du plaisir que vous me procurez. Venez, mes chers enfants ; amenez tout votre monde, bêtes et gens, si cela peut entrer dans vos arrangements, et soyez certains que je vous accueillerai tous avec la plus vive satisfaction. Il est bien vrai que je n'ai pas d'avoine, que j'ai recueilli très-peu de foin ; mais que cela ne vous préoccupe pas, je n'en suis pas encore réduit à la situation de ce grand seigneur qui, n'ayant plus de crédit que chez son boulanger, faisait donner du pain à ses chevaux pour toute nourriture.

« .... Je te félicite de l'acte de justice, ou du moins de l'encouragement, dont tu t'es rendu le promoteur envers votre maire. Aujourd'hui l'esprit public est si tiède et l'égoïsme si général, que c'est à qui se soustraira aux emplois, je parle de ceux qui ne sont pas rétribués. Ici je ne vois, pour les moindres contrariétés, qu'offres de démission, et avant peu on en sera à ne pas trouver un maire. Depuis longtemps cette situation est la nôtre à Vouvray et, comme membre du conseil municipal, je suis humilié de la désorganisation. Je te félicite donc de la franchise de ton procédé à l'égard de M. Caillaut. Les habiles en usent autrement, et dans la crainte d'épuiser leur crédit, ils n'en usent que pour eux.

« ..... Je ne perds pas une occasion de prêcher en faveur des salles d'asile et je crois plus utile de parler aux gens, dans leur intérêt, de conservation et de tranquillité, que de toucher les notes plus généreuses du cœur. J'ai communiqué à M. A. Gouin l'article de ta dernière lettre et je ne doute point que, comme nous, il ne reconnaisse la nécessité de frapper à toutes les portes, sans distinction de classes, de fortunes, d'opinions.

« ..... J'ai vu Valentine il y a deux jours : elle est toujours heureuse et bien portante. Elle m'a demandé des nouvelles de M. Arnault en exprimant, par son air, certain désir d'apprendre que, quoique plus âgé qu'elle de 19 ans, il est encore bien portant. Elle m'a dit qu'elle faisait force prières pour l'âme de ce cher époux, ce qui prouve qu'elle ne s'intéresse que faiblement à la personne. J'ai voulu la décider à mettre de côté, pour quelque temps, son costume et à venir aux Girardières, quand nous y serions tous, pour y travailler à de nombreuses conversions. Elle ne se sent pas de force à pousser jusque-là son prosélytisme..... »

AU MÊME

« Girardières, 3 décembre 1834.

« ..... Je vous vois d'ici, mes bons amis, passer rapidement sur les lieux communs pour en venir à ce qui concerne vos enfants. Faut-il vous dire qu'ils ont été fort attristés de la séparation ; que, dans leur chagrin, ils n'ont voulu ni manger, ni jouer ? Il ne tiendrait qu'à moi de vous attendrir par ces agréables détails ; mais comme je ne suis pas payé pour déguiser la vérité, je vous dirai, à regret, qu'escortés le jour du départ de trois petites filles et de leur bonne, ils ont supporté fort courageusement leur état d'orphelins.

« Hélas ! ces chers enfants sont trop heureux de ne pas connaître cette sensibilité qui n'est pas de leur âge et qui, plus tard, sera peut-être la cause de leurs peines. Ils sont bien portants, gais, et ils se maintiendront, j'espère, dans cette louable situation jusqu'à votre retour.

« Je n'ai pas encore vu le moindre mouvement d'humeur dans

le bon petit Georges. Je le trouve plus prévenant qu'à l'ordinaire et j'ai offert la gageure, que personne n'a voulu accepter, qu'on ne l'entendrait pas crier une seule fois dans l'absence de sa trop faible maman. Hier, par exemple, en jouant avec tous les fichets et jetons, il s'amusa à en jeter plusieurs à terre. A cela pas grand mal, mais sa tante lui ayant recommandé de les ramasser, il répondit résolument qu'il n'en voulait rien faire. Alors le jeu cessa, et sans autre explication il se mit, un peu en boudant, à réparer ce petit désordre. Le grand talent avec les enfants est de leur faire vouloir et faire ce que l'on désire qu'ils fassent. Avec eux la plus déplorable méthode est de consulter toujours leurs goûts, leurs volontés. De là naît naturellement la pensée que leur volonté, ainsi sollicitée, fait loi et que les personnes qui les entourent, père, mère, etc., sont les agents obligés de ces exigences.

« La chère Marie est un petit modèle de bonté, de prévenances, de douceur. Avec cela de l'esprit, de l'observation, de la facilité. Que vous serez heureux, mes enfants, d'avoir à diriger un aussi aimable naturel.

« Son frère, j'aime à le croire, sera pareillement dans son genre un sujet de grande espérance, mais il faut se hâter de le traiter d'une manière un peu plus mâle. Si l'on veut assurer le bien-être et le succès des garçons, on ne saurait trop tôt assouplir leur caractère aux exigences de tout genre qui les attendent successivement dans le monde. »

AU MÊME

« Tours, 29 avril 1835.

« ..... Il y a quelques jours nous avions à dîner deux personnes qui, instruites, je ne sais par qui, que j'avais quelques poésies badines de mon père, m'engagèrent à leur en faire connaître quelques-unes. Je recourus à un cahier bien négligé depuis longtemps, et la première pièce qui s'offrit à moi est celle intitulée : *Le jour de noces*. Il me paraît plaisant de t'en envoyer une copie, comme un à-propos : si ta future belle-sœur est d'humeur à ne pas s'effaroucher de ces conseils de l'expérience, tu pourras t'en amuser.

« Au surplus, mon ami, je me rappelle à cette occasion que tu as traité si légèrement les petits ouvrages de mon père, que je me suis décidé à les faire disparaître. Cependant, pour un homme du monde, ces badinages écrits avec gaîté et sans prétention ne sont pas dénués de mérite. Mon père étant lancé dans la finance (il était inspecteur des Domaines), n'avait guère d'inspirations poétiques à rencontrer dans les études de notaires dont il était tenu de vérifier les actes..... »

LE JOUR DE NOCES

En votre honneur, Iris, le Dieu de l'hyménée
Au flambeau de l'amour vient d'allumer le sien,
  Et bientôt le plus doux lien
Va fixer votre cœur et votre destinée.

  De cette brillante journée
Avez-vous bien pesé tous les moments ?
Non, je le gage, et votre âme étonnée
Se refusait à ces détails charmants.

   Il est rare qu'on ne s'écarte
   Quand on ne sait pas un chemin ;
   En homme qui connaît la carte,
   Je vais vous mener par la main.

  Bien éveillée avant l'aurore,
Votre cœur, en secret, longtemps palpitera.
  Ce qu'il sait et ce qu'il ignore
  Egalement l'intriguera.

L'aurore, un jour de noce, est toujours matinale,
  Et vous aurez tout le temps de rêver :
   Car du réveil jusqu'au lever
   Immense sera l'intervalle.

Il est grand jour chez vous, et votre appartement
Se remplit des gens de la noce.
Un cousin s'offre galamment
A présider à votre ajustement;
Une cousine, un peu précoce,
Entend tout, ne dit mot, sourit malignement.

Préliminaire trop frivole,
On vous mène à l'autel, et votre amant y vole.
Il vous jure d'être constant....
Ah! qu'il tienne ou non sa parole,
Qui dans sa place, Iris, n'en jurerait autant?

Le retour au logis est un moment de crise:
Chacun des assistants vous doit un compliment.
Tous le font à la fois, et chacun à sa guise.
On vous entoure, on pleure, on rit, on cathéchise ;
Et plus loin, au buffet, s'enivrant doucement,
Quelque valet pourra lâcher quelque sottise.

Ce jour enfin se passera
A jouer, boire, chanter, rire :
Cependant il vous ennuiera;
Mais gardez-vous, s'il vous plaît, de le dire.

L'heure venue, une bonne maman
Quitte la table et se retire,
Vous fait signe de l'œil, et vous, tout bonnement,
Vous la suivez à votre appartement
Où, disposée à tout événement,
Au lit, sans dire mot, vous vous laissez conduire.

Là, feignant de dormir, mille pensers divers
Vous roulent bientôt dans la tête;
Ce n'est pas sans sujet : un rude assaut s'apprête;
Votre époux vient en habit de conquête
Et je le vois monté sur ses grands airs.

Mais quelle pudeur inutile
Au bord du lit vous fait sauver ?
Vous sentez trop que dans ce faible asile
L'amour, d'un mouvement agile,
Ira sans peine vous trouver.

Il guide votre époux, et le Dieu du mystère
Avec les enfants de Cythère.
Vous enferment bientôt dans ce tendre réduit.
L'hymen détache la ceinture ;
Vous nagez dans les flots d'une volupté pure....
Adieu, bonsoir et bonne nuit !

A SON FILS

« Tours, 23 février 1836.

« Que vous connaissez bien, mes très-chers enfants, le secret de rendre heureux et dignes d'envie mes vieux jours ! La lettre de mon fils me procure une satisfaction qu'aucune autre ne pourrait égaler et qui ne laisse dans le passé pour moi rien à regretter. Quelle situation est la mienne ? Exempt d'infirmités douloureuses et jouissant d'une sérénité qui est le produit du calme des passions, je vois prospérer tous mes enfants. Chacun, dans sa sphère, est heureux et n'a en perspective qu'un avenir favorable. Qu'ai-je à désirer, si ce n'est la continuité de cet état de choses et que j'en sois encore pendant quelque temps le témoin ? Jusques à Valentine, chacun de vous tous semble s'être concerté pour éloigner de mon esprit tout nuage, tout sujet de tristesse.

« J'ai vu hier la plus grande partie des personnes qui s'intéressent le plus à vous. Vous sentez bien que j'ai eu la coquetterie de me vanter de vos prospérités et que j'ai su distribuer les témoignages de bon souvenir dont vous m'avez chargé. Vous avez su, mes chers enfants, vous faire aimer à Saumur où votre souvenir paraît toujours présent. Ici, vous êtes appréciés, estimés, chéris. Enfin à Montauban (1) vous faites des *miracles* de conversion et vous enlevez, en conquérants, la considération

(1) Où son fils était préfet.

et la confiance de toute une population. Jouissez, jouissez longtemps de cette heureuse situation ; n'en ambitionnez pas de plus
favorable, car je vous prédis que vous ne serez jamais plus
heureux. Votre fortune pourra croître, mais le bonheur et le
contentement, non. Votre avenir me paraît assuré, il est digne
d'envie et il ne me reste à désirer pour vous que de voir vos
chers enfants répondre à votre tendresse, croître en instruction,
en talents et surtout en vertu, de manière à répondre convenablement à vos vues sur eux lorsque le temps de les réaliser sera
venu.

« ..... J'ai fait remettre à Frédéric, pour les transmettre ensuite
à mon fils, des notes biographiques qui, je l'espère, ne seront pas
pour lui sans intérêt, bien qu'il ait connaissance de leur contenu.
J'ai toujours pensé qu'honorer ses auteurs c'est faire naître le
désir d'être pareillement honoré par ses descendants. Peu de
familles, et je le dis avec orgueil, ont plus mérité que la nôtre
sous les rapports de la probité sévère et d'une stricte moralité.
Dans cette série mon fils méritera, je l'espère, d'être spécialement
considéré, et ce sera son affaire de veiller à ce que son fils ne
déroge pas à un si pur héritage..... »

A SA BELLE-FILLE

« Girardières, 8 avril 1836.

« Le bouquet que j'ai reçu de Montauban le jour de ma fête,
ma bien chère fille, m'a procuré une bien douce jouissance ;
nulle fleur ne pouvait me plaire autant que vos trois charmantes
lettres et il me serait difficile de rendre les émotions dont mon
cœur a été pénétré en recevant les expressions si touchantes de
votre tendresse. Elles font mon bonheur et j'espère que je ne
cesserai pas de les mériter.

« Ce jour même M. Dérouet, partant pour Paris, m'a laissé

seul avec tous mes souvenirs. Cette solitude, de peu de durée, ne me déplaît pas. Par la pensée je suis constamment avec vous tous, mes chers enfants, et je sens que la présence d'une personne étrangère à mes doux souvenirs serait pour moi une contrainte. On ne sait pas assez combien il est facile, agréable même d'être solitaire quand le cœur, exempt d'idées pénibles, n'éprouve que de douces sensations.

« ..... Vous ne pouviez me faire plus de plaisir que de me parler avec détails de nos deux chers petits, de leurs études et de leurs amusements. Marie a peut-être trop d'émulation, trop le désir de bien faire. Modérez cette ardeur avec autant de soin que vous en mettriez à stimuler un enfant paresseux ou négligent. Veillez à ce que vos chers enfants ne perdent pas, par une application pénible, la gaieté vive et un peu bruyante si nécessaire à leur santé et à leur bien-être. Une fois perdue, elle ne revient plus et rien n'est plus contre nature qu'une jeunesse silencieuse et triste. Si Marie conserve un maître d'écriture, insistez, je vous en conjure dans son intérêt comme dans le vôtre, pour qu'elle se familiarise avec la tenue des livres. A cette connaissance tient essentiellement le bon ordre qu'une maîtresse de maison sait observer dans son ménage..... »

A SON FILS

« Tours, 20 novembre 1836.

« L'astre du midi triomphe, mon cher ami ; il entraîne de plus en plus celui de notre triste Touraine dans son tourbillon. C'est-à-dire, sans figure, que chaque jour ma famille s'éloigne de moi et qu'à mon âge avancé je dois perdre l'espérance de me voir entouré de mes enfants.

« Que le bon M. Bacot est à mon gré digne d'envie ! Ses derniers jours, exempts de souffrances, se sont passés au sein de tous ses enfants. Cinq générations ainsi groupées étaient à mes yeux le spectacle le plus touchant.

« Mon petit-fils Jules nous quitte ce soir pour aller près de vous. Il se plaisait à m'entourer de ses soins ; il s'y prêtait avec un naturel si pur que je ne pouvais m'y tromper, c'était son bon cœur qui l'inspirait : il était mon *Antonio* et toujours prêt à me soutenir dans ma marche un peu chancelante. Que je le trouve heureux et que je lui porte envie !

« L'unique faveur que nous te demandons ainsi qu'à ta chère femme, c'est de ne pas amollir par trop de prévenances cet admirable caractère de bonté, de droiture et de naïve honnêteté. Je ne lui reproche qu'une chose, c'est de n'avoir pas assez de gaieté, ni de causerie ; il est timide, défaut si peu ordinaire aujourd'hui ; cette timidité même, disparaissant graduellement, nous donnera un jeune homme naturel et nullement présomptueux. Le principal avantage pour lui sera de travailler sous tes yeux, d'adopter la netteté de tes idées et surtout, d'étudier la rare et élégante lucidité de ton style.

« ..... Je ne vous cache point, mes bons et dignes enfants, que j'ai engagé Jules à s'abstenir à l'égard de sa cousine de ces familiarités sans conséquence dans le premier âge, mais qui avec les années deviennent inconvenantes. Un cousin fait sauter sur ses genoux et embrasse sans façon une petite fille ; mais celle-ci grandit, prend rang dans le monde ; et de pareilles habitudes se perpétuent. Il sera bon de faire au joyeux Frédéric des représentations semblables.

« ..... Adieu, mes chers enfants ; quand nous reverrons-nous ? A mon âge, qui peut compter sur un lendemain ! Qu'il m'en coûterait cependant de n'en plus trouver pour vous embrasser et vous dire en personne combien je vous aime ! »

A SON PETIT-FILS

AGÉ DE SIX ANS

« Tours, le 19 novembre 1836.

« Mon bon petit Georges, je doute que tu sois encore assez savant pour bien lire mon écriture. Mais qu'importe, tu devineras, si tu ne peux faire mieux, que je te parle de ma tendre amitié, de mes ardents désirs de te voir rapidement devenir grand, aimable et bien instruit. Quel plaisir j'éprouverai, mon cher enfant, quand je recevrai ta première lettre !

« Dans une caisse que l'on expédie en ce moment pour Montauban tu trouveras un petit paquet à ton adresse et à celle de ta sœur. J'aurais voulu avoir plus de temps pour vous choisir quelque chose qui vous plût davantage.

« Adieu, mon aimable et bien cher enfant; reçois les caresses et les tendres vœux de ton bon vieux grand-papa et meilleur ami. »

A SA BELLE-FILLE

« Tours, le 1er janvier 1837.

« Hier au soir, ma très-chère fille, je reçus de Montauban un paquet de lettres qui était pour moi la plus douce des étrennes. Pour commencer d'une manière aussi heureuse le nouvel an qu'a fini l'autre, je me hâte de m'entretenir avec vous. C'est le premier acte de ma journée, la première jouissance de mon cœur.

Je me précipite dans vos bras, dans ceux de votre bon et digne époux, j'embrasse à la fois vos deux aimables enfants et je me proclame hautement le plus heureux des pères.

« Que je m'afflige avec vous, mes chers amis, de l'odieuse distance qui nous sépare ! Il n'y a pas de jour peut être que, me faisant illusion sur mes moyens, je ne fasse le chimérique projet de partir à l'improviste et de voler vers vous. Mais la triste réflexion ne tarde pas à me faire voir toute la faiblesse de mes moyens. Les forces, peut-être, ne me manqueraient pas ; mais comment me tirer d'affaire dans une voiture publique, ne pouvant communiquer avec personne ? Dans toutes ces velléités du cœur la raison, la nécessité ne manquent jamais d'intervenir et tout se réduit à des illusions qui ne sont pas sans charme (1). Que vous me faites plaisir l'un et l'autre, bien chers enfants, par les détails que vous me donnez ! Je vous vois heureux de votre mutuelle tendresse, heureux de la gentillesse et des bonnes dispositions de vos chers anges, heureux de l'estime, de la considération, du respect que vous avez su inspirer partout à la ronde ; et de ce bonheur en résulte un pour moi qui ne me laisse rien à désirer, rien à regretter.

« Jules, de son côté, semble s'être concerté avec vous pour accroître aussi ma félicité. J'ai reçu de lui une lettre où l'esprit, la raison, la bonté semblent se disputer la préférence. Ce qui m'a très-spécialement flatté, c'est le tact avec lequel il a saisi les admirables qualités de chacun de vous et, la reconnaissance qu'il vous porte. Mon fils a la bonté de l'initier aux dédales de l'administration : qu'il lui transmette aussi la netteté de ses idées, la pureté de ses sentiments et la rare élégance de son style.

« Pour vous, mon adorable Élisa, vous n'avez aussi à lui donner que d'irréprochables exemples de vertu, des conseils inspirés par votre excellent cœur : vous avez tout ce qu'il faut pour persuader. Grâces, esprit, gaieté, parfaite égalité : qui pourrait résister à tant de charmes et ne pas se dévouer à tout ce qui peut contribuer à votre félicité.

« Ici je vis dans une atmosphère glaciale ; notre vie est pour

(1) Il ne tarda pas à réaliser ce projet. Il voyagea en poste avec sa fille, madame Derouet, qui se rendait dans les Pyrénées.

moi trop silencieuse et je sens que, près de vous, je pourrais encore soutenir une conversation. Dans votre personne tout est expression et, ce que je n'entendrais pas, vos gestes, l'aimable jeu de votre physionomie me le feraient comprendre.

« Mon fils, dans la douce expansion de ses sentiments, m'offre le sacrifice de sa position pour venir près de moi remplir des devoirs dont je le dispense. Qu'il songe donc que si notre séparation est pour moi une situation pénible, d'autre part sa situation à lui, toute honorable, est en quelque sorte le patrimoine de ses enfants et l'orgueil de sa famille. A cet égard, ma chère fille, je répéterai ce que j'ai pensé et dit toute ma vie : il faut aimer les siens pour eux-mêmes et non pour soi. Je préférerais voir mes enfants heureux à deux mille lieues, que de jouir de leur présence dans un état moins prospère. Que mon fils reçoive la vive expression de ma gratitude pour ces généreux sentiments ; et qu'il n'en soit plus question.

« Parlons plutôt de l'espoir d'une réunion au printemps. Je pourrai donc encore une fois me trouver au milieu de vous et me consoler dans vos embrassements d'être privé du chant du rossignol.

« ..... Jules m'a expliqué, et sensément, les motifs qui s'opposent à ce qu'il se fasse recevoir docteur en droit. Qu'il supplée donc à ce degré d'instruction en suivant votre barreau et surtout en se hasardant à prendre la parole au tribunal. Aussi timide que lui, au moins, à vingt-trois ans je fus nommé avocat du Roi au bailliage et siége présidial de Tours. Il n'y avait pas à reculer ; il fallait dans plusieurs affaires graves porter la parole. L'honneur, l'amour-propre peut-être suppléèrent à ce qui me manquait d'instruction, de talent, d'assurance, et je me tirai assez bien de ces épreuves. »

A SA BELLE-FILLE

« Tours, 15 août 1837.

« ..... Des dames d'un talent reconnu ont fondé un joli ouvrage périodique en faveur de très-jeunes demoiselles. J'y ai fait
abonner Marie, en son nom, pour une année.

« Je prends occasion de recommander à nos chers petits d'avoir
un soin tout particulier de leurs livres. Que dès ce moment ils commencent leur petite bibliothèque. Insensiblement elle se développera
et, par la suite, ils seront aussi flattés que surpris de leur richesse
bibliographique. Dans un âge plus avancé ils verront avec un
nouveau plaisir ces monuments de leurs premières études auxquels se rattacheront ces doux souvenirs de jeunesse, toujours
plus vifs en avançant dans la vie. »

A LA MÊME

« Meslay, 6 septembre 1837.

« Je n'ai pas voulu répondre, ma chère fille, à votre aimable
et toujours affectueuse lettre du 18 août. En la recevant nous
étions dans l'attente de nos deux jeunes voyageurs et je voulais
leur réserver le plaisir de vous donner de leurs nouvelles et des
nôtres. Ils se sont acquittés avec empressement de ce devoir et
s'ils ne vous ont pas tenu le langage de la plus parfaite gratitude,
il faut en conclure que leur plume n'est pas aussi éloquente que
leur parole. A la lettre, vous nous avez gâté ces deux enfants par
trop de soins et d'affection, et il est douteux qu'ils trouvent

mieux au domicile paternel. Vous jugerez du reste combien je suis pénétré de satisfaction de tant de bienveillance.

« Nous sommes réunis à Meslay, gémissant et frissonnant. Toujours un temps pluvieux et froid ; et ce mois de septembre, ordinairement si doux, si pur en Touraine, ne nous verra qu'auprès du feu. La chasse n'a été autorisée qu'au premier et nos deux enfants, semblables au chat tirant les marrons du feu, affrontent les rigueurs du temps pour garnir notre table d'un gibier dont ils n'ont que la moindre part.

« .... Vous me demandez un modèle d'acte pour assurer à votre mari les sommes entrées dans votre communauté. Je ne vous donnerai pas ce modèle, par la raison que je suis très-peu versé dans l'étude des formes. J'ignore quelle est celle qu'il convient d'adopter pour agir régulièrement. J'ajoute, ma chère fille, que je répugne à traiter un pareil sujet, comme étant exclusivement réservé à votre délicatesse et à l'équité de votre esprit. Vous avez près de vous deux conseillers de préfecture qui, par leurs lumières et leur attachement pour vous, m'ont paru l'un et l'autre dignes de votre confiance..... »

A SON FILS

« Tours, 14 décembre 1837.

« ..... Vous apprendrez, sans grande émotion sans doute, que les plaisirs semblent s'animer ici avec chaleur. Déjà plusieurs concerts, des bals et de nombreuses soirées sont indiqués. Est-ce que je ne suis pas personnellement invité à une grande soirée où l'on m'annonce que l'on dansera! Malheureusement les si-soles et les jetés-battus ne sont plus de mode, je suis sans chausson de danse et je me verrai privé d'une si belle occasion. Ah, si j'avais cinquante ou soixante ans de moins, comme je serais ému ! Je n'oublie pas que, jeune, l'annonce d'un bal troublait mon sommeil plusieurs nuits d'avance. Présentement c'est au lit, à dormir, que je dois passer mon temps et, malheureusement, l'insomnie m'en dérobe la plus grande partie.... »

A M. B., NOTAIRE A TOURS

« Vouvray, 16 juin 1838.

« ..... Au moment du plus grand discrédit des assignats, je me vis forcé de recevoir le remboursement de toutes les rentes et créances qui composaient une bonne partie de mon actif. Antérieurement, j'avais reçu le remboursement de près de 300,000 fr. dûs par le gouvernement pour la liquidation de quatre charges savoir :

« 1° Pour celle de mon beau-père, secrétaire du Roi au grand collége . . . . 125,000 fr.

« 2° Pour celle de secrétaire du Roi à Montpellier, de M. Bruley, mon oncle, dont j'étais héritier pour partie. 84,000 fr.

« 3° Pour celle de lieutenant-général de police à Tours, vendue par M. Loiseau à M. Pradeau qui en avait retenu le prix . . . . 45,000 fr.

« 4° Enfin pour celle de président trésorier de France à Tours, dont j'étais titulaire. . . . . . . 36,000 fr.

290,000 fr.

« Malgré tant d'échecs, Monsieur, il m'était encore facile de garder la Bellangerie et d'établir convenablement mes trois enfants sans m'endetter. Mais la perte de St-Domingue, en me privant des deux tiers de ce qui me restait, m'a seule déterminé à faire le sacrifice d'une terre que j'affectionnais longtemps avant d'en être propriétaire.

« Je vous demande pardon, Monsieur, de ces détails étrangers à l'objet seul qui vous occupe, mais il faut vous avouer ma faiblesse : je me trouve heureux de prouver à un galant homme dont j'ambitionne toute l'estime, que si, dès avant 1789, je me suis franchement prononcé pour les principes populaires, je n'ai pu le faire qu'en vertu d'une conviction indépendante de toute vue d'intérêt personnel : je ne pouvais renier ces sentiments sans mentir à ma conscience et m'avilir. J'ai eu à supporter tant d'accusations calomnieuses et ridicules qu'une semblable explication peut m'être permise.

« Mes sacrifices à la Révolution ont été d'autant plus absolus, qu'alors j'étais titulaire, à un troisième degré de famille, de la charge de Président Trésorier de France, qui assurait à mes enfants une noblesse transmissible avec ses priviléges.

« J'ai l'honneur d'être... etc. »

A SON PETIT-FILS, AGÉ DE HUIT ANS

Sans date (1838.)

« Mon cher petit Georges, tu ne me donnes point de tes nouvelles, mais moi j'éprouve le besoin d'en avoir. En te prévenant ici, j'agis comme celui qui sème pour recueillir. Je me flatte donc que tu me procureras cette douce récolte en m'écrivant quelquefois. Parmi les livres que j'adresse à ta sœur il y en a deux qui te sont destinés. Je suis bien convaincu que tu les liras avec grand plaisir. Les malheurs de la douce *Virginie* et de son ami *Paul* feront tomber de tes yeux et de ceux de la bonne Marie bien des larmes. Que n'es-tu maintenant avec nous, cher enfant! Comme nous, tu pêcherais de bons poissons, tu commencerais avec tes deux grands cousins tes premières courses de chasse et tu aurais le plaisir de cueillir sur nos friches ces excellents champignons dont nous nous régalons tous les jours. Je ne te parlerai pas des melons des Girardières et de nos mille fruits divers, car dans votre heureux département vous avez à profusion toutes ces jouissances.

« Pour un écolier la plus belle saison est celle des vacances. Tu en jouis présentement : fais-le, cher enfant, avec bonheur, mais n'oublie pas que les travaux utiles doivent succéder et prépare-toi avec courage à continuer tes études.

« Dans les premiers embrassements que tu recevras et rendras à papa et maman, mets-moi de part dans tes douces caresses. Sois bien certain, mon très-cher enfant, que personne n'est plus tendrement attaché à chacun de vous que ton bon vieux grand-papa qui te presse, en idée, contre son cœur. »

A SA PETITE-FILLE, MARIE BRULEY

AGÉE DE SEIZE ANS

« Tours, 12 février 1843.

« Je t'exprimerai difficilement, ma bien bonne petite Marie, combien j'ai été touché des sentiments si bien exprimés dans ta jolie lettre. A peine arrivée à Paris tu te dérobes à l'enivrement de tes nouvelles jouissances pour me consoler de ne plus te voir près de moi. Reçois-en, chère enfant, mes plus vifs remercîments. Ma tendresse pour toi t'est bien connue et cette nouvelle preuve de la tienne remplit de satisfaction le cœur de ton ami le plus tendre et le plus dévoué.

« Toute ta lettre respire le contentement dont tu es pénétrée et me donne l'espérance que tu retireras encore de ton voyage, par tes progrès, une nouvelle source de satisfaction. Les travaux dont tu auras à t'occuper, en perfectionnant ton éducation, doivent contribuer au bien-être de ton avenir.

« Ce que tu me dis de tes amusements et des sensations que te fait éprouver ta situation actuelle, me prouve que tu as un tact

assez sûr.... J'en étais là quand des interruptions sont venues
me distraire et me faire perdre le temps que j'avais tant de plaisir
à te consacrer. L'heure du déjeuner va sonner, ma lettre doit être
jetée à la boîte avant onze heures et je ne crois avoir autre chose
à dire et à faire que d'embrasser avec toute ma tendresse paternelle papa, maman et toi, chère amie. »

A LA MÊME

« Tours, 22 février 1843.

« Je crains, ma bien chère Marie, que tu ne sois pas née sous la
plus favorable influence. Sans parler de nombreuses petites contrariétés dont je me suis affligé avec toi, je te vois retenue à la
chambre, peut-être au lit, par un mal de gorge qui contrarie tes
projets d'étude et te prive des agréments qui t'attendaient dans
ces journées toutes consacrées au plaisir et à la folie. Ces tristes
circonstances, bien aimable enfant, seront au moins pour toi le
sujet de graves réflexions. Tu es dans l'âge des illusions et il est
très-pénible d'en reconnaître, si jeune, le vain prestige. Mais c'est
déjà un grave avantage que de savoir subir, comme tu sais le
faire, toutes les circonstances d'une fortune contraire.

« Tu ne saurais croire à quel point j'ai été affligé en apprenant
que mon fils, retenu par un fort rhume, avait le chagrin de ne
pouvoir t'accompagner dans ces fêtes dont tu t'es vue toi-même
privée par un mal de gorge qui te forçait à la même retraite. En
vérité, dans cette occurrence, j'aurais de grand cœur changé avec
vous deux de position. Que pouvais-je y perdre? Bien peu de
chose, et j'aurais eu la satisfaction de vous savoir joyeux et bien
portants.

« Hier j'étais avec Prudence au collège où nous nous étions
rendus séparément, lorsque Georges reçut la lettre de sa maman.
Cela me procura l'extrême satisfaction d'apprécier la douceur et

l'excellent esprit de ce cher enfant. Dans l'écrit où l'on semblait s'excuser de ne pas le faire venir pour quelques jours à Paris, comme cela avait été projeté, Georges, sans murmurer, sans même exprimer de regrets, sentit de suite les difficultés d'exécution et les raisons d'économie, si justes, qui étaient alléguées. Il est bien rare, à son âge, d'avoir autant de raison et un jugement aussi sain. L'heure de la récréation approche et je ne manquerai pas de le voir, ne fût-ce que pour le féliciter.... »

« Je sors du collége et n'ai pu voir Georges : le pauvre enfant était en retenue. Il aura peut-être eu le tort extrême de rire.

« Oh, pédants ! n'apprendrez-vous donc point que ce n'est pas par les punitions que vous ferez des hommes !... »

A LA MÊME

« Tours, 7 avril 1843.

« En m'éveillant, très-gentille et très-chère Marie, ou plutôt en me levant, je n'ai qu'une pensée, celle de m'entretenir avec toi et de te rendre la confidente de mes intimes sentiments. J'ai peu dormi et vraiment j'avais mieux à faire. Sache qu'en posant ma tête sur l'oreiller, un bon génie m'a porté à m'occuper de ma situation présente et à reconnaître que personne ne fut plus heureux que moi.

« Sans parler de l'avantage, si rare, d'avoir atteint un âge très-avancé (quatre-vingt-cinq ans) sans souffrances et sans contrariétés affligeantes, j'ai reconnu que c'est autour de moi, au milieu de ma famille et de quelques amis, que gît le bonheur, l'inaltérable satisfaction dont chaque jour je rends grâce à mon heureuse destinée. Je le dis dans la plus grande sincérité de mon âme : je ne connais aucune existence que je préférasse à la mienne.

« Revenir à vingt-cinq ans, c'est se rengager dans l'âge des

passions, dans toutes les incertitudes de la vie et dans de nombreuses déceptions. En me repliant sur le passé, je reconnais que
le bonheur n'a commencé pour moi que du moment où je me suis
vu père de famille. Il faut ajouter que ces douceurs de la pater-
nité ont eu pour principal élément la tendresse, les louables sentiments et la conduite parfaite de mes enfants. Tous, sans exception de ceux qui le sont par alliance, se sont constamment conduits
de la manière la plus honorable pour eux et pour moi sur qui le
reflet de leur excellente réputation a reflué naturellement.

« Les prévenances dont j'ai été l'objet depuis le départ de ma
bonne Prudence, m'ont sans doute inspiré l'espèce de confession à
laquelle je viens de me livrer. Tu vas juger, chère enfant, toi qui
as tant de nobles sentiments, si je pouvais être insensible à tant
de bienveillance. Ce sont mesdames Marchant et Woëst qui, le
soir même du départ de mes enfants, sont accourues pour me
solliciter d'accepter leur table, etc. Cette dernière a eu l'extrême
attention, le lendemain, de m'apporter à l'occasion de ma fête un
magnifique et trop savant bouquet. La rose, la modeste violette,
la jacinthe, etc., en sont exclues comme fleurs trop vulgaires.
Puis, sont venus à la file, mon petit-fils Jules, précédé d'un joli
pot de fleurs que je compte bien soigner pour t'en faire don, puis
une lettre bonne, affectueuse, vraie, de l'excellent Frédéric. Sur
l'enveloppe était tracée au crayon et en deux mots, la nouvelle si
agréable de l'arrivée de M. et de Madame Derouet. Que dirai-je
de plus, il m'a fallu céder aux instances de nos bons voisins Bucheron et Auvray, et accepter, contre mon usage, leur dîner.

« Hier était un jour de congé et il a bien fallu donner à
Georges, malgré le temps le plus décidément pluvieux, la satisfaction d'aller aux Girardières.

« Enfin, chère enfant, pour terminer ce trop long récit, je
t'annonce qu'à notre retour j'ai eu la douce satisfaction de recevoir la lettre de mon fils et de toi. Recevez-en l'un et l'autre mes
vives actions de grâces. La confirmation de la nouvelle qui nous
annonçait votre retour mérite bien cette expression de mon
contentement.

« Je ne te félicite pas ici, chère enfant, de tes succès et de tes
amusements : il faut bien réserver de l'aliment pour nos entre-

tiens, et puis je dois te réserver le plaisir de raconter de nouveau ce qui nous sera si agréable à tous.

« Ce que j'ai vu avec le plus vif intérêt, c'est que notre si aimable et si chère Elisa a joui présentement d'une meilleure santé. Je suis toujours convaincu que le bon air, plus de calme et le bonheur de vivre en famille lui rendront son excellente santé. Pour le lui rendre plus agréable, donne-lui de ma part le plus amical baiser; aie la même attention pour ton papa qui certainement a les mêmes droits à notre tendresse. Reçois enfin toute l'expression de l'inaltérable affection de ton vieux grand-papa et meilleur ami.

« P. S. Je ne dois pas oublier ici Georges. Le cher enfant se porte à merveille et il a déjà l'heureux talent de se faire remarquer de tous ceux qui le connaissent.

« Adieu, adieu pour peu de jours. »

Cette lettre, mes chers enfants, est la dernière de celles qu'il m'ait été possible de réunir à propos de votre bisaïeul. Puissiez-vous, en lisant cette correspondance, vous être pénétrés des nobles sentiments et des sages préceptes qu'elle contient. C'est en vous montrant dignes de vos ancêtres que vous honorerez le mieux leur mémoire.

Je dois maintenant vous entretenir, mes chers enfants, de

Il ne faudrait pas croire cependant que mon père fût abandonné à lui-même. On allait le voir de temps en temps ; il recevait même parfois de Tours certaines friandises, quand il les avait méritées. Une correspondance active renseignait d'ailleurs très-exactement le père et l'enfant sur tout ce qu'il importait à chacun de savoir.

Bien qu'éloigné, l'écolier était en réalité suivi attentivement. Sa santé, son caractère, ses habitudes, ses mœurs, son travail, ses progrès étaient également surveillés. Les arts d'agrément, si nécessaires dans le monde, n'étaient point oubliés dans son éducation. Aussi le père eut bientôt la satisfaction d'apprendre que son fils figurerait honorablement, non-seulement à la distribution des prix, mais encore au concert et au ballet donnés à cette occasion.

Toutefois, ces succès ne pouvaient avoir qu'une valeur relative et l'on résolut d'envoyer le jeune lauréat de province terminer ses études à Paris. Il fut donc, à quatorze ans, placé au Prytanée Français, qui devint plus tard le collége Louis-le-Grand. Cet établissement était le principal de la capitale ; il était d'ailleurs dirigé par un Tourangeau, M. Champagne, avec lequel mon grand-père avait eu déjà quelques relations.

Grâce à d'heureuses dispositions et à des habitudes laborieuses, mon père sut y tenir un rang honorable A seize ans il redoublait sa rhétorique et obtenait des succès.

Je n'ai pas besoin de vous rappeler, mes chers enfants, l'intéressante correspondance de mon grand-père : vous savez jusqu'où allait sa prévoyante sollicitude pour tout ce qui pouvait intéresser l'avenir et le bonheur de son fils. Mais, ce que vous ignorez peut-être, c'est que mon père, frappé de la haute valeur de ces conseils, avait soin, pour mieux les fixer dans sa mémoire, de les transcrire sur un petit cahier dont j'ai retrouvé quelques pages. Vous avez vu aussi qu'en sortant du Prytanée, il passa deux années à l'institution Lemoine, école supérieure, où les premiers professeurs de Paris venaient faire des cours. Là se trouvait réunie une jeunesse d'élite, appartenant aux plus hautes classes de la société et qui devait fournir des sujets distingués dans toutes les carrières libérales. Mon père y rencontra des amitiés précieuses.

Quand il sortit de cet établissement, il possédait l'habitude et le goût de la bonne société, et comme il avait joui déjà d'une liberté relative, il put entrer dans le monde sans être trop exposé à ses dangers.

Vous n'avez pas oublié, mes chers enfants, les événements qui, venant entraver ses projets, l'obligèrent à renoncer à l'auditorat du Conseil d'Etat, pour devenir caissier au siége central de la Compagnie des Assurances Générales, situation importante qu'il obtint sans fournir de cautionnement, grâce à son excellente réputation.

Ces fonctions ne l'empêchèrent pas cependant de se livrer à son goût prononcé pour les lettres et les arts. Le chant, le violon, le dessin lui procuraient d'utiles délassements.

Mais des études plus sérieuses occupaient aussi ses loisirs. L'économie politique, science presque nouvelle encore et bien peu répandue, fut de sa part l'objet de recherches approfondies. Il y acquit même une supériorité qui lui fut fort utile en le mettant en relations avec les gens éclairés qui devaient bientôt prendre la direction de l'opinion publique et des affaires du pays. C'est ainsi qu'il se trouva en rapport avec d'éminents écrivains et qu'il fut, à son tour, entraîné dans la politique. Désapprouvant, ainsi que le faisait son père, les tendances rétrogrades de la Restauration, Prudent Bruley prit place dans les rangs de l'opposition libérale et participa, sans signer ses articles, aux luttes brillantes engagées dans la presse, suivant en cela l'exemple des personnages les plus considérables de l'époque, car les grands journaux servaient alors des idées générales et élevées, sans s'abaisser à protéger des intérêts privés.

Ce frottement avec les gens les plus en renom, sa distinction personnelle, sa parfaite éducation, ses talents variés lui avaient attiré les relations les plus enviées. Il rencontra dans les salons des succès de toute nature.

Ce genre de vie, plein de séductions, avait ses dangers; il ne conduisait guère au mariage et n'assurait pas l'avenir. Or, certains revers de fortune préoccupaient justement mon grand-père sur l'établissement de son fils. Aussi le rappela-t-il près de lui.

Prudent Bruley revint donc en Touraine prendre sa place au foyer paternel. Son existence n'y fut pas oisive. Resté en correspondance avec ses amis de Paris, il continua à se tenir au courant du mouvement intellectuel de la capitale et poursuivit ses recherches scientifiques.

Rien ne dispose au mariage comme la vie de famille et l'existence en province. Pendant l'hiver de 1824 mon père fut mis, par des amis communs, en relations avec la famille Lévesque des Varannes, originaire du Saumurois où elle avait longtemps rempli des charges importantes (1). Une branche était alors fixée à Angers et occupait par sa fortune et son honorabilité un rang élevé dans la société. Les six enfants (trois garçons et trois filles), étaient fort appréciés dans le monde. Ils réunissaient toutes les qualités physiques et morales.

Prudent Bruley ne résista pas aux charmes d'Elisabeth, la plus jeune (les autres filles étaient d'ailleurs mariées). Il n'eut pas de son côté grand'peine à se faire remarquer, tant sa distinction naturelle et son éducation le mettaient au-dessus des jeunes gens qu'on rencontrait habituellement en province.

Aussi, après de courts préliminaires où les deux familles luttèrent de délicatesse et de désintéressement, le mariage fut-il décidé. On le célébra le 19 avril 1825 dans la chapelle du parc d'Echarbot.

C'est dans ce château patrimonial, situé aux environs d'Angers, que madame des Varannes réunissait chaque année ses nombreux enfants et petits-enfants. Leur présence, non moins que leur bonheur, était nécessaire à sa tendresse. Mon père fut reçu dans sa nouvelle famille comme un autre fils. Il avait le précieux avantage de s'y trouver en parfaite communauté de sentiments et d'opinions. Le beau-frère de madame des Varannes, M. Guilhem, député de Brest, avait déjà marqué dans les rangs de l'opposition constitutionnelle et devint pour Prudent Bruley un nouveau lien avec le parti libéral. De là même, suivant les besoins du moment, la nécessité de prendre une part active aux polémiques locales, quand la politique l'exigeait.

(1) La famille Lévesque des Varannes porte d'or au chevron de gueules accompagné de trois mouchetures d'hermine, deux en chef et une en pointe, avec cette devise : *N'oublye, ne double.*

Cependant, malgré les séductions qui l'attachaient à l'Anjou, mon père ne perdait pas de vue sa chère Touraine. Il aimait à venir retremper au foyer paternel son esprit et son cœur. Mais là encore l'engrenage politique le contraignait à descendre dans l'arène.

En 1827, au moment des élections, il fit donc paraître, sans nom d'auteur, une brochure intitulée : *Un Tourangeau à ses concitoyens.* Son but était d'éclairer les électeurs sur la gravité de la crise. Il était en effet impossible, à cette époque, de demeurer en dehors de l'agitation générale. Les événements de 1830 se préparaient, et tel était l'acharnement des partis, que personne n'apercevait le peuple frémissant, prêt à se jeter dans la mêlée avec sa violence habituelle et ses appétits inassouvis. Quel effarement dans les rangs de l'opposition constitutionnelle, si l'on eût entrevu le suffrage universel avec son instabilité et tous les abaissements qui sont la conséquence nécessaire de la prépondérance d'une foule ignorante ; ah ! quel apaisement subit eut amené cette effrayante perspective ! Mais qui eut osé prédire alors l'étrange destinée réservée à notre malheureuse patrie !

Au milieu des revendications soulevées de part et d'autre, le clergé commit l'imprudence d'intervenir. Des missionnaires trop ardents mêlèrent la politique à la religion et tel d'entre eux vint prêcher à Tours une croisade en faveur d'un retour *au bon vieux temps*, se lançant, à cette occasion, dans des digressions historiques dangereuses par l'ignorance de la majeure partie de l'auditoire. Prudent Bruley entreprit de réfuter ces erreurs et se plaça au point de vue exclusivement économique. Tel fut l'objet de sa *Petite lettre d'un Tourangeau défenseur du luxe et des richesses*, brochure publiée au profit des indigents et sans nom d'auteur. Il y démontra que le travail est, en somme, le moyen le plus efficace d'améliorer le sort des masses, de les moraliser et d'accroître la civilisation.

En effet, dès cette époque, la gravité des problèmes sociaux s'imposait à ses méditations. En toute circonstance il recommandait de s'occuper des enfants pauvres, afin de réagir par eux sur les parents. Aussi faisait-il tous ses efforts pour multiplier les salles d'asile et les écoles d'enseignement mutuel, établissements presque inconnus alors. Toutefois ces questions n'occupaient pas exclusivement ses loisirs. Une feuille nouvelle, plus littéraire que politique, l'*Estafette tourangelle*, venait d'être créée. Il y fournit d'intéressants articles de critique littéraire et historique. Cette fois encore son talent trahit l'anonyme qu'il voulait garder, redoutant tout ce qui pouvait ressembler à une réclame personnelle.

Mais bientôt les événements de 1830 apparurent et son concours fut de nouveau jugé nécessaire, à Angers, où la lutte était devenue particulièrement ardente. Alors parurent dans le *Journal de Maine-et-Loire* un certain nombre d'articles non signés, mais non moins remarquables par la solidité du fond que par l'élégance de la forme. Jamais les adversaires de mon père n'eurent à lui reprocher un manque de courtoisie.

Vers la même époque, à l'imitation de Paul-Louis Courier, son compatriote, il fit paraître un petit écrit, d'un style incisif, intitulé *Les Deux Électeurs*. Le titre en indique l'objet.

Hélas ! on poursuivait alors un simple changement de politique, et ce fut la dynastie elle-même qui fut renversée.

Quand ce résultat imprévu se fut produit, Prudent Bruley comprit que le moment était venu d'abandonner la polémique, car il n'était pas de ceux qui reculent devant la responsabilité de leurs actes.

Le nouveau gouvernement et le parti libéral voulaient rendre à la France un gouvernement sagement représentatif : tels avaient toujours été les aspirations de mon père et le but de ses efforts. Aussi plusieurs membres du ministère, connaissant personnellement son mérite, son caractère, son influence dans l'Anjou, pensèrent-ils que personne autre ne pouvait mieux que lui ramener le calme dans cette contrée si profondément troublée. Ils le choisirent donc pour administrer l'arrondissement de Saumur.

C'était un poste difficile, car presque partout les presbytères étaient en lutte ouverte avec les nouvelles municipalités. Il n'était pas en effet de tracasseries qu'on ne se suscitât de part et d'autre. Le conflit était permanent. En outre, l'École de cavalerie de

Saumur, recrutée en grande partie parmi les partisans du régime déchu, était une occasion de très-sérieux embarras.

Mais tout malentendu disparut bientôt, grâce au loyal appel adressé par le sous-préfet à ses administrés, le 23 août 1830. Voici cette circulaire :

« Messieurs,

« Avant de vous présenter le mandat que je tiens de la confiance du gouvernement, j'avais désiré connaître l'avis de quelques-unes de vos notabilités, bien résolu à me retirer en faveur de la personne qu'auraient déjà désignée vos suffrages. Je puis avec orgueil et reconnaissance considérer votre assentiment comme une seconde nomination, qui me promet aussi l'indispensable concours de votre zèle et de vos lumières.

« De quelque imposante et unanime adhésion que soit appuyé l'ordre de choses qui se constitue sur des bases si larges, si nationales, les agents de l'autorité nouvelle se trouveront chargés d'une tâche difficile. Il sera convenable peut-être de leur en tenir compte dans l'appréciation de leurs premiers actes. Ils ont à se préserver de plus d'un écueil entre leur disposition à l'extrême indulgence et la nécessité d'être justes, de tout soumettre à l'inflexible autorité de la loi. Quand il y a beaucoup à faire, beaucoup à réparer, les intentions les plus droites ne sauraient être appréciées de ceux qui subissent à regret un changement de système politique. Tôt ou tard cependant il faudra bien qu'ils nous accordent leur estime, et cette conviction affermit notre courage. Leur place est marquée à côté de nous.

« ..... Le gouvernement a besoin d'être partout secondé dans les projets d'amélioration qu'il médite et qu'il accomplira avec fermeté, mais avec mesure et sans trop accorder à ce droit rigoureux, si semblable à l'injustice.

« Quant à la portion d'autorité qui nous est confiée, Messieurs, étrangère à tout esprit de parti, également bienveillante et protectrice pour toutes les classes, on doit pourtant s'attendre qu'elle obéira à l'instinct de la conservation en ne s'entourant que de personnes disposées à favoriser sa marche.

« C'est à tort que quelques desservants du culte auraient, dit-on, manifesté des alarmes sur leur sort à venir, sur celui de la religion. Qu'ils se rassurent, les institutions de la liberté feraient naître, s'il n'existait pas, le sentiment religieux, et jamais le clergé soumis aux lois, renfermé dans les purs intérêts de son ministère, n'aura obtenu plus de respect, une considération plus méritée.

« Je resterai parmi vous, Messieurs, tant qu'il plaira au Roi, tant que ses conseillers marcheront dans une ligne conforme au vœu national et aux règles de ma conscience.

« Quoi qu'il advienne, je saurai, je l'espère, conserver ma propre estime, en m'efforçant toujours de mériter la vôtre. »

Voici l'autre circulaire que, bientôt après, dans un intérêt de bonne administration, il adressait aux différents maires :

« Je m'estimerais heureux que MM. les Maires prissent à tâche de m'initier à la connaissance de tout ce qui concerne les intérêts et l'esprit public de leurs communes.

« Ce soin devrait même leur être commun avec tous les administrés amis de leur pays et jaloux de nous épargner des erreurs, erreurs involontaires, qu'amènent trop souvent l'isolement où l'on nous laisse et l'impossibilité de surveiller par nos propres yeux tous les détails d'une aussi vaste machine.

« Quand l'expérience des citoyens néglige d'éclairer l'autorité dans sa route, est-il juste après cela de lui reprocher avec amertume quelques faux pas ?

« Veuillez, Messieurs, accorder votre bienveillance à nos bonnes intentions, reconnaître qu'il s'agit ici de nos affaires à tous et que nous voguons ensemble sur la même barque. De cet accord, de ces secours mutuels naîtra la force du gouvernement. »

Cet appel ne fut pas inutile : une correspondance suivie, presqu'intime, et empreinte dans tous les cas de la plus honorable confiance, s'établit entre le nouveau sous-préfet et la plupart des maires. Bien des difficultés furent ainsi aplanies et de nombreux conflits évités.

Parmi les principaux embarras suscités à l'administration il faut citer, comme je l'ai déjà dit, les dispositions défavorables du clergé. On s'en apercevait surtout à l'occasion des prières publiques et de la substitution des nouveaux emblèmes aux anciens, en un mot dans tout contact avec les municipalités nouvelles. Au surplus, le rôle que les gardes nationales, enflammées d'un beau zèle, commençaient à jouer, n'était pas fait pour apaiser ces conflits incessants.

Il fallait étouffer au plus vite les dissensions, dès qu'elles se produisaient ; la modération, le tact, la fermeté du nouveau sous-préfet y parvenaient presque toujours.

Ainsi que cela se rencontre dans toutes les révolutions, les changements survenus dans les hommes et dans les choses furent l'occasion d'une multitude de dénonciations où les rancunes et les rivalités locales avaient plus de part que le patriotisme apparent qui leur servait de prétexte. Mais on ne les accueillait pas à la légère ; une enquête sérieuse était faite et, si elles n'étaient point justifiées, les fonctionnaires calomniés ne trouvaient pas de plus ardent défenseur que le chef de l'arrondissement. En revanche, les vrais conspirateurs n'avaient pas de surveillant plus attentif. Toutefois, naturellement enclin à la douceur, il empêchait que des rigueurs superflues fussent appliquées. Sa paternelle intervention sauva même plusieurs jeunes officiers compromis dans les complots carlistes, car les mouvements de la Vendée s'étaient étendus aux environs de Saumur et s'étaient même propagés jusque dans l'École militaire où quelques exaltés étaient prêts à se joindre aux insurgés.

Dans la compression de cette agitation, le sous-préfet fut plusieurs fois obligé de donner l'exemple de la fermeté et du courage civique. Mais sa présence et ses conseils suffirent presque toujours pour faire rentrer chacun dans le devoir.

Cependant la politique était loin d'absorber tous ses soins. Les questions économiques, telles que la liberté du commerce, le perfectionnement des voies de communication, les établissements de bienfaisance, comme hôpitaux, hospices, crèches, salles d'asile, caisses d'épargne, étaient l'objet de sa constante sollicitude. Les prisons même n'échappaient pas à sa surveillance et des améliorations importantes y étaient introduites. Pour toutes les œuvres de charité ma mère était son auxiliaire habituel. Mais elle ne se contentait pas d'une présidence simplement honorifique :

toujours elle était la première à payer de sa personne et de sa bourse. Aussi le sous-préfet de Saumur acquit-il bien vite dans tout l'arrondissement une influence et une popularité qu'il fit servir à l'affermissement du pouvoir.

La récompense ne se fit pas attendre : il fut, le 21 juillet 1832, décoré de la Légion d'honneur. En lui annonçant cette marque d'estime, le ministre de l'Intérieur, M. de Montalivet, ajoutait :

« Vous trouverez dans cette distinction la juste récompense de votre administration patriotique et sage et de votre dévouement au Trône et aux institutions de Juillet. M. le Préfet de Maine-et-Loire m'a souvent signalé les heureux résultats que vous avez obtenus dans un arrondissement difficile, et je me félicite d'avoir pu appeler sur vos titres l'attention de Sa Majesté. »

La fidélité éclairée de mon père allait jusqu'à l'abnégation. Ainsi quand la nouvelle dynastie, désireuse de légitimer son avènement et ses couleurs, fit appel au chauvinisme de la nation et voulut abriter le drapeau tricolore sous les glorieux souvenirs de l'Empire, l'administrateur aperçut le danger de cette politique et n'hésita pas à réagir contre l'opinion générale. *Quelques mots sur Napoléon,* tel fut le titre d'une brochure qu'il fit paraître en 1833 sans nom d'auteur. Il jugeait en effet opportun de ne pas laisser trop oublier les fautes politiques et, surtout, l'intolérable despotisme du grand conquérant. Ne devait-on pas craindre, en outre, d'exciter l'ombrageuse animosité de l'Europe ?

Cette étude consciencieuse est d'autant plus remarquable qu'elle a précédé le grand ouvrage de Thiers. L'avénement du second Empire s'y trouve presque annoncé et toutes les causes générales de sa chute y sont en quelque sorte prédites.

Le sous-préfet de Saumur, malgré certaines jalousies que sa supériorité faisait naître, ne pouvait rester longtemps en sous-ordre. En novembre 1835 il fut appelé à la préfecture de Tarn-et-Garonne.

Là encore, il avait à poursuivre une œuvre d'apaisement dans laquelle plusieurs préfets venaient de succomber. Mais le bruit des démonstrations flatteuses dont il avait été l'objet à son départ de Saumur, l'avait précédé dans le Midi. On savait aussi qu'une aimable *Préfète* allait devenir à Montauban l'âme de toutes les réunions. Voici comment, à son arrivée dans son nouveau département, il notifia son programme aux sous-préfets et aux maires :

« Lorsque le Roi veut bien m'appeler à l'honneur de diriger l'administration de ce département, je viens, pour le succès d'une tâche si importante, réclamer votre bienveillant concours et cette confiance indispensable à l'utilité comme à l'agrément de nos mutuels rapports.

« Il m'est doux de penser avant tout, Messieurs, que votre honorable influence rendra toujours faciles autour de vous le respect du Trône fondé en 1830, l'observation de nos lois et le maintien de l'ordre, sans lequel les nobles institutions de la liberté ne sont qu'un triste problème. J'y apporterai, pour ma part, toute la vigilance qu'exigent ces premières conditions du progrès et de la dignité nationale.

« Sans doute il y a beaucoup à faire dans l'intérêt de ces belles contrées. En tête de leurs besoins on peut, comme presque partout, signaler un large et intelligent système de communications et l'enseignement primaire secondé autant que possible par l'éducation, la culture de l'âme, moyen trop longtemps négligé de concorde et de bien-être social. A cela viendraient se joindre avec avantage, pour complément de ce que le pays possède déjà, quelques-uns de ces établissements charitables qui, toujours encouragés par l'administration, sont plus spécialement dus aux généreux sacrifices des particuliers, terrain neutre sur lequel les gens d'esprit et de cœur doivent se rencontrer avec estime et préluder à une réconciliation générale.

« Mais pour nous diriger dans la voie des améliorations, je le répète, Messieurs, il me faut sans réserve le concours de votre zèle et de vos lumières. Heureux si, grâce à vous, je puis quelque jour emporter, après un long bail administratif, ces flatteurs témoignages d'attachement par lesquels les bons habitants de Saumur ont bien voulu m'exprimer leurs adieux. »

Ce loyal appel fut entendu, et de toutes parts les meilleures relations s'établirent entre le Préfet et ses administrés. . Elles eurent pour premier résultat d'amener une sorte de détente dans les esprits et de faciliter singulièrement l'introduction des améliorations projetées.

Un des premiers actes du nouvel administrateur fut la répression de la mendicité et du vagabondage. Le département de Tarn-et-Garonne était en effet infesté, depuis un certain temps, de gens sans aveu qui, repoussés des départements voisins où la police les traquait, étaient venus s'abattre sur un pays plus favorable à exploiter. En expulsant ces gens indignes de commisération, on put concentrer sur les véritables pauvres toutes les ressources de la charité. La sécurité publique en fut singulièrement accrue.

Le nouveau préfet avait l'habitude de respecter toutes les opinions ; mais il ne faudrait pas croire cependant que sa modération tolérât certaines attitudes. Témoin ce rappel aux convenances adressé au Conseil municipal de Caussade :

« Monsieur le Maire,

« L'insuffisance des motifs présentés dans la délibération de votre conseil municipal du 2 février dernier, autant que le besoin d'être par lui mis en mesure d'adresser au Consistoire de Nègrepelisse une réponse motivée et péremptoire, ont dû me faire désirer que messieurs les délégués de la commune voulussent bien se réunir de nouveau pour le même objet.

« En cela, Monsieur, j'ai rempli mon devoir et satisfait à toutes les bienséances. Mais en peut-on dire autant de votre conseil lorsque, dans des termes dont rien ne justifie l'inconvenante amertume, il affecte de se croire offensé par une démarche toute légale, usitée dans des circonstances moins importantes, et quelquefois même sur la réclamation d'une seule personne intéressée ? Qu'il soit permis de s'étonner qu'un corps auquel on accorde des lumières, n'ait pas mieux apprécié les scrupules soulevés par un esprit de justice et de tolérance religieuse, et que, si jaloux de sa propre dignité, il méconnaisse à ce point celle du premier magistrat du département.

« Je tiens comme non avenue la délibération du conseil muni-

cipal de Caussade du 9 mars 1836 et je vous invite, Monsieur le
Maire, à mettre la présente dépêche sous ses yeux dans sa plus
prochaine réunion. Vous voudrez bien me faire connaitre
l'accomplissement de cette formalité. »

Justement préoccupé de tout ce qui intéressait la question
sociale, Prudent Bruley s'empressa d'établir dans le département de Tarn-et-Garonne des Salles d'Asile, institution alors
peu connue en France. Voici comment il s'adressa aux Montalbanais le 12 juillet 1836 :

« De toutes les personnes qui ont visité une Salle d'Asile, qui
en ont examiné de près la forme, le but, les résultats, pas une
encore, chose rare, n'a songé à faire entendre une parole de
dédain ou seulement de critique. C'est que l'Asile, moyen aussi
simple qu'efficace de charité et d'éducation pour le premier âge,
est un de ces faits privilégiés sur lesquels toutes les classes,
toutes les rivalités, toutes les opinions politiques et religieuses
s'accordent dans un même sentiment de respect et d'admiration.

« Des hommes graves ont pensé, et cette opinion est depuis
longtemps la nôtre, que l'adoption des Asiles est susceptible
d'opérer, en moins d'un quart de siècle, une très-notable amélioration dans nos mœurs et dans le bien-être social. En dépit de
l'opinion trop commune qui nous classe au plus haut point de la
civilisation européenne, osons proclamer que l'on manque généralement en France d'une éducation première ayant pour base,
avec un certain degré de savoir, la plus essentielle des vertus, la
bienveillance, le dévouement à son semblable, comme aussi les
nobles sentiments qui élèvent l'âme et attachent aux devoirs et
à la patrie. Sans ces conditions, dont on s'inquiète trop peu, les
meilleures formes politiques ne feront qu'ébaucher des citoyens
et laisseront toujours immense la part de nos misères. Or, s'il
était vrai que ce manque général d'éducation fût la plaie sai-
gnante, le côté périssable de la société moderne ; s'il était vrai
aussi que de tous les moyens d'y porter remède le plus efficace,
le plus complet fût l'Asile, combien ne se recommanderait-il pas
aux esprits généreux et réfléchis !

« Un gouvernement ne peut suffire à tout ; il ne peut prendre sur lui la fondation de tous les établissements utiles. D'un autre côté, la commune est, presque généralement, grevée de lourdes charges. C'est donc aux particuliers, dans une foule de cas où leurs intérêts sont en jeu, à savoir mesurer leurs générosités, leurs sacrifices sur les avantages qu'ils en doivent retirer ; c'est à eux surtout, législateurs de la famille, qu'appartient la tâche difficile de combattre, de vaincre à quelque prix que ce soit ces mauvais penchants du cœur humain qui, plus qu'en aucun temps peut-être, aigrissent l'homme de peine et de misère contre la société. Cette réaction de bas en haut, éternelle loi d'équilibre dans l'ordre moral, subsistera longtemps menaçante..... Et quand on voit de tels ferments réchauffés par les sophismes d'opinions prétendues philanthropiques, peut-on sans inquiétude envisager l'avenir ?

« Eh bien! ce que la loi civile, ce que ses plus fortes répressions ne sauraient faire, un précepte de morale évangélique mis en action le fera. Ces perturbations redoutables seront conjurées par l'exercice de la charité, mais d'une charité intelligente, large, féconde, faite pour toucher le cœur du pauvre par l'endroit le plus sensible, l'éducation de ses enfants, ce lien de quasi-parenté entre lui et nous, l'éducation commencée, pour ainsi dire, dès le sein de la nourrice. On sait l'empire durable des impressions du premier âge, par où les vices et les vertus entrent dans le monde ; on sait que, pures ou empoisonnées à leur source, ces impressions décident trop souvent du reste de l'existence. Tâchons donc de les faire passer par la salutaire épreuve des Salles d'Asile.

« L'art d'exercer en jouant les facultés physiques et intellectuelles ; les habitudes du travail, de l'ordre, de la subordination, de la propreté sur la personne, ce symbole de la pureté de l'âme ; le sentiment de la conscience et de la piété, où l'infortune puise le courage et de hautes consolations ; l'éloignement pour tous les vices et surtout pour cet égoïsme maladroit qui fait l'homme ennemi de l'homme et rend à tous la vie si amère : voilà ce qu'avec un succès incroyable obtient le nouveau mode d'éducation offert aux ménages nombreux et peu fortunés, mode excellent dont l'application, n'en doutons point, sera faite avec plus ou moins de bonheur aux autres maisons d'instruction·

Combien on s'étonnera quelque jour de ne s'être pas avisé plus tôt de la Salle d'Asile, de n'avoir pas commencé l'éducation de l'homme par le commencement. « *Oh ! c'est bien là une invention du bon Dieu,* » disait une femme indigente, qu'un de ces établissements soulageait à la fois de deux enfants et mettait en situation de gagner leur vie et la sienne. Certes, on peut espérer que ni le mari, ni les frères, encore moins plus tard les fils de cette femme ne seront jamais aperçus vociférant dans une émeute.

« L'embarras, je l'avoue, sera quelque temps encore de trouver des maîtres ou des maîtresses capables du dévouement nécessaire et assez éclairés pour comprendre l'enfance, pour la diriger utilement par l'attrait du plaisir. Il y faut tant de patience, de tact et de bonté ! Qu'on se rassure toutefois ; les inspirations de la vertu, l'exemple, la juste vénération du monde pour ceux qui se dévouent à cette admirable tâche, créeront partout des imitateurs. C'est même à pareille épreuve que chaque ville connaitra avec orgueil combien elle renferme en son sein de vrais éléments de patriotisme et de civilisation. Aucune ne répudiera l'Asile et les garanties qu'il offre à la société.

« Ces garanties, on ne saurait trop le redire, sont plus réelles, plus étendues qu'on ne pense. Car le bienfait de la leçon ne se borne pas aux bancs de l'école ; les petits enfants ne sont pas nos seuls élèves. Il s'établit une sorte d'enseignement mutuel, une invincible réaction d'eux à leurs pères et mères, aux yeux desquels ce noble progrès de l'intelligence, de si pures habitudes deviennent un objet de respect et d'imitation, et d'autant qu'ainsi préservés des sales exemples et des dangers de la rue, ces pauvres enfants ont cessé d'être pour le foyer maternel une charge pénible, irritante, un obstacle au travail assidu qui doit amener le pain de chaque jour.

« Et qui ne voit encore que par là se resserreront les liens de la famille, ce premier pas vers l'amour de l'ordre et vers l'esprit public ! Mais le grand point, mais l'important problème à résoudre (car cette question sociale est immense), c'est que les classes travailleuses, contemplant à la tête de pareils établissements la classe riche, perdent enfin leurs tristes et parfois si injustes préventions contre elle. La paix sera signée du jour qu'il n'y aura plus entre eux que le bienfait et la reconnaissance. Cet heureux changement, qui à lui seul répondrait de l'avenir, sachez donc l'amener par de légers sacrifices, vous surtout qui avez beaucoup à conserver, beaucoup à transmettre en héritage !

« Presque partout les Asiles se fondent sous le patronage des femmes. Un parfait sentiment des convenances leur a fait accepter cette sorte de magistrature sur l'enfance indigente et dépourvue d'éducation. Où trouver ailleurs la patience, l'inépuisable bonté, les soins ingénieux et soutenus que réclament nos premiers pas dans la vie ? Charitables par la propre impulsion de leur cœur, persévérantes dans le soulagement de nos misères, c'est aux femmes qu'il appartient d'accomplir parmi nous l'œuvre de la Salle d'Asile ; c'est à leur gracieuse entremise, comme à la bienveillance d'un clergé plein de lumières et de charité, d'assurer à Montauban le succès d'une souscription où les plus modestes offrandes seront accueillies avec reconnaissance, pour premiers fonds destinés au loyer d'un local et à l'achat de quelques meubles. Est-il besoin d'ajouter que le gouvernement viendra à notre aide et que nous pouvons toujours, quand il s'agit d'une bonne œuvre, compter sur la puissante protection du Conseil général et de Messieurs les députés de ce département ? »

La société montalbanaise comprit vite l'exactitude et l'élévation de ces considérations : une première salle d'asile fut bientôt fondée.

Grâce aux intelligents efforts du nouveau Préfet, le département de Tarn-et-Garonne recouvra peu à peu le calme qui lui manquait depuis si longtemps.

Jusque-là les principales difficultés pour l'administration venaient de l'antagonisme ardent des protestants et des catholiques. Pour tout fonctionnaire nouveau on se préoccupait beaucoup plus de sa religion que de son caractère et de son aptitude. L'indifférence même, en pareille matière, avait toujours pour résultat de grouper contre lui les deux partis. La prudente réserve du Préfet, son esprit de justice finirent par apaiser ces rivalités : l'Évêque et le Président du Consistoire ne furent pas les moins étonnés de se trouver réunis à la même table avec leurs principaux adhérents. Enfin, les processions purent, sans être inquiétées, reparaître dans les rues. C'était pour la préfecture un grand succès. Elle le compléta en attirant insensiblement à ses fêtes, puis à ses réceptions hebdomadaires, les plus fougueux légitimistes et les farouches représentants du parti républicain encore peu nombreux.

La charité, le bien public avaient été d'abord l'occasion de ces réunions; bientôt ce furent la musique, la danse et les autres distractions mondaines, car la maîtresse de maison, par son aménité et la gracieuseté de son accueil, excellait à rendre ses salons attrayants.

Au fond, les plus récalcitrants avaient un vif désir de sortir de leur attitude boudeuse et de prendre part aux plaisirs, fût-ce même à la Préfecture.

A force de s'y rencontrer on en vint à se saluer, puis à échanger quelques mots de politesse, enfin à causer plus longuement et sans contrainte.

Ainsi disparurent bien des préventions réciproques; de là une détente générale dont l'administration s'empressa de profiter. La politique semblait exclue des soirées de la Préfecture, mais elle s'y glissait par toutes les issues, au grand profit du gouvernement. Au surplus, on ne redoutait pas de s'expliquer avec son représentant, car on savait pouvoir toujours compter sur sa parfaite discrétion. Combien cette confiance facilitait les choses et qu'il était facile de s'entendre avec un Préfet mettant au-dessus de tout la justice et sa propre estime! Peu lui importait le reste, sa position fût-elle en jeu. Le mérite et le bon droit étant à ses yeux la principale condition de toute récompense, il refusait obstinément de se prêter à toute nomination non justifiée; aussi était-il bien certain de voir ses choix ratifiés par l'assentiment public.

Il arriva cependant qu'il mécontenta ainsi certains personnages influents, insatiables de popularité, habitués jusque-là à tout obtenir pour leurs adhérents et ressentant comme une injure personnelle toute résistance à leur intervention. Le Préfet continua sa ligne de conduite, sans se préoccuper beaucoup de leur mauvaise humeur. Mais il eut parfois le désagrément de voir les

bureaux du ministère accorder les faveurs que son administration avait refusées par esprit de justice.

Les choses durèrent ainsi jusqu'en 1839, époque où l'opposition se coalisa à la Chambre pour faire tomber le ministère et se
distribuer les portefeuilles. Les trois députés de Tarn-et-Garonne
entrèrent dans cette ligue. De là pour le Préfet une situation
gênante, car ils étaient tous devenus plus ou moins ses amis et
il fallait s'attendre à ce que le ministère combattit leur réélection.
Aussi fit-il comprendre à Paris qu'on ne pouvait espérer de sa
part aucune duplicité, et qu'au surplus les députés seraient réélus,
quelle que fût l'attitude de l'administration.

Le ministère estima cependant pouvoir lutter avec avantage
et crut devoir sacrifier un préfet d'une honnêteté gênante. Mais
craignant avec raison que cette mesure ne fût sévèrement jugée
par l'opinion publique, à Montauban surtout, voici le moyen détourné qu'on imagina : mander le Préfet à Paris ; il partira d'urgence et se croisera en route avec son successeur. On le retiendra
au ministère sous divers prétextes : on évitera ainsi tout éclat et
l'on aura fait sans bruit les élections.

C'est en effet ce que l'on essaya ; mais à peine descendu de voiture, mon père court au ministère, se fait connaitre et demande
audience. Le ministre embarrassé le renvoie à son secrétaire
général qui lui-même, non moins gêné, dit ne pouvoir le recevoir. Deux jours se passent à attendre.

Cependant l'autre Préfet arrivait à Montauban, y débarquait
incognito et se présentait à la Préfecture en déclinant sa qualité.

Je me souviens encore de l'impression pénible que cette apparition inattendue produisit. Bientôt l'émoi se répandant, on ne parla
de rien moins en ville que d'organiser un charivari.

A Paris, l'ancien préfet, attendant toujours qu'on voulût bien
le recevoir et lui dire pourquoi on l'avait appelé, finit par apprendre son remplacement clandestin. Il écrit alors au ministre
pour réclamer une explication qu'il était de sa dignité d'exiger
immédiatement. Le secrétaire général veut s'interposer, mais
il n'a pas à se féliciter de son intempestive intervention. Puis
les journaux s'emparèrent de l'incident qui fit alors grand bruit
et vint accélérer la chute du ministère.

De leur côté, les Montalbanais manifestèrent hautement leur mécontentement et le nouvel administrateur se vit, dès son arrivée, entouré de toutes sortes de préventions.

Les principaux habitants du département, quelle que fût d'ailleurs leur opinion, couvrirent de signatures une chaleureuse protestation de regrets et d'espérance ; et quand ma mère dut quitter la Préfecture, une brillante sérénade et de nombreuses acclamations vinrent encore témoigner les sentiments de la population.

A ces marques d'attachement de ses anciens administrés mon père répondit de Tours, le 9 mars 1839 :

« Messieurs,

« Je reçois avec un sentiment de reconnaissance inexprimable le témoignage d'estime que vous voulez bien m'adresser.

« Ce que j'ai fait pour votre département et dont il vous plaît de relever le mérite est bien peu de chose en comparaison de ce que mon devoir et mon cœur m'avaient prescrit. Mon principal titre auprès de vous fut un dévouement sans bornes à tous vos intérêts. Puissiez-vous en reconnaître quelque trace dans les actes d'une administration que votre bienveillance me rendait si douce, et dont une mesure violente a pu rompre le cours sans rompre les puissants liens d'affection qui m'enchaînent à vous pour la vie.

« On est encore à Paris dans le laborieux enfantement d'un ministère. Mon rôle est de rester étranger à toutes les combinaisons qui s'agitent au-dessus de nos têtes et d'où sortiront pour le pays, tout l'annonce, des garanties d'ordre, de dignité et de durée.

« Injustement frappé, Messieurs, peut-être ai-je droit de prétendre qu'une réparation honorable vienne me chercher dans ma retraite. Si cette attente devait être trompée, je me consolerais en relisant les nombreuses lettres que me vaut ma disgrâce, notamment celles qui me sont adressées de Tarn-et-Garonne. Ma famille, comprise dans vos touchants regrets, s'attendrit à cette lecture. Ce sont des titres préférables à ceux dont un gouvernement dispose ; et quelque jour aussi mon fils y trouvera avec orgueil les plus nobles motifs d'émulation et d'éternelle reconnaissance envers les bons Montalbanais.

« Veuillez agréer, Messieurs, l'expression de mon respect, de ma profonde gratitude et de mon dévouement inaltérable. »

Je n'ai pas oublié, mes chers enfants, ces douloureuses circonstances et malgré le temps écoulé mon cœur conserve aux bons habitants de Montauban l'affectueux souvenir dû à leurs regrets. Si quelque jour vous parcourez aussi ce département, votre nom n'y sera peut-être pas encore complétement oublié.

Mais continuons le cours des événements.

La chute du ministère, conséquence des élections qui suivirent la dissolution de la Chambre, ne tarda pas à permettre à mon père de rentrer dans l'administration. Le 10 août 1839 il fut appelé à la Préfecture de la Sarthe, poste difficile, dont le principal avantage était la proximité de la Touraine et de l'Anjou. Voici la circulaire qu'il adressa le 25 août aux fonctionnaires et aux maires du département en prenant possession de ses nouvelles fonctions :

« Messieurs,

« Le Roi a daigné m'appeler à la Préfecture de la Sarthe. Ce témoignage de haute bienveillance m'impose des devoirs à l'accomplissement desquels j'ai à cœur de me dévouer. J'ai besoin dans cette tâche, dont je ne me dissimule point les difficultés, d'être soutenu par votre confiance. Sans doute, c'est le concours de tous que j'ose espérer, car c'est de l'affaire de tous qu'il s'agit et chaque citoyen y doit apporter le tribut de son patriotisme ; mais qu'il me soit avant tout permis de compter sur vous, messieurs, investis que vous êtes d'un mandat spécial, soit de la part du gouvernement, soit de la part de vos concitoyens. Que les plus intimes rapports s'établissent entre nous pour la facile et prompte satisfaction des intérêts dont la responsabilité vous appartient.

« Le perfectionnement des voies de communication qui multiplient la richesse par l'accélération des échanges, les besoins de l'agriculture, du commerce et de l'industrie, le bien-être des classes laborieuses, en les appelant aux idées d'ordre, au sentiment religieux, aux bienfaits de l'instruction, à la connaissance de leurs droits et de leurs devoirs, en un mot à la dignité de citoyen : tels sont, Messieurs, les principaux objets qui réclament nos soins et qu'il serait superflu de recommander à votre sollicitude.

« Un événement immense, la seule révolution populaire que n'ait souillée aucun excès, donnait à la France un roi de son choix avec un gouvernement libre et national, tandis qu'un trône tombait, non sans briser des existences et des affections, non sans tromper aussi des vœux plus ou moins téméraires. De là des inimitiés, des obstacles dans les localités surtout qu'affligèrent de fortes crises politiques. Mais la modération qui marqua le triomphe de 1830 et qui préside constamment à la marche du pouvoir, cette modération, gage de force et de durée, parviendra, n'en doutons point, à désarmer la vivacité des dissidences. Administrateurs, notre rôle est d'inviter à la concorde, aux rapprochements. Le temps déjà s'est chargé de prouver que la dynastie de juillet était la meilleure garantie d'une liberté sage, appropriée à l'état de nos mœurs et notre sauvegarde contre le danger des réactions et des théories ardentes.

« Depuis longtemps, Messieurs, des rapports de voisinage et de sympathie m'attachent à votre beau pays. J'y resterai, s'il dépend de moi, tant que j'aurai la conscience d'être utile. Il y a beaucoup à faire, dit-on ; mais pour prix de nos mutuels efforts, peut-être nous sera-t-il donné de laisser quelques honorables traces de notre passage aux affaires : c'est là le plus cher de mes vœux, l'unique objet de mon ambition ; heureux si, m'appliquant à mon devoir et, comme dans toute circonstance de ma vie, au soin de ma propre estime, je puis mériter un jour celle des habitants de ce département ! »

Le lendemain de l'installation du nouveau Préfet s'ouvrait la session ordinaire du Conseil général. Voici l'allocution adressée à cette assemblée :

« Messieurs,

« Je ne puis me défendre de quelque émotion en me trouvant pour la première fois en contact avec un corps aussi distingué, surtout dans la fâcheuse et complète ignorance où je suis des affaires qui vont être soumises à son examen. Il n'y a ni zèle, ni application qui puissent, quant à présent, suppléer à un pareil inconvénient et j'ai besoin, Messieurs, de toute votre bienveillance. Trouvez bon que je suive assidûment vos travaux : la haute expérience qui vous distingue me sera un guide précieux ; j'y puiserai des notions exactes sur les divers objets qui n'ont pas même encore pu passer sous mes yeux.

« Pour le succès de la tâche que le Roi a daigné me confier et qui ne se renfermera pas, s'il dépend de moi, dans la courte période de vie administrative comptée à mes prédécesseurs, je me préoccupe beaucoup, Messieurs, de mon début auprès de vous et de la confiance dont vous voudrez bien m'honorer par anticipation.

« Quel meilleur titre pourrais-je présenter à ce chef-lieu et aux arrondissements ? Veuillez donc me mettre à même d'obtenir bientôt mes lettres de naturalisation, en m'accordant cette confiance et cette estime sans lesquelles l'administrateur ne peut rien, sans lesquelles tout lui devenant obstacle, son zèle et ses intentions les plus droites sont frappés de stérilité.

« En tête des besoins généraux, nous reconnaissons tous, pour le perfectionnement matériel, un bon système de communications départementales, et c'est là, je pense, ce dont vous aurez plus particulièrement à vous occuper dans votre session.

« Le perfectionnement moral, toutefois, n'est pas moins digne de votre sollicitude éclairée, et il serait bien à souhaiter que partout on vit marcher de front ces deux éléments de civilisation. C'est, pour le dire en passant, ce qui ne se remarque guère en France, où les ponts suspendus, les bateaux à vapeur, les chemins de fer se trouvent déjà à l'usage de populations qui ne savent pas lire et qui n'ont guère que le travail pour précepteur de morale et pour guide. Tâchons de faire, du moins, que ce puissant préservatif, le travail, devienne partout honorable et honoré, partout susceptible de nourrir la famille courageuse qu'il courbe tout le jour sur la glèbe ou dans l'atelier. Il y a là, selon moi, une question sociale immense, et, plus qu'à nulle autre chose peut-être, c'est à cette condition d'un salaire en rapport avec les besoins de la classe laborieuse, que les États désormais assureront leur avenir contre les convulsions de la politique.

« De tels soins, Messieurs, dans lesquels vous pouvez beaucoup, n'empêcheront pas en même temps et l'enseignement primaire, et les caisses d'épargne, et la salle d'asile, admirable conception trop peu connue, et les autres moyens philanthropiques d'exercer, sous vos auspices, cette action moralisante qui adoucit les mœurs, rend l'homme secourable à l'homme, l'éclaire sur ses devoirs comme sur ses droits et lui permet enfin de remplir dignement sa destinée sur la terre.

« J'ose espérer, Messieurs, et j'y ferai de mon côté tout mon possible, que nous nous entendrons sans peine sur nos rapports et nos mutuels devoirs. Ayant même but, même dévouement aux intérêts du pays, nos légères dissidences ne pourräient, éclairant la discussion, que tourner au profit de la vérité et du bon droit. Nous sommes, vous et moi, placés pour voir de haut, pour embrasser l'ensemble, et, consciencieux interprètes des besoins généraux, nous n'hésiterions pas, s'il y avait lieu, à leur sacrifier les petites prétentions de localité.

« Il se pourrait que quelques objets dignes d'intérêt ne vous eussent point été présentés. C'est qu'ici, comme ailleurs sans doute, il y aura eu à choisir et que toutes les améliorations, pour être désirées, ne sont pourtant pas indispensables. Le temps sur lequel on ne semble jamais assez compter, le temps qui multiplie les ressources morales et matérielles, saura bien prescrire à notre attention les objets devenus à l'ordre du jour, tandis que l'insuffisance des moyens actuels commande peut-être de se renfermer dans un certain cercle et d'aller au plus pressé.

« Et cependant, Messieurs (permettez-moi de vous exposer ici mes vues) accueillons avec quelque défiance les timides conseils d'une économie systématique : ils ne sont pas toujours conformes aux règles d'une bonne administration. C'est une erreur trop commune que celle qui consiste à grever toujours le présent au profit de l'avenir. Sachons parfois déterminer la part contributive de cet avenir à des objets principalement conçus dans son intérêt, et d'autant que l'accumulation progressive de la richesse publique rendra les charges de plus en plus légères.

« Il vous appartiendra, Messieurs, de suppléer par vos connaissances pratiques et variées, par votre saine appréciation des divers besoins du pays, aux lacunes qu'offrirait un travail dont jè ne saurais, vous le concevez, accepter la responsabilité. A vous aussi d'exposer vos vœux, vos sages vues d'amélioration et de progrès. Faites-le, Messieurs, avec pleine confiance dans le gouvernement d'un Roi dont la plus chère ambition s'applique à recueillir de toutes parts les secours de la science et du génie, noble tribut de lumière qui doit guider notre patrie vers ses hautes et brillantes destinées. »

La session du Conseil général était à peine terminée que le nouveau Préfet se trouva aux prises avec les embarras les plus graves qui puissent entourer un fonctionnaire et que, pour sa part, par pressentiment, il avait toujours particulièrement redoutés. Je veux parler des difficultés occasionnées par la question des subsistances. Tout-à-coup, en effet, par une sorte de panique peut-être habilement répandue par les ennemis du gouvernement, les convois de grains furent partout arrêtés dans le département de la Sarthe. La foule égarée ne dissimulait pas ses dispositions violentes.

La situation était d'autant plus critique que le nouveau Préfet se trouvait forcément réduit à ses seules inspirations. En effet, encore inconnu de la population, sans relations dans la ville, n'ayant pas même le concours de la municipalité alors désorganisée ou absente, l'appui de la force publique lui faisait même défaut : le général n'était pas à son poste et la garnison, numériquement insuffisante, ne se composait guère que d'un régiment de cavalerie détesté de la population.

Ce régiment, deux compagnies d'infanterie et la gendarmerie étaient les seules forces qui existassent dans le département, où alors il n'y avait pas de chemins de fer. Aussi la ville du Mans se hérissa-t-elle de barricades; mais comment les attaquer avec de la cavalerie! Le colonel déclarait même ne pouvoir répondre du succès si l'on engageait la lutte.

Comme toujours dans les émeutes, aux premiers rangs de la foule se pressaient des femmes et des enfants. La crainte de mourir de faim les égarait : fallait-il en faire les premières victimes de meurtrières décharges, quand il suffisait, pour en avoir raison, d'attendre les renforts mandés des départements voisins? La simple arrivée de ces troupes devait assurer le retour de l'ordre. Il était donc nécessaire de temporiser, sous peine de compromettre bien plus gravement encore la situation. L'autorité pouvait se trouver lancée dans la plus funeste aventure. Il était par suite utile d'agir avec une grande circonspection, dût-on même en venir à certaines concessions passagères, regrettables en elles-mêmes, mais moins déplorables qu'une sanglante tentative de répression. Cette conduite était celle de la raison et de l'humanité : toutefois le Préfet comprit bien qu'en la suivant il perdrait sans doute sa préfecture; mais peu lui importait ce résultat s'il devait emporter dans la retraite le calme de sa conscience.

Il se résigna donc à laisser vendre à Connerré, sous ses yeux, mais au prix du cours, deux charretées de grains qu'il lui était impossible, sans cela, de préserver du pillage ; et craignant d'être réduit encore à cette extrémité fâcheuse, il retarda momentanément l'arrivée des autres chargements qu'on. eût été dans l'impossibilité de protéger.

Au Mans même les autorités locales durent céder devant l'émeute toute puissante. Des arrestations avaient été opérées: la foule exaspérée demandait leur élargissement. Les portes de la prison allaient être ouvertes de vive force quand le conseil municipal supplia le Procureur du Roi d'empêcher ces violences en mettant provisoirement les inculpés en liberté. Ce magistrat finit par se laisser convaincre, tout en déplorant cette mesure. Sur ces entrefaites le Préfet entra dans l'assemblée. Devant la presque unanimité des avis et devant une collision imminente, il accéda lui-même à l'élargissement demandé, ne se faisant aucune illusion sur la haute responsabilité qu'il assumait.

Cette concession fut la dernière. Bientôt, en effet, les renforts appelés arrivèrent et tout rentra dans l'ordre sans effusion de sang. Cet heureux résultat, une saine appréciation de l'impuissance où l'autorité s'était trouvée et de la difficulté des circonstances auraient dû susciter en haut lieu quelqu'indulgence. Il en fut tout autrement : le Préfet, le Procureur du Roi et le Maire furent révoqués du même coup, brutalement, sans enquête préalable, car le conseiller d'Etat envoyé de Paris sur les lieux n'avait eu le temps de recueillir aucun renseignement : il ne fut pas d'ailleurs le dernier à s'étonner de ce manquement aux convenances et à la justice. Mais le Préfet disgracié n'eut pas de peine à reconnaître là l'effet du ressentiment que certains personnages, restés au Ministère, avaient conservé à l'ancien Préfet de Tarn-et-Garonne.

Mon père reprit donc la route de Tours. Il n'était resté dans la Sarthe que trois semaines, mais les regrets qu'il y laissait étaient si vifs que le souvenir de son nom me valut au Mans le meilleur accueil lorsque, trente ans après ces événements, mes fonctions judiciaires me firent revenir dans cette ville.

Comme après l'aventure de Montauban, le ministère, quelque peu honteux et désireux d'ailleurs d'atténuer le mauvais effet produit par cette injuste révocation, chercha bientôt à offrir une compensation à l'ex-préfet du Mans, à condition qu'il consentît à rejeter sur l'opposition dynastique la responsabilité des désordres.

A aucun point de vue ces conditions ne pouvaient convenir à mon père; il les repoussa donc comme une véritable injure. Il n'avait pas en effet la preuve que les dissidents politiques fussent intervenus; l'enquête judiciaire à laquelle la cour d'Angers avait procédé n'avait rien constaté de semblable.

Appelé en témoignage devant la cour d'assises de Maine-et-Loire, il jugea plus digne de sauver les fonctionnaires compromis ou destitués avec lui et, pour cela, de revendiquer toute la responsabilité des événements. Cette généreuse attitude lui valut l'approbation générale.

Le procureur du roi bénéficia naturellement de la situation qu'on lui faisait et ne tarda pas à recouvrer ses fonctions. Quant à mon père, il était rentré dans la vie privée avec la ferme résolution de n'en plus sortir. Aucune proposition, quelque séduisante qu'elle parût, ne put lui faire oublier les pénibles souvenirs de sa carrière administrative. Il sentait d'ailleurs qu'il n'était pas fait pour satisfaire à toutes les exigences de la politique.

Cependant le bruit qui s'était fait autour de lui, l'indépendance de son caractère, l'estime de ses ennemis mêmes avaient attiré l'attention de l'opposition en quête de candidats pouvant réunir la majorité des suffrages.

C'était mal connaître mon père. Il ne pouvait lui convenir, à

20

lui ancien préfet, d'attaquer le gouvernement qu'il avait servi. Il déclina donc toute proposition de ce genre.

L'éducation de ses enfants était devenue sa principale occupation. Ma sœur qui, par son âge, était plus en situation que moi de profiter de ses conseils, lui doit son talent musical, ses connaissances en littérature et l'élégante facilité de son style.

Mon père lisait et déclamait remarquablement bien, ayant fait à ce sujet des études spéciales. Tous les écrivains, surtout ceux des xvii° et xviii° siècles, lui étaient familiers ; mais Montaigne et Racine étaient restés ses auteurs de prédilection. Sa mémoire était ornée d'une grande quantité de vers qu'il citait à propos. Dans ses promenades la vue des merveilles de la nature lui inspirait souvent d'heureuses réminiscences du poète Castel, son ancien professeur, auteur du poème *Les Plantes*.

Le charme de la vie de famille, son vieux père, les soins dont il l'entourait, le goût du jardinage, de la musique et de la lecture lui firent bientôt oublier la haute situation qu'il avait quittée. Les Girardières devinrent sa principale installation. Il avait été de tout temps séduit par la beauté du site : c'était là d'ailleurs qu'il retrouvait le mieux le souvenir de sa mère et les douces impressions de son enfance.

Le logis menaçant ruine, il se vit réduit à la coûteuse nécessité de le reconstruire ; mais il voulut que son habitation restât simple, en rapport avec sa fortune, ce qui n'excluait d'ailleurs ni l'élégance, ni le confortable. Il se plut surtout à embellir les divers points de vue par des plantations et des percées habilement disposées. On le surprenait rêvant depuis des heures entières sous les vieux arbres qui avaient abrité sa jeunesse, ne pouvant s'arracher à ses souvenirs, ni détacher ses regards du splendide horizon.

En 1846, il eut le bonheur d'assurer l'avenir de sa fille en lui laissant épouser Jules Derouet, son cousin germain, qu'il aimait comme un autre fils et dont il avait suivi d'ailleurs toute l'existence.

Mais ces heureux jours ne furent pas de longue durée ; dès le commencement de 1847 ils furent assombris par la mort du chef vénéré de la famille.

Vous avez déjà vu, mes chers enfants, combien ce triste événement fut cruellement ressenti par nous tous. Sachez que mon père en ressentit un si profond désespoir que toute la tendresse de son entourage parvint avec peine à calmer ses regrets. Sa constitution déjà ébranlée par les rudes secousses de sa carrière administrative, en ressentit une grave atteinte. Puis arriva la funeste révolution de 1848, ce renversement de tout ce qu'il espérait pour sa patrie. Ce mot de République ne devait-il pas d'ailleurs lui rappeler les tempêtes où jadis avait disparu l'opulence de sa famille et où son père avait même failli laisser sa tête. Comment se défendre des plus sombres pressentiments ! Aussi avec quel dédain il repoussa les offres du gouvernement provisoire quand on voulut lui confier un de nos principaux départements.

Je n'oublierai jamais sa fiévreuse impatience quand arrivait le courrier, et sa sûreté à prédire la marche des événements. Mais combien fut éloquente la tristesse de ses adieux quand, déplorant la mauvaise santé qui l'empêchait de prendre ma place, il me laissa partir avec les volontaires de Tours qui s'élançaient au secours de Paris ensanglanté par la terrible insurrection de juin 1848. Ah quelle effusion dans ses embrassements à mon retour !

Quand après cette crise violente un calme relatif eut reparu, il me fit repartir pour la capitale, afin de reprendre le cours interrompu de mes études. Bientôt même il vint m'y retrouver afin de constater par lui-même mon assiduité, mes progrès, et pour appeler sur moi le bienveillant intérêt de mes professeurs. Il charmait ceux-ci par la variété de son savoir et l'intérêt de sa conversation. L'étendue de ses connaissances en littérature, en histoire, en économie politique les étonnait beaucoup. Grâce à lui, je n'étais plus indifférent à ces maîtres; ils avaient le désir de me voir arriver, moins peut-être par affection pour moi, que par sympathie pour lui.

J'étais encore retenu loin de Tours par la préparation de mon premier examen de droit, lorsque j'appris, presque coup sur coup, la maladie de mon père, son départ pour Vichy et son retour nécessité par l'aggravation du mal.

N'exigez pas, mes chers enfants, que je vous retrace nos angoisses pendant les six mois qui suivirent. A peine pûmes-nous pendant cette longue agonie concevoir quelques heures d'espérance. Les secours du célèbre docteur Bretonneau, son ami, nos soins les plus assidus et les plus tendres furent inefficaces. Mon père s'éteignit aux Girardières le 9 novembre 1849, quelques jours seulement avant la naissance de Camille Derouet, son petit-fils.

Une nuit que j'étais seul près de lui, il parut vouloir me faire de suprêmes recommandations : il me sembla qu'il s'agissait de ma pauvre mère. Mais soit émotion, soit crainte de me désespérer, il s'arrêta presqu'aussitôt. Nous nous étions néanmoins compris.

Cette mort ne pouvait passer inaperçue, car, depuis les événements de 1848, de tous côtés ses concitoyens venaient lui demander la marche à suivre. Au surplus, quand il en était besoin, il ne dédaignait pas d'aller jusqu'au club de Vouvray pour combattre les théories dangereuses et empêcher les défaillances. Aussi les feuilles publiques de Paris et des départements signalèrent-elles la perte que le pays venait de faire.

Voici comment s'exprimait le *Journal d'Indre-et-Loire* :

« Dimanche ont eu lieu à Vouvray les obsèques de M. Bruley des Varannes; le nombreux concours de citoyens accourus de tous les points de la contrée, la présence de la garde nationale qui, réunie par hasard, avait spontanément déposé ses armes pour se joindre au convoi, le recueillement de tous les assistants attestaient assez qu'on rendait les derniers devoirs à un homme aimé, respecté et environné ne l'estime de tous : ce n'était pas seulement le deuil d'une famille, c'était le deuil de tout un pays. Une éducation forte, les exemples de sa famille avaient inspiré de bonne heure à M. Bruley cette élévation de sentiment, cette fermeté d'âme, ce désintéressement si pur dont toute sa vie fut empreinte.

« Ses études en économie politique, son libéralisme éclairé l'appelaient à un poste élevé. En 1830, nommé sous-préfet de Saumur, bientôt après préfet de Tarn-et-Garonne, plus tard préfet de la Sarthe, partout son administration fut signalée non moins par la sagesse de ses actes que par une bienveillance toute particulière et surtout par un esprit de conciliation qui savait réunir tous les partis. Dans le cours de sa carrière administrative l'indépendance de son caractère ne l'abandonna jamais et, au milieu de difficiles complications politiques, il n'hésita point à sacrifier sa haute position à ses convictions ; aussi partout, objet d'unanimes regrets, son nom est-il resté entouré de la plus haute estime.

« Au sein de la retraite, appliqué sans relâche à répandre le bien autour de lui, il ne fut point oublié de ses concitoyens, mais sa santé chancelante le contraignit de refuser les fonctions électives dont on voulait l'honorer. Enlevé par une mort prématurée à la tendresse de sa famille, pleuré de ses amis, regretté de ses concitoyens, la mémoire de M. Bruley vivra longtemps dans le cœur de tous. »

Il me reste, mes chers enfants, à vous donner ici quelques-unes de ses lettres, comme je l'ai déjà fait pour vos autres ascendants.

A SA GRAND'MÈRE

« Paris, 24 novembre 1806.

« Ma chère bonne maman,

« J'espérais que le prolongement de mes vacances me procurerait cette année le plaisir de vous offrir un bouquet à votre fête et de vous embrasser. Il y a bien longtemps que je ne me suis trouvé à Tours à cette époque et j'envie le sort de mes sœurs. Vous m'avez toujours témoigné tant d'attachement, vous avez toujours eu tant de bonté pour moi que je regrette sincèrement de n'avoir pas, comme elles, cette occasion de vous exprimer toute ma reconnaissance.

« Me voilà seul à Paris, ma bonne maman, abandonné à moi-

même, libre de mes actions. Cette confiance de mes parents
m'honore et m'ôterait le désir de mal faire si je pouvais l'avoir.
Je pense que trop de défiance avilit et donne envie de tromper.
Vous me disiez ces vacances que papa, à mon âge, vivait déjà à
Paris, livré à lui-même, et qu'il ne vous a jamais donné lieu de
vous repentir de cette liberté que vous lui laissiez : j'espère me
conduire comme lui.

« Je suis, comme vous savez, le cours de droit. Il m'occupe
sérieusement jusqu'à l'heure de mon dîner, quatre heures ou
quatre heures et demie. Mais, le soir, j'aime à être libre. C'est
l'heure de mes visites et des spectacles, et d'ailleurs, il m'est
impossible de soutenir une longue étude à la lumière, à cause de
la faiblesse de mes yeux. Je me suis arrangé avec un restaura-
teur qui m'apporte mon dîner chez moi.

« Adieu, ma respectable maman ; agréez les embrassements
respectueux et bien tendres de votre dévoué petit-fils.

« PRUDENT BRULEY.

« P. S. Que je vous embrasse encore pour Ste-Catherine ! »

A SON PÈRE

A L'OCCASION DE LA MORT DE SA GRAND'MÈRE

« Paris, le 12 février 1808.

« La voilà donc arrivée, mon cher papa, cette séparation si
douloureuse, annoncée depuis si longtemps et que l'excès de la
souffrance avait rendue comme désirable. Quoique attendu, le
coup n'en est pas moins violent. La mémoire de cette vertueuse
mère doit être adorée de tous ceux qui l'ont connue.

« Non, cette perte n'est point ordinaire et elle mérite la profonde affliction qu'on voit dans la famille. Ta seule consolation,
mon cher papa, est dans les larmes de ta femme, de tes enfants,

de tous tes parents qui te chérissent bien tendrement, qui vénèrent en toi les qualités de l'âme et du cœur que nous regrettons dans cette respectable mère, et qui n'osent te parler de consolation, mais auxquels ton profond chagrin donne de l'inquiétude pour ta santé et est un surcroît d'affliction.

« Je juge combien tu es affecté par la précaution que tu as prise de ne me point annoncer toi-même la fatale nouvelle, de peur que ton désespoir n'ajoutât à mon chagrin. Maman m'a paru changée : je l'ai vu à son écriture et à son style. Je suis bien sensible à cette attention de me dissimuler une partie de vos peines pour ne point augmenter les miennes; mais je vois d'ici toute la douleur où vous êtes plongés et il m'est pénible de ne la point partager à vos yeux.

« Ma bonne tante va beaucoup mieux. Je la vois tous les jours, et Tours est l'unique objet de notre conversation. — Vous l'aviez chargée de me préparer au malheur que nous déplorons et de me l'annoncer avec circonspection : je l'ai appris d'une manière cruelle.

« La démangeaison d'annoncer de bonnes et de mauvaises nouvelles indiscrètement est commune à bien du monde. J'étais au Théâtre-Français, à une tragédie où j'avais été chercher quelque distraction que je me reproche et que tu m'ordonnais, mon cher papa, lorsque M. Hérault m'instruisit de tout. Engagé dans la foule du parterre, je ne pus en sortir comme je l'aurais désiré. Je fus comme étourdi à ce coup. Je n'étais point à la pièce, j'avais le cœur serré et je ne donnai cours à mes larmes que quand je fus rentré chez moi où je passai une cruelle nuit.

« Adieu, mon cher papa; je vous suis à Tours dans tous vos mouvements, je vois votre affliction, je la partage et j'ai le pénible regret de ne pouvoir contribuer à vous consoler.

« Reçois, mon cher papa, les tendres et respectueuses caresses de ton fils et meilleur ami.

« Embrasse bien tendrement pour moi ma chère maman, mes sœurs, nos bons parents Aubry et Loiseau. »

AU MÊME

« Paris, ce 11 novembre 1808.

« J'aurais voulu vous donner plus tôt de mes nouvelles, mes bons parents et sincères amis. Mes commissions, mes études, la recherche d'un logement dans le quartier St-Germain, enfin mon déménagement ne m'ont pas encore laissé le temps de vous entretenir.

« Me voilà donc installé dans un petit appartement assez propre et commode, à l'entrée de la rue des Fossés-Monsieur-le-Prince. Je suis au troisième, en bon air, sur une place spacieuse, et plus commodément, sans comparaison, que dans ma très-maussade et très-étroite rue du Battoir. Le loyer est le même, c'est-à-dire vingt-quatre francs par mois. Je tenais beaucoup à me loger entre le Panthéon et le Pont-Neuf, à cause de mes cours.

« Vous désirez avoir des nouvelles de nos parents et amis de Paris ; je vais vous satisfaire. Pour commencer, ma tante avec laquelle j'ai eu le plaisir de dîner hier chez madame Bouilly, où nous avons porté des *toasts* à votre santé, se soutient toujours médiocrement entre le bien et le mal. Madame Bouilly a eu l'attention de lui procurer un billet d'entrée pour le Muséum. Le salon n'était pas ouvert hier au public et la présence de l'impératrice seulement, de la Reine de Hollande et de quelques princesses qu'elle n'avait jamais vues ne l'a pas du tout contrariée.

« Nos bons parents de Vilaire (1) me chargent de vous assurer de leur sincère attachement. Madame de Vilaire est toujours plus souffrante qu'autrement et Eugène se porte à merveille. M. et madame Clément de Ris m'ont reçu hier avec bonté. Le départ d'Émile les afflige beaucoup. S'il est vrai que l'ambition du père,

---

(1) Les de Vilaire, des Pallières, de Trémais et Journu-Aubert faisaient partie de notre famille de St-Domingue dispersée et ruinée par la révolte des noirs.

mal fondée peut-être, a seule retenu au service le dernier de quatre enfants, il faut avouer qu'il le paie cher par tant d'inquiétudes et d'angoisses et on peut même douter qu'il en soit jamais dédommagé. Emile, en arrivant en Espagne, s'est trouvé à l'affaire de Bilbao après laquelle il a donné de ses nouvelles.

« Je n'ai pas encore vu M. des Pallières ; mais de Trémais, que j'ai rencontré et qui m'a fait un accueil des plus aimables, m'a donné d'eux des nouvelles satisfaisantes. M. des Pallières espère être continué Questeur et il se flatte que le choix de l'Empereur va ratifier celui de ses collègues.

« Je suis bien impatient de savoir le prix de vos vins, il doit être déterminé actuellement. Il importe bien, mon cher papa, que ce prix soit avantageux et qu'il vous procure cette année un revenu capable de vous tirer de cette gêne qui t'affecte tant, à cause de nous et qui ne nous est pénible à maman et à nous que par le chagrin vif et secret qu'elle te fait éprouver. Je sais qu'il est difficile de supporter des pertes, parce qu'on ne se réduit qu'avec peine au changement d'état qu'elles entraînent ordinairement. On l'a dit souvent : la sévère probité, la délicatesse ne sont pas des moyens de faire fortune et ceux qui sont du caractère opposé sont bien plus sûrs de prospérer. Mais ne doit-on pas s'estimer encore heureux, même en baissant un peu, de ne pas leur ressembler ?

« J'ai senti mieux que je ne puis l'exprimer la justesse des réflexions que tu m'as faites relativement à ma dépense trop forte pour vos moyens. Celle de cette année sera plus raisonnable, n'en doute pas, que celle du passé. Je le répète, je n'ai qu'un désir bien sincère et qui m'occupe bien souvent, c'est un établissement avantageux pour chacune de mes sœurs. »

AU MÊME

« Paris, ce 16 juin 1811.

« Je ne prévoyais que trop, mon cher papa et excellent ami; cet état de mélancolie où te plonge un isolement aussi complet des tiens. Ta lettre est pleine d'une sensibilité qui me pénètre. Il faut avouer que si cette constante sollicitude sur le sort de tes enfants et de ta femme, dont la prospérité fait toute ton ambition, ne t'attirait pas d'eux la vénération la plus parfaite et l'amour le plus tendre, ils seraient d'une ingratitude monstrueuse. Rien alors n'égalerait le malheur de ton existence. Mais que l'idée des sentiments de reconnaissance dont nos cœurs sont remplis soit du moins pour toi un sujet de consolation. Pourquoi t'en prendre à toi-même de ce que tes spéculations, depuis dix ans, par une fatalité inexplicable, n'ont pas réussi au gré de tes désirs? Pourquoi te faire de cette idée un tourment qui empoisonne tes jours? Ces tentatives malheureuses, qui n'ont eu pour but que notre utilité, ne nous ont d'ailleurs jamais laissé de doute sur la sagesse avec laquelle elles avaient été conçues. Tes regrets seuls font les nôtres et tes enfants ne s'affligent que de ton chagrin.

« Tu le sais, nous n'avons pas connu cet état de prospérité dans lequel vous vous flattiez de nous établir : qu'avons-nous donc à regretter?

« ..... Je t'ai mandé mon installation auprès de notre ancien préfet de Tours, et je m'applaudis beaucoup d'avoir enfin obtenu ce que j'avais bien des fois et inutilement demandé. M. de Pommereul m'a fait mettre un bureau auprès de M. Octaviani et dans un cabinet voisin du sien. Il est vrai que j'ai peu de chose à faire, mais il pense qu'il vaut beaucoup mieux pour le but que je me propose (le Conseil d'Etat) m'occuper près de lui, où se raisonnent toutes les affaires, que de m'appesantir régulièrement, comme un

scribe, sur un seul point de l'administration et dans les bureaux
éloignés de ses yeux. J'ai beaucoup à me louer de sa manière
d'être avec moi ; il me témoigne de la bienveillance et, comme il
communique beaucoup avec nous, il a souvent quelque chose
d'aimable et de plaisant à nous dire. Il ne demande qu'à rire et
l'on est avec lui plus à l'aise qu'on n'imaginerait avant de le connaître un peu particulièrement. M. Octaviani qui, au premier
abord, paraît froid et un peu sournois, est au fond un assez bon
diable, quoiqu'un peu jaloux de sa place. Je lui crois assez d'influence sur l'esprit du général et je ne dois rien négliger pour me
mettre bien avec lui. En attendant, je fais preuve de zèle auprès
de M. de Pommereul par mon assiduité et la demande que je lui
fais souvent de m'occuper davantage et plus activement... »

A SA SOEUR, MADAME DEROUET, AU HAVRE

« Paris, 25 juillet 1811.

« Enfin, ma chère Prudence, tu as reconnu qu'une lettre très-
longue et remplie de détails procurait d'aussi doux moments à
celui qui l'écrivait qu'à la personne aimée qui devait la lire, et
n'était d'ailleurs qu'une trop imparfaite image de la conversation
où l'on jase, en moins d'une demi-heure, sur tant de sujets divers.
Je juge de ta nouvelle manière de voir à cet égard (car tu n'avais
jamais eu à te reprocher la prolixité, du moins avec moi) par
tes lettres à maman pendant ton séjour à Paris. Elles l'ont
charmée autant par le ton aimable et spirituel qui en fait le fond,
que par la touchante expression de ton attachement. — Je te fais
part de cette observation, chère amie, pour y joindre mes sincères
compliments et me plaindre un peu de n'être pas aussi heureux
que maman. Outre que tes lettres pour moi n'ont jamais, à beaucoup près, le même développement, je n'y trouve pas ce facile

abandon qui fait la grâce et que j'aime. Passe-moi cette petite
jalousie, en faveur du sentiment qui y donne lieu.

« Aussi bien, puisqu'aujourd'hui j'ai commencé avec toi sur
le ton sermonneur et je ne sais comment, il faut que tu m'écoutes
jusqu'au bout ou que je t'endorme. — Il te reste une ressource,
c'est de m'ajourner à demain si je t'ennuie ou si le temps te manque. Or, voici mon exorde. J'ai toussé, craché, repris haleine et
j'entre en matière, mais afin de ne te point prendre en traître à la
manière de l'*Intimé*, c'est-à-dire pour ne pas conclure de sitôt.

« Le plaisir que nous ont fait tes lettres sous le rapport du style
laisse, à cause de cela même, une chose à regretter. Ne deviens-
tu pas impardonnable de ne point donner à ton imagination vive
et brillante le dévelopement qu'elle doit avoir ? Pourquoi sembles-
tu négliger les moyens de l'embellir encore de quelques fleurs,
quand elles sont sous ta main ? Il ne te manque peut-être, à mon
avis, que de t'occuper un peu de littérature, de lire avec fruit
quelques bons ouvrages, pour acquérir, avec des connaissances, ce
je ne sais quoi que les femmes ont à si peu de frais, comme un
don qui leur est particulier et qui prête tant de charme à leurs
lettres et à leurs conversations. Bien entendu qu'il faut à cet effet
t'interdire la lecture des romans dont le moindre inconvénient,
m'écrivait papa, est de faire perdre le temps.

« Ce brillant et cette grâce dont je veux te parler font preuve
d'abord, chez les femmes, d'une excellente éducation et leur procurent, quand il s'y joint quelque instruction solide, mille agréments dans le commerce des hommes de mérite. Tu as pu observer comme les jeunes Parisiennes sont pour cela généralement
intéressantes !

« Quels avantages les connaissances ne procurent-elles point ?
On pourrait compter, parmi les principaux, l'amitié que conso-
lident entre personnes du monde ces rapports d'idées et de sentiments, ce qui sans doute est plus rare encore et plus précieux
que les talents.

« Je fixerai aussi ton attention sur les ressources infinies dont
se trouve dédommagée une femme instruite, que le temps vient à
priver de ses attraits physiques, richesse si passagère. Les grâces
de l'esprit n'ont point d'âge, on l'a dit souvent, et elles sont un

remède puissant contre le mal de vieillir. Ce mal, ma chère amie, n'est que trop réel pour une infinité de personnes. D'où vient leur humeur chagrine et maussade en voyant s'accumuler les années, comme si elles seules étaient victimes d'une injustice toute nouvelle? C'est que ces personnes sentent que rien ne leur reste en dédommagement et qu'en perdant la jeunesse elles perdent tout.

» Consulte, ma chère Prudence, quelques femmes d'un esprit éclairé, madame Letissier entre autres; toutes te diront quelle douceur ont pour elles les moments donnés à la littérature, surtout quand elles ont, comme toi, l'avantage de trouver dans un mari des connaissances étendues. Ne perds pas de vue que ta mémoire et la tournure flexible de ton esprit, aidées du fonds dont tu as su déjà t'enrichir, te seconderont pour le succès au delà de tes espérances. Je ne veux pas ici te faire de compliments, mais te donner, si je puis, le sentiment de tes forces afin de t'encourager.

« Cependant, connais bien ma façon de voir en ceci : l'instruction, chez les femmes, doit s'arrêter à des bornes raisonnables, au grec, par exemple, et même au latin. Il ne faut pas, en dépit de madame Dacier, que la bouche d'une jeune femme sente le grec, et l'emploi des grands mots scientifiques ne ferait-il pas grimacer le plus joli minois? J'aimerais mieux, cent fois, la simple naïveté d'Agnès avec sa *tarte à la crème.*

« Je te soumets ces idées, ma bonne amie, mais dans le jugement que tu en porteras fais abstraction, je t'en prie, de la jeunesse, aussi inexpérimentée qu'il te plaira, du donneur de conseils. Lui-même, sans doute, en a besoin avant toi ; cependant, sans avoir égard à cela, c'est la source dont ils partent qu'il faut examiner. L'amitié qui conseille s'abuse difficilement. — Je te vois d'ici m'objectant les soins qu'il faut donner à ton *fanfan,* les devoirs que réclament le ménage et la société. Je pèse ces raisons, en leur attribuant toute l'importance qu'elles méritent avant tout, mais je trouve encore dans une longue journée quelques heures à consacrer aux occupations profitables que je viens de te recommander et, aussi, aux arts d'agrément, au dessin, à la musique, à la musique surtout. La mélodie, chère Prudence, n'es-tu pas de mon avis, pour quiconque a reçu de la

nature des organes délicats et dignes de la sentir, est un art tout
divin qui charme la solitude, l'ennui, les chagrins mêmes, en
adressant à l'âme je ne sais quelles idées vagues, indécises et
remplies de la plus douce mélancolie! Aussi, entre-t-il dans mon
calcul que ta musique ne sera point négligée, autant du moins
que pourra te le permettre l'extrême délicatesse de ta gorge : tu
sais combien de fois elle t'a empêchée d'exercer tes moyens. —
Il n'est pas besoin de te dire que cette dernière considération
passe de préférence à tout et que ta santé doit être ta première
étude. Avoue que tu ne serais pas excusable de ne tenir aucun
compte des conseils de nos parents sur un objet aussi important.
Je me joins à eux et donne à Frédéric le plein pouvoir de l'ascendant particulier que je puis avoir sur ton amitié, afin qu'il te
détermine à te soigner comme il est nécessaire. Tu n'as pas la
prétention de te ranger parmi les grosses santés, et le séjour
d'un port de mer exige de toi plus de circonspection que tout
autre climat. Il faut craindre, mon amie, l'humidité constante
du voisinage de la mer et te prémunir contre les subits et perni-
cieux changements de température. Songe que tu dois compte de
ta santé à ton mari, à ton enfant, à nous tous, et que nos prières,
enfin, sont trop instantes pour n'en être pas touchée si tu nous
aimes. »

A SON PÈRE

« Paris, ce 28 juillet 1811.

« ... Maman t'a fait part, je crois, mon cher papa, de la nouvelle circonstance qui me permettait de concevoir des espérances
un peu fondées. J'ai reçu de M. Daru une lettre assez flatteuse
en réponse à celle que je lui adressais pour me recommander à
sa puissante protection et lui donner, en même temps, une copie
des lettres qui m'avaient été accordées pour les seigneurs tels et

tels. Je te ferai parvenir par le prochain courrier une copie de
ma lettre au Ministre Secrétaire d'Etat. M. de Pommereul pense
que cette réponse aussi prompte de M. Daru, quand il n'a pas
coutume d'en faire à de semblables vétilles, est d'un augure
favorable, d'autant plus que le message m'est venu par ordonnance. — Je le répète, mon cher papa, les excellentes dispositions
du général à mon égard, le zèle, la suite que je lui vois mettre à
mon affaire, tout me laisse croire qu'il la conduira à lui seul au
dénouement après lequel nous soupirons. Sa protection, comme
tu le remarques, n'est point banale et j'ai observé que, quand il se
met en avant pour quelqu'un, il ne quitte pas facilement la partie
et y met une persévérance toute bretonne. Il n'importune point
les ministres de ses demandes, mais son ton d'assurance, cet
aplomb qui lui est particulier, soutenu par le crédit dont il
jouit, ne lui fait guère essuyer de refus... »

AU MÊME

« Paris, 25 novembre 1813.

« ... A propos, me voilà de nouveau compris, mes chers amis,
dans les réquisitions décrétées et je saisirai enfin, malgré vous,
l'occasion de servir la patrie. Lors de ma conscription on m'a
refusé comme trop délicat. La même cause m'a fait rejeter de
l'école militaire de St-Cyr, dernièrement encore, des révisions
de conscriptions et, enfin, des Gardes d'Honneur. Cette institution
des Gardes d'Honneur était particulièrement conforme à mes
goûts et je vous sais bien mauvais gré d'avoir attiré sur moi un
examen qui m'a fait juger incapable du service. — Mais voici
enfin une occasion où il est du devoir de chacun de se montrer, et
je serais au comble de mes vœux si vous me laissiez libre de ma
détermination. Ne se pourrait-il pas, après tout, que les exercices
militaires fussent favorables à ma santé et que le cheval surtout

me raffermit? Néanmoins je me résignerai à faire ce que la prudence et votre tendresse exigeront de moi. Ma santé n'est pas, pour l'instant, aussi chancelante qu'on vous l'a faite et je n'ai plus cette malheureuse fièvre lente qui me minait, ou du moins les accès en sont-ils bien affaiblis. Quel plaisir a-t-on à faire les gens plus malades qu'ils ne sont et cela pour alarmer la tendre sollicitude des parents! »

AU MÊME

« Paris, 7 décembre 1816.

« ... Voici ce qui s'est présenté. J'ai appris d'Edouard qu'il se créait sous la protection du gouvernement une compagnie d'assurances maritimes formée de ce qu'il y a de plus solide et de plus recommandable en banquiers et négociants de la capitale. Connaissant, mon cher papa, ta prédilection pour une carrière indépendante et surtout pour celle du commerce, j'ai tourné les yeux de ce côté. Sans entrer aujourd'hui dans de plus amples détails sur la forme, la nature et le but de cette association, je me borne à te dire que cinq directeurs seront à sa tête et qu'ils débutent avec des millions. Cela comporte donc naturellement une administration assez importante. L'un des chefs, ancien banquier, actuellement régent de la Banque de France et connu en finances par plusieurs écrits lumineux, m'a proposé de me prendre près de lui pour m'associer à ses travaux. Comme il me porte d'ailleurs de l'amitié, lui et sa famille, il est clair qu'il aura et le désir et les moyens de m'avancer dans cette administration : ce sera même pour cela un excellent titre que d'en faire partie dès sa fondation. Les places d'inspecteurs, qu'il lui faudra sans doute, ne seront pas à dédaigner. Du reste, la machine est déjà organisée et doit être mise en mouvement sous très-peu de jours. On mo donne en outre l'assurance que je serai des premiers auxquels il sera affecté un petit traitement.

« Considère, mon cher papa, que l'on sera là placé à merveille pour s'instruire dans les affaires et se mettre en relations habituelles avec les Laffitte, les Perrégaux, Delessert, etc., enfin avec ce qu'il y a de mieux à Paris en ce genre.

« Tout faisant présumer que cet établissement prendra beaucoup d'extension, ses premiers initiés, comme de juste, y seront traités avec avantage sous tous les rapports. Je travaillerai auprès de mon patron lui-même, sous ses yeux et à la partie, je crois, de la correspondance.

« Tout ceci, mon cher papa, n'est point un rêve qu'un lendemain doit dissiper : c'est un plan mûrement réfléchi et dans lequel je suis résolu, avec votre consentement, de marcher d'une manière invariable. Mais afin de mieux éclaircir tes idées à cet égard et de ne prendre aucun doute sur ces assertions, je t'engage à écrire à M. Vital-Roux lui-même, d'abord pour le remercier et pour lui donner l'autorisation qu'il désire avant tout de mes parents... »

AU MÊME

« Paris, 22 juin 1818.

« J'ai appris avec bien de la satisfaction, mon bon et cher papa, que vous êtes tous en bonne santé. C'est la nouvelle dont j'aime à m'assurer au reçu de vos lettres, et cette douce certitude est presque le seul dédommagement de l'absence. Sans un petit séjour que je viens de faire à la campagne pour ma santé et sur l'invitation du bon ménage Roux, j'aurais mis plus d'exactitude à te répondre sur les questions importantes dont tu m'entretiens.

« Pour entrer en matière, je t'avouerai que ce n'est pas sans surprise et sans quelque peine que j'ai lu le paragraphe de ta

21

lettre où tu te livres à des réflexions un peu forcées sur mon goût pour la carrière des finances. C'est selon toi une passion malheureuse. Tu me parles de retours perfides, de chances funestes auxquels sont exposés les joueurs de la Bourse, etc... Oui, sans doute, on s'expose à une culbute et on la mérite quand on veut s'élever en un jour ; mais qu'a de commun cette fureur déplorable avec le but que je me propose ?

« En vérité, je vois que tu me comprends mal et, à raison de cela, tes inquiets pressentiments sont explicables. Je vois encore que le véritable état de la place ne t'est point connu, non plus que les causes majeures qui doivent encore, pendant plus de dix ans peut-être, y entretenir ce mouvement de fonds et favoriser les plus brillantes opérations de banque. Rends-moi plus de justice, mon bon et cher ami, et cet amour de l'or, si ardent et si nouveau, réduis-le au désir sage et bien entendu de suivre un état non moins honorable qu'un autre, d'augmenter mon bien-être avec mes revenus et de grossir enfin de modiques capitaux. Voilà, pour vos propres intérêts, le conseil que je voudrais vous voir suivre : un tiers de vos fonds en portefeuille ajouterait singulièrement à votre aisance, tous les bons esprits sont aujourd'hui de cet avis.

« Du reste, rien ne présage en moi, si je ne me trompe, le goût des entreprises aventureuses, ni cette folle confiance dans ses propres forces qui vous isole de tout conseil et cause, tôt ou tard, votre perte. — La sollicitude paternelle peut seule te mettre en opposition avec toi-même et mon cœur reconnaissant te comprend de reste ; mais ne me l'as-tu pas cent fois répété : dans un siècle où tout s'estime au prix de l'argent, où les besoins s'étendent avec le luxe, il faut tâcher aussi d'échapper à cette affligeante médiocrité pour laquelle d'ailleurs nous n'étions pas faits dans l'ordre ordinaire des choses. Notre fortune à relever te paraissait une tâche digne d'être offerte à mon émulation et à laquelle tu m'excitais par les conseils que tu combats aujourd'hui. Le commerce et la banque furent l'objet de ta prédilection : en un mot c'est de ce côté que tu tentas de me diriger. D'où viennent donc, mon cher papa, tes efforts à retenir un élan que tu t'affligeais alors de ne point reconnaître en moi ? N'aurais-tu montré ces craintes sur mon avenir dans l'unique but de calmer une ardeur dont l'excès pourrait nous être funeste? Songe à ce naturel tourangeau qui est là pour amortir, et tranquillise-toi. Certes, quand tu me croirais hors des bornes de toute modération, en proie à d'astucieux intrigants et bien disposé à confier mes faibles ressources aux chances périlleuses du jeu de la Bourse, tu ne serais pas, en apparence, plus alarmé.

« Que te dirai-je pour te prouver que ma tête est en parfait état de santé et que j'ai d'ailleurs en toi la plus haute confiance! Tu me parles de la difficulté qu'éprouve un propriétaire à dénaturer ses biens, à les colloquer avec avantage et solidité : eh bien, je respecte ces idées et ne craindrais rien tant que de paraître en cela t'avoir forcé la main le moins du monde; suis donc ta propre inspiration, dirige à ton gré notre barque commune : j'en abandonne pour ma part la conduite à ta sagesse.... »

AU MÊME

« Paris, 6 novembre 1818.

« ..... Je désirerais, mon cher papa, que tu voulusses bien prendre la peine de me faire passer d'exacts renseignements sur les obstacles que rencontre à Tours, dans les principales autorités, l'établissement d'une école d'enseignement mutuel. Je puis, au moyen de mes relations nouvelles, vous être de quelque secours en cela comme en autre chose. Si jamais, pour ton propre compte, tu avais à repousser une injustice, un abus de pouvoir, etc., ta plainte serait remise par moi-même en bonnes mains et appuyée à la tribune nationale par MM. d'Argenson, Manuel, Bignon, Dupont de l'Eure, à ton choix.

« A m'entendre, ne me croirais-tu pas au moins le collègue de ces dignes citoyens? Ne ris point, rien n'est plus vrai; non que je sois devenu, en dormant, l'un des représentants de la nation, mais c'est assez pour moi de l'honneur d'être membre d'une société de libéraux composée de ce qu'il y a à Paris de recommandable dans cette opinion. Le jour de ma réception le général Lafayette, escorté de MM. Benjamin Constant et de Broglie, est entré dans l'assemblée au milieu d'applaudissements unanimes. Ce noble amour de l'ordre et de la liberté est donc tôt ou tard couronné! Peut-être aussi pour toi, mon cher papa, conduira-t-il à la députation. Quelle réponse à d'ignobles détracteurs! Et pourquoi pas en effet? Si l'on songeait à toi aux premières élections d'Indre-et-Loire, ton refus, qui amènerait probablement encore quelque sot ministériel, n'aurait rien de patriotique, et soit qu'il eût pour excuse ta modestie ou l'amour du repos, il serait à mes yeux également condamnable.

« Le *Correspondant Electoral*, rédigé par les soins de notre société et répandu à profusion dans les départements où l'on avait des députés à élire, a mis sur les rangs plus d'un candidat qui n'y songeait guère et, le désignant au choix de ses concitoyens, nous a valu ainsi plus d'une nomination distinguée..... »

AU MÊME

Paris, 16 mai 1819.

« Si ce bon Frédéric ne s'était chargé de vous donner de mes nouvelles et de vous faire part de mon élévation à la *dignité* de *Caissier* de la Compagnie Royale d'assurances, tes deux lettres, mon cher papa, ne seraient pas restées si longtemps sans réponse. J'aurais au moins donné signe de vie et même répondu, selon ton désir, à certains articles de ces lettres qui te tiennent au cœur, malgré l'embarras extrême où m'a jeté le départ précipité de M. Dutilleul. A peine avais-je suivi ses opérations pendant deux jours, qu'il m'a fallu, seul et sans les connaissances pratiques nécessaires, faire aller une machine dont on ne m'avait même pas indiqué tous les rouages. C'est peu de chose quand on est au courant ; mais encore faut-il une exactitude parfaite et beaucoup d'attention dans l'usage des livres qui déterminent la situation d'une caisse. Tout cela m'a tenu dans un état continuel de préoccupation et même d'inquiétude qui m'a rendu impossible tout autre soin. D'aujourd'hui seulement je respire et j'en ai besoin, car ma santé n'est pas merveilleuse. Toujours la tête prise, toujours une oreille embarrassée, assourdie d'un sifflement intolérable. Consultez, me dit-t-on ; c'est à merveille, mais si l'on a toujours le temps d'être malade, on n'a pas toujours le temps de se soigner. C'est une quinzaine de séjour auprès de vous qu'il me faudrait. N'y pensons plus pour l'instant. En vérité, j'ai pris mon avancement avec une sorte d'indifférence à raison de la cruelle privation qu'il m'imposait. Je coulerai à fond ce qui concerne mon nouvel emploi avant de passer à autre chose.

« Tu trouveras tout simple, mon cher papa, que je ne t'aie rien dit du *cautionnement*, puisqu'on ne l'exige pas de moi. J'ai reçu à cette occasion une marque de confiance qui m'a été fort sensible. M. Roux répond de moi, et c'est là tout le cautionnement qu'on exige... »

AU MÊME

« Paris, 31 mai 1820.

« ..... Je ne reverrai donc plus cette pauvre dame Baignoux ! Elle a mis l'éternité entre elle et tout ce qui lui fut cher. Mille fois heureuses les personnes dont l'esprit admet le dogme consolant qui rend du moins ces douloureuses séparations passagères ! Je donnerais tout au monde pour en être convaincu ; et il ne faut pas réfléchir beaucoup pour juger que ce doit être le premier des biens. Cependant, la preuve que le doute obscurcit presque toujours cette sublime croyance, c'est que ceux qui y paraissent le plus affermis ne laissent guère éclater moins de regrets que les autres en quittant la vie. C'est peut-être que l'heure de se revoir leur semble un peu trop ajournée, et ils pleurent en prenant congé, comme nous pleurons d'ordinaire en nous séparant de nos amis pour un long voyage.

« Voilà du bavardage et, en vérité, j'en demande pardon. On sent que l'événement qui nous afflige peut inspirer ces sortes de rêveries, et pour mon compte je n'y ai que trop de penchant...., »

AU MÊME

« Paris, 25 juillet 1820.

« ...... Notre chère tante se remet tout doucement. A 83 ans la nature ne répare ses pertes qu'avec une lenteur extrême, et vous avez dû vous attendre que sa convalescence serait difficile et longue. Espérons que la salutaire influence des beaux jours lui donnera les moyens d'amasser une bonne provision de force pour soutenir les assauts de l'hiver.

« .... L'opinion publique désigne-t-elle déjà, à Tours, les futurs candidats à la députation ? Deux vous sont attribués dans la répartition des 172, et cette crise nouvelle doit avoir une influence décisive sur les affaires de l'Etat. Je suis assez l'ami de mon pays, mon cher papa, pour te souhaiter cette honorable corvée, en dépit de tes goûts philosophiques et de ton amour pour la retraite. Mettant à part toute considération des ressources dont tes lumières et ton énergie pourraient être dans une assemblée délibérante, il me semble, bon ami, ne fût-il question que de nous préserver d'un mauvais choix par ton acceptation, que tu serais inexcusable de ne te point mettre franchement sur les rangs. Sous un régime représentatif, où nos destinées peuvent quelquefois dépendre d'une seule voix, la modestie qui te tiendrait à l'écart, surtout dans un département où les suffrages ne sauraient s'exercer sur

un nombre convenable de citoyens éclairés et indépendants, serait
avec justice considérée comme une défection indigne d'un vieux
patriote de 89. Peut-être même n'est-on pas libre, sans des
raisons majeures, de se soustraire aux honneurs de cette charge
publique. Au surplus, l'essentiel est de savoir jusqu'à quel point
la composition de votre collége départemental offrira des chances
de succès à un citoyen connu par ses principes libéraux.... »

A SON PÈRE

« Paris, 26 mai 1822.

« ... Si vous saviez bien à Tours, comme à Paris, que les injures,
les calomnies du *Drapeau blanc* sont pour tout galant homme
brevet de civisme et de considération, vous auriez pris moins
chaudement l'article où nos candidats constitutionnels n'étaient
d'ailleurs que désignés d'une façon assez vague et assez niaise.

« Les d'Argenson, les Laffitte et autres ne sont-ils pas aussi des
démagogues, des *révolutionnaires*, etc., selon MM. du *Drapeau*
et consorts ? La pitié a bientôt chez moi succédé à un premier
mouvement d'indignation et vraiment l'ignoble rédacteur de ces
lâchetés aurait de quoi triompher, si on lui laissait entrevoir que
ses traits ont porté.

« Tu auras sans doute reconnu, bon et cher ami, l'inutilité
d'un second article, mon premier demeurant sans réponse. Ils
ont vu, les lâches coquins, qu'on ne craignait pas d'accepter un
combat dont ils ne pourraient sortir sans opprobre, et ils se sont
tus.

« Au reste, j'étais prêt. Profitant de tes données excellentes et
de l'écrit que tu m'as fait passer, mon plan était fait et vous
auriez peu tardé à lire ma réplique insérée même dans le *Drapeau
blanc* en vertu de je ne sais quel article de nos nouvelles lois sur
la presse.

« J'apprends avec douleur que ma chère maman est reprise de
cette détestable toux dont nos poitrines souffrent, en vérité,
comme la sienne. J'espère dans votre retour aux champs, dans
la salutaire influence d'un air balsamique et rafraîchissant, pour
remettre sa santé.

« Mille et mille remerciements à la bonne Prudence avec
prière d'excuser cette *vieille paresse* qui l'a seule privée d'une
réponse à son aimable lettre. Son fils Frédéric est là, près de
moi, la plume à la main, les yeux fixés au plafond pour y chercher, en vous écrivant, des idées que plus tard il trouvera facilement dans son cœur. L'âge de la sensibilité n'est pas encore venu
pour lui. Il suffit maintenant que chacun lui trouve un bon naturel : il aura le temps de prévoir et de s'inquiéter, car c'est le destin
de l'homme.

« Je recommande à cet enfant de se livrer franchement à ses
idées dans une lettre un peu longue dont je ne corrigerai ni le
style, ni l'orthographe. C'est là que vous le jugerez.

« Adieu, bons et chers amis. C'est de bien bonne foi que je
regrette de n'être pas déjà près de vous, tranquille et satisfait. Ce
dévorant séjour de Paris convient mal à ma santé et à ma bourse.
Une seule chose, en Touraine, manquera à mon bonheur, et assurément ce ne sera pas Paris. »

AU MÊME

« Angers, 24 janvier 1825.

« .... Depuis mardi de la semaine dernière je n'ai mis les pieds
dehors qu'une seule fois et c'est pour me rendre au concert où je
figurais sur le programme, quoique l'on me sût très-bien dans
l'impossibilité absolue de chanter. Deux jolis morceaux italiens,
un duo et un trio, ont été ajournés à quinzaine, non sans quelque
regret de la part d'un grand nombre de personnes qui aiment la

musique et auprès desquelles on m'a déjà fait, je ne sais comment, une certaine réputation d'amateur distingué. Il est vrai que les *virtuoses* ne fourmillent pas à Angers, surtout pour la partie vocale. — Cette musique est ordinairement suivie d'une danse qui se prolonge jusqu'à une heure du matin. C'est là que se trouvent réunies presque toutes les personnes dont vous avez la liste, et je regrette que ces concerts n'aient pas lieu tous les samedis.

« Je n'ai guère été sans malaise et sans fièvre depuis six jours, ce qui m'a privé de répondre à vos lettres pour vous tirer, s'il est possible, de l'état d'anxiété où paraît vous tenir une position délicate. Vraiment vos réflexions ne sont pas faites pour flatter beaucoup mon amour-propre. Il m'est pénible d'avoir à vous rassurer sur des craintes qui me feraient passer pour le plus léger et le plus inconséquent des hommes. Je suis fâché, quand je m'examine, de valoir mieux à mes propres yeux qu'aux vôtres. — Pourquoi me recommander avec tant d'instance de ne pas présenter un état enflé de ma fortune et de la vôtre? Ne sais-je pas bien les inconvénients qui peuvent résulter d'une jactance qui, du reste, est peu dans mon caractère? C'est en vain, mon cher papa, que tu as affecté de rappeler la manière dont je crus devoir, il y a quatorze ou quinze ans, dans une demande à l'Empereur, exagérer tes revenus et te gratifier de 40,000 fr. de rentes. J'en agis ainsi d'après les conseils de MM. Clément de Ris, de Pommereul et Journu-Auber. C'était, selon eux, une chose assez innocente en soi, mais qui pouvait vous seconder utilement, que l'annonce d'une fortune brillante dont les chefs de l'Etat ne se donnaient sûrement pas la peine de vérifier l'exactitude. Sur mon observation à M. de Pommereul que tes moyens n'allaient pas à la somme qu'il prétendait, dans une lettre à M. Daru, être le montant de tes revenus, il se mit à sourire et me dit qu'en toute chose il fallait prendre le moyen qui assure la réussite de ses projets. Je voudrais donc, mon cher papa, que tu te rappelasses aussi bien cette explication que je t'ai plusieurs fois donnée.

« Ici j'ai reçu une visite de M. Joubert. Vous pensez bien que je n'avais pas attendu si longtemps sans lui faire ma confidence pleine et entière. Il y a près de quinze jours qu'il est au courant de l'affaire qui m'a amené à Angers; il connaît dans le plus grand détail l'état de notre fortune, et son avis est que je suis en situation de choisir parmi les meilleurs partis de cette ville. Mais, il faut le dire, ces partis ne sont, sous aucun rapport, aussi séduisants de près que de loin. Beaucoup de très-jeunes personnes, dont quelques-unes avec de très-faibles dots et des espérances assez belles mais éloignées, très-éloignées. Au reste, les salons ne m'ont pas encore montré toutes les demoiselles à marier et ce n'est guère qu'à un très-grand bal chez mon patron, M. Joubert, que j'aurai la satisfaction de voir réunie presque toute cette brillante jeunesse. Rien de plus difficile à connaitre que l'état des fortunes, puisque je n'ai encore à cet égard que des données incertaines, étant à la meilleure source possible de tous les genres de renseignements désirables.

« Il est impossible d'être plus hospitaliers, plus obligeants et plus affectueux que le sont pour moi M. et Madame Joubert. Je ne pouvais pas tomber mieux et faire mon entrée dans la société angevine sous de plus favorables auspices. On commence à croire que je pourrais bien être venu pour me marier, et déjà même l'on nomme les personnes que j'*épouse*, quoiqu'il m'ait été absolument impossible de faire un choix et de donner lieu le moins du monde à ces bavardages de province. »

A MADAME DES VARANNES, SA FUTURE BELLE-MÈRE

« Tours, 26 mars 1825.

« Madame,

« Quoique mon départ d'Echarbot ait pour but de me mettre en mesure d'y revenir le plus tôt possible et de n'exposer à aucun retard le jour qui doit combler mes vœux les plus chers, je n'en ai pas moins éprouvé un sentiment de tristesse qu'accroissait encore l'impossibilité de vous faire mes adieux en famille et sans témoins.

« Il me suffirait de cette épreuve pour me rendre compte de la situation de mon cœur, s'il ne savait parfaitement à quoi s'en tenir à cet égard, heureux si son langage a été compris de votre aimable fille et s'il me vaut en retour un peu de tendresse et un peu plus de *confiance* !

« N'est-ce pas à elle que vont être consacrés tous mes pas, toutes mes pensées ? Puis-je songer sans douleur qu'on ait soupçonné d'autres motifs à mon voyage de Paris !

« Vraiment, Madame, je suis loin de me faire un mérite d'une chose aussi naturelle, mais le désir de complaire à Mademoiselle Elisa et de hâter les instants de mon retour près d'elle, m'a fait agiter en famille la question de savoir si ma présence à Paris était indispensable ou non. L'affirmation a été résolue à regret, chacun reconnaissant la difficulté de pourvoir d'ici à toute chose avec le goût, l'intelligence, l'ordre et la célérité nécessaires.

« .... Pardon, Madame, de ces fastidieux détails, quand il me serait si doux de ne vous parler que de ce qui vous entoure et de la joie où je suis d'entrer dans une famille aussi intéressante que la vôtre. Croyez, je vous prie, ces sentiments non moins sincères, non moins vifs que mon désir de me retrouver promptement dans le délicieux séjour d'Echarbot.

« Agréez l'assurance des sentiments respectueux et tendres dont je brûle de renouveler le serment d'une manière plus solennelle.

« Serai-je assez heureux pour obtenir à Paris quelque témoignage de souvenir ? »

A SA FIANCÉE

Mademoiselle,

« Je ne saurais m'accoutumer au silence qui succède à la douce habitude de vous voir et de vous entendre. C'est assez sacrifier aux convenances et nous en sommes au point où il y aurait trop de discrétion à n'oser vous écrire ce que, sous les yeux d'une mère, ma bouche a pu vous dire sans vous offenser.

« Oui, l'absence que vous paraissiez redouter vous livre mon cœur chaque jour davantage, et véritablement je sens que je vous aime. Elisa (permettez ce commencement de tendre familiarité), je me fais de notre union une image charmante et, croyez-moi, Paris à côté de cela n'a pas de distraction à m'offrir. Aussi ne m'y suis-je encore occupé que de ma petite femme et de ce qui peut flatter ses goûts.

« J'ai l'espoir d'y parvenir, aidé des conseils d'une dame de nos amies (madame Soulange) aussi entendue qu'obligeante. Nous voilà à peu près convenus de nos bases, et c'est beaucoup. Avec quelque regret que j'aie appris l'ajournement de notre mariage, je vous assure qu'il m'eût été difficile de m'acquitter à temps de tout ce dont je suis chargé, d'autant qu'il me survient de Tours des commissions nouvelles à chaque instant. Je n'eusse reparu à Echarbot que quelques heures avant de recevoir votre main dans votre romantique chapelle des Bois. C'est là qu'un jour je vous ai vue en prière devant l'autel qui doit recevoir nos serments. Sans doute vous demandiez à Dieu un mari qui ne vous rendit pas trop malheureuse. Vous me connaissiez peu alors; et moi, qui vous suivais du coin de l'œil, je riais en moi-même de vos craintes, bien certain de votre bonheur, si ce bonheur dépend de moi, s'il m'est permis d'ajouter à celui dont vous jouissez. Ai-je pu sans un peu d'inquiétude vous entendre dire que vous aviez jusqu'ici vécu dans une félicité parfaite? Avec une famille nombreuse, aimable et qui vous adore, avec de la santé et de l'enjouement, une égalité d'humeur inaltérable, des succès obtenus dans le monde, comme à votre insu, par votre aménité, vos grâces et vos talents, que vous manque-t-il en effet ? De quelle responsabilité ne suis-je pas désormais chargé aux yeux de tout ce qui vous chérit ? Que l'enfant gâtée d'Echarbot vienne quelque jour à paraître au salon un peu rêveuse, préoccupée d'une légère contrariété, d'une migraine : ne sera-t-on pas tenté de se récrier contre la tyrannie des maris, de ces vilains hommes qui démasquent leur mauvais naturel dès le lendemain des noces?

« Vraiment la délicatesse exige que nous fassions ensemble un petit inventaire de mes défauts. Peut-être me connaissez-vous moins que vous ne pensez ; peut-être sur d'incomplets et officieux renseignements, vous exagérez-vous je ne sais quelles bonnes qualités que l'on prête si volontiers aux morts et aux fiancés, comme si un homme était enterré et pardonné du jour qu'il se marie. Il est bon que vous y réfléchissiez, mon aimable amie, de manière à ne m'agréer qu'en parfaite connaissance de cause et qu'il n'y ait que vous de responsable en cas de malheur. Je ris, et pourtant je vous jure qu'il se mêle à ce badinage un peu de vérité.

« Les soins que je me donne pour vous et la certitude de vous revoir prochainement peuvent seuls me faire trouver quelque charme au séjour de Paris. Ne croyez pas que j'y perde un seul jour après mes affaires terminées, je suis trop pressé de reprendre nos charmants entretiens du soir auprès de la cheminée. Je me figure encore près de vous, votre maman à son point de broderie et votre papa à sa partie de dames, dont ils sont beaucoup moins occupés que de leur chère Elisa; monsieur Drouin nous tournant le dos, à dessein, et vous provoquant de temps en temps par des propos malins et obligeants tout à la fois, tandis que votre bonne et aimable sœur, les yeux fixés sur lui et charmée de ses espiégleries, me représente une union digne d'envie, union qui serait complètement heureuse si l'on pouvait tout avoir (1).

(1) M. Drouin ne tarda pas à rendre sa femme très-malheureuse.

« Vous rappelez-vous aussi ces circonstances avec plaisir et, vraiment, mon absence vous préoccupe-t-elle un peu, comme votre chère maman a la bonté de me le faire entendre ? Pourquoi n'en suis-je pas assez persuadé ? Qu'on serait heureux de voir de semblables doutes dissipés par l'objet aimé ! Soyez donc assez bonne, mon aimable amie, pour m'écrire un petit mot en réponse à cette lettre : vos parents ne sauraient le trouver mauvais, et moi je le trouverais bien bon.

— « Adieu, je vous quitte à regret, l'heure du courrier s'avance ; mille tendresses pour ma petite femme, mille affectueux compliments pour ses entours. »

A MADAME DES VARANNES, SA BELLE-MÈRE

« Tours, 4 juin 1825.

« Quand je retrouve en vous les bontés de mon excellente mère, il est bien naturel que je vous appelle du même nom. Or donc, ma petite maman, on me charge pour vous d'une commission et j'en profite pour vous donner de nos nouvelles, pour vous dire quelques mots du tendre attachement que j'ai voué à vous et à votre chère famille. Je suis, par malheur, assez peu communicatif et l'on ferait souvent injure à mon cœur si l'on me jugeait sur la mine et sur mes *paroles*, dont on m'assure que je suis un peu sobre, dans la crainte d'empiéter sur le plaisir d'autrui. Quoi qu'il en soit, la chère Elisa a dû vous dire franchement combien je porte d'estime et d'affection à une famille aussi unie qu'aimante et digne d'être aimée.

« C'est aussi mon propre choix qui m'a porté vers vous et je n'ai eu qu'à m'en applaudir chaque jour davantage.

« Croyez bien, ma chère maman, qu'il m'en a coûté de rompre pour quelque temps mes nouvelles habitudes de famille. Echarbot et la Ville-au-Maire m'ont laissé de doux souvenirs mêlés de regrets. J'ai surtout senti vivement la douleur d'une mère se séparant pour la première fois de sa fille bien-aimée et le fatal bateau, qui n'est pourtant pas la *barque à Caron*, m'a vu moi-même prêt à pleurer et presqu'aussi attendri que vous.

« Ne songeons désormais qu'au bonheur de nous revoir tous réunis et que cette aimable perspective, ma petite maman, soutienne votre courage comme celui de votre chère fille. Il ne dépendra pas de nous qu'elle ne soit ici parfaitement heureuse, s'il était possible de l'être dans aucune position de la vie et surtout quand on vit loin de toutes ses affections d'enfance.

« Un petit accident, dont elle vous a rendu compte, est venu détruire de douces espérances conçues, hélas, mal à propos.... Sa santé n'en a point été dérangée et déjà nous avons repris nos habitudes ordinaires. Que votre imagination, trop prompte à s'alarmer, se rassure donc complètement et qu'elle se garde bien de désespérer de l'avenir !...... »

A LA MÊME

« Meslay, près Tours, 31 juillet 1825.

« Ma chère maman,

« Persuadé que rien n'est si doux à vos yeux que l'écriture de votre chère Elisa, je n'ose jamais lui disputer le plaisir de vous donner de nos nouvelles. Mais il faut pourtant que ce privilége, qu'elle réclame chaque fois, dont vous vous trouvez si bien et que je lui cède pour l'amour de vous, ne me fasse pas à la fin manquer à ce que je vous dois. Suffit-il qu'on vous ait remerciée en mon nom de la très-aimable lettre où je retrouve avec attendrissement le style affectueux de ma pauvre mère et les doux noms qu'elle me donnait? J'ai besoin de vous exprimer moi-même combien j'y ai été sensible. En vérité, vous me dites des choses trop aimables, que je ne mérite guère et que je suis tenté de prendre pour des encouragements. Vos éloges semblent dictés par une prévention toute maternelle et c'est principalement à cause de cela qu'ils touchent mon cœur ; car j'ose avoir, avant toute chose, des prétentions à votre amitié.

« La santé de ma petite femme est parfaite, son appétit toujours le même et son teint admirable. De plus (et je ne sais si ce n'est pas encore là une prévention de famille), nous la trouvons embellie. Sous d'autres rapports vous savez qu'elle n'est pas susceptible de changer et je vous dirais beaucoup de mal de son caractère, si elle ne m'avait témoigné le désir de voir cette lettre. On l'accueille, on la fête, j'en conviens ; elle plait par ses agréments naturels et acquis qu'on veut bien lui trouver, une apparence d'aménité a d'abord prévenu en sa faveur : voilà qui est au mieux, mais plus tard, étant mieux connue, elle ne sera pas moins chérie à Tours qu'à Angers au sein de sa famille. J'en suis fâché pour sa *curiosité*..... »

A SON PÈRE

« Echarbot, 1er octobre 1825.

« . . . . Apollon et les Muses semblent conspirer à Vouvray pour le charme de vos oreilles. Mais crois-moi, cher papa, ces brillants concerts et ces fêtes me causent moins de regrets que la douce habitude de respirer avec vous l'air stimulant et pur de vos riants coteaux. La société tout aimable de ma chère Elisa ne saurait me dédommager de votre absence et je suis ici, loin de vous, ce qu'elle est aux Girardières, loin de sa mère chérie, incomplétement heureux. Du reste, rien de plus aimable que l'intérieur d'Echarbot. Liberté, bons procédés, distractions, attachement sincère : on y trouve tout ce qui peut consoler, autant que possible, de vivre éloigné des premières affections de son cœur.

« Ma femme a reçu avec plaisir et reconnaissance, mon cher papa, ta lettre du 25 *expiré*, comme écrivent les négociants. Sa santé est assez bonne, mais j'ai le regret de n'avoir rien de nouveau à te mander. Patience, il n'y a pas encore de temps perdu.... »

A SA FEMME

« Les Girardières, 23 novembre 1825.

« Qu'il me tarde, ma chère Elisa, de recevoir de tes nouvelles ! Je n'étais pas content de ta santé et il me semblait que tu te ménageais peu. Demain nous envoyons en ville, mais me rapportera-t-on une petite lettre d'Angers ? j'en doute et crois me rappeler que le courrier part de cette ville trois fois seulement par semaine, les dimanche, mercredi et vendredi.

« Me voilà, à mon tour, enseveli dans les paperasses. Nos droits à l'indemnité de St-Domingue valent bien qu'on se donne la peine d'examiner tous les papiers, contrats de ventes, d'échanges, correspondances, comptes-rendus ; enfin tout ce qui est relatif à nos anciennes possessions dans cette colonie, tout ce qui peut constater nos titres ou suppléer à ceux dont nous sommes privés.

« . . . . Mais quittons St-Domingue et parlons des Girardières. Papa m'a paru triste et un peu changé. Ma présence, les nouvelles que je lui ai données de toi, de tes chers entours, surtout l'assurance d'être aimé de sa fille Elisa l'ont déjà sensiblement rendu à sa belle humeur et à son appétit. Mon voyage n'eût-il que cet avantage, je m'estime heureux d'y avoir songé et que tu m'en aies toi-même donné le conseil, loin de me retenir et de te préférer à des intérêts si sacrés. Tu sais trop bien chérir tes père et mère pour ne pas vouloir que je sois bon fils, même en t'imposant des privations.

22

« La bonne Valentine t'aime beaucoup et me parle aussi beaucoup de toi ; mais est-il quelqu'un qui ne m'en parle pas ? Je me réjouis de l'empressement vraiment marqué avec lequel on me demande de tes nouvelles, et du désir qu'on a de te revoir. Devant te rejoindre bientôt, cher ange, je n'entrerai pas aujourd'hui dans de plus longs détails sur ce qui concerne notre ménage, nos amis, les *mariages* et tous les propos bons ou méchants qui marchent à leur suite ici comme ailleurs. Un mariage, où la laideur s'unit à la beauté, où l'amour ferme les yeux sur des inconvénients qu'on signalait soi-même à d'autres quelques mois avant, etc... Quel merveilleux texte de conversation pour les désœuvrés de province ! . . . . »

A LA MÊME

« Tours, 9 février 1826.

« Avec quel plaisir j'ai vu lever mardi ce beau soleil qui devait faire briller d'un si riche éclat les bosses dorées de ton frère Camille (1) et procurer tant de plaisir à ma chère petite femme ! J'ai souvent pensé à vous tous pendant cette charmante journée ; je vous voyais aux fenêtres de M. Lelong, tandis que le cortège des masques défilait sous vos yeux, mêlant vos joyeuses acclamations à celles de tous les habitants d'Angers répandus sur les boulevards. Le coup d'œil devait être magnifique et la beauté du temps précédé d'une journée pluvieuse aura mis le comble à la joie publique.

« Tu es impatient, cher ange, d'apprendre quelque chose sur la conduite de certaine Dame blanche (2). Son but était *d'intriguer* (selon l'expression consacrée) et elle ne l'a pas manqué. On

(1) Costumé en polichinelle dans une fête de charité.
(2) Dans un bal donné à Tours, mon père, arrivé secrètement d'Angers, avait pris le costume de la Dame blanche.

peut même dire qu'elle l'a dépassé à quelques égards, l'apparition inattendue d'un masque au milieu d'un grand bal paré ayant fait tour à tour rougir et pâlir d'abord le maître de maison, si pusillanime et quelquefois si niais, et de plus mainte et mainte personne dont la conscience, apparemment, ne se sentait pas tranquille et à l'abri des malices d'usage.

« La Dame blanche s'est du reste assez bien tirée d'un rôle très-difficile et il n'est question dans toute la ville que de ce qu'elle a dit et n'a pas dit. On assure qu'une dame a cru devoir s'en plaindre *fort mal à propos* afin d'entrer en scène, de parler d'elle-même à chacun et enfin de jouer son rôle ordinaire de folle. Le très-grand nombre en a ri, comme la Dame blanche.

« Je me réserve, chère amie, de t'amuser par le récit de cent petits détails qui ne sauraient trouver place dans le cadre étroit d'une lettre... »

A LA MÊME

« Les Girardières, 13 juin 1826.

« . . . . Tu ne me dis rien de la santé de ta chère maman, d'où j'aime à conclure qu'elle en est toujours assez satisfaite. Elle paraît, cette année, moins tourmentée de ses douleurs rhumatismales, et je fais des vœux ardents pour qu'une si excellente mère, qui s'oublie toujours pour s'occuper du bien-être de tout ce qui l'entoure, jouisse elle-même long-temps de la santé et du bonheur qu'elle mérite.

« Ton frère Paul a-t-il, par son retour, rendu l'existence à sa jolie moitié? Je sens par moi-même ce que l'absence lui peut causer d'ennui, et pour s'y condamner, quand on s'aime, il ne faut rien moins que les devoirs de parenté ou les affaires, car les *affaires avant la politesse* et même avant le bonheur puisqu'on le trouve raisonnable ainsi! Ce n'est guère ma maxime et je tiens que, quand on est bien, on risque en se déplaçant de tourner le dos à la fortune que l'on va chercher. Sois tranquille, cher ange, je n'irai jamais aux Grandes Indes pour en rapporter, avec un peu d'or, des cheveux blanchis et des infirmités. Il ne serait pourtant pas bon que chacun raisonnât et agît de la sorte. Qu'on se rassure : l'avidité et l'ambition seront toujours des conseillères mieux écoutées que moi . . »

A SON PÈRE

« Echarbot, 29 juillet 1826.

« Marie-Prudence Bruley, *ondoyée*, à son grand père Bruley, à ses tantes Arnauld et Derouet, à ses autres parents et aux amis de sa famille, salut !

« Le 28 juillet, à 2 heures du soir, après quinze heures de fortes souffrances endurées avec courage par ma mère, je suis venue au monde bien conformée et assez vive, quoique d'apparence délicate et de taille moyenne, ce qui a été de ma part un procédé louable, à l'effet d'épargner de plus cruelles épreuves à celle qui a eu la complaisance de me porter neuf mois dans son sein.

« Pour déconcerter les faiseurs de systèmes et tant de dames prétendues expertes qui pronostiquaient, de l'état de santé de ma mère, que je devais naître garçon, je me suis décidée pour le sexe féminin.

« Je riais bien en mon coin de leurs beaux raisonnements, comme du goût que l'on suppose aux nouveaux-nés pour le laitage, moi qui ne pus jamais souffrir cet aliment et qui n'épargnai ni coups de poing ni coups de pied à celle qui en prenait pour son plaisir sans consulter le mien. Je n'ai donc pu encore, âgée d'un jour, me décider à prendre le sein de ma mère. Il est vrai que d'abord je n'y trouvai rien ou peu de chose, et l'on ne

m'attrape pas deux fois. On assure pourtant que le lait va venir.
Je ne suis pas contrariante, quoique fille; d'ailleurs il me profi-
terait peu de téter mon pouce, et je me déciderai à faire ce
qu'on attend de moi.

« Je prie dans ce premier bulletin de ma santé tous ceux qui
ont bien voulu s'intéresser à ma venue au monde, de recevoir
ici l'expression de ma vive reconnaissance.

« P. S. Ma mère se porte aussi bien que possible; mon père
aussi, ce qui est moins surprenant, quoiqu'il ait pris une part
cruelle aux souffrances de la pauvre patiente. — Que si l'on s'é-
tonne de me voir, à mon âge, écrire passablement l'orthographe,
on a pu observer déjà que dans ce siècle de lumières les enfants
naissent avec la science infuse.

— « Voilà donc ma pauvre Elisa hors d'affaire et dans le
meilleur état possible! Elle est fort sensible, mon cher papa, aux
termes caressants de ta lettre et elle me charge de t'en remercier.
Dans le procès-verbal de sa santé, mademoiselle ma fille a oublié
de vous dire qu'elle a fait des façons pour venir à nous. Combien nous nous félicitons ici que la santé de Prudence se soit
améliorée! J'espère qu'elle ne m'en voudra pas d'avoir donné
son nom à ma fille. Cette chère petite a reçu aussi ce matin,
dans la cérémonie de l'*ondoiement*, celui qu'a honoré ma bonne
mère et que porte également notre bonne Valentine, *Marie*.

« P. S. . . . . On ne peut savoir encore si
Marie-Prudence sera jolie à vingt ans; j'avais oublié de vous
dire qu'on lui trouve les traits assez gentils et qu'elle n'en parait
pas jusqu'ici plus coquette. »

A SA FEMME

« Paris, 6 décembre 1826.

« Quel silence, chère amie ! Que quatre jours sont longs, passés loin de toutes ses affections ! Qui t'a empêchée de me donner de tes nouvelles, ne fût-ce qu'un mot pour m'apprendre que vous êtes bien portants, grands et petits. Ton but serait-il de me dégoûter de l'absence et de me ramener plus vite au colombier ? La précaution serait superflue : déjà l'ennui me gagne, il monte avec moi dans un cabriolet et je le ramène fidèlement à mon hôtel après plusieurs heures de courses entre la crotte et la pluie qu'on rencontre ici en égale abondance.

« Je trouve, il est vrai, de doux dédommagements le soir dans les caresses empressées de mes amis et dans le soin délicat qu'ils prennent de me faire diner parfois avec des hommes d'un mérite distingué. On n'est pas encanaillé dans la société de MM. Thiers, Mignet, Magendie, etc., etc. Mais ce sont de courts instants bien achetés par mes longues journées ou plutôt par mes longues nuits, car la nuit règne ici à peu près comme au fond d'un puits, commençant dès trois heures et se prolongeant deux heures de plus que sur le riant plateau des Girardières... »

A LA MÊME

« Les Girardières, 1er juillet 1828.

« J'ai lu avec émotion, ma chère Elisa, les intéressants détails que tu me donnes sur la gentillesse, l'intelligence et l'affection pour nous de la chère petite Marie. Je m'attends, d'après cela, à être parfaitement reconnu par elle quand j'aurai le plaisir de vous serrer l'une et l'autre sur mon cœur, ce qui ne peut tarder.

« . . . . De grâce, cher ange, que la gentillesse de Marie ne te ferme pas les yeux sur ses petites imperfections, et ne l'accoutume pas à nous imposer tous ses caprices comme des lois. En lui cédant toujours sans raison tu travaillerais contre son bonheur et le tien. Qu'elle connaisse des obstacles, des volontés plus fortes que les siennes, si tu veux que la vanité et l'orgueil ne se développent point outre mesure dans ce jeune cœur. Je te l'ai dit mille fois : la vanité, qui dépend beaucoup de la première éducation, fait partout le principal tourment de la vie et c'est ce qu'on a appelé le *mal français*. N'admirons pas trop les enfants et surtout les petites filles : les plus heureuses seront toujours celles à qui l'on saura le mieux inspirer la simplicité et l'oubli d'elles-mêmes. Ou je me trompe fort, ou ta fille trop sensible, trop impressionnable pour son âge, est déjà singulièrement touchée des éloges et de l'admiration qu'on lui prodigue. Sourions entre nous, *in petto*, à l'aspect de ses grâces enfantines, mais flattons le moins possible sa vanité. La nature à cet égard donne assez de leçons sans nous.

« Ménage-toi avec cette chère petite. Ta santé pourrait souffrir et je n'aime pas à te voir la porter dans tes bras : à peine si les miens sont assez robustes pour un poupon de cette force. Cherche des distractions dans les promenades, dans ton chant, sans abuser de rien ; enfin fais, cher ange, que je te retrouve fraiche et bien portante. . . . . . . »

A LA MÊME

« Les Girardières, 3 juillet 1828.

« J'imagine, chère amie, qu'il y a en ville une aimable petite lettre que je lirai ce soir avec un vif plaisir. Elle m'apprendra sans doute que tu jouis, ainsi que ta fille, d'une bonne santé, que l'absence est la chose du monde la plus triste quand on s'aime, et que tu soupires après mon retour. Voilà du moins ce que j'éprouve loin de toi et je saisirai l'occasion qui m'est offerte de me rapprocher plus tôt que tu n'avais compté. Mon bon père, satisfait de l'empressement que j'ai mis à venir le joindre au moment où Prudence s'éloignait, ne veut pas que le sacrifice soit poussé plus loin et il exige mon retour près de toi dès que nous serons débarrassés de la course de Rives, j'allais dire la *corvée*, car une chaleur excessive, trente lieues à faire en voiture et maintes promenades sur un sol aride et fort peu ombragé ne présentent pas, il faut en convenir, une partie bien divertissante. Papa déclare même que ma présence ici gêne ses allures, la semaine qui vient ayant, outre ses ouvriers aux Girardières, une opération d'arpentage à suivre, plus un petit voyage à Chemallé pour les intérêts de Valentine, etc. Tu vois, cher ange, que sa tendresse pour toi et sa générosité naturelle croient devoir se colorer de belles raisons, comme pour nous dispenser de la reconnaissance.

« Vraisemblablement il s'acheminera vers Echarbot de lundi prochain en huit. Quant à Valentine, n'y comptez pas. Son confesseur ou ses bonnes amies en Jésus-Christ paraissent y mettre obstacle. Que veux-tu : il faut bien nous consoler de ces misères par la pensée que le Ciel, avec toutes ses joies, lui sera bien acquis à la fin de ses jours.

LETTRE ADRESSÉE A M. DUCHEMIN

AUTEUR D'UNE TRADUCTION DE VIRGILE

(Sans date).

« Monsieur,

« Combien j'ai eu regret de ne pouvoir répondre de suite aux très-chers et très-précieux témoignages de votre amitié ! Comme votre lettre m'arrivait, je montais en voiture ; j'allais sur un domaine, à quelques lieues de Tours, surveiller une opération d'expertise. Ces minutieux détails n'ont pu éloigner ni votre souvenir, ni vos beaux vers, deux choses qui se rappellent et se font aimer l'une l'autre. Dans cette saison la nature semble redire elle-même les chants heureux qui l'ont dignement célébrée, et les vôtres, Monsieur, n'étaient pas pour être oubliés sur les bords charmants de la Creuse, non loin de la petite ville qui vit naître le Newton de la France et où l'on montre encore, dans la maison qu'il habitait, quelques vénérables restes de ses meubles. En songeant à Descartes et surtout à son rival mieux inspiré, je me suis écrié avec un poëte (1) de votre connaissance :

« Qui peut se figurer les sublimes transports
« D'une âme qui, planant loin des terrestres corps,
« Suit ces globes de feu dans leurs sphères immenses,
« Mesure leurs grandeurs, calcule leurs distances,
« Les contemple en leur cours l'un par l'autre attirés,
« Découvre avec Herschel des astres ignorés
« Et qui, de tant de gloire éblouie et lassée,
« Va dans le sein de Dieu reposer sa pensée ! »

. . . .

« Voilà qui rappelle Virgile, sans le faire regretter. Je pense, Monsieur, que l'on goûtera généralement les corrections apportées à cette édition nouvelle. Ainsi, vous avez donné son dernier

_____

(1) Castel, auteur du poëme *Les Plantes*, chant quatrième.

lustre à un ouvrage qui serait dans toutes les mains, si rien n'était plus rare que l'amour du vrai beau, du naturel, et si l'époque des grandes agitations politiques était faite pour sentir le charme de ces compositions. « Quand Mars impitoyable arme tout l'univers » (Auguste), c'est avec la coupe d'Atrée, avec les fureurs d'Othello qu'on parvient à émouvoir de durs révolutionnaires tels que nous : c'est aussi pourquoi je m'afflige que votre beau talent ait négligé de s'exercer dans un genre qui, certes, dispense à moins de frais la renommée. Pour m'expliquer certaines injustices je me demande si Virgile, en personne, paraissant pour la première fois ses Géorgiques à la main, recevrait chez nous un accueil d'enthousiasme ; si les connaisseurs auraient le courage d'applaudir et de le recommander aux écoles comme le Dieu du goût ; enfin, s'il ne verrait pas longtemps l'Académie des belles lettres envahie par nos Marivaux avant d'être appelé lui-même à en faire l'ornement et la gloire. Au reste, il faut convenir que ses nombreux imitateurs ont un peu blasé le goût public et *gâté le métier.*

« Avec beaucoup de talent, la plupart, ils manquent d'observation, de méthode et de grâce ; surtout de ce sage discernement dans l'emploi des matériaux destinés à élever un édifice durable. Le genre didactique ou descriptif est séduisant mais perfide en ce qu'il semble promettre des plans tout tracés et comme s'il suffisait d'ouvrir les yeux et de saisir ses pinceaux.

« Honneur donc au Français qui a su marquer sa place à côté du poëte latin.

« J'ai lu, Monsieur, avec grand plaisir la cantate ajoutée à vos œuvres. Rien de plus gracieux que la défaite du demi-dieu dans les mains duquel, pour dernier trait, vous mettez la quenouille obligée.

« Il n'est plus ! d'un regard sa force est abattue.... »

« Oui, mais du moins peut-on reconnaître, à la façon un peu brutale dont Hercule tourne ses fuseaux, qu'il devait manier passablement une massue. Parmi les personnages que le droit divin place à la tête des hommes, combien n'en voit-on pas commencer et finir par la quenouille ! . . . . »

A MONSIEUR X...

1829.

« . . . . J'ai lu avec intérêt vos réflexions sur la marche ou, pour mieux dire, sur la stagnation de
nos affaires politiques : cela me rappelle nos anciennes causeries.
Vous ne vous y prenez pas, je vous en avertis, de manière à
nous persuader de la nullité de votre rôle dans la sphère où vous
vivez. Votre découragement et votre modestie vous abusent sur
le degré d'influence que vous êtes capable d'exercer à tous égards
et partout. Non, je n'admets pas que la profession d'avoué doive
paralyser les bonnes intentions du citoyen. Utile et honorable
quand on s'y comporte dignement, elle a de plus l'avantage de
vous mettre en rapport journalier avec une multitude d'individus
sur lesquels l'autorité de votre esprit vous donne un ascendant
profitable à la chose publique. N'est-ce pas le jeune barreau qui,
partout, a le plus puissamment contribué au demi-succès des
dernières élections ?

« Vous pensez avec raison que notre sort est de tourner bien
longtemps dans un même petit cercle d'espérances et de
craintes, pour recommencer dans un autre, un peu moins
rétréci, ce fastidieux manége. C'est ainsi que l'on arrive à une
liberté durable qui ne s'acquiert ni vite, ni à bon marché. Mon
courage est soutenu par la certitude d'un avenir meilleur; et
bien que je désespère de voir se réaliser les rêves brillants de
notre jeunesse, je ne me rangerai pas parmi les boudeurs.

« C'est vainement, mon cher ami, que vous prétendez aussi
vous tenir à l'écart : je vous connais de longue date, vous serez
toujours et malgré vous sur la scène; et loin que vous puissiez
vous borner au rôle de spectateur, il arrivera qu'en temps et
lieu la mauvaise humeur mettra dans vos mains des armes plus

fortes que les nôtres. Napoléon l'a dit : *Les blancs seront toujours blancs ; les bleus, toujours bleus.* Or, votre père vous a
fait bleu, ou je ne me connais pas en couleurs.

« Vous avez voulu rire ou me flatter beaucoup en me faisant
entrevoir les honneurs de la députation comme une chose dont
je ne serais pas indigne : oui, peut-être, si j'en juge par la droiture de mes vœux ; mais cela suffit-il et, entre nous, est-ce un
poste qu'il faille aujourd'hui souhaiter à ceux que l'on aime
quand ils ne trouvent pas dans un grand talent les moyens de
servir efficacement l'opinion libérale ? Que de citoyens, valant
mieux que moi, vont ensevelir leur médiocrité dans une Chambre
dont les bancs se dégarniraient tous les jours si l'on mourait
d'impatience et d'ennui ! Il est trop tard pour commencer à mon
âge sa carrière législative : l'art de la parole ne s'apprend pas
sous des cheveux grisonnants ou peu s'en faut. Il est d'ailleurs
probable que l'on ne pensera jamais à moi pour une corvée que
je n'ambitionne nullement, et voilà qui tranche la question
mieux que tout le reste. . . . . »

A SON PÈRE

« Angers, 7 juin 1830.

« Je m'empresse de vous donner de mes nouvelles, parce que
vous pourriez avoir entendu dire quelque chose des troubles
provoqués hier à Angers à l'occasion de l'accueil que nous
réservions à MM. Guilhem et d'Andigné de la Blanchaye.
Grâce à l'extrême énergie et au sang-froid des jeunes gens qui
s'étaient rendus à cheval à leur rencontre et, en général, à l'attitude de la population, le sang n'a pas coulé ; mais les ordres de
l'autorité étaient atroces. Tout s'est fait en dehors de l'administration municipale qui a fortement réclamé, mais en vain, et
dont le courageux dévouement a contraint enfin le Préfet à

permettre l'entrée en ville de nos députés, mais à pied, accompagnés seulement de leurs parents au nombre desquels je me trouvais, et cela par des chemins détournés et à travers les champs, escortés de gendarmes, d'un commissaire de police et comme des malfaiteurs que l'on traîne en prison. — On a été au moment de tirer sur nous. Les trois sommations avaient été faites et les adjoints de la mairie avaient ordre de se retirer pour laisser agir la force armée. Et cela sur nos députés ! Quel excès d'horreur et que rien n'égale, si ce n'est le sang-froid d'un préfet dictant ses volontés sanguinaires au milieu de MM. de S., de C., de B., etc... qui prenaient sur eux les résultats de la journée, chacun de ces gens-là voulant sauver à son tour la monarchie. Un immense concours de peuple manifestait son indignation avec une énergie que nous avions peine à contenir.

« Pour ce qui me concerne, je vous dirai le reste en temps et lieu. Qu'il vous suffise de me savoir bien portant. . . . . .

« Nos députés recommandent l'énergie comme l'unique moyen, peut-être, de faire reculer les insensés qui veulent nous lancer dans la route périlleuse des coups d'Etat. Veuillez apprécier ces raisons et ne point trembler si vous voulez imposer aux misérables qui trompent le Roi et nous enfonceraient avec lui. »

AU MÊME

« Angers, 7 juillet 1830.

« . . . . Rien au monde ne me fera manquer aux élections. C'est notre avenir à tous qui s'y agite, et le meilleur calcul d'intérêt est d'y appuyer de son vote la cause des libertés publiques et de la civilisation. Ici les *ultra*, et surtout le clergé, paraissent bien convaincus que la crise va aussi décider de leurs destinées et qu'ils y font leur *va-tout*. Intrigues de toute espèce, menaces, mensonges odieux, prédica-

tions fanatiques et séditieuses : rien n'est par eux épargné, à
tel point que dans nos campagnes et aux portes d'Echarbot
les libéraux sont dénoncés en chaire comme ennemis du Roi, des
*libertés publiques et continuateurs des abus tant reprochés
jadis à la noblesse.* Voilà certes qui est un peu fort ! . . . »

A SA FEMME

« Paris, 10 août 1830.

« . . . . C'est sans ardeur, sans plaisir
que je me suis acquitté des démarches qui m'ont été conseillées
pour obtenir la sous-préfecture de Saumur. A te dire vrai, je ne
le désire pas ; et tes scrupules à cet égard, provenant de l'incertitude habituelle de ton esprit, ne contribuent que trop à me
refroidir. Comment faire à Saumur de grands frais d'établissement dans le doute si l'on prendra goût à la chose ou si la
marche du gouvernement, sortant de la ligne tracée par mes
principes, ne me portera pas avant six mois à donner ma démission ! On peut en essayer, à merveille ! Mais toi, cher ange,
que deviendras-tu et comment aurais-je la force de me condamner avec assiduité à de fastidieux détails s'il me manque, pour
unique dédommagement, les douces habitudes de mon petit
ménage ? Où nous caser, sinon à l'hôtel même de la sous-préfecture ; et alors quelle figure y ferions-nous, sans meubles, sans
réception possible, chose à laquelle paraissent tenir tes chers
compatriotes. — Autre inconvénient : il est indispensable de
mettre les municipalités et justices de paix en harmonie avec les
desseins de la haute administration ; de là, nécessité d'une foule
de rapports sur l'indignité de tels et tels et l'urgence de pourvoir
promptement à leur remplacement. Tu vois que tout ne doit pas
être agréable dans un poste où l'on sera chargé d'une responsabilité pareille.

« J'avoue que, consultant plus mon zèle que mes forces, j'ai d'abord offert mon appui à un gouvernement à peine constitué, incertain de sa propre conservation, mais que les hommes de notre couleur devaient entourer de leur assentiment énergique. Aujourd'hui que tout a pris une assiette tranquille, Paris compte moins de pavés que de solliciteurs. Les *congréganistes*, parés des trois couleurs, sont, à les entendre, plus libéraux que nous : ils parviennent même à accrocher quelques places, ce qui est un grand mal. Je ne leur souhaite pas la mienne, mais j'en voudrais voir investi tout autre que moi.

« . . . . J'oubliais de te dire que j'ai accompagné la députation de Maine-et-Loire chez le Roi. Prévenu un peu tard que ces messieurs m'invitaient à me joindre à eux, j'y ai couru avec ton frère Paul qui n'avait, comme moi, qu'un habit à prendre, et nous sommes arrivés tout juste pour être admis. M. Lareveillière a lu un discours convenable auquel le Roi a répondu en bons termes avec l'aisance et la simplicité d'un bourgeois indépendant. Derrière lui et debout se trouvaient sa femme et sa sœur avec une tenue et une expression de figure conformes à la circonstance et à la modestie qui caractérise cette honnête famille. A notre sortie, l'un des aides de camp de S. M. est venu, de sa part, prier quatre de nous à dîner. Ces quatre privilégiés ont dû être, tout naturellement, M. d'Andigné et les trois députés angevins, MM. Lareveillière, Gennevraye et Gillard. Cet arrangement a fort convenu à Paul et à moi. L'étiquette de ces grands dîners nous ennuie, et je ne connaîtrais pas mieux la figure de Philippe d'Orléans quand je le reverrais maintenant à travers les fumées d'un faisan doré. . . . . »

A SON PÈRE

« Saumur, 24 août 1830.

« . . . . A peine me suis-je donné le temps d'embrasser mon petit ménage à Echarbot : j'ai couru chez le préfet et me suis rendu à mon poste pour essuyer d'abord l'ennui du cérémonial concernant les visites de toutes les auto‑rités. J'en suis à rendre ces politesses et ce n'est pas peu de chose. Puis, viendront les visites qu'on doit à tout ce qui est présentable dans cette ville, et j'aurai grand soin d'en étendre la liste suivant les convenances, ayant pour principe *d'aristo‑cratiser* le moins possible les salons de la sous-préfecture.

« Elisa et son ménage me sont arrivés hier et les voilà ici non pas installés, mais campés, sans meubles, sans batteries d'office, de cuisine, etc... et comme au bivouac, en un mot.

« . . . . Je reçois ici un accueil si em‑pressé, si flatteur que j'en suis vraiment confondu. Hier soir brillante sérénade dans la cour de cet hôtel. La musique de la garde nationale paraissait sûre de me plaire en disant et répé‑tant à plusieurs reprises l'air de la *Marseillaise*. Aujourd'hui paraîtra ma circulaire obligée (1). . . . . »

(1) Cette circulaire a été reproduite plus haut.

AU MÊME

« Saumur, 4 septembre 1830.

« . . . . Je trouve ici de l'occupation
mais comme sa variété ne lui donne rien de fastidieux, mes
forces suffisent. Le fardeau, d'ailleurs, deviendra de plus en plus
léger. Il me semble qu'un sentiment général de bienveillance
m'accueille en ce pays, et il n'en faut pas davantage pour soutenir mon zèle et rendre ma tâche plus facile.

« Une chose manquera, sans que rien y puisse suppléer, c'est
le bonheur de vivre auprès de toi. Je ne pourrai guère, chaque
année, disposer que d'un mois pour te le consacrer, et pendant
le reste du temps quel vide, quelle privation pour moi ! Promets-
moi donc de te confier au bateau à vapeur, dès qu'il reparaîtra
dans vos contrées, et de venir nous surprendre pour passer
quelques jours avec nous. Il faut que tu renouvelles connaissance non pas avec Marie déjà *grandelte* et qui se souvient à
merveille de son bon papa, mais avec notre gros Georges dont
tu auras peine à reconnaître les traits. . . . . . . »

AU MÊME

« Saumur, 31 décembre 1830.

« Comment notre étudiant en mathématiques (Frédéric Derouet) (1) a-t-il donc fait son compte, mon cher papa, lui dont la
politique jusqu'ici n'avait jamais troublé le sommeil? Quelle

(1) Alors élève à l'École Polytechnique.

faiblesse ou quelle légèreté lui a fait signer une protestation inconvenante ?

« M. le général Delaître, commandant l'école de cavalerie de cette ville, a un fils dans le même cas et dont l'action ne se peut comprendre à raison de son caractère extrêmement froid et circonspect. Ces jeunes gens auront été poussés, et les principaux agents de tout ceci n'auront oublié peut-être que de donner leurs signatures. Où en serions-nous si tous les jeunes gens de nos écoles allaient ainsi délibérer sur les affaires de l'Etat. — Il y a dans ce qui se passe à Paris chez les ennemis de la Chambre des députés, Chambre dont le rôle au surplus se prolonge trop, quelque chose de si violent et de si passionné que l'avenir ne s'annonce pas d'une manière fort rassurante. L'opposition libérale me paraît sortir des principes lorsqu'elle admet, ou peu s'en faut, l'intervention de la force brutale contre la loi qui lui déplaît. Je vois du sang au fond de ces questions envenimées par l'ambition déçue, par les effets de la malveillance, par la rage d'imposer un système politique dont l'application alarme encore nos provinces. Je verrais avec une douleur inexprimable se ternir l'éclat de notre révolution. . . . . Mais me voilà lancé et je tombe dans le radotage dont mes oreilles sont assourdies tout le jour. Et à cette occasion je vous dirai qu'Elisa, qui lit plusieurs journaux de nuances différentes, raisonne politique aussi bien peut-être qu'aucun élève de l'École Polytechnique. Nous sommes pourtant bien fâchés de voir notre cher Frédéric aux arrêts pour un mois. Ses études n'en souffriront pas, je pense. Toujours est-il que le moment est mal choisi pour lui, et la tante de Roquencourt va le croire, pour le moins, un criminel d'Etat... »

AU MÊME

« Echarbof, 8 août 1832.

« . . . . J'ai lu, mon cher papa, avec la plus vive émotion les précieux témoignages d'estime que tu m'accordes au sujet de ma décoration. Tu es content de moi, je contribue en quelque chose au calme heureux dans lequel s'écoulent tes jours, et cette persuation est aussi le plus grand charme de mon existence.

« Je n'ose souhaiter un avancement qui, peut-être, m'éloignerait de vous et je ne fais rien pour changer mon sort. . . . »

A SA FEMME

« Saumur, 17 août 1832.

« . . . . Ce n'est pas sans un serrement de cœur que j'ai laissé derrrière moi tout ce que j'ai de plus cher au monde réuni sur un petit coin de terre.

« Veille bien, cher amour, sur les deux petits êtres que leur faiblesse recommande particulièrement à tes soins. Les terrasses des Girardières leur présentent de toutes parts des dangers, et l'on ne doit pas les abandonner seuls un instant. — Si Georges peut me revenir un peu moins gâté, je m'applaudirai doublement de son voyage. Quant à Marie, il n'y a que de l'assurance à lui inspirer, sans flatter toutefois sa vanité, défaut dont elle est tout aussi pourvue qu'une autre. . . . . »

A LA MÊME

« Saumur, 20 août 1832.

« J'ai reçu avec joie ton aimable petite lettre, cher ange, et pour y répondre je vais profiter des courts instants qui me restent d'ici au diner de *cabaret* que nous offre le brave commandant du château. Ce diner doit être à peu près la répétition de celui qui a eu lieu hier à la sous-préfecture après certaine cérémonie (1). L'étiquette ayant exigé cette politesse de ma part, j'ai dû m'exécuter de bonne grâce et les honneurs, quoique tu en puisses penser et dire, malicieuse, ont été faits passablement. Mon parrain a presque attendri l'assemblée par l'accent énergique et affectueux tout ensemble qu'il a donné à sa petite allocution au récipiendaire. Il a fallu ensuite essuyer un discours écrit du *tonton* Hurault, pas trop mal au fond, et le diner qui a immédiatement suivi s'est passé fort gaiment.

« Une première santé a été portée par M. de Morell au nouveau chevalier de la Légion d'Honneur, la seconde s'est adressée en paroles obligeantes à la dame du logis absente. Ce matin, ne sachant que faire de mes restes, j'ai prié à déjeuner mes commis; et le garde-manger s'en trouve moins encombré, je te le jure... »

(1) Sa réception dans la Légion d'honneur.

A SON PÈRE

« Saumur, 31 décembre 1834. »

« J'ai recueilli soigneusement, bon et cher ami, la note que tu as pris la peine de rédiger pour établir nos positions respectives en ce qui concerne les deux inscriptions au profit de mes enfants. A l'exemple de Frédéric et de Jules, je vais exprimer à Valentine combien nous sommes touchés de son généreux désintéressement. Cette pauvre sœur ! A quelle rigidité contre nature réduit-elle sa vie ! Je ne puis m'en consoler qu'en la prenant au mot sur la quiétude et le bonheur confit en Dieu dont elle prétend jouir.

« Nous finissions de déjeuner quand ce matin nous est tombée, comme du ciel, une boîte pleine de douceurs et de joujoux charmants. Que de remerciements ne vous devons-nous pas pour tant de joie procurée à nos tendres marmots ! Dans sa reconnaissance Marie a voulu, de sa propre main un peu conduite, il faut en convenir, vous adresser l'expression de son bonheur et de sa gratitude. Elle a littéralement dicté la lettre que vous avez lue. Il me semble que ni son cœur, ni son jugement ne se montrent en défaut dans cette épître enfantine. — Georges s'est armé de son sabre : son allure, sa voix ont pris toute l'assurance d'un vieux grognard et je crois qu'il voudra coucher avec ce joli sabre... »

AU MÊME

« Paris, 12 janvier 1834.

« ...... Ce concours de solliciteurs m'ôte un peu le courage de les imiter et, j'en conviens, je ne saurais remplir complètement mon rôle d'ambitieux. Bien heureusement pour moi les députations de Maine-et-Loire et d'Indre-et-Loire vont au-devant de mes vœux et, trop favorablement prévenues en ma faveur, me proposent d'elles-mêmes et avec beaucoup d'obligeance, de tenter auprès de M. Dargout une démarche très-significative. Ces messieurs doivent prendre jour pour me présenter un matin et laisser entre les mains du ministre une demande pressante, signée d'eux tous et, encore, des personnes qui s'intéressent à mon avancement, telles que Clément de Ris, Macarel, etc. Au milieu de tout cela je sens que, malgré moi, je ne fais pas par moi-même tout ce qu'il serait utile de faire. La carrière administrative est semée de tant d'écueils et de dégoûts! C'est une existence si agitée, si précaire, si peu conforme à ma nature! Enfin, la boule est lancée ; elle s'arrêtera où elle pourra : je doute que ce soit sur le fauteuil d'un préfet, même de troisième classe, et sur une terre d'exil à cent cinquante lieues de vous. Tant et tant de solliciteurs ! Tant de promesses données aux députations qui, presque toutes, ont leur sous-préfet de prédilection chaudement et incessamment prôné, recommandé auprès des ministres! Me croira-t-on plus de titres, plus de génie que tous ces braves messieurs? Je suis en première ligne, sans doute ; mais le dernier coup d'épaule, qui fait réussir, sera-t-il assez fortement donné? Et puis, quelques préfets auront-ils la bonté de se laisser mourir pour nous abandonner leur héritage?

« Elisa, comme toutes les femmes, est plus ambitieuse que son mari. Car chacune aspire à faire les honneurs d'une préfec-

ture, sans même s'inquiéter si les autres conditions, plus importantes, s'y trouvent. . . . . »

AU MÊME

« Saumur, 5 mars 1834.

« Ta bonne et affectueuse lettre, mon cher papa, se termine
d'une manière bien triste ; je souffre de toute la peine qui a dû
serrer ton cœur en apprenant la mort subite de notre bon et
brave M. Duny. J'aurais voulu revoir encore le digne homme
avant notre éternelle séparation. Son tendre dévouement pour toi
me le rendait cher. Je l'estimais parce qu'il croyait à l'amitié et
qu'il y a toujours été fidèle. Ou je me trompe fort, ou le sentiment qu'il t'avait voué dès sa jeunesse et qui t'honore autant que
lui, était susceptible de résister à forte épreuve. S'il te dut beaucoup, sa reconnaissance ne s'épuisa jamais et cela est peut-être
plus rare que l'amitié. . . . . . . »

AU MÊME

« Saumur, 13 septembre 1834.

« Notre préfet qui est d'ailleurs complètement bon et obligeant,
s'il n'est qu'à demi administrateur, m'a un peu l'air d'être là
provisoirement, ne s'occupant guère du détail par calcul peut-
être et plus encore par paresse d'esprit. J'ai déjà fait avec lui une
partie de ma tournée de révision : il ne m'a pas plus parlé de mon

arrondissement, de ses affaires pressantes, de ses besoins, de ses
divers établissements, que si nous avions fait ensemble une
course en Champagne ou en Prusse. J'évitais même, pour lui
être agréable, tout entretien relatif aux objets d'administration.
Pour peindre son admirable insouciance il suffirait de dire que,
préfet de Maine-et-Loire depuis neuf mois bientôt, il n'a visité
encore ni Fontevrault, ni Saumur, ces deux localités si importantes, si dignes de ses soins et de sa surveillance. J'ai parfois la
fatuité d'imaginer que je porterais, pour le moins, aussi bien le
fardeau de l'administration préfectorale. Tous les rouages, sans
doute, étaient montés de manière à entretenir quelque temps le
mouvement de la machine, mais l'absence d'une main dirigeante
commence à se faire sentir.

« Le but de la salle d'asile finira par être compris à Tours,
ayant pour interprètes, pour apôtres, des philantrophes aussi
éclairés et aussi persévérants que M. A. Gouin et toi, mon cher
papa. Au fait, c'est là que se fait sentir le plus grand besoin de
la société ; c'est par une saine et ingénieuse éducation de la première enfance qu'il faut commencer : tout dépend de ces impressions, ce qui, malheureusement n'est pas assez compris. Vous
serez secondés ; mais sur ce terrain neutre, destiné à réunir tous
les partis, tous les genres d'opinion, gardez-vous de faire prédo-
miner une couleur quelconque : elle exclurait les autres et tout
serait dit. Vous aurez pour éléments de succès la crainte de l'avenir, l'exemple, l'amour-propre et aussi, de la part d'un certain
nombre de personnes, une charité intelligente et sincère. Il faut
habilement savoir faire tourner au profit de la civilisation
tous les penchants de la société, les vices comme les vertus. La
vanité et l'amour-propre fondent en France plus d'institutions
utiles que la philanthropie. »

A SON PÈRE

« Saumur, 6 novembre 1835.

« C'est avec tristesse, bon et cher ami, que nous nous sommes éloignés des Girardières. Georges avait seul conservé l'heureuse insouciance de son âge. Quant à notre bonne Marie, elle regrettait et regrette encore aujourd'hui le gracieux séjour de vos coteaux et, surtout, leurs habitants.

« J'ai trouvé à mon arrivée une lettre de M. Benjamin Delessert m'annonçant que j'allais être nommé Préfet, mais sans pouvoir me dire encore dans quel département.

« Je m'attendais peu à cet avancement qui mérite toutefois la confirmation du *Moniteur*. La marche des affaires publiques, les nouvelles lois de circonstance sur ou contre lesquelles je me suis partout exprimé nettement, nos intérêts de famille à régler, de grands objets d'utilité publique dont j'ai pris ici l'initiative et qu'il me serait si agréable de voir mis à exécution, tout cela et autres choses encore me faisaient souhaiter que pendant un an ou deux le gouvernement m'honorât de son indifférence. Mon étoile en a décidé autrement : où me conduira-t-elle? Peut-être, dans quelques mois, à une démission ou à une destitution si l'on vient à gêner ma conscience. . . . . Nous verrons bien (1).

« Sans cesse interrompu et pressé par l'heure, je n'ai que le temps, bon et cher papa, de t'exprimer la pensée qui me préoccupe depuis hier soir : ma nomination me sera agréable si tu l'approuves et si tu te résignes mieux que moi-même au lointain exil qu'elle va peut-être m'imposer. . . . . »

(1) C'est en effet ce qui arriva quelques années plus tard.

AU MÊME

« Montauban, 19 février 1836.

« J'ai trop compté, bon et cher papa, sur l'exactitude d'Elisa à vous donner de nos nouvelles : il y a longtemps que mon tour est venu de prendre la plume. Je suis vraiment honteux de ne t'avoir pas encore entretenu moi-même de ma nouvelle position et je n'ose m'excuser sur mes occupations de tous les instants.

« Vous savez que nous avons pris ici, *administrativement* et *socialement*, de la manière la plus heureuse. L'opposition ne se manifeste sous aucune forme : nos salons ont présenté pendant les fêtes du carnaval l'étrange bigarrure des opinions les plus tranchées. Carlistes et républicains ont, pour la première fois, échangé des saluts, des paroles polies, sans que le *juste milieu* en parût prendre de l'ombrage. Ceci a été traité de *miracle*, aussi bien que l'art avec lequel nous sommes parvenus à attirer du quartier protestant, où les mœurs ont un peu de l'austérité puritaine, quelques familles remarquables par la beauté des femmes.

« *En vérité, Monsieur (ou Madame), vous faites des miracles!* » Voilà la phrase par laquelle chacun débutait avec nous. Elle se reproduisait à chaque visite et au premier mot de cet éternel compliment qui annonçait peu d'imagination chez les languedociens, nous ne pouvions, Elisa et moi, nous regarder sans sourire.

« Nous voilà donc ici sur un bon pied jusqu'à nouvel ordre. Je vois chaque jour s'aplanir de plus en plus les difficultés que semblait devoir rencontrer mon administration, à tel point qu'une organisation de mairie à Montauban devient chose possible et cela dans une nuance si sage, si éloignée des deux qui dominent dans le conseil municipal, que le fait, s'il a lieu pro-

chainement, comme je l'espère, sera à son tour traité de *miracle*.
Il surprendra beaucoup le ministère auprès duquel je ne fais pas
valoir en charlatan chaque apparence d'amélioration dans l'esprit
public.

« La vérité est qu'en ce *moment* je suis adopté par tous les
partis, par toutes les coteries mêmes qui sont le fléau des villes
du midi. Cela facilite bien la marche des affaires. — Un avantage très-grand, dont je me félicite chaque jour, c'est d'avoir ici
un clergé tel que bien peu de pays n'ont depuis longtemps rien
vu de semblable : éclairé, tolérant, vivant dans le monde et se
rapprochant de l'administration. L'évêque est remarquable par la
grâce de ses manières et son esprit de conciliation. Le clergé
étranger à cette ville est loin de valoir autant; mais il faut bien,
bon gré malgré, suivre l'exemple du chef et, à tout prendre, nos
prêtres n'agitent point les campagnes comme dans l'ouest de la
France. Il en serait autrement, sans doute, si nous devions
subir de nouvelles crises politiques et toutefois, ce n'est pas de ce
côté que viendrait le trouble à Montauban.

« Elisa a fort bien supporté l'épreuve de ses nombreuses
soirées : elle en faisait les honneurs avec une bienveillance et une
grâce dont tout le monde est ravi. Une telle maîtresse de maison
contribue incontestablement aux soins d'un administrateur et, si
cela continue, nous serons ici plus chaudement épousés encore
qu'à Saumur.

« Mais toutes ces satisfactions d'amour-propre et de vanité
sont loin de suffire à nos cœurs. Votre éloignement, mes bons
amis, la rareté de vos lettres, rien qui vous rappelle et nous
prononce votre nom parmi tant de figures gasconnes, voilà par
où l'exil se fait sentir à nous. Ecrivez donc plus souvent, si vos
brillantes soirées, vos féeries vous en laissent le loisir, et croyez
bien qu'après le plaisir de vous voir rien ne saurait nous causer
plus de bonheur. Il nous est doux d'espérer que la belle saison
vous amènera à Montauban les uns et les autres et que vous nous
donnerez plusieurs mois de séjour.

« Le cher Frédéric a, ces temps-ci, accru d'une façon bien
aimable le cercle de la petite colonie tourangelle. Sa bonne et
joyeuse figure nous réjouit l'âme et il est par nous traité, sans

façon, comme un troisième enfant. Il sait, à n'en pouvoir douter
le moins du monde, que ses visites ne sauraient être trop fréquentes : c'est à lui à les concilier avec les obligations de son cours
de droit ; nous ne nous sentons pas le courage de lui donner des
conseils qui pourraient nuire à nos intérêts, heureux s'il peut
toujours, sans altérer sa santé, mener de front ses études et ses
plaisirs ! Son humeur accorte et facile lui a déjà fait faire la connaissance d'une grande partie de la société montalbanaise qui
paraît le voir avec intérêt. Cela peut quelquefois conduire à un
bon établissement. -

« Nous espérons aussi que Jules voudra, cet été, parcourir un
peu le midi de la France et que Tours enfin nous enverra,
d'accord avec Paris, une nombreuse députation. Venez, venez :
il y a de quoi vous loger tous. Je te recommande, mon cher papa,
de ne pas voyager autrement qu'en poste et avec un ou plusieurs
des tiens, jamais seul. — La route, presque partout macadamisée,
est facile, roulante et n'ébranlera pas trop ta délicate constitution :
il nous faut cette certitude pour te désirer.

« Comment va la chère *sœur* Valentine ? Songe-t-elle quelquefois que le *ciel* lui a donné un frère ; que la *Providence* a pourvu
ce frère de deux jolis enfants bien portants, dont l'un est son
filleul à elle, et qu'enfin le *bon Dieu* a permis que je trouvasse
à Montauban un très-nombreux cortége de prêtres et de congré-
gations religieuses dont je suis adoré quant à présent. Voilà,
j'espère, des titres de recommandation auprès de Valentine et
elle peut y voir pour moi et ma petite famille des moyens de
salut.

« Je t'écris à bâtons rompus, comme on dit, sans cesse dérangé
pour affaires. Mais enfin je me révolte contre la tyrannie des bureaux : des signatures seront ajournées et cette lettre se termi-
nera bon gré malgré.

« J'ai depuis trois semaines environ un secrétaire qui est
bien la meilleure pâte d'homme qu'on puisse imaginer. Doux,
modeste, circonspect, d'une discrétion à l'épreuve, assez expéri-
menté en administration et pourvu sur toute chose d'un esprit
d'ordre parfait. Son frottement avec mes bureaux est facile et il
fait dans mon ménage moins de bruit qu'une pendule de chemi-

née. Il a été attaché à mon beau-frère Louis et je le connaissais de réputation comme le secrétaire modèle. Nul ne fait moins d'embarras et sa froideur ne le laisserait croire d'aucun sexe. Ce dernier point a bien encore son mérite. M. P. ne sera jamais coureur au retour du printemps.

« Et à propos, j'ai oublié d'en accuser réception à mon beau-frère qui avait droit de compter sur des remerciments pour un tel cadeau. . . . . »

AU MÊME

« Montauban, 26 décembre-1836.

« Nous sommes tristement préoccupés, bon et cher ami, de savoir que tes oreilles semblent te refuser de plus en plus leur service. Ta haute philosophie, j'en suis persuadé, t'en fait prendre ton parti beaucoup mieux que nous ne faisons nous-mêmes, et cela seul nous offre quelque consolation. Si pourtant cette infirmité te rendait notre absence plus pénible, si tu éprouvais le besoin de nous avoir maintenant près de toi, je n'hésiterais pas à faire le sacrifice de ma position et des médiocres espérances qui s'y rattachent. Mon devoir, parfaitement d'accord avec le penchant de mon cœur, me ferait sans regret quitter la carrière administrative pour t'aller entourer de mes soins et des caresses de tes petits enfants.

« Sache-le bien, mon cher papa, et n'hésite point, je te prie, à m'exprimer sur cet objet le fond de ta pensée. Nous serons heureux de nous rapprocher de toi et de ne plus te quitter.

« Je ne vous ai pas encore donné des nouvelles de notre cher Jules. Il est au milieu de nous comme s'il avait toujours fait partie de notre petit ménage et comme devaient l'y placer son aimable caractère et toutes ses excellentes qualités. Je vois même avec bonheur qu'il s'y met à l'aise et perd un peu de cette timidité qui nuirait à ses succès dans le monde et à son avancement. Ce cher enfant n'a pas de peine à se faire goûter en cette ville où les liens qui l'unissent au Préfet le mettent d'ailleurs en assez belle position.

« Je prends soin de l'initier peu à peu aux travaux de l'administration et, déjà bien recommandé à notre tribunal civil et aux membres du Parquet, il pourra, dès qu'il lui sera agréable, faire son début comme avocat stagiaire et s'exercer dans quelques jolies petites causes dédaignées, comme improductives, par ceux qui vendent leurs paroles le plus cher possible.

« Vous aurez su de Jules lui-même qu'il était allé à Toulouse prêter son serment et faire ses visites aux membres de la Cour royale.

« Son frère n'a pas revu Montauban depuis l'époque où il est venu s'y faire auprès de nous l'introducteur de Jules. Nous savons qu'il est en bonne santé et il nous est bien agréable de nous reposer doucement sur la connaissance que nous avons de son bon et joyeux caractère.

« Georges et Marie, cher bon ami, ont reçu avec orgueil et reconnaissance les si gracieuses petites lettres que tu as bien voulu leur adresser. Marie s'occupe de te répondre et de son côté Georges te ménage une surprise par une lettre, aussi, où il te sera agréable de reconnaître et son *propre style* et ses progrès. L'un et l'autre nous donnent pleine satisfaction et n'était que le plus jeune est encore gâté par sa trop faible maman, nous serions vraiment de ce côté parfaitement heureux.

« Marie fait de grands progrès dans tous ses exercices et cette chère enfant aurait plutôt besoin d'être retenue qu'excitée, tant elle a naturellement d'émulation et le désir de nous satisfaire.

« Vous ne m'entendrez pas sans plaisir répéter que ma position administrative devient de plus en plus solide et agréable. *Solide* s'entend ici de mes rapports avec le pays où tous les genres d'opposition se sont effacés, où *tous les partis* m'estiment et cherchent les occasions de m'en donner des preuves bien flatteuses. Quant à mon crédit auprès du ministère, il a baissé, j'ai sujet de le croire, depuis qu'on n'a pas reçu de moi, en temps et lieu, une déclaration de mon dévouement au système doctrinaire.

J'ai pour principe invariable de faire de l'administration sans me dévouer corps et âme, comme font peut-être quelques-uns de mes collègues, à tel ou tel ministre, à telle ou telle nuance politique dont le triomphe dure souvent moins que notre fragile existence préfectorale.

« . . . . Soigne ta santé, bon et cher papa ; fais-nous savoir que ta vie s'écoule sans souffrance dans le petit ménage qui te chérit et te vénère : cette assurance contribuera beaucoup au repos de mon âme trop souvent contristée de notre séparation..... »

AU MÊME

« Montauban, 24 juillet 1834.

« . . . . J'aurais voulu vous laisser ignorer la consternation que notre chère petite Marie a jetée dans notre ménage par l'accident si imprévu, si terrible, dont elle a été frappée (1). Le danger n'a pas été long, mais quelle tristesse et quelle vague inquiétude en sont résultées pour nous ! Je ne suis pas encore remis d'une secousse aussi affreuse. Pauvre enfant ! Le ciel a voulu que l'oreille d'un père ait deviné à travers une porte fermée ce qu'on aurait pu prendre pour le léger ronflement d'un sommeil ordinaire ! . . . .

« Tant de causes ont à la fois concouru à ce triste accident qu'il serait peu raisonnable d'en craindre le retour. On nous a donc parfaitement rassurés à cet égard et il n'existe plus qu'une impression longue à s'effacer.

« Le départ de Jules pour les Pyrénées laisse un vide parmi nous. Rien n'est aimable et doux comme sa société. Il est fort

(1) Une congestion cérébrale occasionnée par l'émotion de sa première communion et, sans doute aussi, par le soleil du midi.

bien vu à Montauban malgré cet air un peu froid auquel on se
fait d'autant plus vite qu'on sait aisément l'imputer à sa timidité
naturelle. C'est cette timidité qui l'a toujours fait reculer devant
l'épreuve d'une plaidoirie au Palais, bien que nous nous fussions
occupés de la rendre facile et qu'indépendamment de cela, il fût
assuré d'un accueil plein d'intérêt et de bienveillance. Peut-être
aurais-je obtenu ce sacrifice à force d'insistance ; mais, en vérité,
il est certaine limite à l'autorité d'un oncle qui ne pourrait être
dépassée sans une sorte de barbarie. . . . . »

AU MÊME

« Paris, 18 décembre 1837.

« . . . . Tout marche ici avec une lenteur détestable et, pour surcroît de contrariété, on m'a prévenu
un peu tard que je ne pouvais guère quitter Paris sans demander une audience au Roi. On allait m'écrire de sa maison quand je
me présentai hier matin chez l'aide-de-camp de service. Le Roi
consulté à l'instant même me fit dire qu'il allait me recevoir, à
moins que je ne préférasse le voir dans la soirée. Ce parti me
parut préférable à raison de ce que je devais y gagner de saluer
la Reine et la famille royale. — Il m'a été fait, comme à tout le
monde, un accueil bienveillant et gracieux.

« La Reine et Mademoiselle Adélaïde m'ont parlé de mon
département et de la séance d'ouverture des Chambres à laquelle
j'avais assisté la veille, grâce à l'obligeance de M. Delessert qui
m'avait procuré un billet. La moitié seulement des députés présents à Paris pouvaient disposer d'une carte d'entrée, et la
pauvre Elisa a été bien privée de ne pouvoir m'accompagner.

« Le Roi m'a, à deux reprises différentes, adressé la parole,
et mes développements sur l'esprit public de Tarn-et-Garonne,

sur la dissidence religieuse et sur nos dernières élections ont excité son attention et paru l'intéresser.

« Maintenant nous voilà à peu près libres, et si quelque malencontreuse invitation à dîner, *qui serait un ordre*, ne vient pas déranger nos projets, nous serons auprès de vous lundi prochain, nos places étant retenues.

« Ce soir Camille nous arrive d'Angers. Nous ne serons avec lui que bien peu d'instants. Il nous presse vivement de demander la Sarthe qui sera très-vraisemblablement vacante. Je n'ignore pas les obstacles que la presse y sème sur les pas de tous les préfets et je n'irai pas me jeter dans ce guêpier, à moins qu'on ne me donne de bonnes garanties contre les violences de la *République* et la coterie de Garnier-Pagès, ce qui n'est guère probable. Toutefois j'avais su prendre des assurances contre ce même parti à Montauban. Mais là, point de journal politique et cela constitue une différence énorme. . . . . »

AU MÊME

« Montauban, 19 avril 1838

« . . . . J'en étais là de cette lettre quand nous est parvenue, cher papa, la triste nouvelle qui afflige votre ménage et n'afflige pas moins le nôtre à Montauban. Pauvre Madelon, pauvre Robert! (1) Que de souvenirs, que de reconnaissance s'attachent dans mon cœur à ces deux noms! Il saigne et saignera longtemps d'une séparation que je prévoyais sans m'y arrêter, sans la croire si prochaine. C'est comme un tendre lien de parenté qui nous unissait à eux, à Madelon surtout, à cause des soins que nous avons reçus dans notre enfance de cette femme si bonne, si patiente, si douce. Je comprends toute la douleur de notre chère Prudence et j'aurais voulu l'aider dans les

_____

(1) Deux vieux domestiques qui l'avaient élevé.

24

devoirs rendus aux derniers moments de sa bonne et, peut-être aussi, de Robert, car ta lettre, bon et cher ami, fait trop prévoir la fin prochaine de ce dernier[1]. . . . . C'est au reste ce que le ciel pouvait faire de mieux pour lui, que de l'éteindre avec l'être parfait dont les soins étaient indispensables à sa triste existence.

« Pour nous arracher à ces sombres idées, j'éprouve le besoin de vous dire un mot de nos chers petits enfants au visage si riant, si frais, si plein d'une heureuse insouciance. Leur aspect seul dissipe les maussades préoccupations qui naissent à mon âge de tant de causes. Georges et Marie se développent à ravir sous tous les rapports. Vous les trouveriez grandis l'un et l'autre en taille et en savoir. Marie, docile, appliquée, pleine d'émulation et de désir de nous plaire, fait dans toutes ses études des progrès sensibles et prend le plus joli caractère. La cérémonie de sa seconde communion n'a préoccupé que très-médiocrement cette fois son petit cerveau qui jadis se permettait des doutes, des scrupules, notamment sur la *présence réelle* : on en aurait à moins.

« Quoiqu'un peu paresseux, Georges s'assujettit à l'étude par douceur, par émulation et un peu aussi pour nous plaire. Il est d'un naturel tout-à-fait aimable, bien qu'il taquine un peu sa sœur pour rire toutefois et se moquer avec esprit et gentillesse. Marie prend moins tout cela au sérieux et commence à sentir l'ascendant que lui donne sur un gamin de huit ans son droit d'aînesse et la finesse particulière à son sexe. — Que de satisfactions pour nous de ce côté!... »

AU MÊME

« Il y a longtemps, bon et cher papa, que nous sommes sans nouvelles de toi, ce qui nous fait attendre avec quelqu'impatience la caisse devant contenir les vieux joujoux de mes enfants et très-probablement aussi de vos lettres. Celle-ci accompagnera les tendres vœux de ces chers petits, hommage tout à fait spontané de leur cœur. Au reste, cela pourra se reconnaître chez Georges à la naïveté de sa rédaction. Cet âge est peu prolixe et, de quelque esprit naturel qu'il soit doué, l'imagination est sa partie faible parce qu'il manque d'observation et d'expérience.

« Quoiqu'il en soit, Marie et Georges vous aiment les uns et les autres comme s'ils vivaient auprès de vous, le souvenir de vos bontés, de vos caressantes attentions étant entretenu aussi par nos continuels entretiens sur tout ce qui vous concerne.

« Nous aurions bien désiré, Elisa et moi, te faire tenir en même temps, pour le renouvellement de l'année, le portrait que nous avons fait faire de nos enfants par un jeune peintre qui promet et a du moins le mérite de saisir la ressemblance.

« Nous serions bien heureux d'apprendre, cher bon ami, que ces deux grosses faces pleines de fraîcheur te retracent bien les traits de nos enfants. Ils ne sont flattés ni l'un ni l'autre, surtout Georges qu'on a fait un peu loucher, dont les yeux sont trop écartés et le bas de la figure mal rendu.

« Nous attendons avec anxiété le résultat de la bataille qui se livre à la Chambre des députés et dont le prix est évidemment et uniquement les *portefeuilles* sans lesquels quelques individus ne sauraient vivre. Il est fâcheux qu'il ne puisse y en avoir pour tous les amateurs ! Quoiqu'il arrive, je n'aurai rien à craindre pour ce qui concerne ma chétive existence administrative.

« Avez-vous su, mes bons amis, que j'avais de nouveau résolu le difficile problème d'une organisation municipale à Montauban ?

« L'installation s'est faite le 17 avec beaucoup de solennité, et le discours qu'à cette occasion j'ai dû prononcer a reçu partout, dans toutes les nuances d'opinion, un accueil plus bienveillant et flatteur que je ne saurais dire. En te faisant passer cette bluette je répare un tort de négligence. — Cela m'a valu la visite et les avances officielles, un jour de grande réunion à la Préfecture, d'un M. de M., homme de talent, d'esprit et de résolution, qui passe depuis quelques années pour le chef du parti républicain. Je ne l'avais jamais vu et ne le connaissais que par des écrits remarquables par le style, non par les doctrines *bousingottes*, et dans lesquels l'admininistration locale a toujours été épargnée. — Cette apparition à ma soirée du lundi 17, et qui s'est renouvelée lundi dernier, a surpris tout le monde et moi plus que tous. Cela fait sensation en ville et l'on veut y voir l'extinction d'un parti dont M. de M. avait la direction. Ces messieurs veulent bien me reconnaître pour un *philanthrope*, pour un homme de *progrès*, etc... »

A SA FEMME

« Paris, 12 février 1839.

« J'attendais aujourd'hui de tes nouvelles avec la plus vive impatience, chère bonne petite, car elles devront me faire connaître l'effet produit à Montauban et sur toi-même, pauvre ange, par la manière perfide et brutale dont on nous a séparés pour me remplacer tout aussitôt, clandestinement et sans l'avis officiel du *Moniteur !*... Comme on m'assure que mon successeur est parti samedi par le courrier, je calcule qu'il a dû prendre possession hier matin, mardi. Quelle épreuve pour toi ! Pour toi dont la sécurité parfaite s'imaginait que la bienveillance du ministère avait voulu seulement me soustraire à une position rendue difficile et fausse par les circonstances (1).... Mais apprends donc que M. de Montalivet semble avoir voulu se jouer de moi puisqu'il m'a refusé audience en me renvoyant à M. Ed. Blanc qui a osé s'en permettre autant. Cette conduite indigne ici tout le monde, tout ce qui a du cœur et le sentiment des bienséances.

« J'ai vu des lettres d'Angers et de Saumur où ce sentiment s'exprime avec une énergie dont tu ne te fais pas idée. Je t'en dirais plus, chère bonne amie, s'il ne s'agissait pas ici de ma propre affaire et si je pouvais du reste t'apprendre quelque chose sur le tendre dévouement que me portent mes nombreux amis. Ils semblent plus frappés que moi-même.

« Ce matin j'ai écrit à M. de Montalivet pour lui demander compte de ses inconcevables procédés à mon égard ; après quoi, s'il ne me répond pas avec convenance et bonté (*car je ne demande rien*), je me devrai à moi-même, je devrai à mes anciens administrés dont l'estime m'est plus chère que la vie, je devrai à ma famille et à mes amis de rendre publique ma correspondance. — Je hais ces sortes de publicités, mais je hais plus encore toutes les lâchetés du cœur. Mon silence ne ferait-il pas croire que je marchande mon avancement administratif et tire parti d'une injure imméritée, en ambitieux de bas étage, sans cœur et sans âme... »

Je vous ai dit plus haut, mes chers enfants, que le Secrétaire général du ministère de l'Intérieur, comprenant enfin la faute commise, avait voulu s'interposer et utiliser pour cela ses anciennes relations avec mon père. Voici la réponse qu'il s'attira :

« Paris, 14 février 1839.

« Monsieur le Secrétaire général,

« Rendu à la vie privée, je n'ai plus, vous le concevez, de rapports possibles avec vous. Si votre intention, en m'offrant si

(1) Le ministère, qui venait de dissoudre la Chambre, aurait voulu que mon père combattît certains députés, ses amis personnels.

tardivement audience, est de me ramener par la perspective de quelque nouvel emploi, vous méconnaissez mon caractère comme on a méconnu mes services.

« Il est trop tard, Monsieur. On a porté le trouble et la douleur dans ma famille par l'envoi clandestin de mon successeur, tandis qu'on ne craignait pas de m'éloigner, de m'attirer à Paris pour une mystification indigne.

« Aujourd'hui, Monsieur, je ne pourrais me présenter chez vous sans paraître trafiquer de mon injure dans l'intérêt d'une lâche ambition.

« J'ai l'honneur d'être, Monsieur le Secrétaire général, avec une considération distinguée.

« Votre très humble serviteur,

« BRULEY. »

A SON PÈRE

« Paris, 16 février 1839.

« Je serais déjà près de vous ou à la veille de partir, bon et cher ami, si ma présence à Paris n'était commandée par les publications à l'aide desquelles j'ai dû faire connaître la conduite du ministère envers moi. Ma dernière lettre, comme tu verras, cher papa, est de nature à m'attirer des réponses plus ou moins vives, plus ou moins calomnieuses, et je dois être là pour riposter avec à propos et sans retard. Il se peut toutefois qu'on use de ménagements, car la persécution me prête une certaine importance dont on redoute les suites en ce qui concerne les prochaines élections. — Le cri unanime de réprobation élevé par la presse, partout où mon caractère et mes services sont connus, fait enfin comprendre aux ministres qu'on ne frappe point un préfet de destitution comme un garde-champêtre ; et encore faut-il bien instruire le procès de ce dernier quand on ne veut être ni brutal ni injuste. On n'osera donc pas encore m'attaquer, peut-être, dans l'espoir où l'on est que je me calmerai et ne donnerai pas d'autre suite à cette affaire maussade, bien maussade pour quelqu'un qui fuit l'éclat et les récriminations jetées à la face du public. Je serai donc encore trois ou quatre jours à Paris à l'affût des journaux ministériels.

« Je ne sais par quel malentendu ma femme attend que je lui donne le signal de son départ pour Tours. J'espère qu'elle aura compris la nécessité et la convenance d'abréger le plus possible son séjour à Montauban, malgré les vives et *unanimes* démonstrations d'intérêt et d'affection qu'on lui donne dans la cruelle position où elle se trouve. On a dû lui donner une sérénade où mon nom, écrit-on, sera prononcé, etc...

« Vous ne sauriez vous imaginer le nombre de lettres que reçoit M. Janvier, député de Tarn-et-Garonne, au sujet de mon *changement*, car on ne me croit encore que déplacé. Que sera-ce quand on saura tout ce qui s'est passé ! Toutes les lettres expriment le même sentiment d'indignation sur la brutalité d'une mesure si impolitique. Les députés de la coalition y trouveront leur compte : leurs chances s'accroissent dans le rapport du mécontentement public. — En vérité, je manquerais aux lois de la modestie si je vous mandais seulement moitié de ce qui s'écrit de bienveillant et de flatteur pour moi. — Les gens du midi ne savent rien faire à demi.

« La députation, seulement ! Cela demande réflexion, croyez-le. L'honneur serait immense et la réparation complète. Mais quel engagement ! (1) Conviendrait-il ensuite de quitter une telle position pour revenir aux préfectures ? C'est ce dont je ne saurais me rendre bien compte en ce moment, il serait nécessaire d'en causer en famille. Mais en attendant on paraît exiger que je me rende sur les lieux et fasse une profession de foi politique. — Cette dernière condition me paraît si superflue, on doit si bien savoir à Saumur qui je suis, qu'en vérité je ne saurais me soumettre à cette épreuve sans un peu d'humiliation, et c'est un rôle que je ne jouerai pas, dans cette circonstance du moins. Au

(1) Les fonctions de député étaient alors gratuites.

reste, les esprits vont s'éclairer par la lecture des feuilles parisiennes et surtout par ma lettre à Edm. Blanc où je romps avec assez d'éclat avec son patron. »

Le ministère ayant été renversé, voici la lettre que mon père adressa au nouveau cabinet :

« Paris, 22 mai 1839.

« Monsieur le Ministre,

« J'attendais la formation d'un ministère définitif pour solliciter la réparation de ce que je ne crains point d'appeler une injustice commise envers moi.

« Depuis trois ans j'administrais le département de Tarn-et-Garonne; il est notoire qu'en me conciliant la confiance et l'affection d'un pays ardent et difficile, j'étais parvenu à calmer les haines politiques et religieuses et à opérer des rapprochements utiles au gouvernement du Roi. Vos prédécesseurs avaient bien voulu m'en exprimer leur satisfaction, et M. le comte de Montalivet, particulièrement, m'écrivit pour me féliciter de *l'honorable influence* que j'avais su acquérir et, des résultats obtenus dans l'intérêt des principes constitutionnels.

« Cependant dans les premiers jours de février dernier j'ai été destitué, je l'ai été uniquement sur la présomption que je ne consentirais pas à combattre par des moyens qu'eût réprouvés ma conscience, les candidatures de MM. Léon de Malleville et Janvier. Veuillez, Monsieur le Ministre, vous faire représenter le rapport que, sur sa demande, j'adressai à M. le Ministre de l'Intérieur, le 6 février, sur la situation électorale du département, et vous serez convaincu de la loyauté de ma conduite. Sans attendre l'arrivée de ce rapport, M. le comte de Montalivet me manda près de lui par estafette, et trois jours après j'étais dans son salon attendant vainement audience. Il ne daigna point m'accueillir et me renvoya à M. le Secrétaire général chez lequel je ne fus pas plus heureux. C'est donc seulement par les feuilles publiques non officielles que j'appris et ma révocation et le départ précipité de mon successeur. J'écrivis, et ma lettre resta sans réponse. Je joins copie de cette lettre afin que vous puissiez en apprécier la convenance. Sans doute elle eût été complètement mise en oubli si des avis n'étaient parvenus à plusieurs membres du Cabinet sur le mauvais effet produit par ma destitution. Alors seulement on parut songer à m'offrir une réparation, et ce fut évidemment dans cet esprit que M. le Secrétaire général m'adressa, après quatre jours de silence, un billet auquel je crus de ma dignité de faire la réponse dont vous trouverez également copie.

« Malgré la publicité déjà donnée à ma disgrâce et aux circonstances qui l'avaient accompagnée, je n'en reçus pas moins soit de la part de M. le Ministre de l'Intérieur, soit de celle de M. le Président du Conseil, des propositions plus ou moins directes. Le *Moniteur* publia un article dans lequel on voulait bien reconnaître que mon *administration n'avait mérité aucun reproche* et qu'il n'était pas entré dans l'intention du gouvernement du Roi de me frapper d'une destitution. Mais cette affaire était trop grave pour que je pusse honorablement me résigner même à l'apparence d'une disgrâce, d'autant moins que déjà dans Tarn-et-Garonne mon déplacement provoquait une indignation presqu'unanime. Je suis prêt, Monsieur le Ministre, à vous communiquer sur ce point les plus nombreux et les plus irrécusables témoignages. Je me bornerai à mettre sous vos yeux l'adresse qui m'a été transmise par les notabilités de Montauban dans toutes les nuances de l'opinion. Enfin j'invoque la correspondance de mon successeur lui-même. On sait qu'il s'empressa d'exprimer à M. le comte de Montalivet l'étonnement et l'embarras où le jetaient les publiques manifestations d'estime et d'attachement dont j'étais à mon insu l'objet.

« Aussi, malgré les titres sur lesquels il me serait peut-être permis de fonder l'espoir d'un avancement, je croirais manquer à la reconnaissance envers mes anciens administrés si je ne réclamais de votre justice bienveillante ma réintégration dans la préfecture de Tarn-et-Garonne. »

A SA FEMME

« Paris, 29 mai 1839.

« . . . . Ce pays m'ennuie à mourir, il n'a rien à m'apprendre, si ce n'est que mes jambes de vingt ans sont bien loin de moi et que je ne saurais plus faire qu'en voiture ce qui n'était autrefois que promenades ordinaires. — Mon cœur seul n'a pas vieilli et cela encore me rend maussades les lieux où ne se trouvent pas ses plus chères affections.

« Que nos enfants, chère amie, sachent donc cela comme toi et qu'ils me tiennent compte, s'il est possible, des privations auxquelles je me condamne dans leur unique intérêt. Ah ! sans eux que me faudrait-il avec toi par delà les Girardières et notre modeste aisance !.....

« Une belle position aide à l'établissement d'une fille et à l'avancement d'un garçon, surtout quand on s'applique, avant toute chose, à leur laisser le plus noble des héritages, un nom honorable et sans tache. Je conviens de cela et c'est aussi ce qui me fait me prêter si docilement à vos vœux pour ma rentrée dans les affaires. — A demain, cher ange. — Prends l'habitude partout de faire coucher ta fille à tes côtés : la place d'une jeune fille est auprès de sa mère le jour comme la nuit et la nuit comme le jour. J'embrasse de toute mon âme toi et tes chers enfants. »

A LA MÊME

« Paris, 12 juin 1839.

« .   .   .   . Ta lettre me laisse entrevoir,
chère amie, que le latin de Georges serait un peu négligé.
Prenez-y garde, il sera en retard et son amour-propre souffrira
plus ou moins prochainement quand, au collége, il se sentira
inférieur aux enfants de son âge déjà barbouillés de latin à
l'exclusion de choses plus essentielles. Je ne connais rien, au
reste, de plus bêtement enseigné que cette langue, et la preuve
c'est que le goût ne s'en conserve pas au sortir des bancs de
l'école. Je voudrais l'apprendre à Marie en moins de quinze mois
sans qu'elle s'y ennuyât, mais nos régents et nos académies ont
leurs raisons pour s'y prendre d'autre sorte. Cela sera différent
quand ils voudront bien comprendre que la principale chose,
c'est l'éducation, la direction morale, la culture de cette âme
dont il serait si facile d'obtenir d'heureuses garanties pour notre
avenir. Je ne vois presque personne sérieusement préoccupé
d'une réforme si importante. Il ne s'agirait que de commencer
par le commencement et de ne jamais perdre de vue que nos
premières impressions décident presque toujours du reste de
l'existence..... »

A LA MÊME

« Paris, 24 juin 1839.

« Tu auras été deux jours sans nouvelles de moi, chère amie, et je m'afflige à la pensée des alarmes que ce retard a pu te causer. Les cœurs aimants sont craintifs, souvent superstitieux, un rien les trouble et les décourage. Rassure-toi, cher ange ; mon intention était bien de répondre hier à ton aimable petit mot du 21, mais c'était dimanche, je l'avais oublié, et quand je rentrai vers deux heures, il n'était déjà plus temps, les boîtes se fermant les jours de fête précisément à deux heures.

« C'est madame *** qui en est cause. Il y avait si long-temps que je n'y étais allé ! Je voulais me débarrasser comme d'un remords et bien certainement cette malencontreuse visite leur a fait moins de plaisir qu'elle ne t'aura causé de désappointement et d'inquiétude.

« Madame *** chantait ; j'insistai pour qu'elle continuât, et, d'autant plus vivement, qu'elle avait, me disait son mari, recouvré toute sa voix, tous ses moyens. C'est Bordogni qui leur en donne l'assurance, mais j'avoue que je ne m'en suis pas aperçu. Des sons creux, un organe usé, factice dans le médium, quelques notes assez éclatantes dans le haut, un peu de méthode : voilà tout. Pauvre petite femme ! Dans quelle atmosphère de plate flatterie vit-elle donc aujourd'hui ! Si tu chantais ainsi, je te dirais de fermer pour toujours ton piano et tes partitions.

« Je te parlerai d'un portrait qu'on montre avec mystère, où l'esprit du peintre, pour répondre aux désirs de la petite dame, s'est perdu dans une recherche d'effets archi-romantiques. — Horizon noir, pose mélancolique et abandonnée sur un rocher, regard perdu sentimentalement vers le ciel d'où tombent ou vont tomber des torrents d'eau ; un *château* au troisième plan, des

hauteurs duquel j'ai au moins conseillé de faire accourir M. ***
avec un chapeau de paille d'Italie dans une main et deux
rifflards dans l'autre : voilà qui est beau ! Je me suis obstinément
refusé à trouver ressemblante cette médiocre ébauche au *teint
clair et transparent* et l'on a bien ri quand, réclamant pour un
portrait plus de calme et de naïveté, j'ai comparé celui-ci à une
pazza d'amore (folle par amour) qui aurait trompé la surveillance de ses gardiens. Elle en a ri aux larmes, te dis-je, et son
mari aussi qui s'est rangé à mon avis et n'a pas eu l'extrême
complaisance de retrouver dans ces yeux démesurément grands
et dans cette petite bouche, les yeux et la bouche de sa femme.

« Tu vois que je me venge avec trop de sévérité peut-être.
D'où vient aussi qu'ils m'ont empêché de t'écrire ? Ne dis rien de
cela, j'ai tort de jeter ce ridicule sur des personnes dont, après
tout, nous n'avons qu'à nous louer et je serais désolé que le bon
M. X. pût savoir comment je juge ses chers enfants jouant au
confortable avec les hochets d'une opulence toute nouvelle..... »

A LA MÊME

« Paris, 3 juillet 1839.

« . . . . Tu te loues donc d'avoir donné
à Marie un maître de piano ? Je verrai bien si elle a fait des
progrès. Et sa voix ? On m'assure qu'il faut l'exercer, que cela se
peut faire sans inconvénient pour sa santé ni pour l'organe, et
qu'un talent distingué ne saurait enfin s'acquérir qu'à la condition de travailler de bonne heure et avec suite. A mon avis le
chant l'emporte de beaucoup sur le piano. — Cependant, chère
amie, je serais fâché que votre principale attention se portât sur
ces objets frivoles et que Marie ne s'occupât point, avant tout,
d'orner son esprit et sa mémoire des trésors qui font la véritable
distinction et qui ne s'amassent que difficilement passé un

certain âge. Combats chez tes enfants le venin de la vanité, et tu feras beaucoup pour leur bonheur. La vanité cause plus de chagrins, plus de tourments que toutes les maladies ensemble. Plus je vais, plus cette vérité saute à mes yeux. Songes-y bien, chère amie, dans l'intérêt de nos chers enfants et tandis qu'il est encore possible de diriger leurs penchants. Cet intérêt importe plus que celui d'une préfecture et te préoccupe beaucoup moins, il me semble. Il est si rare que nous donnions nos soins aux objets qui en sont le plus dignes ! — Mais voilà qui sent la morale et, peut-être, la prétention de te guider dans l'éducation de nos enfants, ce que tu entends beaucoup mieux que moi, j'en conviens. Je te demande donc pardon pour un pauvre absent dont l'imagination s'inquiète aisément loin de tout ce qu'il aime.

« . . . . Tes lettres qui me parlent de tes regrets me font grand bien. Je pense que tu trouves aussi dans les miennes tout le secret de mon cœur, tout ce qu'il renferme pour toi de tendresse et de profond attachement, tout ce qu'il souffre loin de toi et de mes chers enfants. — Ces choses-là, il me semble, n'ont pas besoin d'être écrites et tes propre sensations sur les ennuis de l'absence font assez connaître ce que j'éprouve de mon côté..... »

A SON FILS

« Paris, 30 juillet 1839.

« . . . . Tu feras bien, cher petit Georges de mettre à profit la bonne volonté de mademoiselle Laure et de prendre, sans en parler à ta sœur et à ta tante Derouet, des leçons de langue anglaise de manière à les étonner au retour par tes progrès. C'est une affaire de mémoire et de raisonnement et tu ne manques ni de l'une ni de l'autre.

« Songe, cher petit amour, au plaisir que tu me feras par ton application, par ta déférence aux bons avis d'une institutrice qui t'aime et mérite tes égards. Sois surtout plus docile, plus convenable à son égard, comme l'exigent de toi et son âge et sa position d'institutrice ayant toute notre confiance. Ton bon cœur et ton esprit bien fait ne me laissent aucun doute que je serai compris de toi sur ce chapitre.....

« Aime-moi, cher ange, comme je t'aime. »

A SON PÈRE

« Paris, 24 septembre 1839.

« . . . . Hier je suis allé avec Janvier et Taschereau faire visite à M. Duchâtel. Il s'est montré bienveillant et déjà disposé à m'accorder un honorable dédommagement. Mes amis ont trouvé les autres ministres pleins de sympathie pour moi et adoptant très-volontiers l'idée de me faire entrer au Conseil d'Etat en qualité de Maitre des Requêtes en service ordinaire. Ce sera à examiner, car la nécessité d'habiter Paris avec le minime traitement de six mille francs n'ajouterait rien à notre aisance, tant s'en faut. Ceci dépendra beaucoup de l'enquête qui va se faire sur les troubles de la Sarthe et du rôle qu'on m'y fera jouer. Vous savez que les absents ont tort et que beaucoup de gens aiment à faire leur part belle aux dépens de celui qui, déjà frappé, n'est pas là pour se défendre. Sous ce rapport ma lettre de demain sera d'un bon effet : j'y assume hardiment sur moi une forte responsabilité, ce que voyant l'autorité militaire, qui redoute peut-être ma défense, et les autres fonctionnaires répugneront à se disculper aux dépens d'un préfet généreux dans sa disgrâce.

« Janvier et Taschereau sont pour moi d'un dévouement aussi chaud qu'efficace.

« Rassurez-vous donc, mes bons amis, tant sur les suites de
mon affaire que sur nos santés à l'un et à l'autre. Nous nous soi-
gnons et nos forces suffisent à tout.

« La presse libérale a été stupide ou bien habilement trompée. »

A SA FEMME

« Les Girardières, 11 juin 1842.

« Il me tarde, chère amie, d'apprendre votre heureuse arrivée
à Saumur. N'ayant pu hier matin rester au bord de l'eau dont
l'air vif augmentait ma douleur de rhumatisme, j'étais monté
sur la terrasse aux tilleuls pour suivre de l'œil votre sortie de
l'embarcadère. Quel ne fut pas mon étonnement de voir votre
bateau subitement arrêté après quelques tours de roue. Je revins
sur la rive et me disposais à vous aller rejoindre dans une petite
barque, lorsque je vous vis prendre enfin le large, toi sur le
pont, agitant ton mouchoir pour me rassurer et me dire un
nouvel adieu. — Le concierge de l'hôtel qui vous avait suivies,
ne m'apercevant pas, s'imaginait de son côté que tu lui faisais
signe de venir pour lui demander sans doute quelque objet oublié.
A défaut de bons yeux mon cœur t'avait bien reconnue. Ce
contre-temps, en supposant que les sables de la rivière ne vous
aient pas encore arrêtées, aura retardé d'une demi-heure au
moins votre arrivée à Saumur.

« J'ai bien regretté, chère amie, de ne pouvoir t'accompagner,
mais cela était impossible avec tant d'ouvriers à suivre et mon
père restant seul aux Girardières au milieu de ces embarras. Je
t'ai bien recommandé d'en exprimer tout mon déplaisir à ton
oncle et à ta tante Hurault : j'aurais été heureux de leur donner
comme vous quelques instants. Ont-ils trouvé ta fille grandie ?

« J'ai vu ton gros enfant gâté de Georges avant mon départ
pour les Girardières. Il m'a avoué qu'il s'était senti près de

pleurer en vous disant adieu, mais qu'il avait renfoncé cela en se reprochant sa faiblesse. Aujourd'hui il sera visité par son grand'père qu'un recouvrement à faire conduit en ville, et je pense qu'il sera aussi fort sensible à un bon panier de cerises accompagnées de quelques fraises et autres friandises. Il a dû m'écrire et ne tardera pas à te donner de ses nouvelles. Je n'ai pas besoin de te dire que ce cher petit ne sera jamais longtemps sans recevoir ma visite. Tu peux t'en fier à moi.

« Ton beau-frère, M. Dupuis, sera-t-il venu aujourd'hui à Saumur pour vous voir à votre passage? Il l'aura fait certainement si ses affaires l'ont permis, et tu n'auras pas manqué de l'entretenir de mon amitié et de mes regrets.

« Comme tu as bien voulu me le promettre, on me remettra aujourd'hui un petit mot de toi, et cette lettre te portera ma réponse : j'arrange du moins cela au gré de mes vœux..... »

A LA MÊME

« Les Girardières, 16 juin 1842.

« Il faut convenir, mes pauvres amis, que vous jouez de malheur dans vos voyages sur l'eau. Par le temps qu'il fait le bateau à vapeur était bien certainement le dernier moyen de transport auquel vous deviez songer. Cinq heures de retard!

« On devait être inquiet de vous à Echarbot, car les *Inexplosibles* n'inspirent pas à tout le monde une entière sécurité.

« . . . . . , ... Quand tu presses mon père au nom de ta famille de m'accompagner en Anjou, tu touches l'endroit sensible car il vous aime tous beaucoup; mais tu renouvelles ses regrets et lui fais sentir plus amère la privation à laquelle il est obligé de se condamner. Sa santé est passable, mais ses forces baissent sensiblement. Dès sept heures du soir il s'affaisse déjà sous le poids du jour et s'endort dans un fauteuil,

25

ne pouvant, au sortir de table, faire un tour de jardin par les plus belles soirées du monde. Seulement, vers huit heures, il descend jusqu'à la terrasse et remonte bientôt après, non sans quelque peine encore. Ce calme lui est assez bon et ses nuits sont meilleures. Mais votre absence désenchante tout autour de lui et les journées lui paraissent, comme à moi, bien longues. Vraiment la vie d'Echarbot l'écraserait.

« Tu sais que Georges est, pour aujourd'hui, auprès de nous. Je n'ai pas besoin de te dire qu'il emploie bien son temps en franc écolier pressé de jouir et de visiter cerisiers et fraisiers. Il cueille lui-même en ce moment sa petite provision pour ce soir. Il est quatrième en thème et toujours au-dessus de ses condisciples de l'an passé. Les externes sont décidément *enfoncés*, mais *deux nouveaux* le désespèrent parce qu'ils travaillent et redoublent d'ailleurs leur classe. S'il arrive à bien lors des prix, ce ne sera pas sans avoir lutté courageusement et c'est tout ce que je lui demande.....

« Tiraillé par mon écolier qui veut me faire participer à ses plaisirs, je t'écris à bâtons rompus..... »

A LA MÊME

« Les Girardières, 21 juin 1842.

« Un mot seulement, chère amie ; mon père réalise le projet si doucement caressé depuis deux jours dans son esprit et dans son cœur. Après-demain donc, à moins d'événement majeur et imprévu, nous monterons ensemble après dîner dans la berline que tu cèdes à Camille et nous la recommanderons à toute l'attention des postillons pour qu'elle vous arrive dans le meilleur état possible.

« Notre gros Georges est toujours dans un état parfait de santé, et je crois, en vérité, que sa *mélancolie* ne s'accroîtra pas de l'absence de son *petit père*. Cet enfant nous aime beaucoup, mais il a plus de raison et de fermeté que tu ne penses : félicitons-nous qu'il en soit ainsi, crois-moi.

« Il sera bien recommandé à Saint-Jean, au concierge des Minimes et surtout à ses parents Derouet qui ne le négligeront pas assurément. N'est-il pas d'ailleurs à son collége l'enfant gâté de tout le monde.

« Georges m'avait annoncé hier une longue épître qui vient de m'être remise en effet. Sa causerie est variée et amusante. Il est bien enchanté de celle que Marie lui a adressée et dont il me relate quelques circonstances..... »

A SON PÈRE

« Paris, 2 avril 1843.

« . . . . . Marie a bien profité des leçons qu'elle est venue prendre ici. C'était le but, *l'unique* but de notre voyage et sous ce rapport notre satisfaction est complète. Il est regrettable que le séjour de la grande ville soit si coûteux et que nous ne puissions pas le prolonger jusqu'à la fin du mois d'avril.

« Tu ne saurais croire combien Georges se montre touché de tes fréquentes visites et de tes bons soins : toutes ses lettres nous en parlent et aussi des aimables attentions de quelques dames qui veulent bien en notre absence donner des marques d'intérêt à ce petit morveux, mesdames Bucheron, de Laudrière, de Larnage, sa fille, etc. — A l'instant nous arrivent avec un mot de M. Archambault (le censeur du collége) les notes trimestrielles de Georges : elles s'accordent parfaitement avec ce que vous nous en avez mandé les uns et les autres. Nous avons donc jusqu'ici la bien vive satisfaction de voir nos chers enfants répondre à nos soins et, par leurs bons sentiments, leur goût de l'étude et du devoir, préparer à eux comme à leurs parents un heureux avenir..... »

A SON PÈRE

« Echarbot, 20 juillet 1844.

« .   .   .   . Prudence nous mande que Georges
a été retenu jeudi pour une *misère* qui ne vaut pas la peine d'en
parler. A la bonne heure ! Mais comme toi, chère papa, je
m'afflige que ces retenues se répètent si souvent cette année.
Les maîtres, au reste, y attachent peu d'importance et rejettent
cela sur l'influence des quatorze ans que notre écolier vient de
prendre. Ce sont les parents qui portent la peine de ces punitions
trop facilement appliquées aux enfants. L'essentiel est que
Georges travaille et qu'on se loue de son caractère franc, ouvert,
hardi, et aussi de ses progrès..... »

A MONSIEUR LE BARON ANGELLIER, ANCIEN PRÉFET

« Les Girardières (1848.)

« Mon cher ancien collègue,

« Je ne laisserai certainement pas sans réponse l'aimable
lettre par laquelle vous croyez devoir nous remercier de notre
bon accueil, tandis que c'est nous qui sommes mille fois obligés
pour votre gracieuse apparition sur nos coteaux. Quel dommage
que cette égoïste et maladroite administration du chemin de fer
ait refusé aux riverains une passerelle sur le viaduc de Montlouis !
Nous ne sommes voisins qu'à vol d'oiseau. Une lieue et demie à
peine nous séparent et je songe encore avec dépit que, pour aller

diner avec vous, il y a deux ans, nous fûmes obligés de faire
treize à quatorze lieues en passant par Tours. Votre bac, il faut
en convenir, n'est qu'une ressource variable, incertaine et peu
sûre, même pour les piétons.

« Je suis tout fier de l'impression que vous a laissée notre
mamelon de rochers, où la verdure a bien voulu croître pour
encadrer fort agréablement de riches perspectives. La disposition de notre petit manoir a paru surtout mériter vos éloges.
C'est un avantage d'arriver tard pour bâtir et se meubler dans le
goût du jour, sans compter que les préventions de l'amitié
et l'éclat d'un beau soleil d'automne ont ajouté à tout cela bien
du mérite.

« Permettez-moi, mon cher voisin (à vol d'oiseau), de ne
point partager vos idées sur cette clé ornée qui surmonte la
porte du vestibule au midi et dont vous auriez voulu que
je fisse un écusson à mes armes, en vertu de je ne sais quel titre.
Mon intention n'est point de fronder sur ce point les usages de
qui que ce soit. Respectant au contraire la fidélité aux traditions
et aux souvenirs de la famille, je trouve bien que chacun
conserve ses armoiries et les porte dignement, à ses risques
et périls. Mais quel temps prenez-vous pour nous parler la
langue du blason? Réfléchissez-vous aux habitudes nouvelles
que le socialisme fera régner, plus ou moins, sur notre bon
pays de France et sur toute l'Europe peut-être, en dépit du bel
ouvrage de Thiers sur la propriété? Songez-vous que l'honnête
M. Proudhon, que le citoyen Ledru-Rollin sont là qui nous
écoutent et que nous aurons encore, vraisemblablement, à subir
l'administration et la pipe démocratique des Flocon et consorts?..... Désarmons bien plutôt, s'il est possible par la
modestie de nos mœurs, la haine envieuse de nos seigneurs
et maitres les ouvriers des villes et bientôt aussi ceux de nos
campagnes. Vous me citez l'exemple de mon père : auriez-vous
oublié combien peu il appréciait les distinctions qui n'émanent
pas directement du caractère et du mérite personnels? Je n'en
suis pas moins reconnaissant de la bienveillance qui vous a
porté à me faire connaitre le texte de l'Armorial des Maires de
Tours en ce qui concerne ma famille. Vous savez sûrement

que la plupart de ces dignes magistrats, auxquels on attribue des armes, ne les tenaient que de leur fantaisie et non d'un privilége aristocratique quelconque... »

« 1848.

VERS ADRESSÉS PAR PRUDENT BRULEY

AU CÈDRE QUI VENAIT D'ÊTRE PLANTÉ PAR LUI SUR LA PÉLOUSE DES GIRARDIÈRES

« O cèdre, vas-tu croître, aurons-nous ton ombrage ?
« Arbre enfant, puisses-tu, même après cent hivers,
« De ma postérité la joie et l'héritage,
« La recueillir encor sous tes panaches verts !
« Respecté de la foudre et de la hache impie,
« Nos soleils les plus doux vont rayonner sur toi :
« Les vents te parleront du Liban, ta patrie ;
« Nos échos, de ta gloire et mes enfants, de moi. »

A SON FILS

« Les Girardières, 16 mars 1849.

« . . . . Crois bien que je suis personnellement très-affecté de la catastrophe financière qui menace cette honnête famille et que, s'il dépend de moi, elle sera prévenue. Mais par moi-même que puis-je, sans valeurs sur l'Etat, sans capital mobilier disponible ?.....

« Ne donne donc, cher Georges, aucune espérance de ce côté : nous aurions le chagrin de ne pouvoir la réaliser, très-vraisemblablement. Demain soir je t'écrirai de Tours. Tu as dû avoir ce matin ma lettre d'hier.

« Bonjour, cher enfant! Que de fois dans ta vie tu éprouveras la douleur de ne pouvoir satisfaire ton cœur en venant au secours de quelque infortune aussi touchante qu'imméritée!!

« Nous t'embrassons tendrement!! »

AU MÊME

« Les Girardières, 5 mai 1849.

« Rien de nouveau parmi nous, cher enfant; rien à ajouter aux détails que ta mère t'a communiqués dans les diverses lettres qu'elle t'a écrites depuis ton retour à Paris. — Nous voyons avec plaisir que tu as reçu en bon état les deux caisses de provisions. Tu t'es empressé d'en faire part à ton ami Allain : c'est à merveille; mais demain, après demain ce sera le tour de Riou (1), puis d'un autre et il est à craindre que le vin de Vouvray ne soit fêté et vanté d'une manière onéreuse pour ta bourse que nous ne saurions, malheureusement, entretenir dans cet état d'embonpoint qui nous sourirait comme à toi-même.

« Ta dernière lettre annonce que tu n'avais encore pris que trois leçons de ton répétiteur de droit : nous aimons à croire que tu n'as pas interrompu et que tu sentiras la nécessité de pousser cela vivement pour te mettre en état de passser ton premier examen. Ne crois pas que cela soit si facile et que si peu de temps suffise, pour ne pas débuter par un échec. Les plaisirs, les spectacles, les soirées dans le monde ne sont pas le but de ton séjour à Paris : c'est ce qu'il faut que tu te dises à chaque instant en t'armant d'un courage honorable et inflexible. De la

_____

(1) Riou-Kerhalet, mon ami le plus intime, l'homme à tous égards le plus distingué que j'aie connu. Mort prématurément, ingénieur des Ponts-et-Chaussées à Brest.

volonté, de la volonté : voilà ce qu'il te faudrait, cher enfant, et ce dont nos amis ne te croient pas capable, puisqu'il faut te le dire. Il est temps de prouver qu'on t'avait mal jugé et que tout ton mérite ne se bornera pas à des manières douces, polies, plus ou moins élégantes, etc..., et à chasser le renard, monter à cheval et autres belles choses de ce genre.

« On nous dit que Paris n'est pas calme et que la journée d'hier n'a pu se passer sans quelques conflits violents. Nos dépêches ne tarderont pas à nous apprendre ce qui en est. Si les ennemis de l'ordre ont calculé que le résultat des élections doit leur être contraire, il ne serait pas impossible qu'ils songeassent en effet à quelque coup de main contre le gouvernement. Nous voyons des ouvriers vagabonds, pleins d'audace et d'insolence. On vient d'en arrêter deux à Vouvray qui rejetaient avec dédain des secours de dix sols, d'un franc même, et s'éloignaient en tirant et cassant les sonnettes. « *Mettez-nous en prison,* disaient-ils, *nous n'y serons pas longtemps ; dans huit jours peut-être vous aurez à vous en repentir.* » Je tiens ces détails du garde-champêtre Lavedan.

« Ta mère se joint à moi pour te recommander expressément d'éviter les lieux que troublent les attroupements de la République rouge. La police paraît bien décidée à les dissiper par la force et il n'y fera pas bon pour les curieux et badauds dont la présence ajoute au désordre et gêne l'action de la force publique. On s'expose beaucoup en fourrant là son nez quand on n'y a que faire et j'approuve les avertissements donnés sur ce point aux Parisiens. Promets-nous de tenir compte de nos conseils, de nos prières..... »

AU MÊME

« Tours, 11 mai 1849.

« Mon cher enfant, en revenant de la Ville-au-Maire, où nous sommes allés remplir une mission bien triste, nous avons fait route sur le chemin de fer avec MM. Bretonneau et Tonnellé qui nous conseillent de te rappeler auprès de nous. Le choléra est en recrudescence à Paris et les Girardières sont un lieu bien plus sûr. M. Tonnellé songe à faire venir son fils malgré les précautions hygiéniques très-sévères auxquelles s'astreint ce jeune homme. Eviter tout rassemblement soit dans la rue, soit dans les lieux fermés ; fuir les salles de spectacles et même les salons ; ne monter dans aucun omnibus, dans aucune voiture publique qui servent à transporter aux hôpitaux trop d'individus atteints de l'épidémie ; n'approcher d'aucun hospice, etc... ; tels sont les principaux moyens préservatifs recommandés à Tonnellé fils. Il faut y ajouter les quartiers populaires et malpropres dont il faut se tenir éloigné.

« Nous devons tenir compte du conseil donné par des hommes tels que ces deux docteurs et te prescrire, mon ami, de venir nous rejoindre le plus tôt que tu pourras. Je crois que la dernière lettre de ta mère s'explique formellement à cet égard et que tu en tiendrais compte quand j'omettrais d'y joindre mes recommandations personnelles. Informe-nous de ta marche et prends de préférence une place dans les compartiments de 1re classe. Il n'est pas nécessaire que tu remettes les pieds dans la maison de madame Gault où le choléra s'est manifesté ; écris à ton oncle et demandes-lui ses commissions pour Tours.

« Nous allons aux Girardières pour y exercer notre part d'influence sur les élections prochaines, c'est là que tu nous trouveras.

« Mille tendresses, cher ami. »

Cette lettre de mon père, mes chers enfants, est la dernière
que j'aie retrouvée. Hélas ! combien je regrette aujourd'hui de
n'avoir pas conservé toutes celles qu'il m'avait adressées, car
notre correspondance était active et régulière, bien que ma mère
s'offrît toujours pour me répondre. Mais pouvais-je prévoir que
la mort viendrait si vite nous séparer ! De quel prix seraient aujourd'hui pour moi ces témoignages de sa tendresse, faisant
revivre dans mon souvenir comme un écho de sa voix chérie !

Dans les derniers temps de sa vie, il avait entrepris de parcourir la correspondance trouvée dans les papiers de son père.
Ce fut pour lui l'occasion de faire un douloureux retour sur le
passé. Bien des souvenirs de jeunesse reparurent alors. Que d'affections brisées entrevues de nouveau, comme dans un rêve
toujours enchanteur !

C'est sous cette impression qu'il écrivit, peu de mois seulement avant de mourir, les lignes qui vont suivre :

CE QU'ON PENSE A VINGT ANS.

« On rencontre de ces femmes que leur perfection rend dangereuses et qu'il faudrait fuir, s'il était possible de fuir ce qui
nous charme, je veux dire celles dont la physionomie, le son de
voix, la tournure ont je ne sais quel attrait, quelle expression
naïve et tendre qui captive l'âme au premier abord et la pénètre
délicieusement. L'homme qui se fait un jeu cruel de séduire et
de tromper, ne se reconnaissant plus auprès d'elles, s'étonne d'une
impression dont il ne reçoit que de chastes idées. Quel prestige
rayonne donc autour de leur personne ? Ce qui les approche, ce
qu'elles regardent, ce qu'elles touchent, une simple gaze, une
fleur, même les choses éloignées, le lieu triste et sauvage qu'aura
foulé leur pied délicat : tout en retient un agrément nouveau,
tout s'enchante du talisman mystérieux qui les suit. Ne semble-
t-il pas qu'à leur approche on respire dans une atmosphère plus

pure, plus lumineuse, comme parfumée d'essences inconnues et qui doit être celle où l'on fait régner les créatures bienheureuses. Ah! toujours chez ces natures privilégiées la candeur et la finesse des traits seront en harmonie avec la candeur de l'âme, avec l'élévation et l'exquise finesse de l'esprit : c'est leur âme qui se décèle et se fait aimer dans un regard, dans un mot, dans un doux sourire.

« Et pourtant ces femmes si parfaites, serait-il vrai qu'elles manquassent quelquefois d'un culte sur la terre ; qu'incomprises, elles pussent traverser la vie sans laisser de leur passage plus de trace que l'aile de l'oiseau dans les airs ? N'aurions-nous donc pas tous des yeux pour les voir, un cœur pour les adorer,..... heureux peut-être de ne pouvoir saisir dans son divin ensemble ces rapports délicats, ce mélange de sentiments opposés, ce je ne sais quoi de tendre et de sévère, de folâtre et de mélancolique à la fois, de modeste et de voluptueux, enfin ce charme qui est la grâce et qu'on ne saurait décrire ! »

Est-il possible de mieux exprimer des sentiments plus délicats et plus vrais..... et qui ne serait tenté de reconnaître là une page de sa propre existence!

Je n'avais que dix-neuf ans, mes chers enfants, quand je perdis mon père. Son expérience, ses relations sociales, sa haute valeur morale m'eussent été bien utiles à mon entrée dans le monde. Ah! comme j'aurais aimé à lui procurer la douce satisfaction de me voir suivre honorablement mon chemin! Cette pensée est la première qui me soit toujours venue à chaque heureuse étape dans ma carrière.

Avec quelle joie, me sachant échappé à la politique et à ses déboires trop certains, il eût vu sur moi ce sévère costume de magistrat, si longtemps celui de notre famille.

Mais si la présence de mon père m'a fait grandement défaut, du moins j'ai retrouvé partout son honorable souvenir qui a été mon principal et presque mon seul appui. Il est vrai que l'expérience de mon beau-frère, Jules Derouet, magistrat déjà depuis quelques années, m'a été d'un grand secours, et que ma mère, trouvant dans son inépuisable tendresse la force de surmonter sa douleur et de dominer toute répugnance, eut le courage de reparaître dans le monde pour réveiller les amitiés endormies et stimuler au besoin la bienveillance de mes chefs.

Par affection pour moi, mais surtout pour sa sœur, mon oncle Camille des Varannes agit activement et obtint que je fusse admis au Parquet du Procureur Général d'Angers avec le titre d'attaché. Ce fut en quelque sorte mon début dans la magistrature. Une attentive surveillance empêcha qu'on ne me fît trop longtemps attendre une place de substitut. J'acceptai la plus modeste du ressort, et je m'en trouvai bien.

Rassurée sur mon avenir, ma mère songea dès lors à me marier. Les hasards de ma carrière m'avaient fait passer quelques années au tribunal de Laval. J'avais remarqué dans cette ville une jeune fille appartenant à l'une des familles les plus anciennes et les plus estimées du pays, et dont le naturel, l'air affectueux et enjoué m'avaient charmé. Cette impression n'était point effacée quand un officieux négociateur vint à prononcer son nom. On me dit que peut-être je n'étais pas moi-même oublié : c'en était trop pour que j'éprouvasse la moindre hésitation..... Et c'est ainsi, mes chers enfants, que je devins le mari de votre mère.

Ah ! combien mon père eût été heureux de ce mariage ! Cette pensée, pendant la cérémonie et malgré toute ma joie, m'a fait répandre des larmes que j'aurais voulu dissimuler à tous les yeux.

Jusqu'à cet instant ma mère avait été tout pour moi : aucun secret entre nous : mêmes pensées, mêmes sentiments. Notre bourse était en quelque sorte commune : rien qui n'appartînt à l'un autant qu'à l'autre. Aussi ne fût-ce pas sans une émotion secrète que nous vîmes approcher l'instant de la séparation. Pouvions-nous ne pas être inquiets des sacrifices que pourrait exiger la jeune femme qui allait entrer en tiers dans notre existence. Sa tendresse ne serait-elle pas trop exclusive, n'y aurait-il pas rivalité d'affection, n'en résulterait-il pas quelque ombrage réciproque? Voilà ce que ma mère et moi redoutions, sans oser nous l'avouer. Il n'en fut rien, et le bonheur de chacun de nous s'accrut de la tendresse que lui portèrent les deux autres. Ah! combien j'eusse souffert d'avoir toujours à veiller sur mon cœur et sur mes pensées!

Je n'étais pas aussi sans quelque appréhension sur la façon dont ma femme accueillerait ma sœur et mon beau-frère auxquels m'avait toujours uni la plus étroite intimité. De ce côté encore mon cœur fut vite soulagé, et maintenant encore nous chercherions vainement, les uns et les autres, s'il est un genre de dévouement qui coûtât trop à notre mutuelle tendresse. Nous avons même la satisfaction bien vive de voir ces sentiments se continuer entre nos descendants.

Puisque j'ai été entraîné à vous parler de votre *bonne grand'-mère*, laissez-moi vous dire, mes chers enfants, tout ce qu'elle vaut. Vous êtes-vous parfois demandé s'il était un sacrifice impossible à sa tendresse ou à sa bourse? En la voyant sans cesse occupée du bonheur des autres, le seul qui lui soit sensible, apercevez-vous toujours le but qu'elle veut atteindre? Comment vous la montrer en quête pour les siens de relations agréables et utiles; comment surtout vous redire ses nombreux sacrifices, ses efforts constants pour resserrer les liens de notre famille ou empêcher que le temps et l'oubli ne vinssent affaiblir de précieuses amitiés!

Voilà, mes chers enfants, pourquoi les Girardières sont souvent trop petites pour les hôtes qui s'y pressent. N'accusez donc pas votre *bonne grand'mère* d'un amour exagéré du monde; soyez sûrs qu'elle pense alors plus à vous qu'à elle-même et que sa tendre sollicitude est presque toujours la cause de sa prodigieuse activité. L'avenir et le bonheur des siens : voilà le secret d'une énergie qui semble défier les années et d'une amabilité que chacun lui envie.

Sachez profiter, mes chers enfants, de l'exemple qu'elle vous donne; aimez-la comme elle le mérite, et puisse son souvenir béni vous préserver de toute défaillance!

Je dois vous parler maintenant, mes chers enfants, des deux sœurs de mon père.

MARIE-VALENTINE BRULEY était l'aînée des trois enfants de Prudent-Jean Bruley. Elle naquit à Tours le 2 avril 1785. Après avoir terminé son éducation à Paris, elle rentra dans sa famille, rapportant une instruction supérieure à celle qu'elle aurait reçue en province, mais inférieure cependant à celle de sa sœur cadette mieux douée qu'elle à tous égards.

Le 8 avril 1813, elle épousa M. Arnault, ingénieur des Ponts-et-Chaussées à Orléans et qui appartenait d'ailleurs à une famille des plus honorables.

Cette union ne fut pas heureuse. M. Arnault laissa voir bientôt un caractère intraitable. Vaniteux, despote, violent à l'excès, il s'oublia au point de maltraiter sa femme, ne s'arrêtant pas devant un commencement de grossesse. Il poussa même l'oubli de tous ses devoirs jusqu'à vouloir imposer la présence d'une domestique à laquelle l'attachaient d'anciennes relations trop intimes.

Une fausse couche fut le premier résultat des mauvais traitements et des chagrins infligés à ma pauvre tante.

Bientôt même la justice dut venir la protéger et la séparation de corps fut prononcée contre le mari, malgré les efforts de celui-ci pour rejeter tous les torts.

Madame Arnault n'eut pas d'enfant. Rentrée au foyer paternel, elle se laissa entraîner par sa piété naturelle à un zèle religieux où son cœur cherchait des consolations nécessaires. Peu à peu elle entra en relations avec un monde dévot où l'hypocrisie dominait plus souvent que les sentiments vraiment chrétiens. Trompée par des dehors pieux, séduite par des avances intéressées, elle finit par tomber sous la domination de certains intrigants qui bientôt abusèrent à leur profit personnel de sa charité trop désintéressée. Un directeur encore moins scrupuleux, abusant même de l'ascendant que lui donnait son caractère, exerça vis-à-vis d'elle une véritable exploitation.

Mon grand père, justement alarmé de libéralités qui compromettaient l'avenir, dut prendre l'héroïque parti de se dépouiller lui-même pour amener sa fille à se contenter, comme lui, d'un usufruit converti bientôt en rente viagère. Les obsessions dont ma trop faible tante était entourée disparurent dès lors comme par enchantement : elle put désormais suivre sans danger les tendances de son cœur.

De plus en plus retirée du monde, elle finit par entrer au couvent de Notre-Dame-du-Refuge, à Tours, en qualité de dame bienfaitrice. Là, sous l'habit religieux, elle trouva dans l'austérité du cloître le bonheur qui l'avait fui dans le monde. La vie contemplative convenait mieux d'ailleurs à sa nature un peu exaltée. Bien qu'elle ne fût liée par aucun vœu, elle ne sortit de son couvent qu'une seule fois : ce fut pour venir donner les derniers soins à son vieux père et lui fermer les yeux.

Elle s'éteignit le 12 février 1855. Peu auparavant elle avait appris, mais sans émotion, la mort de son mari pour lequel elle n'avait pas cessé de prier.

C'était une excellente femme, d'une grande simplicité de cœur, fort généreuse et qui jusqu'à la fin conserva pour sa famille la plus tendre affection. Elle fut ma marraine. Après elle son chapelet de religieuse m'a été remis. C'est celui que vous voyez au chevet de mon lit, mes chers enfants. Il a été jadis le confident de bien des douleurs cachées : puisse-t-il vous inspirer aussi la résignation chrétienne et vous rappeler la mémoire de ma pauvre tante en même temps que mon souvenir !

Il me reste à vous entretenir, mes chers enfants, de la seconde sœur de mon père, de votre tante Derouet.

Elle naquit à Tours le 27 avril 1790 et reçut le prénom de PRUDENCE, car vous savez que saint Prudent est le patron de presque tous les membres de notre famille.

Son enfance se passa avec son frère à la Bellangerie, terre qu'habitait à cette époque mon grand-père. Aussi ses plaisirs et ses exerciçes furent alors, ainsi que je le lui ai entendu raconter, beaucoup plus ceux d'un écolier que ceux d'une jeune fille. Sa santé, qui resta cependant un peu délicate, s'y fortifia heureusement, en même temps que grandissait sa tendresse pour un frère dont elle partageait tous les jeux.

Quand l'âge des études sérieuses arriva, elle fut envoyée en pension à Paris où son frère l'avait précédée. La joie qu'ils éprouvèrent l'un et l'autre à se revoir les jours de sortie et à correspondre librement dans l'intervalle adoucit beaucoup le chagrin qu'ils ressentaient à vivre loin du toit paternel.

Grâce à d'heureuses dispositions, développées par d'excellents maîtres, Prudence Bruley fit de rapides progrès et fut bientôt initiée à la langue italienne et à tous les arts d'agrément. Elle apprit à chanter avec goût et à s'accompagner sur le piano, même sur la harpe.

Elle réussissait particulièrement à la danse, objet alors d'une sérieuse étude. Elle dut certainement à cet art la démarche élégante que tant de femmes lui envièrent.

Très heureusement douée sous le rapport du goût et de l'intelligence, elle recherchait en tout la distinction. La vulgarité lui était odieuse et, jusque dans ses lectures, elle ne fréquentait que les gens de bonne compagnie.

Elle tenait de son père un esprit vif et juste, légèrement caustique, et ce sens droit qui ne lui fit jamais défaut.

Quand vint pour elle l'âge du mariage, loin de se laisser entraîner comme tant de jeunes filles par des idées romanesques, elle se rendit sans peine aux conseils de son père qui lui montra près d'elle, dans une famille tourangelle, toutes les probabilités d'un bonheur durable.

M. Derouet, architecte de mérite, bien posé dans la société et qui d'ailleurs avait marqué dans les conseils de la cité, était depuis longtemps lié avec mon grand-père. La similitude de leurs opinions les avait naturellement rapprochés. Sa femme était fille du baron de Granolach, aide de camp et ami du maréchal de Lowendahl.

Ils avaient deux enfants, sortis de l'École polytechnique et ayant fait avec honneur toutes les campagnes de l'Empire comme officiers du génie Le plus jeune, *Frédéric*, né à Tours le 3 mai 1779, revenait alors de la sanglante guerre d'Espagne décoré de la Légion d'Honneur pour plusieurs brillants faits d'armes. On sait quel prestige, surtout aux yeux des femmes, s'est attaché de tout temps à l'état militaire, particulièrement à cette glorieuse époque. Frédéric était, dans toutes les acceptions du terme, un vigoureux officier dont les camps n'avaient pas altéré la bonne éducation. Chez lui l'on discernait, à première vue, l'énergie et la franchise.

Trop de convenances se trouvaient réunies pour que l'idée d'un mariage ne germât pas promptement dans les deux familles. Aussi l'union de FRÉDÉRIC DEROUET et de PRUDENCE BRULEY bientôt décidée, fut-elle célébrée, le 30 avril 1810, à Paris, où mon grand-père passait alors une partie de l'année. Là habitait d'ailleurs madame de Roquencourt, sœur de madame Derouet dont elle avait en quelque sorte adopté les enfants.

Le 29 janvier 1811, naquit à Tours un premier garçon qu'un tendre caprice de sa mère fit nommer *Frédéric*, comme son père.

Peu de temps après le jeune ménage alla s'établir au Hâvre où M. Derouet était appelé à surveiller les travaux de défense qu'on élevait alors contre les Anglais.

Mais la fin de l'Empire, conséquence de nos désastres militaires, ramena l'officier du génie sur les bords de la Loire où se repliait notre dernière armée. Bientôt ayant obtenu à Tours même un poste sédentaire, il voulut y attendre sa retraite. Dès lors il partagea son temps entre ses fonctions et la surveillance de ses propriétés. Refusant tout avancement qui l'eût éloigné de ses affections et de ses intérêts, arrivé d'ailleurs au grade d'officier supérieur, il borna là son ambition. La croix d'officier de la Légion d'Honneur et celle de Saint-Louis vinrent néanmoins récompenser encore ses services.

Ses intelligentes améliorations transformèrent l'importante terre de Meslay dont il dirigeait en personne l'exploitation. Ses succès agricoles, la dignité de son caractère appelèrent sur lui l'attention et le firent entrer au Conseil général ; et si l'inconstance ordinaire des électeurs l'éloigna un instant de ce poste, ce fut pour y appeler bientôt son fils Frédéric qui l'occupa jusqu'à la fin de sa vie.

Le 6 juillet 1815 était né aux Girardières un second enfant qui fut nommé Jules-Prudent. Il est aujourd'hui grand'père. C'est lui, mes chers enfants, que vous appelez *l'oncle Jules* et que vous entourez d'une respectueuse affection.

Un troisième garçon, Henri, vint au monde, mais il ne vécut que quelques mois, assez cependant pour laisser à sa mère d'impérissables regrets.

L'éducation de Frédéric et de Jules se fit à Paris. La prodigieuse mémoire du premier lui valut d'être couronné en histoire au concours général et d'entrer bientôt après à l'Ecole polytechnique, tandis que Jules, sur les conseils de mon grand-père, se lançait avec ardeur dans l'étude du droit.

Pendant qu'ils étaient en pension leurs parents allaient les voir de temps à autre afin de les surveiller.

J'ai souvent entendu raconter le bonheur de ces réunions toujours trop courtes et vanter l'accueil fait, les jours de sortie, aux provisions apportées de Tours en vue de l'appétit presque insatiable de nos écoliers. Aux vacances les deux frères accouraient à Meslay dont les plaines, alors si giboyeuses, et les grands bois mettaient à l'épreuve l'ardeur et la force croissante de nos jeunes chasseurs. Dans ces explorations vagabondes leur père les suivait souvent, ne négligeant aucune occasion de les instruire et de leur donner l'exemple de l'adresse.

C'est là que M. et madame Derouet avaient établi leur principale installation. Le plaisir de la chasse et de la pêche, d'intéressantes cultures, la proximité de Tours et des Girardières où vivait le reste de la famille, tout contribuait à rendre cette propriété attrayante.

Dans ma jeunesse et jusque dans un temps qui n'est pas encore très-éloigné, Meslay était célèbre par ses cordiales réceptions, par ses plaisirs champêtres et par ses chasses. Mais comment vous redire, mes chers enfants, sans exciter votre envie et vos regrets, ces massacres de gibier dans les chaumes et dans les trèfles touffus ; puis, le joyeux retour des chasseurs, leur entrain à table devant des mets aussi succulents que bien servis. Quelle gaieté dans cette conversation générale où chacun racontait les mille incidents d'une journée toute remplie d'émotions !

Jamais la morgue ne pénétra dans ces réunions intimes. L'accueil des maîtres de maison était d'ailleurs tellement cordial que les rares étrangers se trouvaient bien vite à l'aise et comme au sein de leur famille. C'est là que, peu après moi, vos cousins Raoul et Arthur Auvray accomplirent leurs premiers exploits ; c'est là que Jules Bucheron, le frère de notre cher Saint-Genest, abattit aussi ses premières pièces.

Que de souvenirs ce nom me rappelle ! Jules et Arthur avec lesquels j'ai été élevé ont été mes premiers camarades. Tel était le voisinage de nos demeures que le jardin était commun. Nos deux familles se voyaient chaque jour et leur intimité accroissait d'autant celle des enfants qui plus d'une fois se trompèrent de mère dans un élan de tendresse. Pauvre Jules dont la mort prématurée coûte encore tant de larmes ! Il m'avait été confié dans ses débuts à la chasse. Mais là, comme en toutes choses, il sut bientôt se passer de guide. Ah ! que ces plaisirs étaient vifs et combien peu nous songions alors au sérieux de la vie !

Je ne puis détacher ma pensée de cet heureux temps, et malgré moi je fais encore le tour de cette grande table, naguère trop petite. Combien de places resteront toujours vides ! Pardonnez-moi, mes chers enfants, d'y chercher les gais amis d'autrefois. Un jour aussi vous chercherez les vôtres dans les endroits où se seront écoulées vos meilleures années. Tel est le sort commun.

J'ai peut-être eu tort d'évoquer ces tristes souvenirs, mais ne devez-vous pas apprendre à partager toutes les affections de votre famille ; et cette communauté de sentiments n'est-elle pas un peu le but que je me suis proposé ?

Il est temps cependant de revenir à M. et à madame Derouet dont je vous entretenais tout à l'heure.

Je vous ai dit qu'ils vivaient retirés dans leur belle terre de Meslay. Le charme de cette existence tranquille que venaient animer de fréquentes réunions de famille, eut l'inconvénient de faire un peu trop négliger ce qu'on appelle le monde.

La fréquentation de la société est nécessaire non-seulement pour combler les vides qui ne peuvent manquer de se produire dans les relations anciennes, mais pour conserver des appuis indispensables dans mille circonstances impossibles à prévoir, relations d'où dépendent souvent l'établissement des enfants et leur carrière.

Peut-être cependant M. et madame Derouet ne se sont-ils pas aperçus des inconvénients de cette réclusion, car leur fils Frédéric, qui s'était marié à Paris en 1839, amenait chaque année sa jeune famille à Meslay pendant la belle saison. De là, en effet, un certain mouvement. Puis, Jules Derouet épousa ma sœur en 1846. Elle était sa cousine germaine. De là encore de nombreuses allées et venues, car le nouveau ménage partageait son temps entre les Girardières et Meslay.

Cette époque fut pour notre famille une période des plus heureuse, mais bientôt apparurent les jours de deuil. Ils commencèrent à la mort de mon grand-père, notre chef vénéré. Deux ans après, mon père succombait prématurément. Ces deux événements éprouvèrent cruellement ma tante Derouet. Mon père était resté son plus intime ami. Point de secret entr'eux, point d'affection étrangère, tant leur confiance et leur tendresse étaient réciproques.

Puis, en 1855, nous perdîmes madame Arnault; enfin, en 1861, mon oncle Derouet, à Meslay même où s'étaient écoulées pour ma tante de si heureuses années! Pour elle cette belle propriété n'eut plus dès lors de charme; tout y semblait triste : elle redoutait de s'y trouver seule avec ses souvenirs. D'ailleurs, comment y continuer une exploitation qui depuis quelques années, malgré la présence du maître, avait laissé fort à désirer, faute d'une surveillance effective! Comment aussi y devenir simple spectatrice après y avoir si longtemps commandé! Ce fut donc à Tours qu'elle résolut de finir sa vie, près de cette maison de la rue Royale que ses souvenirs voyaient toujours habitée d'êtres chéris.

Cette même année 1861 vit s'accomplir à Meslay le mariage de sa petite-fille, Louïse Derouet, avec Ernest Schœlcher, officier d'artillerie plein d'avenir, mais dont la position même devait occasionner le départ de Louise. Il fallait tout le bonheur attendu de cette union pour que notre famille ait accepté cette pénible expectative.

Après Louise, sa sœur Lucie devint l'ange de la maison. Son tact, son esprit, sa gentillesse aidaient puissamment au bonheur de chacun. Nous avions tous conçu l'espérance de la retenir parmi nous, déjà même on pouvait entrevoir pour elle un mariage en Touraine, quand à dix-sept ans, en 1868, elle nous fut enlevée en trois jours. Personne n'eut plus à souffrir de ce triste événement que le pauvre père : bientôt on vit en effet apparaître en lui le germe de la cruelle maladie à laquelle il devait succomber en 1875. Mais n'anticipons pas, car je dois auparavant, mes chers enfants, mentionner d'autres douleurs.

Dans l'intervalle survint en effet la terrible invasion prussienne contre l'ennemi triomphant tous les gens de cœur s'élancèrent. Ernest Schœlcher, qui pour mieux jouir du bonheur domestique avait cru pouvoir abandonner notre armée lorsqu'elle était victorieuse, reprit du service en apprenant ses désastres et courut défendre Paris assiégé. Pendant ce temps, Camille Derouet faisait campagne avec les mobiles d'Indre-et-Loire. Nous, nous soignions les blessés. Vous étiez bien jeunes encore, mes chers enfants, mais vous n'avez pas perdu ce souvenir.

Vous figurez-vous bien tout ce que votre vieille tante eut à souffrir comme mère et comme Française ; elle dont la jeunesse avait été bercée au récit de toutes nos gloires passées et qui voyait alors entrer chez elle, en maitres arrogants, et, s'installer à son foyer nos barbares ennemis, peut-être les meurtriers de ses petits-fils ensevelis sous la neige !

Ah! mes chers enfants, que l'avenir de notre pauvre patrie vous préserve de semblables épreuves ! Puissent des jours moins sombres vous être réservés et vous permettre d'atteindre les heureuses destinées que l'affection de votre vieille tante appelait sur vous. N'avez-vous pas compris à la tendresse de ses embrassements, bien plus encore qu'aux cadeaux dont elle vous comblait, combien elle vous aimait, vous les continuateurs de son nom, les représentants de sa famille! Comme elle était fière d'apercevoir en vous quelque indice de nobles sentiments et comme elle cherchait à reconnaitre sur vos frais visages le germe d'une ressemblance avec ceux qu'elle avait tant pleurés!

En vous contemplant elle semblait se rattacher à la vie. De combien d'espérances elle entourait aussi l'avenir de Camille et de Frédéric Derouet, ses petits-fils. Comme elle était heureuse de leurs succès! Hélas! toutes ces joies passagères ne pouvaient faire revivre pour elle les êtres chéris à jamais disparus.

Malgré les rudes épreuves qu'elle eut à traverser, ma tante Derouet arriva sans infirmité au terme de sa longue existence. Douée d'une grande force d'âme, soutenue par de religieuses espérances, elle vit sans aucun trouble la mort s'avancer vers elle. Souvent même elle fut tentée de lui reprocher sa lenteur, car elle croyait apercevoir déjà ceux qu'elle avait perdus.

Ce fut avec le calme d'esprit le plus parfait qu'elle prit ses dernières dispositions, distribuant autour d'elle tous les souvenirs de famille dont elle s'était entourée pendant sa vie, précieuses reliques dont chacune lui avait coûté tant de larmes.

Elle s'éteignit à Tours le 13 mai 1873, à 83 ans. Tu étais née la veille, ma chère petite Anne-Marie-Prudence, et tu avais reçu son nom. Pour quitter ce monde elle semblait attendre ta venue.

Je veux, mes chers enfants, achever de vous faire connaitre votre tante en vous mettant sous les yeux quelques-unes de ses lettres.

A SON FRÈRE

«. Le Havre, le 23 juin 1811.

« Pourquoi faut-il qu'une chose qui va te rendre heureux pendant quelque temps, me fasse tant de peine? Tu te doutes, mon cher Prudent, que je parle du départ de maman. Elle me quitte avec Valentine après-demain matin. Je n'entreprendrai pas de te dire tout ce que cette séparation aura de pénible pour moi. Pour la première fois de ma vie je vais me voir éloignée de toute ma famille, sans être sûre du temps auquel je pourrai me réunir à elle. Depuis quinze jours je pense sans cesse à cette cruelle séparation et je ne peux m'y accoutumer.

« Que le Havre va me paraître triste et combien le temps me semblera long quand je serai seule à travailler toute la matinée! Tu me diras, et avec raison, j'en conviens, que je ne devrais pas tant m'affliger puisque je suis avec mon mari et mon enfant; mais, mon ami, la tendresse que j'ai pour eux ne diminue rien de celle que j'ai pour ma famille. Les soins que je donnerai à mon fanfan seront une douce occupation qui me distraira un peu dans mon exil. Si je n'avais pas l'espérance de voir papa ainsi que toi cette année, je serais encore plus affligée.

« J'ai tort, mon ami, de te parler de moi et de mon chagrin dans un moment où je devrais te féliciter sur le plaisir que tu vas éprouver en revoyant notre chère maman. Jouis pleinement du plaisir de la posséder et surtout ne prends pas autant de chagrin que moi quand elle s'en ira, car tu paierais cher le peu d'instants qu'elle aurait passés près de toi. . . . . . »

AU MÊME

« Au Havre, le 4 avril 1812:

« Convenez, monsieur le paresseux, que je suis bien indulgente envers vous! Faire toujours les avances quand on daigne à peine y répondre : en vérité, je ne connais pas une autre personne pour qui je voulusse en faire autant. Cependant, pour te montrer toute ma générosité, je t'absous des fautes que tu as commises envers moi et je veux bien croire à ton amitié, malgré le peu de preuves que tu m'en donnes. Je ne veux pas même y mettre la condition que tu ne recommenceras pas, car je commence à croire que la paresse est un défaut dont on ne se corrige jamais. . . . . »

AU MÊME

« Du Havre, ce 18 mai 1812.

« Je jouis depuis hier matin, mon cher Prudent, du plaisir de posséder notre cher papa. Ma joie n'a pas été complète à son arrivée, puisque tu ne l'accompagnais pas comme je m'en flattais. J'aime à me persuader que c'est un effort de raison qui t'a fait rester à Paris au lieu de venir voir tes meilleurs amis. Pour mon compte j'en éprouve un véritable chagrin, et cependant je ne puis m'empêcher de te féliciter sur les motifs qui te retiennent à Paris.

« Papa m'a apporté des choses charmantes et qui ne m'ont pas fait autant de plaisir qu'elles sont jolies, parce que je vois qu'il a fait beaucoup trop de dépense et que cela peut le gêner et le priver de choses qui lui sont nécessaires. Je n'ai pas laissé percer ma pensée en recevant ces cadeaux, pour laisser à papa tout le plaisir qu'il se promettait de me faire en les achetant.

« J'ai aussi à te remercier, mon ami, pour tout ce que tu m'envoies ainsi qu'à fanfan, et encore plus pour avoir pensé à moi. J'ai ta bague au doigt pour ne la plus quitter. Je te préviens cependant que ce n'est pas comme souvenir que je la conserverai, parce que je n'ai pas besoin de cela pour toujours penser à mon aimable frère.

« Je t'apprendrai avec chagrin que la caisse est arrivée en fort mauvais état. Papa m'avait annoncé un pâté de Lesage, je l'ai cherché en vain : je n'ai trouvé que des miettes de jambon. Le sac de moutarde est presque vide et a poudré tous les effets. Un des quinquets est cassé et dédoré.

« Heureusement que ma robe et mon chapeau, qui étaient dans un carton, n'ont pas souffert.

« Admire ma gourmandise : le pâté est ce que je regrette le plus. Je peux faire raccommoder mes quinquets, mais on ne peut pas faire un pâté de Lesage au Havre. . . . . . . »

AU MÊME

« Les Girardières, le 10 novembre 1818.

« Tu te plains avec raison de notre paresse, mon cher Prudent ; je m'avoue coupable du même péché que je partage avec mes chers compatriotes. Mais tu aurais tort de croire à mon indifférence, et je ne crois pas avoir à m'excuser là-dessus. Tu connais par expérience le cas où je me trouve cette fois de négliger par paresse des personnes tendrement aimées. Ne m'en veux donc pas, cher ami, et souviens-toi d'une proposition que je t'ai faite souvent et que je te renouvelle aujourd'hui, d'avoir entre nous une correspondance suivie. J'aurai trop d'intérêt à être exacte pour que tu puisses craindre mon inexactitude. Puisque les circonstances nous séparent, c'est le seul moyen d'entretenir la tendre amitié qui existe entre nous et de nous tenir mutuellement au courant de ce qui nous concerne.

« . . . . Je viens de passer trois semaines à Meslay par un temps délicieux, dans des occupations bien agréables et qui m'ont fait paraître les moments trop cours. Frédéric étant très-occupé par ses fonctions, je l'ai secondé de mon mieux dans une plantation de 300 ormeaux (tirés de nos pépinières), formant quatre rangées d'arbres depuis le portail jusqu'à la route. Je ne me doutais pas des soins, des précautions, des frais qu'il faut pour ce travail et des jouissances qu'il procure. Les plantations attachent à une propriété : chaque jour on admire les progrès de la végétation, l'on se complait dans ses œuvres et l'on jouit surtout dans l'avenir, quand on a des enfants.

« Malgré une extrême solitude j'ai quitté Meslay avec regret, et il fallait tout mon désir de me rejoindre à ma famille pour le quitter si vite. Mes deux jolis derniers enfants faisaient trop faute à leur bonne petite maman pour l'en priver plus longtemps.

« Frédéric, après de longues vacances, vient de rentrer à sa pension où, pour le consoler, on l'a mis au latin. Cet enfant a un peu négligé ses devoirs pendant qu'il était ici ; mais il a grandi, engraissé et fortifié sa santé, ce qui est bien préférable pour moi. Du reste, il est plus vif, plus tapageur, plus turbulent que jamais. Pendant les vendanges il se levait aussi matin et mangeait autant de soupe que le plus intrépide vendangeur. Malgré toutes les malices qu'il ne cessait de faire à ces bonnes gens et aux domestiques, il en a été très-regretté car il était leur camarade.... »

AU MÊME

« . . . . Nous lisons ici avec intérêt les bons
écrits qui émanent du parti libéral. Quand l'occasion s'en présente ces messieurs les soutiennent avec chaleur, mais je t'avouerai, mon cher Prudent, que nous sommes loin de vouloir entamer
de ces longues discussions qui aigrissent les esprits sans les
ramener à nos idées. Il faut laisser au temps, à la raison et à nos
éloquents défenseurs des bons principes le soin de propager les
lumières et de fixer le caractère français. Chaque jour augmente
le nombre des prosélytes et bientôt (excepté quelques *ultra*)
il n'y aura plus qu'une seule manière de voir en France.

« Quant à moi, occupée de mon ménage et de mes jolis enfants,
j'ai peu d'instants pour défendre les *idées libérales* et je
t'avouerai d'ailleurs que je me sens trop peu de talent pour exposer le succès d'une si belle cause. Je me borne à lire les bons écrits,
à faire des vœux pour qu'ils produisent sur chacun l'effet qu'il
font sur moi. Au reste, je m'occupe peu en société des affaires
publiques. . . . . »

AU MÊME

« Tours, le 28 avril 1825.

« Nous étions bien tristes en quittant Echarbot, mon cher
Prudent; l'espoir d'un retour prochain me donnait la force de
soutenir les vives émotions que j'éprouvais à me séparer de vous

tous. Mon pauvre Jules, qui n'avait pas le même motif de consolation, pleurait amèrement. Le reste du voyage s'est passé tristement dans une mauvaise voiture qui nous a rudement secoués. La
belle route, que j'avais tant admirée les autres fois, m'a paru
triste et ennuyeuse. Ce n'est pas en quittant le délicieux séjour
d'Echarbot et des personnes aussi bonnes, aussi aimables et bien-
veillantes que ses habitants, que l'on peut trouver quelque chose
d'agréable.

« Mon mari et la bonne Madelon nous attendaient à la diligence ;
mais la joie de les revoir a été bien vite troublée par la disparition
d'un sac de nuit dans lequel j'avais des choses précieuses. Ce sac
avait été pris des mains d'Adèle par un des domestiques de l'hôtel
pour le mettre sur la voiture. Au moment même où l'on m'assurait de ce fait, je vis un homme qui enlevait un sac de nuit pour le
placer sur l'impériale. Le prenant pour le mien, je le recomman-
dai fortement au conducteur. Tu conçois mon étonnement et mon
chagrin en ne le retrouvant pas ici : je ne pouvais être que bien
convaincue qu'il avait été perdu en route. Nous avons fait faire
les démarches les plus promptes par les diligences et la poste dans
cette supposition. Toute la gendarmerie, de Tours à Angers, a
reçu l'ordre de s'en occuper activement, et, je l'avoue, je comptais
plus sur ces furets que sur tout le reste.

« Après ces démarches j'ai été bien plus tranquille : j'avais
fait le sacrifice de cet objet d'autant plus facilement que je devais
seule en supporter la perte.

« La Providence sans doute a voulu récompenser ma résignation, car à peine étions-nous à table chez madame Loiseau, où
nous dinions, qu'on est venu m'annoncer l'arrivée de mon sac. Il
avait été, tout bonnement, oublié à l'hôtel. Ces domestiques-là
sont bien gauches dans leur obligeance.....

« . . . . Notre ami, M. Bouilly (1), m'a parlé, les
larmes aux yeux, de la part qu'il prend à ton bonheur que tu
mérites si bien. Il offrira à ta chère Elisa un exemplaire de ses
Jeunes femmes. Je soupçonne aussi qu'il travaille dans ce mo-

(1) M. Bouilly jouissait alors d'une véritable célébrité comme auteur dramati-
que et comme moraliste.

ment à quelque joli impromptu qui sera inspiré, une seconde fois,
en buvant un verre de champagne. Ceci entre nous, je te
prie... »

A SA BELLE-SŒUR

« 21 décembre 1825.

« Nous avons reçu avant-hier, ma chère Elisa, la lettre de votre
mari qui nous donne de grands détails sur votre santé qui nous
intéresse bien vivement. Permettez-moi, chère sœur, de me
joindre à votre bonne mère et à votre mari pour vous recommander de bien veiller sur vous et de ne pas commettre une seule
imprudence. Vous voilà femme et bientôt mère ; vous appartenez
à deux familles qui vous chérissent : que de titres pour être soi-
gneuse de votre santé et de celle du petit être qui vous rendra si
heureuse ! Je vous plains sincèrement des souffrances que vous
éprouvez ; mais quand je songe à la cause de ces indispositions,
je suis persuadée que vous les supportez avec courage. Je conçois
d'autant mieux le bonheur que vous éprouvez par avance, que je le
partage de tout mon cœur. Je me fais une fête de voir arriver un
joli petit être de plus à aimer : cela me rappelle des souvenirs si
délicieux, que je me plais et reviens sans cesse à cette idée. J'espère que vous me laisserez partager les soins et la tendresse dont
votre cher enfant sera entouré. Si c'est une fille, prenez garde à
vous, car je serais capable de vous l'enlever pour l'avoir à moi
seule. Je n'ai eu que de méchants garçons et j'ai décidément une
passion pour les petites filles : je compte sur vous pour la satisfaire.

« . . . . A propos de nouvelles, on nous en a
donné une, venant directement d'Angers, dont je vous prierai de
vous informer afin que nous sachions jusqu'à quel point elle est
vraie. Une jeune femme de cette ville, et qui se trouve à peu de

chose près dans le même état que vous, a besoin d'une saignée qui lui est prescrite par médecin, accoucheur, etc... On assure qu'elle refuse de se laisser saigner, qu'on insiste et qu'elle remet au lendemain. Enfin nous ignorons encore si elle a consenti et subi cette *grande et rare* opération. Si vous en savez quelque chose, vous me ferez plaisir de me le dire, en taisant toutefois le nom de cette jeune femme que l'on peut accuser d'un extrême enfantillage qui ne peut plus aller avec la *maternité*........ »

A SON PÈRE

« Paris, 12 avril 1827.

« . . . . Avant-hier nous avons mené Jules faire connaissance avec sa nouvelle demeure. M. et madame Vautier sont d'excellentes gens qui n'ont pas dû l'effaroucher. Il entrera mardi 17 et, mercredi, nous irons dîner chez M. Vautier qui veut nous réunir aux professeurs sous lesquels nos enfants sont au collège.

« Jules est fort gai ; il chante, danse et joue au bilboquet tout le temps que je suis obligée de rester à l'hôtel. Je suis contente que notre séparation ne l'attriste pas. Il est dans la bonne intention de beaucoup travailler et nous avons l'espoir fondé qu'il sera l'année prochaine en cinquième. On est parfaitement content de Frédéric qui va bien dans toutes les parties de ses études et particulièrement aux mathématiques. Madame Vautier ne lui reproche que de l'étourderie et un peu de légèreté, mais il a une conception prompte, facile et une mémoire prodigieuse ; avec cela de la douceur et beaucoup de bonne volonté. C'est un des élèves de prédilection de la pension..... »

AU MÊME

« Paris, 19 avril 1827.

« . . . . Jules est déjà accoutumé à sa pension. Ce matin il est gai comme pinson. Ce n'est plus cet enfant si doux, si craintif, qui osait à peine répondre. Depuis qu'il est à Paris il a l'air vif et animé, ne parait nullement timide et au spectacle siffle, trépigne et applaudit en véritable étudiant. Il connait déjà fort bien notre quartier et fait nos commissions. Je ne suis plus inquiète de lui, je vois qu'il saura se tirer d'affaire..... »

AU MÊME

« Paris, 12 avril 1829.

« C'est entre mes deux écoliers que je t'écris, mon cher papa; ils ont bien déjeuné et, leur grosse gaieté ne faisant qu'augmenter, j'imagine que leur digestion n'est pas difficile comme celle des gens accoutumés à la bonne chère.

« Hier notre première visite a été pour eux et leur a procuré une agréable surprise. M. Vautier est fort content d'eux et surtout de Frédéric. Il est sûr, dit-il, de le faire recevoir cette année à l'Ecole polytechnique en le poussant, si nous n'avons pas de craintes pour sa santé. Tu conçois que nous ne voulons courir aucun risque et il est convenu qu'on laissera notre philosophe à ses dispositions naturelles et aux cours ordinaires.

Il nous parait à peu près certain qu'il n'y aura aucune difficulté pour le faire recevoir l'année prochaine.

« Frédéric a une petite chambre fort gaie dans laquelle Jules vient le voir aux récréations. Ces chers enfants sont aussi bien qu'ils peuvent l'être ailleurs que chez leurs parents. Ils sont aimés et jouissent d'assez de liberté. Je n'ai pas été peu surprise de voir sur le bureau de Frédéric un galoubet et des feuilles de musique : il apprend seul cet instrument et commence à jouer des contredanses..... »

AU MÊME

« Meslay, 7 août 1829.

« . . . . Ta dernière lettre, pleine de détails intéressants, m'a fait grand plaisir, mon cher papa; je voudrais pouvoir te payer en la même monnaie, mais ma vie fort tranquille ne m'en donne pas la facilité. Notre conversation conjugale roule continuellement sur Echarbot où nous suivons chacun de vous. Il me semble voir la petite Marie te prenant par la main et te faisant courir après les papillons. Que Prudent est heureux d'avoir une si gentille petite fille ! Ma tendresse pour mes grands garçons ne me console pas tout-à-fait de cette privation. Quel dommage si vous vous entendez tous pour gâter le charmant naturel qui se développe dans cette chère petite nièce.....

« Je voudrais avoir la force de faire le sacrifice de mes enfants pour les envoyer passer quelques jours auprès de madame des Varannes, qu'ils aiment beaucoup, et de leurs chers parents; mais le temps coule si vite : tant de choses à faire, de devoirs à remplir; et puis ma belle-sœur (1), qui *se dit leur seconde mère*, s'y oppose formellement, disant que ce ne peut être qu'en notre faveur qu'elle se contente de les voir si peu.....

(1) Madame Derouet de Rosnay.

AU MÊME

« Octobre 1829.

« . . . . Une pauvre femme à laquelle
j'avais donné une petite layette pour un enfant seulement, s'est
avisée d'en avoir deux, et à peine si elle était en état de recevoir
celui qu'on attendait. Ni berceau, ni langes, ni couches, ni pot
au feu : c'est pitié d'entendre ce que racontent les voisins.

« J'ai retrouvé ici un berceau et nous fabriquons à la hâte
le plus nécessaire. Le mari est un homme de trente ans qui
gagne de l'argent, mais qui le dépense seul et ne s'occupe pas de
sa femme ni de ses pauvres enfants..... »

AU MÊME

« Meslay, samedi soir (octobre 1829).

« . . . . Ce soir, j'ai reçu la visite de la
nouvelle accouchée que je croyais encore au lit, n'étant délivrée
que de mercredi soir. On lui avait dit que nous partions, et cette
pauvre femme a cru devoir venir nous remercier. J'étais désolée
de lui voir faire une si grande course, mais elle n'en paraissait
nullement effrayée. Ses deux petites filles pèsent au moins vingt
livres et sont vives et gentilles. Elles mangent de la panade
comme de grandes filles, enfin elles vivent malgré la misère.
Le pauvre mère m'a conté son accouchement : elle a été quatre
jours en mal d'enfant. Le quatrième jour, n'y pouvant plus tenir,

27

quoiqu'elle n'eût pas cessé d'aller demander son pain, elle fit prier la sage-femme de venir. Celle-ci lui dit qu'elle allait la soulager de suite en lui appliquant sur l'épaule les reliques de la Vierge. Effectivement les *douleurs* cessèrent quelques instants et ne reprirent que pour faire venir promptement les deux petites jumelles. Ne voilà-t-il pas un miracle dont on peut régaler Valentine ? Les quatre jours de souffrances seront oubliés et l'on ne verra pas qu'il fallait bien qu'il y eût une fin. Au surplus, je crois que notre sage-femme ne sait que cela de son métier..... »

AU MÊME

« Paris, ce 31 mars 1830.

« Hier avant cinq heures, mon cher papa, nous étions dans la cour des Diligences embrassant Frédéric et nous débattant avec les courriers et les facteurs pour reconnaître et garder nos effets. Cette immense entreprise des Diligences est fort mal organisée car les bureaux sont si petits que les effets des voyageurs restent dehors au milieu de la foule.

« Enfin, nous voilà installés dans un fort joli appartement. Le maître de la maison paraît fort obligeant et la bonne très-zélée. Nous sommes sous la même clé qu'eux et il n'y a de commun entre nous que la cuisine et les lieux à l'anglaise. Ce qui me fait le plus de plaisir c'est que les œufs et le café cuiront sans que je m'en mêle.

« On dit Jules un peu triste : ce pauvre petit a de la peine à vivre si séparé de sa famille. Il a besoin de nous voir et d'être un peu remonté. Frédéric est beaucoup plus philosophe. Il nous aime de tout son cœur, nous désire fort, mais vit très-bien sans nous. Son appétit paraît se soutenir, car hier, pendant que je prenais mon potage, il a fait sa petite collation avec un pain d'une demi-livre et la moitié d'un autre, un gros morceau de veau, des gâteaux et plusieurs pommes..... »

A MARIE BRULEY, SA NIÈCE

« Tours, 3 juillet 1837.

« J'ai reçu ta bonne petite lettre deux jours après son arrivée, cher ange, étant à Meslay depuis quelques jours. Mais je savais que tu devais approcher de la sainte table le 29, et je pensais à toi, à ton bonheur d'être jugée digne, si jeune, d'un sacrement si important.

« Quand je m'y serais prise à temps pour t'écrire pour le 29, je n'avais pas de pardon à t'accorder, chère petite, n'ayant jamais eu que joie et contentement de toi. Ton attachement et tes aimables caresses m'ont toujours rendue bien heureuse. Je ne te demande qu'une chose, c'est d'être toujours la même pour moi.

« On dit que les petites malices de Georges ont un peu éprouvé ta patience et ta résignation. Jules n'aurait-il pas contribué aussi à faire briller ces deux qualités ? Tu me feras tes confidences, n'est-ce pas ; tu me diras si ton cousin est toujours un peu taquin.

« Je ne doute pas que ta tante Arnault n'ait été bien touchée, comme moi, de ta bonne préparation à ta première communion. Ce jour-là il y avait au couvent de ta tante une cérémonie bien triste et intéressante à laquelle j'ai eu le regret de ne pouvoir assister. C'était à une prise d'habits de deux jeunes personnes.

Tu ne sais pas ce que c'est que cette prise d'habits de religieuse ? C'est se séparer de sa famille, de ses amis, se consacrer tout entière au service de Dieu, ne plus s'occuper du monde. Comprends-tu le chagrin d'une pauvre mère de se voir pour jamais séparée de sa fille comme nous le sommes de ta tante

Arnault. Mais non, je crois plutôt que ces jeunes personnes
n'ont plus de parents et qu'en se donnant tout à Dieu, elles
ne font que le sacrifice du monde et non celui d'un père, d'une
tendre mère : ce n'est pas possible, n'est-ce pas, chère Marie ?

« Je ne te dis rien pour ton grand-père, car il se réserve
de t'écrire prochainement. Ce bon grand-père jouit d'une santé
parfaite, ce qui nous rend bien heureux ; il parait plus vif et plus
fort qu'il y a dix ans. Sa surdité est aussi beaucoup diminuée.
Son cœur est chaud et aimant comme dans la jeunesse. Je suis
forcée de le quitter pendant quelque temps et je ne vais le voir
que le samedi jusqu'au lundi. Madame d'Aubigny lui tient fidèle
compagnie, elle a beaucoup d'attentions pour lui.

« Je te quitte pour écrire quelques lignes à ta bonne mère.
Je ne te charge donc de mes tendres caresses que pour ton papa
et le cher Georges. Pour toi, cher ange, je t'embrasse et t'aime
de toute mon âme. »

A SON FRÈRE

« 29 juillet 1837.

« Au moment où je prenais la plume pour t'écrire, mon cher
Prudent, mon père a reçu ta lettre. Te dire qu'elle nous a fait
grand plaisir, c'est chose inutile, car tu sais que dans notre éloignement nos jours heureux sont ceux où nous avons de vos
nouvelles. Je me reproche de ne pas t'écrire plus souvent pour te
remercier de tes soins et de ta tendre sollicitude pour Jules. Le
voilà au terme de son séjour dans ton bon ménage et je suis sûre
qu'il ne le quittera pas sans chagrin. Il cache sous des dehors
froids un cœur d'une extrême sensibilité ; il sait apprécier ta
bonne hospitalité et celle de ta chère femme.

« J'espère que tu l'as trouvé doux et docile pour les conseils que
tu lui as donnés : je voudrais être aussi sûre que tu as été satis-

fait du peu de travail que tu as dû exiger de lui. Dis-moi franchement ce que tu penses de sa capacité, j'aime à connaître mes enfants tels qu'ils sont. C'est fâcheux pour eux quand les parents se
font illusion sur leur mérite, parce qu'on les pousse à des emplois
au-dessus de leurs moyens. Jules ne m'a jamais parlé de son travail auprès de toi : ses lettres étaient remplies de ce qu'il savait
nous être plus agréable, des détails sur chacun de vous, sur les
jeux des enfants. Mais je suis persuadée que, malgré toute ton
indulgence, tu lui as fait faire de la besogne, et c'est ce dont je
t'ai une grande obligation car le caractère tourangeau a besoin
d'être poussé. Mon mari se joint à moi pour te dire combien nous
sommes reconnaissants de tes soins pour notre cher enfant.

« Mon père a reçu ton discours et t'en remercie. Nous l'avons lu
avec beaucoup d'intérêt et souhaitons pour ton département et
pour l'honneur de ton administration que toutes les améliorations qui sont signalées s'exécutent. Je conçois que tu t'attaches à
tes œuvres et que tu désires rester où tu es jusqu'à ce que tu
trouves toute convenance pour un déplacement. Néanmoins il ne
faudrait peut-être pas négliger le moment où M. Macarel est en
position de te donner un bon coup de main. Orléans, Chartres,
Le Mans, voilà ce qui nous conviendrait à tous merveilleuse-
ment.

« . . . . . . Nous ne savons que bien imparfaitement ce
qu'a eu votre chère petite Marie, mais la manière émue dont
Jules nous parlait du danger auquel elle avait échappé nous a
fait une vive impression. . . . . »

A SA NIÈCE

« Ton souvenir m'a fait grand plaisir, chère petite Marie. Encore tristes de t'avoir quittée ainsi que ton frère et tes bons parents, nous avions besoin, ton grand-père et moi, de tes assurances de tendresse et même de tes regrets pour nous consoler d'une si pénible séparation. Maintenant mes vœux et mes espérances se portent vers le printemps, époque désignée pour un voyage en Touraine.

« Ce que tu me dis de ton frère me fait un sensible plaisir. Je craignais qu'en véritable enfant gâté, il n'en eût toute l'insouciance. Ce cher petit serait trop aimable s'il ne criait plus, ce qui ne peut manquer d'arriver puisqu'il va de si bonne grâce à l'école et qu'il fait tant de progrès dans la lecture. Il lira lui-même de jolies petites histoires où il verra combien les enfants se font aimer quand ils sont obéissants et quand ils ne fatiguent pas leur bonne petite mère par trop d'exigence. Embrasse pour moi ce cher petit Georges que j'aime de tout mon cœur.

« . . . . Comment ton cher petit moineau s'est garanti de la gueule du chat? Il doit être bien intéressant si quelques plumes sont venues se joindre à ses aimables qualités. Je voudrais encore, chère Marie, entendre ses gais *qui-ri-qui-qui* et être assise sur ce banc vert, quoiqu'un peu dur, pour jouir de la représentation que nous donnait ton bien-aimé en approchant de sa baignoire. Ce moineau sera longtemps présent à ma mémoire car il est lié à l'une des plus agréables époques de ma vie.

« Adieu, chère Marie, tu as raison de penser à moi et de m'aimer un peu, car je t'aime comme si tu étais ma gentille petite fille. »

A LA MÊME

« Girardières, 6 août 1838.

« Voilà près d'un mois que nous n'avons reçu de nouvelles de
Montauban. C'est à toi que je m'adresse, bonne petite, pour faire
cesser les inquiétudes que nous éprouvons de ce silence obstiné.
Quelqu'un de vous serait-il malade ? Voilà ce que nous nous
demandons chaque jour quand on revient de la poste sans la
lettre si vivement désirée. Nous avons fait chacun notre examen
de conscience pour savoir si la faute était de notre côté. Mon
père assure qu'il a écrit il y a déjà longtemps et que sa lettre est
sans réponse, et moi je me souviens d'avoir écrit à ta maman il y a
aujourd'hui quinze jours. Peut-être Frédéric est-il en retard;
mais ce ne serait pas un motif pour nous punir d'un péché qu'i
lui est habituel et dont il ne parait guère soucieux.

« J'ai appris avec bien du plaisir, cher ange, tes succès sur le
piano et ils m'en font d'autant plus que je sais qu'ils ne sont pas
aux dépens de tes études, ni même des petits travaux d'aiguille
qui vont si bien à une jeune fille. Je jouis aussi des succès du
cher petit Georges qui devient un amateur passionné de l'étude et
de la pension. J'ai déjà peur que l'excès du travail n'altère sa brillante santé. Si tu vois ses jolies couleurs passer et ses bonnes
grosses joues maigrir sur les livres, répètes-lui, je te prie, de ma
part le conseil que me donnait dans mon enfance une vieille et
aimable fille, amie de ma grand-mère : « Si tu veux te bien
porter, aie soin de ne jamais travailler entre tes repas ; un peu
de paresse rafraîchit le teint. » Je dois dire à ma honte que je
goûtais fort ce régime et je doute qu'il déplaise à l'ami Georges.

« Depuis bien des années je n'avais fait un si long séjour que
celui-ci aux Girardières. Il y avait longtemps aussi que le jardin
n'avait été aussi bien tenu. Je crois que c'est la présence de

madame Danet sur nos côteaux qui a stimulé le zèle du jardinier. Il a augmenté considérablement les fleurs et les arbustes. La végétation, grâce aux fréquentes pluies, conserve une fraîcheur printanière ; la grande prairie est d'un beau vert, ce qui fait un merveilleux effet à côté des jaunes moissons. Les chemins sont en bon état, les plantations des vallées sont entretenues avec coquetterie par les propriétaires qui se modèlent sur notre maire. Tout cela est d'un effet délicieux pour notre belle vue. Diverses échappées ont été ménagées pour le salon qui jouit de plusieurs aspects variés. Nous avions, il y a quelques jours, des personnes qui ne connaissaient pas ce pays et qui se sont en allées dans le ravissement.

« Plusieurs changements et améliorations sont projetés pour l'automne : que ne puis-je espérer que ton bon petit papa ne vienne nous donner ses bons avis ! En l'attendant je ferai en sorte qu'il ne soit pas porté de main sacrilège sur les grands arbres si précieux dans notre région. . . . .

« . . . . Je m'aperçois que j'ai rempli bien des pages de mon bavardage et je n'avais pris la plume que pour te prier, chère petite, de m'écrire bien vite pour nous rassurer sur vous tous et je suis convaincue que tu le feras avec empressement.

« Ton oncle qui est venu faire son dimanche avec moi et qui, à l'exemple des savetiers, fait aussi le lundi, se joint à moi pour t'embrasser de bon cœur, ainsi que papa, maman et petit frère. »

A SA PETITE-FILLE, LOUISE DEROUET

« Tours, 24 décembre 1860.

« Tu vois par la date de cette lettre, chère Louise, que nous
avons enfin opéré notre grand voyage. C'était comme un départ
pour un pays lointain : voiture de déménagement, grande voiture
de louage, notre voiture, beaucoup de bagages dont la majeure
partie aux domestiques. Enfin nous voilà installés sans trop de
fatigue.

Jules est venu nous chercher et nous avons été favorisés par
un temps magnifique. Malgré un soleil d'été on voyait que le
froid ne cédait pas encore ; en effet, ce matin il y avait 9 degrés.
Aussi nous trouvons-nous heureux de n'avoir pas attendu
davantage. Mon mari était un peu fatigué hier de ce grand changement dans son existence, mais la nuit a réparé ses forces et
aujourd'hui il se retrouve comme ces jours précédents. Nous
faisons de grands feux, et un beau soleil est venu nous aider à
réchauffer notre chambre un peu froide ordinairement.

« Nous avons déjà reçu quelques visites et ce matin j'ai pris
plusieurs fois la plume pour t'écrire sans pouvoir réussir. Ce soir
je suis au milieu des conversations croisées, et Juliette m'inter-
rompt à chaque instant pour me parler du petit cousin et des
cousines : elle veut envoyer une poupée à Lucie et je ne sais quoi
à *baby Aïque*.

« Les plaisirs ne sont pas commencés. Tu ne pourrais
regretter qu'une charmante soirée de comédie, passée il y a une
quinzaine de jours : tu vois, chère Louise, que l'on vit longtemps sur le même plaisir. Je voudrais bien que nous fussions
plus animés quand tu viendras nous voir.

« J'ai trouvé le salon décoré de charmantes verdures disposées avec un peu de changement. La suspension de l'antichambre est délicieuse de lierres grimpants et d'un joli yucca.

« En vérité, chère petite, je n'ai guère d'amour-propre de faire partir cette lettre. Je n'ai plus l'habitude d'écrire au milieu de mille occupations, mais je tiens à ce que ton père, ta mère et toi vous connaissiez promptement le grand événement de notre départ de Meslay et ses résultats. Ce soir mon mari a repris sa place au coin de la cheminée et lit tout en causant..... »

A LA MÊME, DEVENUE MADAME E. SCHOELCHER

« Tours, ce 4 avril 1862.

« Que tu m'as fait de plaisir, ma bonne petite Louise, d'avoir pensé à me donner de tes nouvelles à ton arrivée. Votre voyage a dû être triste, je le conçois. Cette première séparation de la famille est, dans la vie d'une femme, un événement dont elle se souvient toujours. Mais heureusement à ton âge et dans ton heureuse position les idées redeviennent vite couleur de rose et tu peux être assurée que les agréables impressions que tu ne peux manquer d'éprouver bientôt rejailliront sur ta famille.

« ..... Je t'ai parlé de M. X. Il s'est arrêté ici en allant à sa garnison et il a dîné avec nous. Nous avons profité de la circonstance pour faire une politesse aux ***. Le mari a fait apporter son violon que Marie et moi avons subi jusqu'à onze heures, tant il trouvait de plaisir dans ses accords et accompagnements discordants. D'abord ce charivari nous a fait rire, mais bientôt tous les nerfs étaient agacés, et j'étais bien tentée d'avancer la pendule comme je l'ai fait quelquefois pour une personne dont la conversation monotone m'endormait. Cette fois, ce n'était pas pour ce motif, car personne de nous ne pouvait dormir. En partant, ce bon M. ***. nous a tant remerciés de la bonne soirée qu'il a passée en faisant de la musique avec ta tante, que mes nerfs ont repris leur place et que nous ne regrettions rien.

« Deux jours après nous avons eu un complet dédommagement. Madame de la Garde est venue avec son frère pour étudier quelques morceaux d'ensemble. Ils ont eu la complaisance de chanter quelques duos d'un entrain admirable. Ces morceaux, déchiffrés par trois personnes si musiciennes, faisaient grand plaisir. On s'est séparé à une heure du matin et le temps n'avait pas paru long..... »

A ERNEST SCHŒLCHER

« Tours, 13 avril 1862.

« . . . . Le 6 avril s'est passé cette année sans fête et sans fleurs, selon mon désir. Cependant j'ai eu une véritable et bonne fête par toutes les lettres que j'ai reçues de mes enfants. La vôtre et celle de ma chère Louise sont arrivées les premières. J'y comptais peu, vous sachant de grands embarras. Jugez du bonheur qu'elles m'ont fait éprouver : elles ont presque dissipé une tristesse qui m'obsédait malgré moi.

« Je vous remercie mille fois des détails que vous me donnez l'un et l'autre sur votre installation. Cela me reporte à de vieux souvenirs de ma jeunesse, qui me sont si chers. J'ai partagé la douleur de Louise à sa première séparation de sa famille ; maintenant je m'associe à son amour-propre satisfait d'une jolie installation qui est la sienne. Je crois aussi à votre contentement, mon cher ami, d'être chez vous et d'avoir votre femme toute à vous. Un bon ménage est le paradis sur terre : jouissez de votre bonheur, mes chers enfants, et soyez persuadés qu'il est partagé par ceux qui vous aiment..... »

A SON NEVEU

« Tours, 4 janvier 1863.

« Merci, mon cher Georges, d'avoir trouvé un moment pour m'écrire au milieu de tes occupations de cœur et d'affaires. Tu sais que je désirais vivement te voir finir ton état de garçon, et, d'après tout ce que tu me dis ainsi que ta mère, tu ne pouvais le terminer d'une façon plus agréable.

« Je me suis trouvée en ville à l'arrivée de Jules de Laval dont il rapportait une impression si favorable de toutes les personnes qu'il y a vues et surtout de ta fiancée qu'il trouve *charmante*. Tu sais que ton cher beau-frère est passablement difficile ; aussi son impression m'a-t-elle frappée et prévenue pour celle qui doit être ma nièce et que j'aimerai sans doute comme toi. Sa lettre est charmante, il y a du cœur et du naturel.

« Jules m'a aussi bien disposée pour la famille qui va t'adopter ; et ta mère achève de me faire voir chez elle franchise, bonté et amabilité. Enfin, mon cher Georges, je suis heureuse de pouvoir te complimenter de cœur et non des lèvres, comme cela ne se pratique que trop souvent.

« Je suis triste de ne pas voir ta mère. C'est le premier hiver, depuis bien longtemps, que je suis séparée d'elle. Une seule chose me contrarie dans vos arrangements, ce sont les trois mois d'attente. Il faut bien qu'il y ait toujours quelques petites contrariétés dans les meilleures choses ; il faut se résigner et prendre patience.

« Si tu en trouves l'occasion, dis un mot de moi à ta gentille fiancée, assure-la que je suis toute disposée à l'aimer d'abord à cause de toi et aussi beaucoup sur ce qu'on me dit d'elle, et qu'il me tarde de la voir prendre rang dans notre famille si unie.

« Adieu, mon cher Georges ; je me presse de t'embrasser car on me demande ma lettre et je ne veux pas faire manquer le courrier.

« Si tu pouvais me procurer certaine photographie, cela me ferait grand plaisir..... »

A SA NIÈCE, MADAME GEORGES BRULEY

« Strasbourg, 5 juin 1863.

« La date de cette lettre m'excusera près de vous, ma chère petite nièce, du retard que j'ai mis à vous répondre. On dit qu'il n'y a que le premier pas qui coûte : celui que j'ai fait à Laval a entraîné la vie tant soit peu vagabonde que je mène depuis un mois.

« On m'a pris à l'improviste : mon fils ne m'a pas donné le temps de me reconnaître, mes autres enfants m'ont poussée, et c'est ainsi qu'après une journée passée à Paris je me trouve installée sur les bords du Rhin. On m'a fait un si bon accueil, Louise (1) en particulier, que je suis étonnée et non fâchée de me voir si loin de mes chers pénates. Toute la famille strasbourgeoise est venue au devant de nous jusqu'à Saverne : jugez de notre bien agréable surprise en les voyant envahir notre wagon et s'empiler gaiment près de nous.

« . . . . Mon éloignement de Mayenne ne m'empêche pas de prendre part à votre bonheur dans votre joli ménage. Je pense à vos surprises, à votre curiosité en prenant possession de votre empire. Jouissez bien du moment : tout vous sourit dans la vie, au présent et dans l'avenir. Le bonheur d'aimer et d'être aimée ! Aucune gloire de la terre ne peut remplacer cet heureux sort.

(1) Madame Schœlcher, sa petite-fille.

« Quand vous verrez vos bons et aimables parents, dites-leur que je conserve d'eux les meilleurs souvenirs et que j'espère que nos relations ne font que commencer.

« Embrassez bien pour moi votre cher mari, si cela ne vous coûte pas trop, et recevez pour vous, chère Aline, mes plus tendres baisers. Tout le monde ici s'inscrit pour être rappelé à votre bon souvenir et à celui de Georges. »

« Votre tante affectionnée. »

A MADAME SCHOELCHER, A STRASBOURG

« Tours, samedi 27 juin 1863.

« Ma chère Louise, Jules ayant écrit à ton mari, j'ai attendu pour te donner des nouvelles plus fraîches. J'étais pourtant bien pressée de te dire combien j'ai été heureuse de te voir si bien installée et si contente dans ton joli ménage et surtout, de te remercier ainsi que ton cher mari de votre affectueuse réception. Je suis bien aise d'avoir fait ce voyage dont j'ai rapporté et dont je conserverai de doux souvenirs.

« Cependant je dois t'avouer que je me retrouve avec plaisir chez moi et qu'en m'éveillant au milieu de mes vieux meubles, ils me sourient. La bonne Marton, qui est sans comparaison le plus vieux meuble de la maison, est venue se joindre à eux et me disait, les larmes aux yeux, que *j'étais si loin* qu'elle craignait de ne plus me revoir. Elle n'achevait pas sa pensée, qu'à mon âge il n'est pas sage de s'éloigner des lieux où des liens si forts nous attachent.

« C'est égal, tout s'est bien passé; me voilà revenue bien portante, peu fatiguée et bien heureuse de t'avoir vue, de connaître les lieux que tu habites : la mémoire des yeux viendra s'ajouter à celle du cœur..... »

A LA MÊME

« Meslay, 23 août 1863.

« . . . . Enfin la Saint-Louis est arrivée
et je te souhaite une bonne fête de tout mon cœur.

« Il y a deux ans à cette époque nous étions réunis, mais je
ne puis te dire que je regrette ce temps car je ne voyais que trop
approcher une bien triste séparation.

« Aujourd'hui je suis à Meslay et j'y suis seule, absolument
seule. Ma plus grande jouissance est dans une revue rétrospec-
tive de tous ceux qui m'entouraient; et tu n'es pas celle à
laquelle je pense le moins, ma chère petite. Quels heureux jours,
quelles bonnes soirées au jardin j'ai passées avec toi !

« J'attends ce soir mes chers enfants ou plus sûrement cette
nuit, car tu sais que ta mère arrive rarement à l'heure. Les lits
sont prêts, un bon potage sera préparé; une soirée chaude et
parfumée rendra leur voyage de nuit moins pénible.

« Demain à huit heures ton père part pour la ville, pour
le Conseil général. Tu vois que les instants sont comptés juste.

« Tu as dû être contente; ainsi que ton cher mari, de la
flatteuse distinction (1) accordée à ton père sans la moindre demande de lui ni de sa famille. J'ai reçu à cette occasion de bien
touchants témoignages d'affection pour lui. Je ne connais personne qui excite autant de sympathie. On reconnait bien les
compliments du bord des lèvres ou ceux qui partent du cœur.
A propos de personnes affectueuses, j'ai vu mes bons amis
Bucheron : cela m'a été bien agréable. Ils sont restés longtemps
à Paris; ils s'y plaisent, ayant là presque toute leur famille.
Je crains qu'ils ne se décident à s'y fixer. Ils ont pourtant bien

(1) La décoration de la Légion d'honneur.

arrangé leur petite maison et le jardin. Je les ai trouvés ce matin
dans un délicieux bouquet car leur petit jardin renferme une
immense quantité de jolies fleurs, bien fraîches, bien arrosées.
Ces bons amis m'ont beaucoup parlé de toi, de ton mari, de ton
ménage et de tous ceux que j'aime.

« Je vis si retirée que je n'ai absolument aucune nouvelle
à te conter. Je me bornerai donc, chère petite, à te répéter que je
t'aime de tout mon cœur et à t'embrasser de même. »

A SA NIÈCE, MADAME GEORGES BRULEY

« Tours, 1er février 1864.

« Je n'ai pas voulu répondre plus tôt à votre aimable lettre, ma
chère petite nièce, ne voulant pas vous communiquer mes
impressions de tristesse. Quelques jours passés ne m'ont pas
consolée de la perte d'une si excellente amie d'enfance (1), mais
le temps apporte son influence à toute chose et, sans combler un
vide qui se fera sentir toute ma vie, adoucit les regrets.

« Merci, chère petite nièce, de votre invitation que je ne
refuse pas, car je me trouverai heureuse de votre bonheur entre
Georges et vous. Je vous laisserai d'abord faire votre déménagement : cela donnera le temps aux beaux jours d'arriver et nous
pourrons faire quelques promenades dans vos environs que l'on
dit fort jolis Je veux aussi faire une visite à vos chers parents
que j'aurai infiniment de plaisir à revoir. Vous me trouverez
peut-être trop allante et trop active en venant troubler la douce
paix de votre intérieur. Si je retarde mon plaisir d'aller vers
vous je ne serai pas assez égoïste pour vous priver de la société
de madame Bruley, quoique ce soit une grande privation quand
elle nous quitte. Je la pousserai vers vous (et ce sera sans peine

(1) Madame Loiseau, sa tante.

pour elle), car je sais combien vous serez heureux tous trois d'être réunis.

« . . . . Que n'êtes-vous plus près de nous et sur un chemin de fer : on pourrait se réunir en famille au moindre signal.

« Je vous crois bien au courant des petits événements de notre bonne ville. D'ailleurs ce n'est pas moi qui pourrais vous en parler, car je n'en ai que les échos. Je vis complètement en dehors de la société : je ne connais plus personne ici.

« Je vois tous les jours ma pauvre cousine Auvray. Le vide qui s'est fait autour d'elle ne se comblera jamais. Non-seulement la mère et la fille s'aimaient d'une tendresse extrême et ne s'étaient jamais quittées, mais de plus notre excellente tante Loiseau, avec son activité et sa tête si bien organisée, conduisait le ménage et les affaires, se faisant une occupation constante du bien-être de chacun. Après les douloureuses séparations viennent les affaires : je ne sais encore si la Plaine restera dans la famille.

« Adieu, chère Aline ; ne soyez pas jalouse si j'embrasse Georges d'aussi bon cœur que vous. Je vous aime tendrement l'un et l'autre.

« Il fait froid et, malgré un très-brillant soleil, je vous écris au coin du feu et sur mes genoux. »

A LA MÊME

« Tours, 12 juin 1864.

« . . . . Je ne veux pas rester plus long-temps sans vous remercier, ainsi que votre cher mari, de votre bonne invitation et vous dire que je suis parfaitement disposée à en profiter car, ne pouvant pas venir nous voir, il faut bien aller vers vous. Je ne pourrais pas rester si longtemps séparée tout-à-fait de votre gentil ménage, étant à une distance raisonnable et me sentant de force à me lancer dans ce petit voyage. D'ici à dix jours, chère Aline, seule ou, ce qui vaudrait mieux, bien accompagnée, je me mets en route pour Mayenne.

« Je me fais une fête de passer trois ou quatre jours dans votre jolie installation. Je serai bien aise aussi de vous dire de vive voix combien je suis heureuse des douces espérances que vous nous donnez.

« Que ne puis-je vous dire que j'aurai le même bonheur d'un autre côté! Ma pauvre Louise ne me dit rien et je n'ose lui parler non plus d'une déception qui la désole. Son mari aime tant la vie d'intérieur qu'il ne pourrait se consoler s'il ne survenait pas un heureux événement. : . . . . . . »

A LA MÊME

« Meslay, 15 juillet 1864.

« Que dites-vous de votre vieille tante, ma chère petite nièce, de ne vous avoir pas encore remerciée, ainsi que *votre Georges*, de votre charmante réception? J'en ai pourtant été fort touchée et je me souviens avec grand plaisir de vos aimables attentions à tous deux.

« Votre maison, si près de la campagne, des jolies prairies et du bord de l'eau, doit vous être bien agréable dans cette saison où il vous serait pénible d'aller chercher au loin de jolies promenades. J'ai trouvé ce pays frais et joli, mais je vous félicite de ne pas habiter l'intérieur de la ville.

« Nous sommes tous installés à Meslay. Votre mère a bien voulu quitter son riant coteau pour venir vivre auprès de ses enfants. Elle anime, comme vous savez, notre petite colonie. Elle n'aurait pu rester seule, en vous quittant surtout, et nous sommes heureux de la posséder.

« Meslay n'est plus un séjour gai : je le trouve sérieux, quoique les bois et les belles plantations offrent toujours de l'agrément.

« Une bien agréable cousine, que vous ne connaissez pas et qui nous a beaucoup parlé de vous, est venue passer une journée ici. C'est un regret de ne pas la voir plus longtemps, mais elle doit retourner bientôt rejoindre son mari à Rome, et de là prendre les bains de mer dans les belles eaux de Naples. Madame E. Loiseau, malgré ses cinquante ans, est une bien belle femme qui est loin de paraître son âge. Elle est surtout spirituelle et gracieuse et sait dire à chacun des choses aimables et affectueuses.

« . . . . La chaleur est vive aujourd'hui : tout est fermé, je vous écris presque à tâtons. Les enfants s'amusent dans le bois. Ils ont l'air de se plaire beaucoup ici, surtout Camille qui trouve des distractions de son âge et de son sexe.

« Adieu, chère Aline, je vous réunis à votre mari pour vous embrasser tendrement tous deux. Chacun ici vous aime et parle souvent de votre heureux et charmant intérieur. Pour mon compte, je suis très-contente d'en avoir jugé par mes yeux. »

A SA NIÈCE, MADAME JULES DEROUET

« Meslay, 18 septembre 1864.

« . . . . Pour en finir avec le temps, je voudrais que ce fût avec la pluie, je te dirai que vendredi la journée aquatique a été complète. Hier, malgré des menaces, il n'y a eu qu'une grande averse accompagnée de tonnerre. Aujourd'hui beaucoup de gros nuages que le temps fait voyager vite et qui s'en tiennent aux menaces, ce qui me fait espérer une amélioration. Je le désire plus pour vous que pour moi. Je te donne ces détails pour comparer nos *climats* qui ne doivent guère différer.

« Je comprends les inquiétudes de M. et de madame des Varannes, et j'espère qu'elles cesseront bientôt en voyant leurs chers petits enfants qui sans doute apporteront de meilleures nouvelles de leur père, puisqu'il y avait déjà amélioration. Tu me feras plaisir de me tenir au courant de l'arrivée de ces chers petits voyageurs.

« Aux Girardières, comme à la Ville-au-Maire, vous subiriez la mauvaise humeur du temps; au moins vous la supportez en bonne et aimable société et le grand salon que vous habitez permet des jeux et des distractions. Juliette va prendre de bonnes vacances avec ses cousines, d'autant meilleures que sans doute les *études* seront suspendues. Je félicite mon cher Camille de perdre ses façons un peu trop agrestes par moment. Sa cousine et son cousin imitent sans doute sa belle tenue, comme ils se sont plu à imiter ses cris, ses grimaces, etc. Camille est le type par excellence pour Fritz; Lucie imite par enfantillage car elle est bien jeune cette année. C'est son père et moi qui recevons l'abordage de ses folles gaîtés.

« Je te prie de ne pas oublier de me parler d'Aline et de Georges. Madame Bucheron, dont j'ai reçu une longue et bien affectueuse lettre, s'étonne que le grand événement ne soit pas encore arrivé depuis *si longtemps* qu'elle connaît la chose.

« . . . . Ne t'attends pas, chère Marie, à des nouvelles de ville, car je ne sors pas. Je pourrais plutôt t'en donner d'une cinquantaine d'années qui auraient pour toi l'attrait de la nouveauté. Elles sont pour moi d'un bien vif intérêt. Pendant plusieurs heures par jour je suis bien rajeunie et je me retrouve au milieu d'êtres chéris dont je ne me sépare que comme d'un rêve qui finit trop tôt..... »

A MADAME SCHOELCHER

« Il est temps de prendre la plume, ma chère Louise, pour que ma lettre te trouve encore à Lyon et que tu puisses toi-même te charger de toutes mes tendresses pour ton mari.

« Puisque tu te trouves si bien près de lui et qu'il se trouve si heureux de t'avoir, pourquoi vous séparer si vite ? Le bonheur est si fugitif qu'il faut s'y cramponner quand on le tient. Cela me tourmente de te voir arriver à Strasbourg sans que les bras d'une personne amie se tendent vers toi.

« Tes descriptions de promenades m'ont fait grand plaisir et m'ont fort intéressée. J'ai vécu quelques moments au milieu de vous, me persuadant que je voyais tout ce dont tu me parles. Je ne voudrais pas habiter la seconde ville de l'empire, il y a trop d'industriels et d'ouvriers, mais je voudrais l'avoir vue. Je te suivrais mieux dans tes promenades et je jouirais du souvenir de cette magnifique vue du Rhône, qui vient te trouver sous tes fenêtres pour se faire admirer et t'éviter le souci d'aller la chercher. Notre méchante Loire laisse encore des traces bien tristes de sa colère. Cependant les trains circulent partout, ainsi que les voitures.

« Aujourd'hui, comme avant-hier, le soleil est radieux et le temps doux. Je t'écris ma fenêtre ouverte. Depuis ton départ il n'a pas fait trop vilain, mais le soleil a été rare ; il voulait se mettre à l'unisson de nos cœurs : il aurait bien mieux fait de venir nous égayer. . . . . »

A SON NEVEU

« Tours, ce 7 février 1867.

« Que j'ai d'excuses à te demander, mon cher Georges, de ne t'avoir pas remercié plus tôt, ainsi que ma chère Aline, de vos bons souhaits de bonne année. Pourtant ce souvenir de votre part m'a rendue heureuse, car je vous aime et tiens à ne pas être oubliée de vous.

« Je veux tout de suite me confesser d'un défaut de paresse que j'ai toujours eu et qui ne fait que croître avec les années : j'espère que tu m'en donneras l'absolution. Tu sais que mes doigts seuls sont coupables et que mon cœur ne sera jamais engourdi pour vous. L'hiver surtout, je ne me sens bonne à rien quand il faut agir. La plus légère perturbation dans ma santé me rend marmotte. Conviens que ta mère et moi sommes bien opposées, en fait de mouvement. Heureusement que cette dissemblance n'influe pas sur notre affection.

« En recevant vos bonnes petites épîtres de bonne année, je voulais prendre la plume pour en remercier ta chère femme ; ayant trop tardé, ta dernière lettre me fait m'adresser à toi pour cette fois. D'ailleurs il me semble que c'est chez vous comme c'était chez nous, dans mon heureux ménage : l'affection témoignée à l'un de nous était aussi pour l'autre.

« Je voudrais, mon cher Georges, avoir quelques reliques de famille à t'offrir. Ton bon cœur te fait attacher un pieux souvenir à des objets qui seraient regardés avec indifférence par bien des personnes qui n'ont pas ton esprit de famille. Je me fais souvent des reproches car, dans mes lointains souvenirs, il me semble que j'aurais pu conserver bien des objets qui nous feraient grand plaisir aujourd'hui en pensant aux personnes qui les ont possédés. Pour m'excuser à mes yeux, je pense aux

voyages, aux grands événements qui ont troublé mon époque
et qui ne laissaient guère de loisirs et de tranquillité comme
aujourd'hui.

« . . . . Je ne dis pas non à tes bonnes
invitations : il me tarde d'embrasser ta chère Aline et de juger
moi-même des progrès de Georges II. Je voudrais ne pas lui
laisser oublier complétement la figure de sa vieille grand'tante.
Il devient un personnage intéressant, courant, parlant, formu-
lant ses volontés. M. et madame Hubert doivent profiter souvent
du chemin de fer qui les mène à votre porte, pour caresser
ce cher petit.

« Tu connais la démission d'Ernest : j'en suis plus désolée que
je ne l'ai dit. Peut-on interrompre une si belle carrière, mettre à
néant des campagnes si brillantes ! Les regrets viendront, je n'en
doute pas..... »

AU MÊME

« Tours, ce 14 juillet 1867.

« Mon cher Georges, tu ne doutes pas, j'espère, que je ne
partage ta joie et celle de ta chère femme d'avoir obtenu ce que
vous désiriez. Mais tu dois être étonné que je ne t'aie pas encore
donné signe de vie dans cette circonstance qui me rend bien
heureuse aussi, puisque vous voilà au Mans, à une distance qui
permettra de fréquentes visites. Depuis huit jours j'ai un rhume
de première classe dans la tête. Je ne puis ni lire, ni écrire,
ni travailler. Aujourd'hui, sans être guérie, je vais mieux et j'en
profite vite pour te féliciter de ta nouvelle position. Indépendance, inamovibilité, peu de responsabilité et d'occupations,
à deux heures de tes deux familles : on ne pouvait te souhaiter
rien de plus heureux.

« M. et madame Hubert doivent être bien satisfaits de voir leur fille fixée si près d'eux. Quand on marie ses enfants à des fonctionnaires, on a rarement cette bonne chance. Je les félicite de tout mon cœur de ce bonheur dont nous aurons notre bonne part ici.

« Il me tarde d'embrasser tes marmots et de faire connaissance avec l'un d'eux. Cela ne peut tarder puisque nous touchons aux vacances..... »

A MADAME GEORGES BRULEY

« Samedi, 2 octobre 1867.

« Ma chère petite nièce, on vient de m'apprendre la bonne nouvelle de votre très-prochaine arrivée. Puisque vous venez d'Angers vous arriverez ici par le train de onze heures. Je ne doute pas que vous ne soyez assez aimable pour déjeuner avec moi, avec les chers petits enfants, avant d'aller vous installer aux Girardières. Je regrette que Georges ne soit pas avec vous; mais quand nous vous tiendrons, ce sera des arrhes qui nous l'amèneront bien vite. Il est sûr, comme vous, d'être reçu avec un bien vif empressement. Soyez bien gentille en me disant au juste le jour de votre arrivée. Sans doute que quelqu'un viendra des Girardières au devant de vous; dans tous les cas mon domestique vous attendra à la gare, prendra soin de votre bagage et vous évitera tout embarras.

« Echarbot devait être bien beau dans ces beaux jours que nous venons d'avoir : le temps ne m'empêche pas d'en conserver un bien bon souvenir. Faites-moi le plaisir de faire mes compliments bien affectueux à madame des Varannes et à ses chers enfants.

« Sans adieu, chère petite nièce, à bientôt. J'espère que le beau temps va revenir et s'entendra avec les habitants des Girardières pour vous accueillir comme toujours.

« Je vous aime et vous embrasse de tout cœur ainsi que les chers petits. Georges prendra une bonne part de mes amitiés, s'il est encore près de vous. »

A SON NEVEU

« Tours, 6 janvier 1870.

« Que penses-tu de moi, mon cher Georges, de ne t'avoir pas encore remercié de tes bons souhaits qui me font grand plaisir, car je les sais sincères, et du bon pâté arrivé à point nommé pour le 1er. C'est le monde renversé : les enfants qui font des cadeaux aux grands parents! Quoiqu'il en soit, je ne t'en sais pas moins très-bon gré, ainsi qu'à ta chère petite femme, d'avoir pensé à moi et à nos plaisirs de table à tous. A la fin, comme au commencement de l'année, il se fait un grand mouvement autour de moi : j'en suis restée toute ahurie et même fatiguée pendant plusieurs jours. Excuse donc ma vieille tête de mon retard et sois bien persuadé que mon cœur n'y sera jamais pour rien quand je ne saisirai pas promptement l'occasion de te parler de mon affection. Tu ne mets pas en doute mes vœux pour la continuation de ton bonheur en ménage, pour vos santés et surtout pour celles des chers bambins, d'où dépend presque celle des parents. C'est du fond de mon cœur que je fais des vœux pour votre bonheur et vos plaisirs.

« Nous sommes tous attristés de vous voir en deuil à l'entrée de l'hiver. Aline n'a pas encore trop joui des plaisirs de son âge ; je prends avec elle l'engagement de faire mon possible pour prendre bien mon temps et ne pas lui imposer du noir à l'époque où l'on ne doit voir que des couleurs joyeuses. S'il en arrive autrement je vous demande pardon à l'avance pour une si grande maladresse.

« Adieu, mon cher Georges et ma chère petite nièce ; je vous embrasse de tout mon cœur. J'embrasse aussi mes petits amis Georges et Charles ; je les aime bien tous deux, mais je crois avoir un petit faible pour Georges qui est un grand garçon et fait des amitiés à sa grand'tante qui en est toute fière.

« Je ne te donne aucune nouvelle de notre colonie et de la ville, me fiant à ta mère qui, plus active que jamais, agit ou écrit sans cesse. L'absence de Camille attriste toute la maison. Je la sens vivement pour ma part. »

A MADAME SCHŒLCHER

« Tours, 26 août 1870.

« Ma chère Louise, c'est à mon tour de m'excuser de ne t'avoir pas répondu plus tôt. Je peux comme toi me prévaloir des bien déplorables circonstances où nous sommes. Ma pauvre tête, déjà assez affaiblie par l'âge, est bien éprouvée et souvent ma mémoire me fait complètement défaut. Cependant je fais bonne contenance pour encourager ceux avec qui je vis : je trouve déplorable de sonner l'alarme quand chacun a besoin de toute son énergie pour supporter les événements.

« Ce qui me trouble le plus en ce moment, c'est la Mobile dont Camille fait partie. Marie est déjà bien changée : elle ne dort plus et se désole, mais elle garde en elle-même une grande partie de sa peine, et je peux en dire autant de Jules. Que je rends grâces à Dieu, que Fritz soit si jeune pendant cette horrible tourmente ! Ce qui m'inquiète le plus pour Camille, ce n'est pas le feu où il pourra être exposé, mais sa complexion délicate, son peu d'expérience des exercices du corps et la vie molle à laquelle on l'a si malheureusement accoutumé. C'est lui, au milieu de nous, qui s'occupe le moins de son avenir. Il est gai, aimable, insouciant comme on l'est à son âge. Mais quand il sera privé des soins, des caresses et des mille prévenances de sa mère, comme il sera malheureux ! Mille craintes me reviennent sans cesse et troublent mon sommeil. . . . . »

A LA MÊME

« Tours, 2 novembre 1870.

« . . . . Je pense souvent à toi, ma chère Louise, et à ton cher mari (1). Je m'informe sans cesse si l'on a des nouvelles de Paris ; mais, hélas, personne n'en a reçu depuis le 15. Quelques bruits viennent jusqu'à nous : pour nous tranquilliser on dit que tout va bien, qu'il y a une pensée unanime pour repousser nos ennemis. Les provisions délicates commencent à devenir rares ; mais le pain, le vin, les viandes salées, les légumes secs, tout cela ne manquera pas de sitôt. Espérons que nos pauvres assiégés ne sont pas encore trop malheureux et que leur héroïque défense, secondée par la province, sauvera ce qui nous reste de notre chère France. Nos ennemis sont nombreux, impitoyables, mais nous avons la force du désespoir et d'une sainte cause. Espérons, ma chère enfant ; un événement imprévu peut nous venir en aide : j'ai au fond du cœur, malgré mon profond chagrin, que mes chers enfants reverront d'heureux jours sur le sol sacré de notre chère patrie. Le destin se lassera de nous accabler, surtout si nous sommes courageux. Jusqu'ici tout nous a été contraire, même les vents qui ne nous apportent plus de bien-aimés ballons. Que je serais heureuse de pouvoir te renvoyer une lettre de notre cher Ernest te donnant de bonnes nouvelles de lui et de sa défense. . . . . . . »

(1) M. Schœlcher avait repris du service et se trouvait alors enfermé dans Paris assiégé par les Prussiens. Il commandait un des secteurs des fortifications.

A MADAME GEORGES BRULEY

« Tours, 7 février soir (1872).

« Ma chère petite nièce, je ne sais où j'en suis de ma correspondance avec vous. J'ai grand peur d'être en retard, comme cela m'arrive trop souvent. Excusez-moi et surtout ne doutez pas de ma tendre affection pour vous et votre cher mari, quoi qu'il arrive. Je ne veux pas remettre d'un instant à vous adresser quelques lignes. J'ai appris ce soir que votre bon père est enfin décoré de la rosette. Cette récompense tardive de ses généreux soins à nos pauvres soldats blessés et malades nous a fait à tous ici le plus grand plaisir. Je vous en félicite, chère petite nièce, car je sais combien vous êtes heureuse de cette juste récompense. On me dit que vos chers parents sont près de vous en ce moment : je vous prie de leur faire mes sincères et bien affectueux compliments. . . . . »

A SON NEVEU

« Tours, 27 mai 1872.

« Je suis ingrate, mon cher Georges, de ne t'avoir pas remercié plus tôt de ton aimable cadeau qui m'a fait un plaisir extrême. Ta belle et bonne figure est parfaitement ressemblante à mon avis et aussi à celui des personnes qui la voient sur la cheminée du salon. Elle sera bientôt placée dans mon album, à côté de ta chère et gentille petite femme. On me dit toujours que tu vas

venir, et tu ne viens pas. Les graves études du pauvre petit
Georges en sont la cause. Pauvres chers petits enfants, il faut
leur savoir gré de leur travail car cela doit bien les ennuyer.

« Ta mère est installée depuis plusieurs jours aux Girardières.
La famille de Jules est allée hier la rejoindre, et Camille, aujour-
d'hui. Me voilà donc seule pour l'été, mais je suis une enragée
citadine. D'ailleurs, je vais jouir demain de la société de trois
peintres qui vont restaurer ma façade au midi : elle en a grand
besoin.

« Quand tu viendras t'installer aux Girardières avec ta chère
petite famille, j'espère que ce ne sera pas pour te chauffer. Le
Bon Dieu nous doit bien un dédommagement pour le vilain et
méchant mois de mai que nous subissons. Il ne fait plus froid
depuis trois jours, mais il ne fait pas encore chaud. Ce n'est pas
pour moi que je m'en plains, car le temps est bien favorable pour
mes promenades quotidiennes.

« Ton chien Doudy a passé tout l'hiver avec nous, faisant de
longues promenades, découchant souvent, sans qu'on lui ait
jamais demandé compte de sa conduite légère. Mais depuis un
mois elle est devenue tout-à-fait mauvaise. Nous étions fort intri-
gués de savoir où il transportait ses pénates : François a décou-
vert ces jours-ci qu'il est accueilli amicalement chez un voisin,
place du Chardonnet, se contentant de nous faire une visite par ci
par là. Hier nous l'avons retenu prisonnier et François l'a emporté aux Girardières. On pense que tu aimes ce petit chien d'humeur si indépendante et que tu seras content de le retrouver.
Je ne suis pas cependant sans espoir d'avoir encore ses visites.

« Je ne veux pas terminer cette épître sans te complimenter
d'avoir évité la grêle pour tes vignes. Jules aussi n'a pas souffert
du fléau : c'est une consolation de voir deux membres de ma
famille épargnés. Le pauvre Frédéric est bien maltraité dans ses
vignes et dans la maison de la Barre.

« Adieu, mon cher Georges, reçois ainsi que ta femme et les
chers petits, mes tendresses bien affectueuses. Camille va bientôt
partir pour Bourbonne. Il nous manquera : il est gai, naturel et
du meilleur caractère. »

A MADAME SCHOELCHER

« Tours, 19 décembre 1872.

« Un mot d'amitié, ma chère Louise ; je me trouve un peu mieux ce soir et j'en profite. Décidément ton père se trouve mieux depuis deux mois : il me l'a assuré d'un air si naturel que j'en suis toute satisfaite. La vie de Vouvray lui convient. Il passe une bonne partie de son temps à la mairie : les petites difficultés de ménage ont par conséquent peu de prise sur lui. Il ne voit partout que des figures ouvertes et affectueuses, il trouve à faire sa partie le soir, enfin la vie lui semble douce : tu comprends comme j'en suis heureuse.

« Il a été question de faire venir Fritz passer la moitié de son petit congé à Vouvray et le reste à Paris. Je ne trouve pas cela bon, mais je n'en dis rien ; il n'est pas naturel de passer deux jours en route sur quatre. Je voudrais pourtant bien embrasser encore une fois mon cher petit Fritz. A peine si je l'ai vu à la fin des vacances ; et le jour de son départ je ne l'ai aperçu qu'un instant, ayant à peine le temps de l'embrasser.

« Tu m'as fait grand plaisir, chère Louise, dans le peu de jours que tu as passés près de moi, ainsi que ton cher mari. Ce souvenir charme encore mes jours et mes nuits quelquefois sans sommeil. Peut-être nous reverrons-nous : ce sera une autre joie.

« Vous voilà enfin casés : je vous en félicite, mes enfants, en regrettant que ce ne soit pas plus près de nos vieux pénates de famille ; mais il y a des difficultés dans un séjour trop rapproché..... »

A LA MÊME

« Tours, mardi 21 janvier 1873.

« Oui, ma chère Louise, c'est encore moi qui viens me rappeler à ton souvenir et à ta bonne amitié. Que veux-tu, je ne sais pas me décider. J'ai pourtant cru plusieurs fois avoir fait mes derniers adieux : j'ai eu plusieurs crises qui m'ont mis bien bas. Enfin me voilà encore et je n'ai rien perdu de ma vive affection pour tous ceux que j'aime. Depuis longtemps je voulais écrire à ton cher mari, le remercier de s'être privé de toi pour me donner un grand bonheur. Je l'en remercie encore et l'assure de ma tendre affection. Tu as fait là une grande corvée, chère Louise : tant de chemin pour si peu de temps ; mais je suis sûre que tu ne le regrettes pas, surtout si tu comprends ce que cela m'a fait.

« Ton père était un peu mieux quand il est parti, mais il était si triste et si absorbé que j'ai craint quelques petits incidents inconnus. Le séjour de Fritz doit lui avoir fait grande et bonne diversion, n'étant pas assez malade pour donner de l'inquiétude sérieuse. Le séjour de Camille à Paris lui sera aussi une diversion ; ce cher enfant est d'une charmante humeur. Mes pauvres enfants ici ont une vie bien triste. Ils sont si bons, si prévenants et si empressés à faire tout ce qui peut me plaire et me distraire, qu'en les voyant de si bonne humeur il ne tient qu'à moi de les croire contents.

« Le passage de M. de Bonne nous a fait grand plaisir ; c'était un petit parfum de votre personne.

« Je suis obligée de te quitter, chère Louise ; je sors peu de mon lit depuis quelques jours et je suis mal à l'aise pour écrire, ne pouvant guère rester assise. Je prends le temps cependant de t'assurer encore de ma vive affection et de t'embrasser mille fois. »

Voici enfin, mes chers enfants, quelques lignes extraites des dernières volontés de votre excellente tante :

« Je ne regrette de la vie que la séparation de tous les miens, car j'ai vécu plus que je n'aurais voulu. Mes chers fils, mes chers petits-enfants, c'est une grande douleur de vous quitter, Marie, Emilie, ma belle-sœur, mon bon neveu, vous tous si bons et si tendres pour moi ! »

Elle mourut peu de jours après.

Cet événement ne fut pas seulement l'occasion d'une grande douleur pour nous tous, il vint jeter aussi une grande perturbation dans les habitudes de toute la famille dont ma tante était le centre. Chacun se dispersa, ne sachant plus quand et comment il reverrait les siens. Les événements ajoutèrent encore à ce désarroi. Frédéric Derouet était déjà gravement atteint : la mort de sa mère vint précipiter la marche de la maladie. Il succomba le 1er juin 1875 à Vouvray, après de longs mois d'agonie.

Frédéric Derouet.

Il était déjà bien souffrant quand vous l'avez connu, mes chers enfants, et si différent de lui-même que je dois, pour vous, rétablir ici sa physionomie.

C'était jadis un joyeux convive, un gai compagnon, vigoureux, bien portant, enclin à l'insouciance, aimant le plaisir et le rire. Il était difficile de le surpasser en attentions délicates et en prévenances affectueuses.

Sa grande mémoire lui avait permis d'amasser une véritable érudition. Aussi remporta-t-il, comme vous l'avez vu, de brillants succès universitaires. Sorti de l'École polytechnique dans les premiers, des circonstances exceptionnelles l'empêchèrent néanmoins d'obtenir un emploi civil. Mais il quitta presqu'aussitôt l'artillerie, passa de nouveaux examens et fut admis dans les Télégraphes. Il était arrivé à une inspection, à Tours même, quand la famille de sa femme, qui habitait Paris, l'obligea à renoncer à sa carrière pour venir se fixer aussi dans la capitale. Cette démission, si imprudemment exigée, était une condition à laquelle il dut se soumettre; mais il ne se consola jamais de la faute qu'on lui avait fait commettre.

Comment, en effet, n'eût-il pas regretté des fonctions honorables, intéressantes et profitables à tous égards. D'ailleurs, il n'est pas sans inconvénients de changer ainsi ses habitudes et de quitter brusquement une existence occupée, même à Paris où se trouvent réunis tant de genres de distractions. Frédéric avait le goût de l'étude; mais sans un but obligé, qu'il est difficile de se livrer à des travaux sérieux !

Diverses circonstances l'amenèrent insensiblement à se mêler de politique : il en résulta pour lui plus d'ennuis que de réelles satisfactions. Contraint de distribuer son temps entre les nécessités de la vie publique et certaines exigences de famille, il put rarement suivre ses goûts et vivre paisiblement en Touraine.

En ce qui me concerne, je n'ai eu qu'à me réjouir de le trouver à Paris lorsque j'y terminais mes études. J'étais toujours assuré de rencontrer chez lui, comme dans son entourage, l'accueil affectueux auquel j'étais habitué chez moi. Ce fut d'ailleurs dans son appartement même que ma mère fut soignée pendant une grave maladie qui nécessita l'intervention des plus habiles médecins. Dans cette circonstance encore toute la famille Du Corps eut pour ma mère et pour nous tous des attentions qui méritent, mes chers enfants, que votre reconnaissance se joigne à la nôtre.

Mais cette recommandation est superflue; vous n'êtes pas ingrats et vous appréciez déjà le charme des relations affectueuses que vous trouvez dans votre entourage. Vous saurez plus tard que cette précieuse intimité n'est pas moins nécessaire au bonheur qu'à la considération.

Restez donc, mes chers enfants, tendrement dévoués à tous les vôtres, car une famille divisée est destinée à périr. Vous seriez d'ailleurs les premiers de votre race à manquer à cette étroite union.

Dieu vous a fait naître dans un milieu qni vous a rendu la vie douce et facile. Combien vous seriez coupables de vous mal conduire et de manquer de cette commisération dont tant d'autres autour de vous ont besoin !

Cette facilité du bien, avantage si précieux, vous voudrez le conserver à vos descendants. C'est le fruit du travail, de l'économie persévérante, de l'honnêteté scrupuleuse de tous vos ancêtres. Gardez-vous donc de compromettre tout cela par une fausse vanité : votre fortune et votre bonheur disparaîtraient en même temps. Cependant pour ne pas dégénérer et décroître, il faut chercher à vous élever encore ; mais que ce soit seulement par la noblesse des sentiments. En un mot, méritez que la dignité de votre vie serve un jour d'exemple à vos descendants.

Et maintenant, mes chers enfants, que j'ai terminé les recherches entreprises pour vous, un peu témérairement peut-être, je m'arrête, souhaitant qu'elles soient appréciées de vous.

Mon but est atteint si je suis parvenu à faire apparaître devant vous ceux qui n'ont pas eu la joie d'embrasser vos jeunes fronts, et si j'ai rendu le souvenir des autres impérissable dans vos cœurs.

Un dernier vœu : que Dieu vous conserve longtemps, toujours, votre mère si dévouée, car votre affection pour elle sera votre sauvegarde.

En finissant j'appelle sur vous, sur tous les nôtres, sur tous ceux que nous aimons ensemble la protection divine, indispensable dans la vie, et la miséricorde suprême dont nous aurons tous, plus tard, également besoin.

Votre père et meilleur ami

BRULEY.

Tours. — Imp. E. Mazereau.

TABLEAU GÉNÉALOGIQUE   DE LA FAMILLE BRULEY.

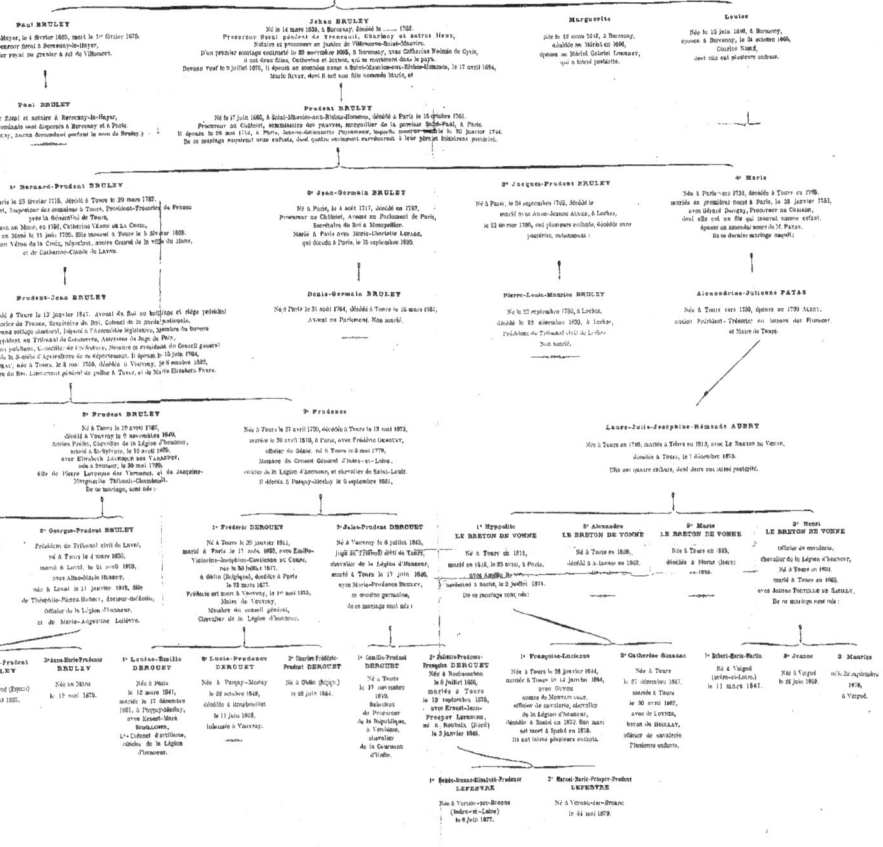

www.ingramcontent.com/pod-product-compliance
Lightning Source LLC
Chambersburg PA
CBHW060952280326
41935CB00009B/698